천수경 연구

프라즈냐 총서 13

천수경 연구

-현행 『천수경』의 성립 및 구조에 대한 분석-

정각 著

운주사

초판 저자의 말

I.

필자가 처음 「천수경」을 접했던 것은 약 10년 전, 출가 하루 전날인 약수암 법당에서였다. 현재 은사가 되신 현문스님께서는 처음 대면한 지 며칠 만에 송광사로 내려가기를 권하시고는, 앞날을 축복이라도 하시는 양 나 혼자만을 법당에 앉혀 둔 채 「천수경」을 독송해 주셨다. "수리 수리 마하수리…" 라는 최초의 어구를 접하는 순간 필자는 『아라비안나이트』의 "열려라, 참깨!" 내지는 요술담요에 앉아 허공을 날기 전에 행했던 신밧드의 주문 "수리 수리 마하수리…"를 떠올리며 커다란 환상의 세계 속으로 몰입했던 경험이 있었다.

그 뒤 행자생활을 시작으로 상당히 오랜 기간 동안 필자는 「천수경」 자체에 많은 의문을 품었던 바 있었다. 특히 다라니 독송 부분의 "나모라 다나다라…"를 외우면서는 "나몰라 다몰라라…"라는 말을 마음속으로 연신 내뱉곤 하였는데, 그것은 나를 포함한 주변 많은 사람들의 공통된 관념이기도 하였다.

필자에게 있어 신앙이란 맹목적 추종이 될 수 없었다. 그러한 기본적 관념을 항상 머릿속에 담고 있던 필자는, 「천수경」에 대한 확실한 이해를 마련해 가질 필요를 느끼게 되었다. 법주사에 머물던 당시 불교학교 강의안을 준비하는 과정 속에 모아 두었던 자료들을 바탕으로 약수암 불교학교를 개설함에 이를 수정 보완하였는데, 그때의 강의안을 토대로 이 원고를 작성하게 되었다.

II.

사실 이 원고를 쓰는 데 있어 많은 망설임이 있었다. 불교라는 학문의 길에 접어들어 그 거대한 흐름 위에 마주선 채, 그 흐름을 거슬러 올라갈 최초의 징검다리 돌을 불교학 분야에 있어서의 나의 원래 관심사인 구사학과 유식학, 중관학 등에서 마련하고 싶었던 것이다. 그럼에도 이 원고를 작성하게 되었음에는 먼 과거의 시간으로부터 「천수경」과 나와의 각별한 숙연宿緣이 작용하였을 거라는 생각이 든다. 그리하여 애초의 목표로부터 멀어진 감이 생기기도 하였지만, 모든 것은 내 삶의 징검다리로서 모두가 의미 있는 것이 되리라 자위하고 싶다.

이 원고를 쓰는 데 많은 격려를 주신 지도교수 목정배 선생님과 아울러 오형근·서윤길 두 분 교수님들의 조언에 감사를 드린다. 그리고 일본의 각 도서관에 소장된 「천수경」 관계 고본古本들을 열람할 수 있도록 도우신 정원스님과 정묘스님, 또한 작성 중인 초고草稿를 세밀히 읽고 도움 되는 말을 주었던 도반 무애스님께도 고마움을 전한다.

III.

이 원고를 완성하는 데 1년 이상의 시간과 많은 노력이 요구되었다. 그리고 1년간 특이한 환경 속에 스스로를 함몰시킨 채 밤낮을 구분하기 어려우리만큼 힘든 시간을 보냈던 그때, 몸과 마음의 위안을 주었던 청주와 대전의 고마웠던 사람들, 또한 은사스님과 명조스님·무아득님과 범어사 이 일진행님과 함께, 내 마음 오랜 그리움으로 남았던 사람,

아! 「천수경」을 수지 독송하며 이 책을 쓰게 된 나의 공덕과 더불어 언제나 그들은 내 가슴에 있을 것 같다.

출가 당시 머릿속에 두었던 하나의 숙제를 해결한 필자는 이제 숙연의 과제에서 벗어나, 내 원래의 관심사와 더불어 구사·중관·유식 등 불교의 폭넓은 세계 속으로 오랜 여행을 떠나고 싶다.

불기 2540(1996)년 10월 가을 깊어가는 날,
중앙승가대학 연구실에서, 正覺.

수정·증보판을 내면서

1996년 출간된 후 15년 만에 수정·증보판을 냄에 있어 이전 원고의 몇몇 오류 부분을 수정하고, 새롭게 알게 된 내용을 추가하였다.

한편 제2판 이래 「천수다라니에 대한 인도印度 신화학적神話學的 일고찰一考察」이란 논문을 부록에 첨부했던 바, 금번 수정·증보판 출간에 즈음해서는 가범달마 역본의 「천수경」, 『천수천안관세음보살광대원만무애대비심다라니경』 번역을 부록으로 추가하였다.

불기 2555(2011)년 8월

고양 원각사에서 정각

서언緖言

한국불교에 소개된 수많은 경전 가운데 「천수경千手經」만큼이나 대중들에게 널리 인식되고 독송되는 경전도 그리 많지는 않을 것이다. 현재 한국의 사찰에서 행해지는 불교 대부분의 의식儀式 가운데 『천수경』이 언제나 독송되다시피 하는 까닭으로, 대부분의 불자佛子들은 그 뜻의 숙지 여부를 떠나 「천수경」 문구를 읊조릴 수 있는 것이다.

이런 까닭에 "「천수경」은 불교신자들 사이에서 가장 일반화되어 있으며, 그래서 가장 인기 있는 경전으로 통하고 있기에 10여 년 전만 해도 불교서점을 운영하는 사람들 대부분이 「천수경」을 판매해서 유지했다는 이야기도 있다"[1]는 말은 한국불교에 있어 「천수경」의 위치에 대한 정확한 진단이 될 것이라 하겠다.

그래서 흔히 "한국불교는 「천수경」 불교이다"라고 곧잘 말하기도

---

1 無比, 『천수경』, 불일출판사, 1992, p.14. 위 책의 저자는 이어 다음과 같은 말을 하고 있다. "「천수경」은 팔만대장경 중에서도 가장 인기 있는 경전이고, 제일 많이 읽히는 경전이라는 결론에 도달할 수 있습니다. 따라서 제일 중요한 경전이라고도 할 수 있습니다. 「천수경」은 대승불교를 수용하고 있는 한국불교에서 불자들의 신앙을 이끌어가는 중요한 경전이라 말할 수 있습니다. 그것은 마치 우리의 식탁에서 매일 대하는 밥이나 국과도 같은 존재입니다. 한국 사람이 제일 많이 먹는 것이 밥과 국이듯 「천수경」이 우리 마음에, 신앙에, 정신에 밥과 국처럼 스며있는 것이 아닐까 하는 생각을 해 봅니다. 왜냐하면 「천수경」은 기쁠 때나 슬플 때나 항상 대하게 되는 경전이기 때문입니다."(p.15).

하는 바, 그럼에도 불구하고 "(「천수경」의) 첫머리에 나오는 '정구업진언'부터가 어느 경經, 어느 대목에서 나온 것인지조차 모르겠다. 그렇다고 누가 적절히 만들어 넣었다고 할 수도 없지 않은가? 누가 회편會編했는지는 더욱 모른다. 이는 분명 누군가에 의해 밝혀져야 할 과제로 남는다"[2]는 언급이 무리가 아닐 만큼, 현재까지 「천수경」에 대한 학문적 연구가 진행되지 않았다는 것은 누구나가 수긍할 수 있는 점이라 할 것이다.

1. 연구의 목적과 의미

한국불교가 안고 있는 이러한 실정으로부터 필자는 논의를 전개하고자 한다. 한국불교의 신앙적 측면에 있어 가장 널리 인식되고 있는 「천수경」. 이제 필자는 「천수경」에 대한 세밀한 분석과 함께 「천수경」 경전에 대한 좀더 포괄적인 이해의 장場을 마련해 갖도록 할 것인 바, 이는 한국불교의 정체성(identity) 정립을 위한 효율적인 징검다리가 될 것이며, 승가僧伽에 몸담고 있는 필자로서는 자신의 입지성立地性에 대한 구체적 설명이 될 것이다.

동시에 이 연구는 현행 한국의 불교 신앙 의례에 대한 주요 관점을 제시할 뿐만 아니라, 그 신앙 의례 배후에 내재해 있는 한국불교 신앙상의 특징에 대한 고찰을 용이케 하는 기초 자료가 될 수 있다고 생각한다.

---

2 金月雲, 『日用儀式隨聞記』, 中央僧伽大學 出版部, 1991. p.14.

2. 기존의 연구성과와 문제점

현존 자료들로 미루어 볼 때, 신앙 의례적 측면과 아울러 교학教學적 관점에서 「천수경」에 대한 연구는 7세기를 전후한 비교적 이른 시기로부터 시작되었던 것으로 보인다.

이 가운데 신앙 의례적 측면에서 「천수경」에 대한 최초의 연구서가 출간되었던 것은 일본의 공해(空海: 774~835)에 의해서였다고 할 수 있다. 그는 『천수관음행법차제千手觀音行法次第』[3]란 저술을 통해 밀교 의궤儀軌에 기초한 '천수관음 행법千手觀音行法'을 발전시켰던 것이다. 그리고 960년경 중국 송나라의 지례(知禮: 959~1028)는 『천수안대비심주행법千手眼大悲心呪行法』[4]이란 저술을 통해 「천수경」에 기초한 천태종의 '예참의식禮懺儀式'을 정립·발전시켰으며, 이후 일본의 승려 의융(義融: 생몰년 미상)에 의한 『천수안대비심주약참의千手眼大悲心呪略懺儀』 1권[5] 및 지숙(智肅: 생몰년 미상)의 『천수관음수습유가현비략千手觀音修習瑜伽玄秘略』 3권[6]이 저술되어 각각 「천수경」에 기초한 고유의 신앙 의례가 형성되었던 것으로 추측된다.

한편 교학적 측면에서 「천수경」에 대한 다수의 연구서들이 간행되기도 하였다. 이미 7세기 중반에 당唐의 규기(窺基: 632~682)는 『천수(경)소千手(經)疏』 3권[7]을 저술하였으며, 8세기 후반에 이르러 일본의 공해

---

3 『諸宗章疏錄』 卷三(『日佛全』 1, p.69)에 목록이 소개되고 있으며, 『日本大藏經』(眞言宗 『事相章疏』 第1, pp.531~539) 가운데 내용이 소개되어 있다.

4 『大正藏』 46, pp.973~978.

5 元祿 7년(1694년) 간행본이 현존한다.(『佛書解說大辭典』 參照; 出典不明).

6 일본 大正大에 正德 2년(1712년) 간본이 소장되어 있다.(所藏目錄〔1163.3〕).

에 의해 『천수경개제千手經開題』 1권[8]이, 원인(圓仁: 794~864)에 의해 『천수다라니주千手陀羅尼注』 1권[9]과 일본 화엄종의 중흥조로 알려진 명혜(明慧, 高辨: 1173~1232)에 의해 찬술된 『천수경술비초千手經述祕鈔』 3권[10]이 현존하며, 정심(定深: 1108~?)에 의해 『십백천다라니수호자명호약석十百千陀羅尼守護者名號略釋(千手經二十八部衆釋)』 1권[11] 외에 다수의 저술들이 출간되었던 점[12]을 미루어, 일찍이 중국과 일본에서

---

7 『諸宗章疏錄』 卷二(『日佛全』 1, p.33) 및 『注進法相宗章疏』(『日佛全』 1, p.236)에 목록만이 전하고 있다. 『注進法相宗章疏』에는 '『千手經疏』 3卷'이라 명기되어 있다. 1094년 日僧 永超에 의해 편찬된 『東域傳燈目錄』 가운데 작자 미상의 '『千手經疏』 3卷'에 대한 기록(『大正藏』 55, p.1152)이 남아 있는데, 이를 지칭하는 것으로 보인다.

8 『諸宗章疏錄』 卷三(『日佛全』 1, p.66)에 목록이 전하고 있다.

9 『諸宗章疏錄』 卷二(『日佛全』 1, p.51)에 목록이 전하고 있다.

10 『日本大藏經』, 經藏部 密經部章疏下2, pp.593~638.

11 『十百千陀羅尼守護者名號略釋』(『大正藏』 61, pp.749~754).

12 기타 다음과 같은 「천수경」 관계의 문헌들, 또는 그 목록이 현존하고 있다. (문헌 현존 부분에는 o표를, 목록만이 현존하는 것에는 x표를 하여 두었다).

o ① 圓珍(814~891), 『千手經述秘記』 殘缺1卷, 『智證大師全集』 第4(『日佛全』 28, p.1111).

x ② 淳祐(903年頃), 『千手陀羅尼梵本不同文』 1卷, 『諸宗章疏錄』 卷三(『日佛全』 1, p.82).

o ③ 長宴(1016~1081), 『千手私記』, 『佛典解說辭典』 參照(出典不明).

x ④ 定深(1108~?), 『千手陀羅尼一宿五適會釋』 1卷, 『諸宗章疏錄』 卷三(『日佛全』 1, p.103).

? ⑤ 定深(1108~?), 『千手觀音二十八部衆形像名號祕釋』 1卷, 『諸宗章疏錄』 卷三(『日佛全』 1, p.103): 『大正藏』 圖像部 7권에 京都 東寺 觀智院 藏本의 『二十八部衆形像(pp.473~478)』이 실려 있는 바, 이를 지칭하는 것으로 보인다.

o ⑥ 覺禪(1143~1212), 『千手鈔』 2卷(『日佛全』 47, pp.931~969).

x ⑦ 道範(1184~1252), 『千手鈔』, 『諸宗章疏錄』 卷三(『日佛全』 1, p.94).

x ⑧ 心覺(1117~1180), 『千手鈔』, 『諸宗章疏錄』 卷三(『日佛全』 1, p.80).

「천수경」에 대한 본격적인 연구가 진행되었음을 알 수 있다.

그럼에도 한국에서의 「천수경」에 대한 고래의 연구 기록은 전무全無한 상태이다. 다만 1922년 금허錦虛 강대련姜大蓮에 의해 필사된 『천수경』 최초의 간략 해설서로서 『쳔슈힉설』이 근래 발견되었으며,[13] 1932

? ⑨心覺(1117～1180), 『千手法』, 亮尊의 『白寶口抄』 55卷(『大正藏』 圖像部 6, p.287～307) 안에 『千手法』 3卷이 실려져 있는 바, 이는 心覺의 『千手法』이 실려진 것이 아닌가 생각된다.

o ⑩亮範(1156～1158年頃), 『千手千眼私記』 1卷, 『佛典解說辭典』 參照(出典不明).

o ⑪承澄(1205～1282), 『千手』 1卷, 『阿娑縛抄』 第88(『大正藏』 圖像部 9, pp.176～182).

o ⑫亮汰(1622～1680), 『千手經報乳記』 4卷, 『諸宗章疏錄』 卷三(『日佛全』 1, p.102). 延寶 3年 刊行 板本이 日本 龍谷大에 소장(所藏目錄〔2418.83〕)되어 있다.

o ⑬中盡(年代未詳), 『千手經濆蒙記』 5卷(1677年 刊). 延寶 5年 刊의 板本이 日本 龍谷大(所藏目錄〔2418.82〕) 및 大正大(所藏目錄〔1162.25〕)에 소장되어 있다.

o ⑭光純(年代未詳), 『千手尊念誦私記』 1卷(1842年 刊). 日本 京都大에 소장(所藏目錄〔日大未.320〕)되어 있다.

o ⓐ編者(年代)未詳, 『千手觀音法雜集』 3卷(『大正藏』 圖像部 10, pp.799～821) 이는 ⑥의 『千手鈔』 안에 실려진 覺禪의 「千手觀音法」과 내용이 유사한 점을 미루어 覺禪 당시에 편찬된 것으로 여겨진다.

o ⓑ編者(年代)未詳, 『二十八部衆幷十二神將圖』(『大正藏』 圖像部 7, pp.479～522).

13 『쳔슈힉설』은 '쳔슈힉설' '참회문' '권왕문' '소예참문' 등 네 부분으로 구성되어 있다. 이중 '쳔슈힉설'은 1881년 목판본으로 간행된 국문 『고왕관세음천수다라니경』의 각 게송과 그에 대한 해설을 붙인 것으로, '정구업진언'부터 '보궐진언'까지 수록되어 있다. 이 책의 말미에 "경성 안양암 금허 힉설 ᄃᆡ정십일년 임슐(1922) 윤오월 일"이란 필사기筆寫記가 붙어 있으며, '안양암 이태준李泰俊'이란 스템프가 찍혀 있어 이태준 스님의 구장본임을 알 수 있다. 즉 안양암에서 필사되어 전래되던 것으로, 이는 1932년 안양암에서 간행된 권상로의 『조석지송朝夕持誦』 「천수다라니경 언해」의 저술 자료로 쓰였을 가능성이 있다. '10년 앞선 천수경 해설서

년 권상로權相老에 의해 편찬된 『조석지송朝夕持誦』[14]의 「천수다라니경 언해」 항목에서 편자는 각 구절에 대한 간략한 해설을 행하고 있음을 볼 수 있을 뿐이다.

그러나 근래 「천수경」에 대한 관심의 급증 속에 1970년 김대은金大隱의 「천수경 대비주에 대하여」[15]라는 간략한 기사를 필두로 「천수경」 관련 다수의 기사[16]와 함께 「천수경」 해설서[17] 및 간략한 논설[18]들이

발견' 「불교신문」, 2006년 6월 14일 기사 참조.

14 權相老, 『朝夕持誦』, 京城: 安養庵, 昭和7年. 東國大學校 中央圖書館, 『古書目錄』, 分類番號 〔218.768-권51ㅈ〕으로 소장되어 있다.

15 「月刊 佛教(vol.7)」, 한국불교 태고종, 1970, pp.35~36.

16 이에 대한 사항을 연도별로 정리해 보면 다음과 같다.

・佛教思想(vol.11. 10月號), 불교사상사, 1984에 다음의 3가지 기사가 실려 있다. ① 불교사상사 편집부, 「천수경의 역사적 변천」, pp.124~126. ② 한정섭, 「천수경의 중심사상」, pp.127~137. ③ 정태혁, 「천수다라니의 공덕」, pp.138~145.

・서종범, 「千手經講義」(『불교를 알기 쉽게』, 밀알, 1984), pp.293~336.

・김호성, 「천수경 원전의 탐구」, 불교신문, 1994年 11월 25일 기사.

17 鄭寶錫 編譯, 『教理解說 千手經』, 寶蓮閣, 佛紀2533.

朴喜宣, 『千手心經大陀羅尼』, 송산출판사, 1987(1977年에 초판본이 보임).

韓定燮, 『千手經 講義』, 佛教通信教育院, 1982.

오연 篇著, 『강해설법 천수경』, 도서출판 설법원, 1990.

법성, 『천눈천손의 인식과 사랑』, 도서출판 큰수레, 1991.

김호성, 『천수경이야기』, 민족사, 1992.

무비, 『천수경』, 불일출판사, 1992.

법기, 『깨달음으로 가는 길』, 도서출판 돈오사, 1993.

18 鄭泰爀, 「千手觀音陀羅尼의 研究」(『正統密教』, 經書院), 1984. pp.378~401.

河泰完, 「現行 千手經의 誤記에 대한 考察」(「東國思想」 vol.19), 1986. pp.139~149.

全在星, 「千手觀音陀羅尼의 梵文表記와 解釋」(경전읽기모임, 『팔리대장경 우리말 옮김』, 경전연구소), 1990. pp.75~80.

김호성, 「千手經에 나타난 韓國佛教의 傳統性」(東國大學校 學生會, 「釋林」, vol.26),

출판된 바 있다.[19] 그럼에도 이 모두는 「천수경」에 대한 편린片鱗만을 제시하고 있을 뿐, 그에 대한 포괄적이고 구체적인 언급은 전혀 되지 않은 상태에 있다 해도 무리는 아닐 것이다. 그 하나의 예로, 앞서 언급한 "「천수경」이란 도대체 어떤 경전을 말하고 있는 것인가?"라는 가장 기본적인 문제에 대해서조차 흡족할 만한 답을 얻을 수 없는 실정에 있는 것이다.

중국 및 일본의 연구자들에게 「천수경」이란 가범달마伽梵達磨가 번역한 『천수천안관세음보살광대원만무애대비심다라니경千手千眼觀世音菩薩廣大圓滿無礙大悲心陀羅尼經』을 의미했던 것으로 여겨진다. 즉 송나라 지례의 『천수안대비심주행법』 및 일본 명혜의 『천수경술비초』, 정심의 『천수경이십팔부중석』 등을 포함한 대개의 연구서들이 가범달마 역본의 「천수경」, 『천수천안관세음보살광대원만무애대비심다라니경』을 기초로 한 신앙 의례의 정립 및 그에 대한 초鈔와 석釋을 행하고 있음을 볼 수 있는 것이다.[20] 물론 원진圓珍의 『천수경술비기千手

1992. pp.207~221.

김호성, 「한글 천수경에 대한 고찰」(벽암 外 編著, 『한글과 불교의식』, 백화도량), 1993. pp.69~101.

김호성, 「千手禮懺, 천수경 신행의 한 새로운 양식」(벽암 외 편저, 『한글과 불교의식』, 백화도량), 1993. pp.129~15.

19 이와 더불어 우리가 알고 있는 「千手經」의 低本的 역할을 하고 있는 伽梵達磨 譯本의 「千手經」, 즉 『千手千眼觀世音菩薩廣大圓滿無礙大悲心陀羅尼經』에 대한 한글 번역이 출간되기도 하였다.

光德, 『천수관음경』, 우리출판사, 1986(1980년의 초판본이 있음).

공파, 『천수천안관세음보살관대원만무애대비심다라니경』, 양산, 공파암, 1990.

이외에도 법성, 『천눈천손의 인식과 사랑』, 도서출판 큰수레, 1991 가운데 위의 경전 및 知禮의 『千手眼大悲心呪行法』이 번역 소개되어 있다.

經述秘記』 및 편자 미상의 『천수관음법잡집千手觀音法雜集』에서는 불공不空에 대한 언급[21]과 함께 『백보구초白寶口抄』의 「천수법千手法」[22] 가운데 삼매소바라三昧蘇嚩羅 및 지통智通과 보리유지菩提流志 등의 「천수경」 역본을 소개하고 있음을 볼 수 있기도 하다.

그럼에도 현재 한국불교의 신앙 의례 가운데 사용되고 있는 「천수경」은 위에 소개된 각 역본 및 기타 「천수경」류 경전 내용들과 상이한 면을 보이고 있는데, 전체 대장경을 열람해 본다 하여도 현재 한국불교 신앙 의례 가운데 사용되고 있는 모습 그대로의 「천수경」 내용을 발견할 수 없다. 그렇다면 현재 한국불교의 신앙 의례에 사용되고 있는 '현행 『천수경』'이란 위경僞經이 될 것인 즉, 그렇다면 '현행 『천수경』'이란 과연 언제·어디서·어떻게, 또한 누구에 의해 어떤 과정을 거쳐 만들어진 것인가에 대한 총체적 의구심이 생겨나게 됨은 당연한 일이다.

그럼에도 '현행 『천수경』'이란 경전이 한국불교 신앙 의례 가운데서만 사용되는 독특한 의례적 경전이라는 점—그러므로 오직 한국에서 만들어졌다는 사실—을 제외하고는 아직 이에 대한 어떤 흡족한 설명도 발견할 수 없는 실정이다.

물론 기존 연구자들에 의해 밝혀진 몇몇 중요 사항들이 존재하기도 한다. 즉 「천수경」 성립사적 측면에 있어 '현행본 「천수경」의 편집은

---

20 위에 예로 든 연구서 외에도 편자 미상의 『二十八部衆并十二神將圖』와 『二十八部衆形像』(또는 『千手觀音二十八部衆形像名號祕釋』), 『千手法』, 覺禪의 『千手鈔』, 亮汰의 『千手經報蒙記』, 中盡의 『千手經瀆蒙記』 등은 내용상 가범달마 역본을 주로 한 연구서라는 인상을 갖게 된다.

21 『千手經述秘記』(『日佛全』 28, p.1111).

22 『白寶口抄』(『大正藏』 圖像部 6, pp.287～307).

지례의 『천수안대비심주행법』의 영향 하에 1659년의 『석문가례釋門家禮』 및 1882년의 『승가일용집僧伽日用集』을 거쳐 만들어지게 되었는 바, 현행본 「천수경」의 성립은 채 100년도 못 된다'[23]는 최초의 언급 이래, 1986년 당시 동국대 불교학과 4년에 재학 중이던 하태완은 '1575년의 『염불작법念佛作法』 간행 이후 1881년의 『고왕관세음천수다라니경高王觀世音千手陀羅尼經』 및 1932년의 『조석지송』과 1935년의 『석문의범釋門儀範』을 거쳐 현행 「천수경」이 만들어지게 되었는 바, 그 성립은 지금으로부터 약 50여 년 전이라 할 수 있을 것이다'[24]는 보다 명쾌한 대안을 제시하기도 하였다.

이렇듯 '현행 『천수경』'의 성립사적 측면 외에도, 그 '「천수경」 전래에 관련된 기록으로서 의상義湘의 「백화도량발원문白花道場發願文」을 통해 최초 「천수경」을 한국에 유입한 인물이 의상일 거라는 언급'[25] 이후 '의상의 「투사례投師禮」 가운데 대비주大悲呪가 수용되어 있다'[26]는 김호성의 발견은 「천수경」 최초 전래에 대한 또 다른 확인을 가능케 만들기도 하였다.

이외에 「천수경」 다라니에 대한 구체적 논의를 진행하는 가운데 1984년 정태혁은 '가범달마 역본 「천수경」을 포함한 10종의 「천수경」류 경전들이 대장경 안에 수록되어 있다'[27]는 언급과 함께 1970년 김대은

---

23 불교사상사 편집부, 「천수경의 역사적 변천」(「佛敎思想」 vol.11. 10月號), 1984 p.126.

24 河泰完, 「現行 千手經의 誤記에 대한 考察」(「東國思想」 vol.19.), 1986. pp.142~143.

25 불교사상사 편집부, 「천수경의 역사적 변천(「佛敎思想」 vol.11. 10月號)」, 1984. p.125.

26 김호성, 「千手經에 나타난 韓國佛敎의 傳統性」(東國大學校 學生會, 「釋林」 vol.26), 1992. p.209.

에 의해 최초로 시도된[28] 다라니에 대한 재해석을 시도하기도 했던 바,[29] 이는 1990년 전재성에 의해 수정되기도 하였다.[30]

그리고 근래 한정섭에 의한 「천수경」 각 구절의 체계적 해석[31] 이래 많은 「천수경」 해설서들이 출판되었다. 이처럼 「천수경」 전반에 대한 산발적인 연구들이 있었음에도 불구하고 이에 대한 더 이상의 발전적 논의가 전개되지 못하고 있는 현실이다. 즉 「천수경」 성립 및 전래사에 대한 확정적 고찰과 아울러 '현행 『천수경』'에 대한 성립 추론 및 「천수경」 각 구절에 대한 체계적 분석이 시도되지 않았다는 것이다. 또한 「천수경」이란 경전이 한국불교의 신앙 의례에 있어 어떤 위치를 점유하고 있는지에 대한 종합적 분석이 시도되지 않았다는 점이 그것이라 할 수 있다.

3. 연구의 방법과 범위

이에 필자는 기존 연구자들의 중요 성과를 바탕으로 그에 대한 수정적 입장과 아울러 보완적 논의를 전개코자 한다. 그렇게 함으로써 현재

---

27 鄭泰爀, 「천수다라니의 공덕」(「佛教思想」 vol.11. 10月號), 1984. p.139.

28 金大隱, 「千手經 大悲呪에 對하여」(「月刊 佛教」 vol.7, 한국불교 태고종), 1970. pp.35~36.

29 鄭泰爀, 「千手觀音陀羅尼의 研究」(『正統密教』, 經書院)」, 1984. pp.378~401.

30 全在星, 「千手觀音陀羅尼의 梵文表記와 解釋」(경전읽기모임, 『팔만대장경 우리말 옮김』, 경전연구소), 1990. pp.75~80.

31 韓定燮, 「천수경의 중심사상」(「佛教思想」 vol.11. 10月號, 불교사상사), 1984. pp.127~137.

韓定燮, 『千手經 講義』, 佛教通信教育院, 1982.

한국불교 의례에 사용되고 있는 '현행 『천수경』'에 대한 총체적 연구를 행해 보고자 하는 바이다. 이에 전체 5장으로 구성될 본 논문에서 필자는 다음 사항들을 고찰해 보고자 한다.

우선 제1장에서는 관음신앙의 성립과 전래에 관한 일반적 논의를 행할 것인 즉, 「천수경」 경전 및 그 안에 담긴 주된 내용은 관음보살 신앙과 밀접한 관련을 맺고 있기 때문이다. 또한 이는 제2장에서 다루게 될 「천수경」류 경전의 성립·유통 등을 이해하기 위한 기본 토대가 될 것이다.

제2장에서는 제1장의 논의를 바탕으로 「천수경」 경전 최초의 성립과 함께, 이후 「천수경」류 경전이 중국에 전래된 과정과 그 경전이 내포하는 내용 및 각 이본異本들에 대한 총체적 구분을 행하고자 한다. 이런 총체적 구분과 아울러 경전 내용을 고찰하는 가운데 현재 한국불교 의례에 사용되고 있는 '현행 『천수경』'과, 대장경에 포함된 다수의 「천수경」류 경전과는 내용상 현격한 차이점이 있음을 발견하게 될 것이다.

이러한 과정을 통해 대장경 안에 포함된 다수의 「천수경」류 경전과 현재 한국불교 의례에 사용되고 있는 '현행 『천수경』'과는 서로 다른 경전이라는 가정적 결론에 다다를 수 있는 즉, 그렇다면 '현행 『천수경』'이란 무엇이며 어떤 과정을 통해 만들어진 것일까? 하는 문제에 대해서는 제3장의 논의를 통해 고찰하고자 한다.

이런 일련의 연구를 통해 '현행 『천수경』'이란 한국에서 형성된 독특한 신앙 의례적 경전임을 알 수 있게 되는 바, 제4장에서는 '현행 『천수경』'의 구조 및 각각의 어구를 분석해 봄으로써 신앙 의례적 측면에서 '현행 『천수경』'이 어떤 내용들을 담고 있는가에 대한 분석적 안목을 마련할 수 있을 것이다.

이렇게 마련된 분석 자료를 기반으로 제5장에서는 '현행 『천수경』'의 신앙적 성격을 가늠해 보고자 할 것으로, 이는 「천수경」을 신앙의 주된 바탕으로 삼고 있는 한국불교의 신앙적 특성을 점검 가능케 하는 주요 자료가 될 것이라 생각한다.

여하튼 이러한 총체적 관점 속에서 필자는 '『천수경』 연구'라는 포괄적인 논의 제목을 상정하였는 바, 이 연구 과정 속에서 필자는 「천수경」의 성립·유통 및 그 독송 의례와 '현행 『천수경』'의 성립·구조에 대한 분석을 아울러 행하게 될 것으로, 주로 사적史的 자료에 비중을 둔 채 그에 대한 문헌 분석학적 입장을 견지하고자 한다.

그럼에도 이런 전반적인 논의를 행함에 있어 필자는 기존 일본 고래의 연구서들에 대해서는—몇몇 중요한 점만을 취한 채—그 논의를 간과하였는 바, 일본 고래의 자료들은 본 논고의 주제에 근접하지 않는 것으로, 이는 '천수의궤千手儀軌 연구'거나 '가범달마 역본 「천수경」 연구'란 또 다른 성격의 연구에 한해 필요한 자료가 될 것이라 생각하기 때문이다. 한편 필자는 제4장의 논의 가운데 '천수다라니千手陀羅尼'에 대해서는 다만 어구적 해설만을 행하였는데, 이에 대한 사상적 분석은 이 책의 부록으로 수록한 '천수다라니에 대한 인도 신화학적 일고찰一考察'이란 또 다른 논문을 통해 소개코자 한다.

이제 앞으로 진행될 일련의 과정을 통해 필자는 현재 우리가 독송하고 있는 「천수경」에 대한 포괄적 이해를 마련해 보고자 한다. 이 작업은 현재 한국불교의 신앙적 정체성을 확립하는 데 있어서뿐만 아니라, 불교인으로서 우리 신앙 자체를 보다 성숙케 하는 계기가 될 것이라 생각한다. 불교의 수행이란 신信·해解·행行·증證의 요소를 기본으로 하고 있음을 말할 때, 이미 믿음(信)에 기초한 우리 신앙인들은 신앙 항목에 대한 더욱 풍부한 앎(解)을 통해 우리의 행行을 밝혀 나갈 수 있으며, 그럼으로써 우리는 수행의 단계적 깨달음을 이루어 증득(證)해 나갈 수 있을 것이기 때문이다.

제1장

관음신앙觀音信仰의 성립과 전래

「천수경」에 대한 직접적 논의를 진행시키기에 앞서, 먼저 관음신앙에 대한 일반적 이해를 가져야 할 필요가 있다. 본 주제인 「천수경」의 주인공, 즉 천 개의 손과 얼굴을 지닌 천수천안千手千眼의 인물은 다름 아닌 관음보살觀音菩薩의 화신化身으로서 알려져 있는 분이기 때문이다. 그러므로 필자는 먼저 관음보살의 성격 및 신앙의 일반적 모습, 그리고 그 성립과 전래 등에 대한 이해의 장章을 마련하고자 한다.

이를 위해 필자는 밀교부密教部를 제외한[1] 전체 경전 가운데 관음보살과 관련된 기사를 싣고 있는 경經들과 함께, 경 가운데 내용 소재 및 각각의 경 가운데 관음보살이 어떤 이름으로 번역되었는가를 살펴보

---

1 〔密教部〕 중 관음보살과 관련된 많은 문헌들이 전해지는 바, 그 가운데 논의의 초점인 「천수경」과 관련된 〔密教部〕 관계의 문헌들은 제2장에 소개될 것이다.

았는 바,[2] 이는 관음신앙의 성립 및 성격을 이해하기 위한 기초 자료가 될 것이다.

---

2 관음보살 기사가 수록된 經 및 내용 소재와, 관음보살의 譯名·譯者 總錄

經　名	大正藏　內容所在	觀音의 譯名	譯　者
〔本緣部〕			
大方便佛報恩經 卷第1	3권, p.124	觀自在	失譯
悲華經 卷第3,7	3, p.186上. p.213中	觀世音	北涼 曇無讖
大乘悲分陀利經 卷第3,5	2, p.251. p.271下	觀世音	失譯
大乘本生心地觀經 卷第1	3, p.291	觀自在	唐　般若
〔般若部〕			
大般若波羅蜜多經	5, p.1下	觀自在菩薩	唐　玄奘
卷第1	7, p.1下		
卷第401,479,566,573	p.427下. p.921中.		
	p.986中		
摩訶般若波羅蜜經 卷第1	8, p.217中	觀世音菩薩	後秦 鳩摩羅什
勝天王般若波羅蜜經 卷第1	8, p.687上	觀世音菩薩	陳　月婆首那
實相般若波羅蜜經	8, 776上	觀自在菩薩	唐　菩提流志
金剛頂瑜伽理趣般若經	8, p.778下	觀自在菩薩	唐　金剛智
大樂金剛不空眞實三麼耶經	8, p.784上,下	觀自在菩薩	唐　不空
佛說最上根本大樂	8,p.786下. p.791下.	觀自在 및	宋　法賢
金剛不空三昧大教王經	p.807下. p.817下.	觀自在菩薩	
第1,2,5,6,7	p.823下		
	8, p.847下	觀世音菩薩	後秦 鳩摩羅什
摩訶般若波羅蜜大明呪經	8, p.848下	觀自在菩薩	唐　玄奘
般若波羅蜜多心經	8, p.849上	觀世音菩薩	唐　法月重
普遍智藏般若波羅蜜多心經	8, p.849中	觀自在	唐 般若共利言等
般若波羅蜜多心經	8, p.850上	觀世音自在	唐　智慧輪
般若波羅蜜多心經	8, p.850中	觀自在菩薩	唐　法成
般若波羅蜜多心經			
〔法華部〕			
妙法蓮華經 卷第1,7	9, p.2上. p.56下	觀世音菩薩	姚秦 鳩摩羅什
正法華經 卷第1,10	9, p.63上. p.128下	光世音菩薩	西晉 竺法護
添品妙法蓮華經	9, p.135上	觀世音菩薩	隋
卷第1,7,序	p.191下. p.198上		闍那崛多共笈多
大法鼓經 卷上,下	9, p.290下. p.298下	觀世音菩薩	劉宋 求那跋陀羅
佛說菩薩行方便境界	9, p.301上	觀世音菩薩	劉宋 求那跋陀羅
神通變化經卷上			
大薩遮尼乾子所說經 卷第1	p.317下	觀世自在菩薩	元魏 菩提流志

佛說濟諸方等學經	9, p.377下	光世音菩薩	西晉 竺法護
大乘方廣總持經	9, p.382上	觀世音菩薩	隋 毘尼多流支
無量義經	9, p.384中	觀世音菩薩	蕭齊 曇摩伽陀耶舍
〔華嚴部〕			
60華嚴 卷第50,51,60	9, p.717下. p.718上. p.786中	觀世音	東晉 佛馱跋陀羅
80華嚴 卷第68,80	10, p.366下. p.367上. p.443上	觀自在	唐 實叉難陀
40華嚴 卷第16	10, p.732下. p.733上. p.733下 p.734下. p.735下. p.846下	觀自在 觀自在菩薩 觀自在	唐 般若
佛說羅摩伽經 卷第1,3	10, p.859下. p.875下	觀世音	西秦 聖堅
大方廣總持寶光明經 卷第1,2,3	10, p.884中. p.892中.	觀自在 觀世音	宋 法天
大方廣佛華嚴經 不思議佛境界分	p.895下 10, p.905中	觀自在	唐 提雲般若
大方廣如來不思議境界經		觀自在	唐 實叉難陀
度諸佛境界智光嚴經	10, p.909上	觀世音	失譯
佛華嚴入如來德智不思議境界 經卷第1	10, p.912下 10, p.918上	觀世音	隋 闍那崛多
大方廣入如來智德不思議經	10, p.925中	觀世音	唐 實叉難陀
〔寶積部〕			
觀世音菩薩授記經	12, p.252下	觀世音	宋 曇無竭
〔經集部〕			
賢劫經 卷第1	14, p.1中	光勢(世)音 菩薩	西晉 竺法護
佛說佛名經 卷第2,6,9,12	14, p.124中. 145中. 163 上. 182中	觀世音菩薩	北魏 菩提流志
佛說佛名經 卷第1,4,中	14, p.187下. 202中. 305 下	觀世音菩薩	
卷第15,30	p.244下. 300下	觀音大師	
佛說文殊師利般涅槃經	14, p.480中	觀世音菩薩	西晉 聶道眞
文殊師利問菩提經	14, p.481下	觀世音菩薩	姚秦 鳩摩羅什
伽耶山頂經	14, p.483下	觀世音菩薩	元魏 菩提流志
文維摩詰所說經 卷上	14, p.492下	觀世音菩薩	梁 僧伽婆羅
殊師利問經 卷上	14, p.537中	觀世音菩薩	姚秦 鳩摩羅什
說無垢稱經 卷第1	14, p.558上	觀自在菩薩	唐 玄奘
佛說月上女經 卷上	14, p.615中	觀世音菩薩	隋 闍那崛多
師子莊嚴王菩薩請問經	14, p.697下	觀世音菩薩	唐 那提

寶授菩薩菩提行經	14, p.700下	觀自在菩薩	宋 法賢
佛說除蓋障菩薩所問經 卷第1	14, p.704下	觀自在菩薩	宋 法護等
持心梵天所問經 卷第2	15, p.17中	光世音菩薩	西晉 竺法護
思益梵天所問經 卷第3	15, p.48中	觀世音菩薩	姚秦 鳩摩羅什
勝思惟梵天所問經 卷第4	15, p.80下	觀自在菩薩	元魏 菩提流志
佛說海龍王經 卷第3	15, p.145中	光世音大勢至大士	西晉 竺法護
佛說自誓三昧經	15, p.344上	光世音	後漢 安世高
大樹緊那羅王所問經 卷第1	15, p.368上	觀世音菩薩	姚秦 鳩摩羅什
佛說成具光明定意經	15, p.451下	觀音	後漢 支曜
月燈三昧經 卷第2	15, p.559中	觀世音菩薩	高齊 那連提耶舍
佛說金剛三昧本性清淨不壞不滅經	15, p.697上	觀世音菩薩	失譯
不必定入定入印經	15, p.699中	觀世自在菩薩	元魏 瞿曇般若流支
入定不定印經	15, p.706中	觀自在菩薩	唐 義淨
寂照神變三摩地經	15, p.723上	觀自在菩薩	唐 玄奘
觀察諸法行經 卷第1	15, p.727下	觀世自在菩薩	隋 闍那崛多
佛說華手經 卷第3 卷第3	16, p.146下 p.147下	觀世音菩薩 觀世音	姚秦 鳩摩羅什
寶雲經 卷第1	16, p.209上	觀世音菩薩	梁 曼陀羅仙
大乘寶雲經 卷第1	16, p.241中	觀世音菩薩	梁 曼陀羅仙 共僧伽婆羅
佛說寶雨經 卷第1	16, p.283下	觀自在	唐 達磨流支
金光明最勝王經 卷第1,5	16, p.403中.423下	觀自在	唐 義淨
大方等如來藏經	16, p.457上 p.460上	觀世音菩薩 觀世音	東晉 佛陀跋陀羅
大方廣如來藏經	16, p.465中	觀自在	唐 不空
深密解脫經 卷第4,5	16, p.680上.684上	觀世自在菩薩	元魏 菩提流志
解深密經 卷第1,4	16, p.688下.704上	觀自在	唐 玄奘
佛說解節經 1卷	16, p.711下	觀世音菩薩	陳 眞諦
相續解脫地波羅蜜了義經 1卷	16, p.714下	觀世音菩薩	劉金 求那跋陀羅
大乘密嚴經 卷上,中,下	16, p.723中. 732下. 745下	觀自在	唐 地婆訶羅
大乘密嚴經 卷中,下	16, p.758上.774中	觀自在	唐 不空
佛說造塔功德經	16, p.801上	觀世音	唐 地婆訶羅
佛說法集經 卷第6	17, p.650上	觀世音菩薩	元魏 菩提流志
金剛頂瑜伽念珠經	17, p.727下	觀音	唐 不空
無字寶篋經	17, p.871上	觀世自在菩薩	元魏 菩提流志

1. 관음신앙의 성립 및 성격

이상의 문헌들 가운데 필자는 몇몇 특정적 자료들을 바탕으로 관음신앙의 일반적 모습을 살펴보고자 하는데, 우선 '관음觀音'이란 명칭에 대한 이해와 함께 '관음신앙 성립의 장소', '관음신앙의 주요 특성'과 더불어 '그 신앙의 전래'에 관한 개괄적 고찰을 행하고자 한다.

1) 관음보살의 명칭

위 관음보살 관계의 도표를 살펴보면, 관음보살에 대한 역명譯名으로 관음觀音[3] 또는 관세음觀世音이란 표현과 함께 관자재觀自在, 혹은 관세자재觀世自在,[4] 관세음자재觀世音自在[5]라거나 광세음光世音[6] 및 광세음

大乘遍照光明藏無字法門經	17, p.874中	觀世音菩薩	唐 地婆訶羅
如來師子吼經	17, p.890上	觀世自在菩薩	元魏 佛陀扇多
大方廣師子吼經	17, p.891下	觀自在	唐 地婆訶羅
大乘修行菩薩行門諸經要集 卷下	17, p.959下	觀世音菩薩	唐 智嚴

3 다음의 經 가운데 '觀音'이란 譯名이 쓰여지고 있다. 後漢 支曜가 譯한 『佛說成具光明定意經』(『大正藏』 15, p.451下) 및 唐 不空이 譯한 『金剛頂瑜伽念珠經』(『大正藏』 17, p.727下) 등.

4 다음의 經 가운데 觀音에 대한 譯名으로서 '觀世自在'란 표현이 보이고 있다. 元魏의 菩提流志 譯 『大薩遮尼乾子所說經』(『大正藏』 9, p.317下); 『深密解脫經』 卷第4,5(『大正藏』 16, p.680上, 684上); 『無字寶篋經』(『大正藏』 17, p.871上) 및 元魏의 瞿曇 般若流支 譯, 『不必定入定入印經』(『大正藏』 15, p.699中); 元魏의 佛陀扇多 譯, 『如來師子吼經』(『大正藏』 17, p.890上); 隋의 闍那崛多 譯, 『觀察諸法行經』 卷第1(『大正藏』 15, p.727下) 등.

5 唐의 智慧輪이 譯한 『般若波羅蜜多心經』(『大正藏』 8, p.850上) 가운데 '觀世音自在'란 譯名이 쓰여지고 있다.

光勢音,[7] 광세음대세지대사光世音大勢至大士,[8] 혹은 관음대사觀音大師[9] 등의 표현이 쓰이고 있음을 알 수 있다. 그렇다면 이들 각 표현들은 어떤 연유에서 생겨나게 된 것일까?

이를 파악하기 위해 먼저 '관음'이란 말 자체에 대한 어의적語義的 분석을 행해 봐야 할 것이다. '관음'의 산스크리트어 명칭은 Avalokiteśvara로, 이는 Avalokita와 Īśvara라는 두 단어가 합해져 생긴 말이다. 여기서 Avalokita는 '관觀하여 보는(見)'이란 뜻을 갖고 있는 바, 그 가운데 ava는 '…로부터 아래로'라는 동사적 의미를 동시에 담고 있기도 하다. 이에 avalokita라는 단어는 '…(위)로부터 아래쪽으로 관觀하여 보는(見)'이라고 구체적으로 해석할 수 있다. 여기에 주관자主觀者, 곧 신神을 의미하는 īśvara가 붙어 Avalokiteśvara(觀音)는 의미상 '위(하늘)로부터 아래(세간世間)를 관하여 보는 신', '세간을 관견觀見하는 신'을 뜻하고 있음을 알 수 있다.

한편 '관음'을 세자재世自在, 즉 Lokeśvara라 말하기도 하는데, 여기서 Lokeśvara는 'Loka(世界)의 īśvara(神)'를 뜻한다. 이러한 어의적

---

6 西晉 竺法護가 譯한 『正法華經』 卷第1,10(『大正藏』 9, p.63上, p.128下)과 『佛說濟諸方等學經』(『大正藏』 9, p.377下), 『持心梵天所問經』 卷第2(『大正藏』 15, p.17中) 등에 '光世音菩薩'이란 譯名이 쓰이고 있으며, 『賢劫經』 卷第1(『大正藏』 14, p.1中)에는 '光勢音菩薩'이라 하여 '世'를 '勢'로 바꾸어 표기하고 있다.('世'로 표기되는 板本도 있다). 한편, 後漢의 安世高가 譯한 『佛說自誓三昧經』(『大正藏』 15, p.344上)에서는 '光世音'이란 譯名을 쓰고 있다.

7 이는 西晉 竺法護 譯의 『賢劫經』(『大正藏』 14, p.1中) 가운데 표기로서, 竺法護가 『佛說海龍王經』 卷第3(『大正藏』 15, p.145中)에서 '光世音大勢至大士'라는 譯名을 쓰고 있음과 연관 지어 생각해 볼 수 있는 표현이다.

8 西晉의 竺法護가 譯한 『佛說海龍王經』(『大正藏』 15, p.145中).

9 失譯인 『佛說佛名經』 卷第15,30(『大正藏』 14, p.244下. 300下).

구분을 통해 볼 때 '관음'이란 현재 우리가 살고 있는 '세계의 주관자(觀)'로서의 성격을 갖고 있으며, 이에 '관음'을 '세자재' 또는 '관세자재觀世自在'라는 명칭으로 부르기도 하는 것이다.

그럼에도 우리가 '관음'을 어의적 이해 속에 '관세'라거나 '세자재', '관세자재'라 부르지 않고 '관세음觀世音' 또는 '관세음자재'라 칭하는 것은 '관음觀音'의 명칭을 Avalokita와 svara로 나누어 풀이한 것에 기인하고 있다. Avalokita, 즉 '세世를 관觀하는'이란 단어에 '음音'을 뜻하는 svara가 첨가된 것으로 생각하여 Avalokiteśvara를 '관세음觀世音'이라 번역하고 있는 것이다.[10]

이에 대해서는 『능엄경楞嚴經』에 실린 「이근원통耳根圓通」의 기사 역시 '관세음'이란 어의를 이해하는 데 도움을 준다. 즉 『능엄경』 권6에 관세음보살께서 자신이 삼매에 들게 된 연유를 설명하는 가운데 부처님께 다음과 같은 말을 하고 있는 것이다.

옛날 수없이 많은 항하사겁恒河沙劫 이전에 어떤 부처님께서 세상에

---

10 "新疆省에서 출토된 梵語 原典 속에 'avalokita-svara'라는 어구가 발견"되고 있다. 芳岡良音, 「觀世音菩薩の起源」(印度學佛教學硏究. 第12卷 1號), 東京: 日本印度學佛教學會, p.182.
또한 『妙法蓮華經』 卷第7의 「觀世音菩薩普門品」에 "若有無量百千萬億衆生이 受諸苦惱할 때 聞是觀世音菩薩하고 一心으로 稱名하면 觀世音菩薩이 卽時에 그 音聲을 觀(觀其音聲)하여 卽得解脫케 하리라"는 구절이 발견되기도 하는 바, 이는 觀世音이란 名稱 자체의 성격을 일러주는 좋은 예가 된다고 하겠다.(『大正藏』 9, p.56).
이외에 Avalokiteśvara라는 명칭 가운데 Avalo는 고대로부터 印度와 希臘과의 긴밀한 관계(印度와 希臘과의 외교적 교섭은 이미 아쇼카 왕으로부터 시작되고 있다) 속에 희랍의 海神 아폴로(Apolo)의 訛音이며, svara는 인도 바라문교의 主神 Śiva로서 이 두 神의 이름을 합성한 것이라는 설이 있기도 하다.

출현하셨으니, 그 이름이 관세음觀世音이었습니다. (…) 제가 스스로 소리를 관觀하지 못하는 까닭에 관觀을 관觀하였음일세, 저 시방세계의 고뇌중생으로 하여금 그 음성音聲을 관하여 해탈을 얻게 하겠으니 〔由我 不自觀音 以觀觀者 令彼十方苦惱衆生 觀其音聲 卽得解脫〕, (…) 부처님께서 원만하게 통(圓通)한 원인을 물으신다면 제 생각으로는 귀(耳)를 따라 원만하게 비추는 삼매로 말미암아 흘러 들어오는 상相을 인하여 삼매를 얻고 보리菩提를 성취하는 것이 제일인가 하나이다. (이에) 저 부처님께서 제가 원통법문圓通法門을 훌륭히 증득하였다고 찬탄하시고 큰 모임 가운데서 저에게 수기授記하여 호號를 관세음觀世音이라 하였으니, 이는 저의 소리(聽)를 관하는 것으로 말미암아 시방이 원만하게 밝았으므로, 관음觀音이란 이름이 시방세계에 두루 퍼지게 되었습니다.[11]

위 설명 가운데 '시방세계의 고뇌중생으로 하여금 그 음성을 관하여 해탈을 얻게' 하겠는 바, '중생들은 이근耳根이 총명하므로 청각의 언어를 통해 그들을 진리의 세계에로 이끄는 것을 수행으로 삼는다'는 관세음觀世音의 수행방법을 '이근원통耳根圓通'이라 말한다. 그리고 이런 수행방법을 통해 궁극적 깨달음에로 나아가고 있는 자者인 관세음을 달리 '원통대사圓通大師'라 부르며, 대사라는 동일 호칭 속에 '관음대사觀音大師'라는 명칭 또한 부여하였던 것이다.

이상의 설명을 통해 우리는 '관음' 또는 '관세음'이란 표현의 의미성과 함께 '관자재'며 '관세자재', 혹은 '관세음자재' 및 '관음대사'라는 역명譯名의 총체적 의미성을 파악할 수 있게 된다.[12]

---

11 『大佛頂如來密因修證了義諸菩薩萬行首楞嚴經』 第6(『大正藏』 19, pp.128～129).

그렇다면 '관음'에 대한 또 다른 역명으로서 '광세음光世音'이란 어떤 뜻을 가지는 것일까? 역명으로서 '광세음'이란 표현은 안세고安世高 역의 『불설자서삼매경佛說自誓三昧經』 및 축법호竺法護 역의 『정법화경正法華經』이나 『불설제제방등각경佛說濟諸方等覺經』·『지심범천소문경持心梵天所問經』 등에서 발견된다. 이것은 아마 '광세음光勢音'과 '광세음대세지대사光世音大勢至大士'란 역명과 더불어, '무량수無量壽' 또는 '무량광無量光'이라 불리는 아미타불阿彌陀佛 신앙과의 관련성 속에 생겨난 역명이 아닌가 생각된다. (이에 대해서는 뒤 2. 2) 항목의 '관세음보살 신앙, 아미타불 신앙과의 관계' 부분에서 설명하기로 한다.)

2) 관음보살의 거처居處, 보타락가산補陀落迦山

이상 관음보살의 역명에 대한 개괄적 고찰에 이어, 관음보살께서 머물고 계시는 거처居處 보타락가산에 대해 알아보기로 한다. 여기서 보타락가(補陀落迦: Potalaka)는 보타락補陀落 또는 보타라(寶陀羅: Potala)라 음역되며, 소화수小花樹·소백화小白華·해도海島 또는 광명光明이란 뜻으로 번역된다.[13] 『80화엄경』 68권에 "바다 위에 산이 있어 많은 성현들이 계시는데 많은 보물로서 이루어져 지극히 청정하며, 꽃과

---

12 이상의 논의를 통해 '觀音'이란 '觀世音' 또는 '觀自在'와 同名으로 이해될 수 있는 충분한 이해를 가질 수 있는 바, 이제부터의 논의 속에 '觀音'과 '觀世音' 내지 '觀自在' 등을 혼용코자 한다. 그러나 인용된 문구 등에서는 인용문의 표기를 따름을 원칙으로 하며, 項의 標題 등에는 '觀音'이란 표현을 주로 사용할 것이다.

13 補陀落迦에 대한 명칭은 경전에 따라 '光明山'(「60華嚴經」「入法界品」) 또는 '逋怛落迦山'(「40華嚴經」「入法界品」)이라 표기되기도 한다. 또한 '逋多羅山이니 意譯하면 小樹蔓莊嚴山으로 白花山이라'(『華嚴經探玄記』19)고도 하며, '海島'(『陀羅尼集經』) 또는 '小花樹山'(『慧苑音義』)이라 번역되기도 한다.

과실수가 가득하고 샘이 못에 흘러 모든 것이 구족하다〔海上有山多聖賢衆寶所成極淸淨 華果樹林皆遍滿 泉流池沼悉具足〕"[14]고 기록되며, 관음보살께서 머무시는 거처로서 이해되었다.

서기 640년경에 쓰여진 현장玄奘의 『대당서역기大唐西域記』에는 보타락가산의 위치 및 그에 관한 상세한 설명이 기술되어 있는데, 그 내용을 인용해 보면 다음과 같다.

> 말라구타국(秣羅矩吒國: 타밀어로 malai는 언덕·산의 뜻, kotta는 지방·지대의 뜻. 현재의 Madura로 추정)의 남쪽 끝에 말라야산(秣剌耶山: 현재의 카르다몬 산맥으로 추정)이 있다. (…) 말라야산 동쪽에 포달락가산(布呾落迦山: 전설상의 산, 반도 남단의 파파나삼산으로 추정)이 있다. 산길은 위험하고 암곡은 험준하다. 산정山頂에 연못이 있는데 거울처럼 맑다. 물은 대하大河로 되어 산을 둘러 흐르기를 20바퀴나 하여 남해南海로 든다.
>
> 연못 옆에 돌로 된 천궁天宮이 있다. 관자재보살이 왕래하며 머무는 곳이다. 보살을 보고자 하는 사람은 신명을 돌보지 않고 강물을 건너 산에 오른다. 어려움을 개의치 않고 도달하는 자는 아주 드물다. 그런데 산 밑의 주민이 모습을 보고자 기도드리면 관자재보살은 때로는 자재천(自在天: 쉬바신)의 모습으로, 때로는 도회외도(塗灰外道: 몸에 재를 바르는 외도 수행자)의 모습이 되어 기원하는 사람을 위로하면서 원을 성취시켜 주기도 한다.
>
> 이 산에서 동북쪽으로 가면 해안에 성이 있다. 남해의 승가라국(僧伽羅國: 현재의 실론, 스리랑카)으로 가는 통로이다. 여러 토속인들의

---

14 『大方廣佛華嚴經』 卷第68(『大正藏』 10, p.366).

말을 들으면, 여기서 바다로 들어가 동남쪽으로 3천여 리 정도 가면 승가라국(唐言으로는 執師子. 非印度之境)에 이른다는 것이다.[15]

이상의 인용문을 살펴보면, 보타락가산이란 '승가라국(僧伽羅國: 執師子國)'과 비교적 가까운 인도의 남동부, 현재의 마두라이Madurai 지방 바닷가 어딘가에 위치해 있음을 추정할 수 있는데, 관음보살은 그곳 산 위에 거처를 정하고 있다는 것이다.

위 현장의 기사 외에도 우리는 Potalaka라는 단어 자체에 '항港'의 의미가 함축되어 있거나, 또한 『법화경』 「관세음보살보문품」에 "만약 백천만억의 중생이 금·은·유리… 의 보배를 구하기 위해 대해大海에 들어갈 때 설사 흑풍黑風이 배에 불고 나찰귀국羅刹鬼國에 표류할 지라도… 그 중 한 사람이라도 관세음보살의 이름을 부르면…"[16] 등의 표현과 함께 "관세음의 묘한 음音인 범음梵音과 해조음海潮音이 저 세간의 음보다 수승하다"[17]는 바다와 관련된 단어들이 발견되고 있음을 견주어 볼 때, 관음신앙 및 관음보살의 유연有緣적 장소는 바다와 밀접한 그 어떤 곳과 관련을 맺고 있다는 점을 쉽게 알 수 있다.[18]

또한 불교가 중국·티베트·한국·일본 등을 거쳐 오는 가운데 각 민족들은 관음보살의 거처를 자기 나라 어딘가에 설정하고 있음을

---

15 『大唐西域記』 卷第10(『大正藏』 51, p.932).

16 『妙法蓮華經』 卷第7(『大正藏』 9, p.56).

17 『妙法蓮華經』 卷第7(『大正藏』 9, p.58).

18 이외에 補陀落迦를 '海島' 또는 '光明'이라 번역하고 있는 점은 해가 떠오르는 바닷가를 쉽게 연상케 하고 있으며, 또한 앞서 Avalokiteśvara라는 말 가운데 Avalo는 희랍의 해신인 Apolo의 訛音이라는 주장 역시 이러한 의미성을 보완해 주고 있다.

볼 수 있다. 곧 티베트인들은 랍살하拉薩河를 바다로 간주하고 그 강 유역에 위치한 랍살(拉薩: Lasa)의 '포탈라 궁'이야말로 관음보살께서 머무시는 곳이며, 그곳에 머무는 달라이 라마Dalai Lama[19]야말로 관음보살의 화신이라 설명하고 있는 것이다.

중국인들은 절강성浙江省 영파寧波의 주산열도舟山列島에 보타락가산이 있다고 믿는 한편, 한국에서는 강원도 양양 낙산사落山寺 홍련암紅蓮庵의 해변 굴속에 관음보살의 거처가, 일본인들은 나지산那智山 청안도사青岸渡寺에 관음보살이 머물러 계신다고 생각해 왔다.

그럼에도 이들 각 나라의 관음 주처住處는 인도의 보타락가산이 그러하듯 모두가 수도 중앙으로부터 남동에 위치하고 있으며, 또한 바닷가에 위치한 산 위에 그 거처를 정하고 있음을 볼 수 있다. 그러나 한국의 경우 당시 신라의 수도 경주 북쪽에 홍련암이 위치해 있으며, 산 위가 아닌 해변 굴속에 관음보살의 거처를 정한 신라불교의 특유의 성격을 살펴볼 수 있기도 하다.[20] 여하튼 관음보살의 주처가 각 나라에 걸쳐 폭넓게 펼쳐져 있음은 불교신앙에 있어 '관음신앙'의 확산 정도를 가늠케 하는 중요 측면이 되기도 한다.

3) 관음보살 신앙, 그 기원 및 전개

불교가 전파된 각 나라마다 관음보살의 거처가 마련되어 있다는 사실은 관음보살 신앙의 보편성을 말해주는 좋은 예가 된다. 그렇다면 여기서

---

19 달라이라마(達賴喇嘛: Dalai Lama)의 표현 가운데 Dalai(達賴)는 몽고어로 바다(海)를 의미하고, Lama(喇嘛)는 서장어 bla-ma의 訛略으로 '上人'의 뜻을 갖는다. 이 표현 역시 바다와의 연관성을 보여주고 있다.

20 金煐泰, 『佛教思想史論』, 민족사, 1992. p.470.

말하는 관음보살 신앙, 즉 관음신앙이란 무엇을 뜻하는가?

(1) 관음보살 신앙

관음보살에 대한 신앙의 핵심을 이해하기 위해 앞서 살펴본 avalokiteśvara라는 명칭에 주의를 기울여볼 필요가 있다. 그 단어에서 나타나는 관음보살은 '세속을 관찰하는 신' 내지 '세속의 소리(音)를 관찰하는 자'로서, 세상 모든 고뇌에 찬 중생들의 울부짖음에 귀 기울이고 그에 응답하는 구제자로서의 성격이 강조되고 있다.

곧 내 영혼이 어두움에 빠져 있을 때 그 고뇌를 통찰하는 구제자로서 관음보살. 『불설대승장엄보왕경佛說大乘莊嚴寶王經』에 의하면, 관세음보살께서 최후의 깨달음을 성취하신 후 열반에 이르고자 수미산 정상에 이르렀을 때 자신의 열반을 슬퍼하는 중생들의 울부짖음을 듣게 되었다. 그 비탄의 소리를 듣게 된 관세음보살은 이내 크나큰 연민 속에 이렇게 말하고 있다. "이 지상에 오직 한 사람이라도 불행과 고뇌 속에 빠져 있는 한 나는 결코 열반의 문에 들지 않으리라."[21]

이런 크나큰 서원을 세우신 관음보살께 의지하고 그의 도움을 갈구하는 것. 더욱이 그분께서는 조금이나마 더 많은 중생들을 구원하고자 천 개의 눈과 손을 갖고 계시는 바, 『삼국유사三國遺事』에 의하면 관음보살은 자기의 눈 하나쯤이라도 빼어 눈먼 사람에게 나누어 주는 다음과 같은 크나큰 자비를 보여 주고 있는 것이다.

경덕왕 때 한지리漢岐里에 사는 여자 희명希明의 아이가 난지 5년

21 『佛說大乘莊嚴寶王經』 卷20(『大正藏』 20, p.47ff).

만에 갑자기 눈이 멀었다. 어느 날 그 어머니가 아이를 안고 분황사 좌전左殿 북쪽에 있는 천수대비千手大悲의 그림 앞에 가서 아이를 시켜 노래를 지어 빌었더니, 마침내 눈을 떴다.

그 노래에 가로되 "무릎 꿇고 두 손 모아 천수관음千手觀音 앞에 빌어 삷아두나이다. 즈믄(千: 천 개)손 즈믄눈을 가지셨사오니, 하나를 내어 하나를 덜어 둘 없는 내오니 하나를랑 주시옵시라. 아아, 나에게 주시옵시사. 나에게 주시면 자비가 클 것이로이다."[22]

(2) 천수천안千手千眼의 의미

그러면 여기서 천수천안의 관음보살이 갖는 천 개의 손과 얼굴은 무엇을 뜻하는가? 이는 관음보살의 대자비를 상징적으로 묘사한 것으로, 원래 천 개의 눈을 가졌다는 인도의 신 인드라·비슈누·쉬바 등이 불교적으로 변화된 모습을 말한다.

여기서 천수천안이라 함은 한 몸에 천 개의 눈과 얼굴을 갖추고 있음을 말하는 것은 아니다. 『천광안관자재보살비밀법경千光眼觀自在菩薩秘密法經』에 의하면 "삼매광三昧光 가운데 25분의 보살이 나와… 그 상호相好는 관자재觀自在와 같았는데… 각기 몸 위에는 40개의 손이 갖추어 있으며 각 손바닥에는 1개의 자비스런 눈이 있었다. 그 25보살이 각각 40의 손과 눈을 갖춘 까닭에 합이 1,000수手 1,000안眼이 된다"[23]는 것이다.[24]

---

22 『三國遺事』 卷三, 「芬皇寺千手大悲 盲兒得眼」條.

23 『千光眼觀自在菩薩秘密法經』(『大正藏』 20, p.120).

24 물론 1,000이란 숫자를 이렇듯 일반화시키는 데에는 무리가 따름을 부인할 수는 없다. 『千手千眼觀世音菩薩廣大圓滿無礙大悲心陀羅尼經』(『大正藏』 20, p.106) 에

이에 "관자재보살께서 삼매에서 나와 모든 화신보살들께 말씀하시기를 '너희들은 이제 나의 위력을 입게 되었으니, 응당 25계에 머물러 그 근심의 세계(憂有)를 없애도록 하라'"[25] 하셨는 바, 각 보살들은 각기의 삼매 속에서 각각 25개의 중생세계(有)에 머물러 그 세계를 파破하게 된다는 것이다.

여기서 '25개의 유有'라 함은 모든 생명체의 생존 형식을 뜻하며, 욕계欲界·색계色界·무색계無色界에 걸쳐 생사윤회를 거듭하는 미혹의 세계인 25종의 중생세계를 말한다. 25유有는 다음과 같다.

① 욕계欲界 14유有

4악취경四惡趣竟: 지옥유地獄有·축생유畜生有·아귀유餓鬼有·아수라유阿修羅有

4주경四洲竟: 동승신주유東勝身洲有·서우화주유西牛貨洲有·북상승주유北上勝洲有·남섬부주유南贍部洲有

6욕천경六慾天竟: 사천처유四天處有·도리천처유忉利天處有·염마천유炎摩天有·도솔천유兜率天有·화락천유化樂天有·타화자재천유他化自在天有

② 색계色界 7유有

4정려경四靜慮竟: 초선유初禪有·범왕유梵王有·이선유二禪有·삼선유

서는 "몸 위에 천 개의 손과 천 개의 눈이 모두 具足하게 되었다"는 말을 직접적으로 전하고 있는 까닭이며, 『千光眼觀自在菩薩秘密法經』(『大正藏』 20, p.121)에서는 "500개의 얼굴에 1,000개의 눈을 具足"하는 등 또다른 표현들이 등장하고 있는 까닭이다.

25 『千光眼觀自在菩薩秘密法經』(『大正藏』 20, p.120).

三禪有・사선유四禪有, 그리고 무상유無想有・정거아나함유淨居阿那含有

③ 무색계無色界 4유有

4공처경四空處竟: 공처유空處有・식처유識處有・무소유처유無所有處有・비상비비상처유非想非非想處有

이 25유有의 세계 각각에 머무는 25명의 화신보살은 모두 십일면보살十一面菩薩로서, 그 11면面(얼굴)에는 22개의 눈과 원래의 얼굴에 붙은 3개(미간에 붙은 하나의 눈까지를 포함하여)의 눈, 즉 25개의 눈과 함께 40개의 손을 가지는 바, 하나의 세계에 이같은 형상의 40명의 보살 화신이 머물러, 결국 한 세계 속에 천 개의 눈을 구족하게 된다는 것이다.

그렇듯 하나의 세계(有) 속에 머무는 각각의 보살 화신들 중, 한 보살은 무구삼매無垢三昧에 들어 40개의 손 가운데 또다시 40의 보살들을 출현시켜 지옥유地獄有(世界)를 파괴하거나, 혹 한 보살은 또 다른 삼매에 들어 축생유畜生有를 파괴하거나 하여 전체 25보살의 삼매 속에 전체 25유의 세계를 단멸케 할 수 있다는 것이다.[26]

이제 각 25유에 대한 이해를 위해 '『능엄경』에 나타난 수미산 중심의 우주 구조'와 함께 '3계 25유'의 모습, 그리고 '25유의 세계 속에서 각 보살들이 머물러 있다는 삼매의 명칭'을 하나의 도표로 나타내 보이면 다음과 같다.(도표 1)

---

26 『千光眼觀自在菩薩秘密法經』(『大正藏』 20, p.120).

도표 1「수미산 중심의 우주구조」및 25유有의 구분과 제諸 보살들의 삼매도三昧圖

須彌山 中心의 宇宙構造			25有의 區分		三昧의 名稱
無色界4天		非想非非想處天	四空處境	非想非非想處有	我三摩地
		無所有處天		無所有處有	樂三摩地
		識無邊處天		識處有	常三摩地
		空無邊處天		空處有	無礙三昧
色界18天	四禪天	色究竟天 善見天 善現天 無熱天 無惱天	四淨處境	淨居阿那含有	照鏡三昧
		無想天		無想有	如虛空定
	(四禪天)	廣果天 福生天 福愛天		四禪有	注雨定
	三禪天	遍淨天 無量淨天 小淨天		三禪有	雷音三昧
	二禪天	光音天 無量光天 小光天		二禪有	雙三昧
	初禪天	大梵天		梵王有	種種三昧
		梵輔天 梵衆天		初禪有	白色三昧
欲界6天	他化自在天		六欲天境	他化自在天有	赤色三昧
	樂變化天			化樂天有	黃色三昧
	兜率陀天			兜率天有	靑色三昧
	須燄摩天			炎摩天有	悅意定
	忉利天(33天)			忉利天處有	難伏三昧
須彌山	四天王天 (日月星宿天)	四天王天 放逸天 持鬘天 堅手天		四王處有	不動定
南贍部洲 (四洲)	7金山 8功德水	南贍部洲	四洲境	南贍部洲有	如幻三昧
		北瞿盧洲		北上勝洲有	熱炎定
		西牛貨洲		西牛貨洲有	月光定
		東勝身洲		東勝身洲有	日光三昧
	鐵圍山				

金 輪		四	阿修羅有	歡喜三昧
水 輪		惡	餓鬼有	心樂三昧
風 輪		趣	畜生有	無退三昧
空 輪		境	地獄有	無垢三昧

위와 같이 전체 25유에 이르는 무수한 생명체들에 이르기까지 미치는 관음보살의 대자비의 정신. 이러한 대자비의 화신 관음보살께 우리의 전 생명을 의탁한다면, 필경 우리는 끝없는 질곡의 삶으로부터 자유를 얻을 수 있다는 것이다. 그럼에도 관음보살에 대한 우리의 헌신과 의탁은 피상적 관념을 넘어선 간절함이 뒤따라야 한다. 그리하여 "오롯한 마음으로 (그의) 이름을 부르면 관세음보살께서는 즉시 그 목소리 관觀하여 우리를 해탈의 세계에로 인도해 주실 것이라〔一心稱名 觀世音菩薩 卽時觀其音聲 卽得解脫〕"[27]고 『법화경』「관세음보살보문품」은 말하고 있다.

이러한 무조건적 자비의 마음, 차라리 아가페적 사랑을 능가하는 듯한 정신에의 귀의, 이것이야말로 관음보살 신앙의 참된 정신이라 말할 수 있을 것이다.

2. 관음보살 신앙의 전래

세속에 머무는 중생들의 고통을 구원해 줄 민중의 요구에 의해 생겨난 관음신앙. 그 성립 근거지가 되었던 곳은 인도의 남동부 해안지방[28]으로

27 『妙法蓮華經』 卷第7(『大正藏』 9, p.56).

28 앞서 언급한 관음보살과 관련된 기사가 바다와 관련을 맺고 있다는 점 및 관음신앙과 관련된 수많은 경전들 가운데 "如是我聞 一時佛 在補陀落迦山 觀世音宮殿"

이해된다. 그리고 이후 대승불교의 확산과 함께 독특한 신앙체계로서 자리를 잡아간 것이라고 말할 수 있다.

1) 관음보살 신앙의 인도印度 성립과 전개

불교 신앙의 범주 속에 관음보살이 처음 등장한 것은 서력기원 전의 일로 추정된다. 기원후 1세기경에 성립된 것으로 알려진 『화엄경』「입법계품」에서 선재동자善財童子는 문수보살의 안내로 53선지식善知識을 찾게 되는데, 28번째로 남천축국南天竺國의 보타락가산에서 관세음보살을 친견하고 있는 것이다. 또한 148년에 안식국安息國에서 중국으로 건너온 안세고安世高[29]에 의해 『불설자서삼매경』이 번역되는데, 그 가운데 '광세음光世音'이란 관음보살의 명칭이 등장[30]하고도 있다.

이와 더불어 기원 전후에 성립된 경전으로 알려진 『다라니집경陀羅尼集經』, 『법화삼매경法華三昧經』·『법화경』「관세음보살보문품」 등의 경전들 및 『능엄경』의 단편들 가운데서 관세음보살 신앙의 초기 형태를 찾을 수 있으며, 기원후 1세기경에 조성된 것으로 알려진 관음보살상이 인도 간다라 지방에서 발견되었던 점을 미루어 기원후 1세기를 즈음한 관음보살 신앙의 초기적 전개과정을 추정할 수 있다.

한편 용수(龍樹: 150~250년경)의 『대지도론大智度論』 가운데 『능엄경』과 『법화경』 내용을 인용한 항목을 찾을 수 있는데,[31] 『능엄경』과

等의 序頭가 기록되어 있는 점, 그리고 經典 說處는 經典 成立地가 된다는 일반적 원칙에 의거할 때, 觀音信仰의 成立 根據地로서 印度 남동부 해안지방을 설정하는 데에는 별 무리가 없을 것이다.

29 『出三藏記集』 卷第13(『大正藏』 55, p.95).

30 『佛說自誓三昧經』(『大正藏』 15, p.344a). "光世音慈氏等如是上首者也."

『법화경』의 성립을 기원전으로 잡고 있음을 생각할 때, 적어도 관음신앙은 기원전에 성립되어 기원후 3세기 초엽까지는 민간에 널리 신앙되거나 종파적 색채를 띤 형태로 존재했다는 추론이 가능하다.

또한 400년대 초 천축을 순례하고 기행문을 남긴 법현法顯은 『역유천축기전歷遊天竺記傳』에서 "마하연(摩訶衍: 大乘) 사람들은 반야바라밀般若波羅蜜과 문수사리文殊師利 및 관세음 등을 공양한다"[32]는 기록을 남기고 있어, 그 시대에 대승불교권 가운데 관음신앙이 활발히 진행되고 있었음을 생각할 수 있다.

그리고 『대당서역기』에 의하면, "파비타가(婆毘吠伽, 淸辨: 490~570)는… 호법護法보살이 법을 선양하여 그 교학을 좇는 무리가 수천에 이른다는 이야기를 듣고 그의 가르침을 듣기를 청하나 거절당하자, 관자재보살상 앞에서 수심다라니隨心陀羅尼를 외우고, 3년이 지나자 이내 관자재보살께서 묘색신妙色身을 드러내었다"[33]는 기록과 "가포덕가 가람迦布德迦伽藍의 남쪽 2~3리에 이르면 고산孤山에 다다른다… 한가운데 정사精舍에는 관자재보살상이 있다"[34]는 외에도 관자재보살

---

31 『大智度論』(『大正藏』 25) 가운데 『楞嚴經』 및 『法華經』을 인용한 많은 단편들이 전하고 있다. 『楞嚴經』을 인용한 단편으로는 "復次摩訶衍首楞嚴經中說 佛於莊嚴世界 壽七百阿僧祇劫度脫衆生"(卷第26, p.249)과 "如首楞嚴經說 文殊師利七十二億作辟支佛 化辟支佛人令其成道 以是故在"(卷第33)가 있고, 또한 『法華經』을 인용한 단편들로는 "如法華經中多寶世尊 無人請故便入涅槃 後化佛身及七寶塔 證說法華經故"(卷第7, p.109)와 "何以大供養如是 (…) 此比丘 卽往到其住處 見此比丘在窟中讀法華經 (…) 我誦法華經故遍吉自來(遍吉法華名爲普賢)"(卷第9, p.127) 등이 있다. 이외에 수많은 항목들에서 위 경전들을 인용하고 있다.

32 『高僧法顯傳』(『大正藏』 51, p.859). "摩訶衍人則供養般若波羅蜜文殊師利觀世音等."

33 『大唐西域記』 卷10(『大正藏』 51, pp.930~931).

34 『大唐西域記』 卷第9(『大正藏』 51, p.925).

과 관련된 수많은 기록들이 존재해 있음을 생각할 때, 관음보살 신앙과 함께 관세음보살상은 기원 전후 이래 인도에 널리 확산되었던 것으로 이해할 수 있다.

2) 관음보살 신앙과 아미타불阿彌陀佛 신앙과의 관계

한편 관음보살 신앙의 확산 가운데 특이한 사실과 만날 수 있는데, 그것은 아미타불 신앙과의 관계라 말할 수 있다. 『반주삼매경般舟三昧經』(179년 지루가참支婁迦讖 번역) 및 『무량수경無量壽經』(148년경 이후 안세고, 지루가참 번역)·『아미타경阿彌陀經』(요진 구마라집 및 당 현장 등 번역) 등에 바탕을 둔 아미타불 신앙은 기원전 1세기 경[35]에 서북인도에서 성립된 것으로,[36] 그 성립 초기에 있어 관음보살 및 아미타불 신앙이란 두 종류의 신앙 형태는 각각 독립적으로 발전되었던 것 같다.

이러한 예를 우리는 현전現傳하는 4종의 아미타불 성도인과成道因果[37]를 통해 추론할 수 있다. 우선 『법화경』「화성유품化城喩品」에 의하면, 과거 무량무변불가사의아승지겁無量無邊不可思議阿僧祇劫에 대통지승

---

35 Hajime Nakamura, *Indian Buddhism*, Delhi, Motilal Banarsidass Pub, 1987. p.204. "『阿彌陀經』과 함께 동시대에 성립된 『無量壽經』은 『道行經』(2세기에 漢譯)에 앞선 『般舟三昧經』보다도 이전에 성립되는 바, 그 성립 시기는 대략 기원전 1세기로 잡을 수 있다"는 Ryūkai Mano의 주장을 인용하고 있다.

36 定方晟, 『須彌山と 極樂』, 東京: 講談社, p.20ff.; 정토신앙의 근원지로 서북인도를 상정하는 것은 더위에 대한 清凉함이라는 印度의 기후적 실정에 의거하는 바, 다분히 히말라야 고지대가 무대가 됨을 생각할 수 있다.

37 아미타불의 成道因果에 대해서는 경전의 다음과 같은 4곳에 기사가 전하고 있다. (1)『法華經』「化城喩品」, (2)『悲華經』 卷第2, (3)『無量壽經』 卷上, (4)『觀佛三昧海經』 卷第9 등.

여래大通智勝如來라는 부처님께서 세상에 계셨다고 한다. 그런데 그 부처님께서 출가하기 이전에 그에게는 지적智積을 포함한 16명의 아들이 있었는데, 그 아들들은 그의 아버지가 출가·성도하였다는 이야기를 듣고 모두 출가 수행하여 깨달음을 얻은 뒤 시방세계에서 설법하시는 바, 그 가운데 9번째 아들은 아미타불이 되어 서방세계에 머물며, 16번째 아들은 석가모니불이 된다는 것이다.[38]

또한 『관불삼매해경觀佛三昧海經』에 의하면, "과거 공왕불空王佛의 처소에서 4명의 비구가 삼세제불의 정법을 닦고 (…) 불佛의 미간을 관觀하고 그 참회 인연으로 (…) 수기授記를 받았다. 동방에 묘희국妙喜國이 있어 아촉불阿閦佛이란 불佛이 머무시니 첫 번째 비구이며, 남방 일환희국日歡喜國에 보상불寶相佛께서 머무시니 두 번째 비구이고, 서방에 극락국極樂國이 있어 무량수불無量壽佛이 머무시니 세 번째 비구이며, 북방에 연화장엄국蓮華莊嚴國이 있어 미묘성불微妙聲佛이 머무시니 네 번째 비구가 이에 해당된다"[39]는 것이다.

그리고 『무량수경』에 의하면, 과거 53불이 출가하여 마지막 세자재왕불世自在王佛에 이르렀을 때 한 국왕이 부처님 설법을 듣고 출가하여 호를 법장法藏이라 하였다. 48원願을 세우고 조재영겁兆載永劫의 수행을 통해 정각을 성취, 아미타불이 되어 서방으로 십만억찰十萬億刹을

---

38 『妙法蓮華經』 卷第3(『大正藏』 9, pp.22～25). "16沙彌(아들) 가운데 두 사미는 동방에서 佛이 되었는데 歡喜國의 阿閦佛과 須彌頂佛이며, 두 사미는 동남방에 머물러 師子音과 師子相, 또한 남방의 虛空住·常滅, 서남방의 帝相·梵相, 서방의 阿彌陀·度一切世間苦惱, 서북방의 多摩羅跋栴檀香神通·須彌相, 북방의 雲自在·雲自在王, 동북방의 壞一切世間怖畏·釋迦牟尼佛 등으로서 무량한 聲聞들이 그들 권속이 되고 있다(p.25)"는 것이다.

39 『觀佛三昧海經』 卷第9(『大正藏』 15, pp.688～689).

지난 안락세계安樂世界에 머물고 계신다는 것이다.[40]

이상『법화경』및『관불삼매해경』등 경전을 통해 볼 때 관음보살과 아미타불은 전혀 관계가 없는 것으로 묘사되어 있다. 그럼에도『무량수경』에 나타나 있는 세자재왕불世自在王佛을 관세자재觀世自在, 즉 관세음觀世音과 동일하게 생각할 수 있다면, 여기서 관음보살은 아미타불과 전연 무관한 분이 아닌, 아미타불과 관음보살의 복속 관계를 추정할 수 있게 된다.

그럼에도 후대에 이르러 아미타불 신앙이 크게 유행함에 따라 관음보살 신앙은 아미타불 신앙 속에 흡수된 것으로 여겨진다.『비화경悲華經』설명에 의하면, 과거 선지겁善持劫의 산제람刪提嵐이란 세계에 무쟁념왕無諍念王의 대신大臣 보해寶海의 아들인 보장寶藏이 출가·성도하여 그 호를 보장여래寶藏如來라 하였는데, 왕과 왕자들에게 다음과 같은 수기를 행하고 있다.

즉 왕에게는 서방 백천만억 불토를 지난 서방세계의 존음왕여래尊音王如來 멸후, 안락세계 가운데 부처가 되어 무량수여래無量壽如來가 될 것이며(p.185), 제1태자인 불순不眴은 자字를 관세음觀世音이라 하여 무량수불 반열반般涅槃 후, 변출일체광명공덕산왕여래遍出一切光明功德山王如來가 되고, 제2태자인 니마尼摩는 자字를 득대세得大勢라 하여 선주진보산왕여래善住珍寶山王如來가 될 것이라고 하고(p.186), 그 밖의 왕자들에게도 수기를 행하고 있는 것이다.[41]

이외에 좀 더 후대에 성립된 것으로 여겨지는『관세음보살수기경觀世

40『佛說無量壽經』卷上(『大正藏』12, pp.266~270).

41『悲華經』卷第2,3(『大正藏』3, pp.174~186ff).; 이와 동일한 기사를『大乘悲分陀利經』卷第 3(『大正藏』3, p.251) 가운데서 발견할 수 있다.

音菩薩授記經』에서는 아미타불 및 관세음보살과 대세지보살과의 관계를 설명해 주는 다음 이야기를 전하고 있다. 즉 옛날 금광사자유희여래金光師子遊戲如來께서 머무시던 서방의 무량덕취안락국無量德聚安樂國에 위덕威德이란 왕이 두 아들을 두었는데, 그 왼편에는 보의寶意, 오른편에는 보상寶上이라 불리는 아들이 있었다. 이 가운데 보의는 지금의 관세음이며 보상은 득대세보살得大勢菩薩인데, 이후 한량없는 겁劫을 지나 아미타불께서 열반에 드신 후 관세음보살이 성불하여 그 이름을 보광공덕산왕여래普光功德山王如來라 할 것이며, 그 여래께서 열반에 드신 뒤 득대세보살得大勢菩薩이 성불하여 선주공덕보왕여래善住功德寶王如來가 될 것이라는 것이다.[42]

이상 『비화경』 및 『관세음보살수기경』의 예를 통해 볼 때 아미타불은 대세지大勢至(得大勢)보살 및 관음보살의 아버지로 설명되는 바, 이를 통해 관음보살 신앙과 아미타불 신앙과의 복속 관계를 생각해 볼 수 있다. 그리고 이러한 관계성 속에 후대의 문헌 가운데 관음보살이 대세지보살과 동일인으로 표기된다거나,[43] 그와 함께 아미타불의 보처補處로 설명되고 있음을 알 수 있다. 그리고 이러한 예를 통해 우리는 '관세음觀世音'이 '광세음光勢音'(『賢劫經』 卷第1, 『大正藏』 14, p.1中) 또는 '광세음대세지대사光世音大勢至大士'(『佛說海龍王經』 卷第3, 『大正藏』 15, p.145中)로 표기되는 까닭을 이해할 수 있는 것이다.

3) 관음보살 신앙의 중국 전래와 초기 형태

현전하는 자료를 통해 볼 때, 명칭으로서 관음보살이 중국에 최초

---

42 『觀世音菩薩授記經』(『大正藏』 12, pp.253~257).

43 현재 통용되고 있는 한국불교의 '독송용 천수경' 가운데 「12보살」 항목.

전래된 것은 안세고安世高에 의해 『불설자서삼매경』이 번역된 기원후 148년에 해당한다고 할 수 있다.[44] 그럼에도 관음보살 신앙의 본격적 형태가 중국에 전래된 것은 250년경의 일로 추정된다. 즉 삼국시대의 오吳나라 오봉五鳳 2년(255)에 인도 승려인 지량강접(支疆梁接, Kalastui: 정무외正無畏)에 의해 관음보살 신앙과 관련된 경전 『법화삼매경』 6권이 최초로 중국에 번역[45]되었던 것이다.

그리고 기원후 286년, 서진西晉의 축법호竺法護 또한 관음보살 신앙의 핵심을 담고 있는 『정법화경正法華經』의 「광세음보문품光世音普門品」(觀世音菩薩普聞品의 번역名)을 번역하기에 이르며,[46] 이보다 앞선 252년 이래 이미 『무량수경無量壽經』(康僧鎧 譯)과 『관무량수경觀無量壽經』(畺良耶舍 譯)·『화엄경』 「입법계품」(佛馱跋陀羅 譯) 등이 번역되었던 바, 이러한 경전의 보급 속에 관음보살 신앙 역시 민간에 심화되었다는 주장에는 별 무리가 없을 것이다.

이러한 관음보살 신앙의 흔적을 법현의 기록 가운데서 발견할 수 있다. 법현은 399년 장안長安을 떠나 412년까지 13년간 천축을 여행한 후 그간의 기록을 담은 『역유천축기전歷遊天竺記傳』을 남기고 있는데, 그 가운데 "마하연(大乘) 사람들은 반야바라밀·문수사리·광세음 등을 공양한다"[47]는 내용과 함께, 그가 탄 배가 위기에 처했을 때 "상인들이

---

44 앞서 제1장의 註 30)에서 본 것처럼, 경전 가운데 '光世音'이란 표현이 있다.

45 『開元釋敎錄』 卷14(『大正藏』 55, p.628下).

46 이외에도 「觀世音菩薩普門品」의 번역으로는,
姚秦 8년(406) 鳩摩羅什이 『妙法蓮華經』 「觀世音菩薩 普門品」 번역,
隋 仁壽元年(601) 闍那崛多가 達摩笈多와 함께 「添品法華經普門品」의 게송 번역,
劉宋 曇無竭의 『觀世音菩薩授記經』 번역 등이 전하고 있다.

47 『高僧法顯傳』(『大正藏』 51, p.859).

경전이나 불상을 던져 버릴 것을 두려워하여 오직 일심으로 관세음을 염念하고, (…) 이때에도 역시 일심으로 관세음과 한지漢地의 중승衆僧을 생각하였다"[48]는 등의 내용을 발견할 수 있다. 이를 통해 법현은 이미 관음보살의 신앙체계에 대한 충분한 지식을 습득하고 있었음을 알 수 있다.

그러나 이보다 더 주목해야 할 것은 420년경 동진東晉의 축난제竺難提에 의해 번역된 『청관세음보살소복독해다라니請觀世音菩薩消伏毒害陀羅尼』이다. 이는 560년경 북주北周의 야사굴다耶舍崛多에 의해 번역된 『십일면관세음신주경十一面觀世音神呪經』과 더불어 관음보살 신앙에 대한 좀 더 구체적인 자료를 건네줌과 동시에, 관세음보살의 명호名號를 부르는 복덕과 함께 그 영험을 말해 주고 있는 것이다.

이외에 『반야바라밀다심경般若波羅蜜多心經』이 민간에 널리 전파되어 그 신앙 유형의 발전을 이루었던 바, 이런 풍조 속에 「소관음경小觀音經」이라 일컬어지는 『고왕관세음경高王觀世音經』과 아울러 『관세음십대원경觀世音十大願經』·『관세음영탁생경觀世音詠託生經』·『관세음보살왕생정토본연경觀世音菩薩往生淨土本緣經』·『관세음참회제죄주경觀世音懺悔除罪呪經』·『관세음보살구고경觀世音菩薩救苦經』·『관세음소설행법경觀世音所說行法經』·『관세음삼매경觀世音三昧經』 등의 의위경疑僞經이 대량 제작되기에 이르렀던 것이다.

한편 300년대 후반부터 관세음보살 응험담應驗談이 등장하고 있는 점을 미루어 관음보살 신앙의 확산 정도를 이해할 수 있다. 즉 송宋나라(南朝) 전량(傳亮: 374~426)은 동진 때 사부謝敷가 지은 『관세음응험전

48 『高僧法顯傳』(『大正藏』 51, p.866).

觀世音應驗傳』을 토대로 『광세음응험기光世音應驗記』를 지었으며, 송나라 장연張演은 5세기 전반에 『속광세음응험기續光世音應驗記』를, 제齊나라 육과(陸果: 459~532) 역시 『관세음응험기觀世音應驗記』를 편찬하였다. 이상의 고찰을 통해 볼 때 서진西晉을 전후로 육조시대六朝時代에 이르는 비교적 이른 시기부터 중국에는 관음신앙이 치성했음을 알 수 있다.

그리고 이후 진陳나라 및 수隋나라를 거치면서, 혜사(慧思: 515~577)와 더불어 지의(智顗: 538~597)로 이어지는 천태교학天台教學의 형성은, 후대에 걸친 천태종의 형성·발전과정과 함께 중국에 있어 관음신앙 확산의 획기적 전기가 되었음을 또한 생각해 볼 수 있다.

4) 관음신앙의 한국 전래

이처럼 많은 경전의 번역을 통한 관음보살 신앙의 민간 확산 및 천태교학의 전개와 더불어 중국에서의 관음보살 신앙의 확산. 이에 삼국시대에 걸친 이른 시기에 중국의 영향을 입은 채 우리나라에 관음신앙의 형태가 전래되었던 바, 이들 각 전래의 모습을 국가별로 정리해 보면 다음과 같다.

(1) 백제의 관음신앙 전래

우리나라에 최초로 관음보살 신앙의 형태가 유입된 것은 384년, 침류왕枕流王 원년元年의 백제불교 초전初傳[49]과 관련이 있으리라 생각할 수

---

49 백제불교의 初傳에 관해서는 『日本書紀』 卷第22, 「推古天皇」, 32年(624) 4月 戊申(3日)條에 "百濟觀勒僧 表上以言 夫佛法 自西國至于漢 經三百歲 乃傳之至於百濟國 而僅一百年矣"라는 기사가 나오는데, 이를 해석하는 데에 따라 많은 관건이 존재한

있다. 즉 그해 9월 인도로부터 동진東晉을 거쳐 백제로 들어온 백제불교의 초전자初傳者 마라난타摩羅難陀[50]는 "물론 동진에서 불교를 배워온 것은 아니고 인도의 근원적 불법을 전하였겠지마는, 동진에서 백제로 건너올 때 한역경전도 가급적이면 가지고 왔을 것으로 볼 수 있는"[51] 것이다.

그리고 『해동고승전海東高僧傳』「석마라난타釋摩羅難陀」조에 의하면 "대저 삼한三韓이란 마한馬韓·변한卞韓·진한辰韓이 이것이다. 『보장경寶藏經』에 이르기를… 삼한은 염부제閻浮提의 동북 변에 있어 해도海島가 아님이라. 부처님 열반 후 600여년 내 홍할 것이다. 그 중에 성주산聖住山이 있어 실리모달리(室梨母怛梨: 唐에서는 삼인산三印山이라 한다)라 이름하니, 준봉이 높이 솟아 관세음보살의 궁전이 그 산정山頂에 있으니 월악月岳이 그것이라…. 그러한즉 백제는 이내 삼한이 됨이라"[52]는 기록이 전하는 바, 백제에는 불교의 초전 때는 아닐 지라도 비교적 이른 시기에 관세음보살 신앙 형태가 전래되었음을 생각할 수 있다.

또한 관음신앙의 구체적 자료를 전하고 있는 『청관세음보살소복독해다라니』가 이미 420년경 동진의 축난제에 의해 번역되었던 바, 당시 동진과 백제와의 밀접한 관계성을 바탕으로 생각할 때 이 경이 비교적

다.

50 『三國史記』卷第 24,「百濟本紀」2, 枕流王條에 의하면 "胡僧摩羅難陀 自晉至"라 기록되어 있으나,『海東高僧傳』(卷第 1)에는 "釋摩羅難陀 胡僧也… 按古記本從竺乾入于中國… 當百濟第十四沈流王 卽位九年九月 從晉乃來"라 기록되어 있다.

51 金煐泰,「三國時代의 神呪信仰」(東國大學校 佛敎文化硏究院,『韓國 密敎思想 硏究』, 東國大學校 出版部, 1986), p.58.

52 『海東高僧傳』卷第1(『大正藏』50, p.1017).

이른 시기에 백제에 전래되었음을 추정하는 데 별 어려움이 따르지 않는다. 그리고 이에 대해서는 다음 자료가 이를 뒷받침하고 있기도 하다.

즉 백제 관음신앙 확산의 증례證例를 전하고 있는 일본의 기록 「선광사연기善光寺緣起」에 의하면 "『청관세음보살소복독해다라니주경』은 선광사 생신여래生身如來께서 사바세계에 오신 뜻을 밝히고 있다"[53]는 내용과 함께 그 경을 설하게 된 동기가 되는 인물인 월개장자月蓋長者가 세세생생 국왕의 몸을 받고 태어나 항상 원불願佛인 생신여래를 받들어 모시겠다고 서원하였는데, "그 생신미타여래生身彌陀如來께서 인도에서 화도化道를 마치고 백제국으로 날아와 내전內殿 위에 나타나 눈이 부시도록 광명을 발함으로써 국왕을 비롯한 온 나라가 불법을 신봉하게 되었다"[54]는 바, 위 경전이 이미 백제에서 신앙 되고 있었음을 추정할 수 있다.[55]

더욱이 583년 백제의 사문 일라日羅는 일본 민달천황敏達天皇의 요청에 의해 일본에 건너갔으며,[56] "성덕태자聖德太子는 일라를 가리켜 신인

---

53 『日佛全』 86, p.308～333. "請觀世音菩薩消伏毒害陀羅尼呪經 此經卽明善光寺生身如來 娑婆來現之由來也."

54 『善光寺緣起』 1, 「次百濟國利益事」(『日佛全』 86, p.313中). "抑生身彌陀如來 天竺化道事畢 飛遷百濟國現內裏上 光明熾盛而禁中映徹…龍顔失色臣下消魂 于時如來告王臣言 汝等强勿憂惱 其故昔於天竺爲月蓋長者時 從極樂世界請吾恭敬供養 今成此國帝 誇十善榮樂 晝夜作惡業 旣爲墮在三途 仍爲濟度汝等 來現此國告給 (…) 後別建立大伽藍奉渡如來 比丘如星列內陣 晝夜讀經典 王臣如雲集外陣 旦暮唱名號 一天聖主 四海土民同志 歲月久恭敬禮拜."
金煐泰, 「三國時代의 神呪信仰」(東國大學校 佛教文化研究院, 『韓國 密教思想 研究』, 東國大學校 出版部, 1986), p.59에서 재인용.

55 金煐泰, 위의 글, p.59.

神人이라 하여 경례하고 무릎을 굽혀 재배再拜하여 구세관세음救世觀世音의 재래在來로서 존경했다"[57]는 기록으로 보아, 백제에는 혹 초전기는 아닐 지라도 적어도 583년 이전에는 관음신앙이 전래되어 있었던 것으로 짐작할 수 있다.

또한 천태교학의 전래를 통한 관음신앙의 백제 전래에 대해서도 언급할 필요가 있다. 『송고승전』 및 『불조통기佛祖統紀』·『삼국유사』 등에 의하면, "백제의 현광玄光은 혜사慧思 문하에서 『법화경』「안락행문安樂行門」을 받고 실수實修하다가 법화삼매法華三昧를 증득하여 인가를 받았고, 현광은 귀국하여 웅주(熊州: 百濟)에서 삼매 실수에 근행勤行하면서 제자를 길렀으며,[58] 백제의 혜현惠現도 정관(貞觀: 627~649) 초에 『법화경』을 독송하였다"[59]고 한다. 이러한 기록들을 통해 우리는 백제에서의 관음신앙 전래의 또 다른 모습을 일견할 수 있다.

(2) 신라의 관음신앙 전래

한편 신라의 경우, 『삼국유사』 기록에 의하면 자장법사(慈藏法師: 630~640년경에 활동)는 진한辰韓 사람으로 "그의 아버지는 청관요직을 지냈으나 후사(자식)가 없었으므로 삼보께 귀의하여 천부관음千部觀音께 자식을 두어 달라고 기원하기를 '만일 아들을 낳으면 시주하여 법해法海

---

56 『日本書記』 卷第20, 「第30世 敏達天皇-淳中倉太珠敷天皇」條.

57 가마다 시게오(신현숙 譯), 『한국불교사』, 민족사. p.41.

58 『宋高僧傳』 卷第18, 「陳新羅國玄光傳」(『大正藏』 50, p.820).; 『佛祖統紀』 卷9(『大正藏』 49, p.196. p.250).

59 『三國遺事』 卷5, 「惠現求靜」(『大正藏』 49, p.1016中).; 『宋高僧傳』 卷28, 「百濟國達拏山寺 釋慧顯傳」(『大正藏』 50, p.687). 李永子, 『韓國天台思想의 展開』, 민족사, 1988. p.140에서 재인용.

의 기둥을 이루겠다'"[60]고 하여 태어나게 되었다고 한다.[61]

또한 신문왕(681년 즉위)대의 대덕大德 경흥憬興은 웅천주熊川州 사람으로 "갑자기 병이 든 지 여러 달에 한 여승이 와서 보고… 말하기를, '지금 사師의 병은 슬픔의 소치이니 희소喜笑하면 나으리라' 하고 11상相의 가면(面貌)을 만들어 웃음거리 춤을 추게 하니… 그 모양이 이루 말할 수 없어 모두 턱을 떨어뜨릴 지경이었다. 이에 사師의 병이 부지중에 깨끗이 나았다. 여승은 문을 나가 남항사南巷寺에 들어가 숨어버리고 가졌던 지팡이만 탱화 십일면원통(十一面圓通: 십일면관음)상 앞에 있었다"[62]는 것이다.

한편 『신승전神僧傳』 제8권에서 또 한 편의 기사를 발견할 수 있다. 당唐의 불공(不空: 720년 경)과 거의 같은 시기에 신라국 왕의 둘째 아들로서 승려가 된 무루無漏는 오천축五天竺을 유람하고 팔탑八塔에 예불코자 사막 우진국(于闐國: 현재의 코탄)을 건너 총령葱嶺의 대가람에 이르렀을 때 한 기인이 나타나 "반드시 천축에 가기를 원하건대,

---

60 『三國遺事』 卷四.「慈藏定律」條.

61 한편, 天台敎學의 전개적 측면에서 이영자 교수는 "元曉(617~686)가 7세기경에 이미 『法華經』을 접했다는 사실은 天台思想史上 중요한 의미를 가진다"는 말을 하는 가운데, "智顗가 입적한 지 24년 후에 元曉가 태어났으므로 (지의의) 『法華玄義』가 성립된 후 신라에 전래되었다고 보여진다" 하고 있다.(李永子, 『韓國天台思想의 展開』, 민족사, 1988. pp.16~17)
또한 "『弘贊法華傳』 卷第3에 의하면 신라에서는 일찍이 緣光(601~604)이 天台智者大師 門下에서 法華妙典을 수학하고 강설하였으며(p.140), 天台別院에서 妙觀을 수행하고 귀국하면서 많은 영험을 示顯하였다고 전하고 있다(p.139)" 하며, "緣光은 신라 최초의 法華行者였으리라고 추측된다"는 언급은 신라 관음신앙 전래에 대한 좀 더 오랜 기원을 말해 주고 있기도 하다.

62 『三國遺事』 卷5. 「憬興遇聖」條.

여기 관음의 성상이 있으니〔必須願往天竺者 此有觀音聖像〕…"[63]라는 말을 건넸다는 것이다.

그리고 "경덕왕 때 한지리에 사는 여자 희명希明의 아이가 난 지 5년 만에 갑자기 눈이 멀었다. 어느 날 그 어머니가 애를 안고 분황사 좌전 북쪽의 천수대비의 그림 앞에 가서 아이를 시켜 노래를 지어 빌었더니, 마침내 눈을 떴다"[64]는 등의 기록을 통하여 볼 때, 이미 삼국 시기를 전후하여 신라에는 관음보살 신앙이 일반에 널리 유포되어 있었음을 알 수 있다.[65] 더욱이 당시 신라의 고승 지인智仁과 둔륜遁倫

---

63 『神僧傳』 卷第8(『大正藏』 50, pp.1000～1001).

64 『三國遺事』 卷三, 「芬皇寺千手大悲 盲兒得眼」條.

65 이외에도 『三國遺事』 가운데 신라의 관음신앙에 대한 다음의 기록들이 전하고 있다. (1) '670년 義湘이 唐에서 귀국과 함께 洛山 해변굴에서 관세음보살의 眞身을 친견코자 하였다'거나 '元曉가 觀音眞容을 참배코자 왔을 때 白衣女人을 만났다'(卷三 「洛山二大聖 觀音」條)는 기록, (2) '문무왕(661～681)대에 芬皇寺의 婢가 十九應身의 하나였다'(卷5 感通7, 「廣德 嚴莊」條)는 기록, (3) '문무왕의 아우 金仁問이 唐에서 옥에 갇혔을 때 신라에서는 仁谷寺를 짓고 觀音道場을 개설했다(卷2 「文虎王 法敏」條)'는 기록, (4) '효소왕 2년(693) 國仙 夫禮郎의 양친이 栢栗寺 大悲像 앞에서 祈禱하였다(卷3 塔像4, 「栢栗寺」條)'는 기록, (5) 성덕왕 8년(709) 노힐부득과 달달박박이라는 두 僧에게 한 여인이 찾아와 "나는 觀音菩薩인데 大師의 大菩提를 이루도록 와서 도운 것이다(卷3 「南白月二聖 努肹夫得 怛怛朴朴」條)"는 기록, (6) 경덕왕 4년(745) '禺金里에 사는 寶開의 아들 長春이 海上에 장사하러 나가 돌아오지 않자 그 여인 寶開가 敏藏寺 觀音 앞에 가서 7일을 기원하였더니 홀연 아들이 돌아왔다(卷3 「敏藏寺」條)'는 기록, (7) '洛山寺의 大悲(觀音)과 僧 調信의 꿈에 대한 기록'(卷3 「洛山二大聖 調信」條), (8) '信孝居士가 출가 수도할 거처를 묻자 한 노부인이 거주처를 알려주고 간 곳이 없어져, 信孝는 그것이 觀音의 가르침인 줄 알았다(卷3 「臺山月精寺 五類聖衆」條)'는 기록, (9) '中國의 善畵者가 新羅로 와 衆生寺의 大悲像을 조성하였는데, 그에 얽힌 이야기(卷3 三所觀音 衆生寺」條)', (10) '觀音의 應現인 棟梁 八珍과 浮石寺의 소에 얽힌 이야기(卷5 感通7, 「郁面婢念佛

등은 각각 「십일면경소十一面經疏」 1권씩을 남기고 있어[66] 관음보살 신앙에 대한 학술적 연구 또한 행해지고 있었음을 볼 수 있다.

한편, 838년에서 847년간 당을 순례했던 일본승 원인圓仁이 남긴 순례 기록 『입당구법순례행기』 가운데서 신라 관세음보살 신앙의 흔적을 발견할 수도 있다. 즉 원인은 그의 책 839년(新羅 神武王 元年) 11월 기사에서 당나라에 마련된 '신라방新羅坊'의 장보고張寶皐가 창건한 사찰 '적산신라원赤山新羅院'에서의 송경의식을 기록하고 있는데, "도사가 '나무대자대비'를 읊으면 대중들은 '관세음보살'을 외운다"[67]는 글을 남기고 있는 것이다.

이러한 기사를 미루어 생각할 때 당시 신라의 관음신앙은 본토에서뿐만이 아닌, 먼 지역 신라의 식민지[68]에 이르기까지 널리 확산되어 있었음을 우리는 알 수 있다.[69]

(3) 고구려의 관음신앙 전래

그럼에도 고구려의 경우 관음신앙 전래의 흔적을 거의 찾아볼 수 없다.

西昇」條)' 등.

66 智仁 撰疏는 『奈良朝現在一切經疏目錄』 2222(東洋文庫論叢 11輯 附錄, p.115)에, 遁倫 撰疏는 『東域傳燈目錄』 1(『大正藏』, 55, p.1152上)에 각각 그 기록이 실려 있다.

67 圓仁(申福龍 譯), 『入唐求法巡禮行記』, 정신세계사, 1991. p.122.

68 圓仁(申福龍 譯), 앞의 책, p.319. "당시의 新羅坊은 고대적 개념으로서의 식민지였다"는 라이샤워의 지적(Edwin O. Reischauer, *Ennin's Travels in T'ang China*, The Ronald Press Co, New York, 1957. pp.281. 285.)은 조심스럽게 수긍할 만한 가치가 있다.

69 이밖에도 天台敎學의 전개적 측면에서도 이를 고찰할 수 있다.

물론 고구려 불교 초전 당시 "진(秦: 前秦)왕 부견符堅이 사신 및 승 순도順道를 파견하여 불상과 경문을 보냈으며,"[70] 그때 전래된 경전이 "축법호竺法護에 의해 번역된 대승경전이라 추정"[71]한다면, 이미 286년 축법호에 의해 번역된 『정법화경』「광세음보문품」이 고구려에 전래되었으리라는 추측은 가능한 일이다.

그럼에도 현존 자료로는 "다만 일본승 행선行善이 고구려에서 관음의 영험을 입었다는 기록"[72]뿐으로, 이를 통해 고구려 관음신앙의 존재 정도만을 추측해 볼 수 있을 따름이다.

---

70 『三國史記』 卷第18, 「高句麗本紀」 第6 '小獸林王 2年' 條.

71 가마다 시게오(신현숙 譯), 『한국불교사』, 민족사. p.29.

72 『元亨釋書』 16卷. *『원형석서』는 일본의 시렌(師鍊: 1278~1346)이 1322년(元亨2년)에 지은 고승전이다.

제2장

「천수경」류 경전의 성립·유통·전래와 내용

이상 「천수경」의 신앙적 요체에 해당하는 관음보살 신앙에 대한 일반적 설명을 전제한 채, 이제 필자는 「천수경」 경전에 대한 본격적 논의를 전개하고자 한다. 그럼에도 먼저 「천수경」 경전에 대한 선행적 전제를 마련할 필요가 있다. 즉 여기서 쓰이고 있는, 「천수경」이란 경전은 과연 무엇을 지칭하고 있는가 하는 것이다. 사실 대장경 전체를 훑어보아도 「천수경」이란 제목을 가진 경전은 어디에서도 찾아볼 수 없다. 그럼에도 여기서 언급되는 「천수경」이란 도대체 무엇을 말하는 것인가?

이에 대해 필자는 「천수경千手經」이란 '천수천안관세음보살千手千眼觀世音菩薩'과 관련된 '신앙 의궤信仰儀軌' 및 '다라니陀羅尼'를 담고 있는 경전의 총칭을 말하는 것이라는 전제 속에 논의를 전개코자 한다. 그러므로 이제부터는 이 경전이 하나의 단일 경전이라는 의혹을 피하기 위해, 이들 경전의 총칭을 말하고자 할 때는 '「천수경」류類 경전'이라는 임의적 용어를 사용코자 하는 바, 전체 한역 대장경 가운데 '천수천안관세음보살'과 관련된 '신앙 의궤' 및 '다라니'를 담고 있는 경전으로는 다음의 18종이 발견된다.

(1)金剛頂瑜伽千手千眼觀自在菩薩修行儀軌經(『大正藏』 20, no. 1056)
(2)千眼千臂觀世音菩薩陀羅尼神呪經(『大正藏』 20, no.1057)
(3)千眼千臂觀世音菩薩陀羅尼神呪經(『大正藏』 20. no.1057)-(2)의 별본別本
(4)千手千眼觀世音菩薩姥陀羅尼身經(『大正藏』 20, no.1058)
(5)千手千眼觀世音菩薩治病合藥經(『大正藏』 20, no.1059)
(6)千手千眼觀世音菩薩廣大圓滿無礙大悲心陀羅尼經(『大正藏』 20, no.1060)
(7)千手千眼觀自在菩薩廣大圓滿無礙大悲心陀羅尼呪本(『大正藏』 20, no.1061)
(8)千手千眼觀世音菩薩大身呪本(『大正藏』 20, no.1062A)
(9)世尊聖者千眼千首千足千舌千臂觀自在菩提薩埵怛縛廣大圓滿無礙大悲心陀羅尼(『大正藏』 20, no.1062B)
(10)番大悲神呪(『大正藏』 20, no.1063)
(11)千手千眼觀世音菩薩大悲心陀羅尼(『大正藏』 20, no.1064)
(12)千光眼觀自在菩薩秘密法經(『大正藏』 20, no.1065)
(13)大悲心陀羅尼修行念誦略儀(『大正藏』 20, no.1066)
(14)攝無礙大悲心大陀羅尼經計一法中出無量義南方滿願補陀落海會五部諸尊等弘誓力方位及威儀形色執持三摩耶幖幟曼荼羅儀軌(『大正

藏』 20, no.1067)

(15)青頸觀自在菩薩心陀羅尼經(『大正藏』 20, no.1111)

(16)金剛頂瑜伽青頸大悲王觀自在念誦儀軌(『大正藏』 20, no.1112)

(17)觀自在菩薩廣大圓滿無礙大悲心大陀羅尼(『大正藏』 20, no. 113A)

(18)大慈大悲救苦觀世音自在王菩薩廣大圓滿無礙自在青頸大悲心陀羅尼(『大正藏』20, no.113B)

이제 이상의 경전 자료를 바탕으로 필자는 '「천수경」류 경전'의 성립 및 유통·전래에 대해 고찰코자 하는 바, 우선 이들 경전의 초기 성립과 함께 그 유통에 관한 설명을 행하기로 한다.

1. 「천수경」류類 경전의 성립 및 유통

'「천수경」류 경전'의 성립 및 유통에 관해서는 아직 그에 대한 어떤 역사적 기록도 발견되지 않은 관계로, 현재 남아 있는 문헌 자료만에 의거한 채 성립 및 유통을 추정할 수밖에 없는 실정이다. 그러므로 앞으로의 전개는 하나의 추론에 불과할 뿐, 이와 관련된 어떤 자료가 발견된다면 이 부분에 대해서는 상당한 수정이 가해지리라는 점을 미리 전제해 두는 바이다.

1) 「천수경」류 경전의 성립

그럼에도 「천수경」류 경전의 성립시기를 추정하는 데 있어, 우선 이 경전들이 밀교부密敎部 경전으로서 대승불교 중기 이후 성립된 것이라는 데 대해서는 의심의 여지를 가지지 않는다.

이런 기본적 전제는 이들 경전에서 발견되는 다음 세 가지의 특징적 자료를 근거로 설명 가능한 것이다. 첫째 이들 「천수경」류 경전들 안에서 '후오백세後五百世' 및 '말법末法'·'말세末世' 등의 어구를 발견할 수 있다는 점이다. 둘째 '본사 아미타불本師阿彌陀佛'이란 표현이 이들 경전 곳곳에서 발견되고 있음을 말할 수 있다. 셋째로는 이들 경전이 『유가금강정경瑜伽金剛頂經』 또는 『금강정유가경金剛頂瑜伽經』에 의거해 기술되고 있다는 점이 그것이다.

이를 구체적으로 언급한다면, 「천수경」류 경전에서는 대승불교 경전 특유의 다음과 같은 어구가 발견되고 있음을 볼 수 있다.

"於我滅後後五百歲中 能於日夜六時 依法受持此陀羅尼神呪法門者 一切業障悉皆消滅."[1]

"若佛滅後於末法時五百年中 閻浮提人忽眼見 及耳聞我此法印陀羅尼法門者."[2]

"世尊後五百歲中 隨在國土城邑聚落山林樹下 有諸苾芻苾芻尼諸善男子善女人等."[3]

"爾時觀世音菩薩摩訶薩告諸大衆言 若於如來般涅槃 末世衆生造蓬口 諸疾病應在無量."[4]

그런데 여기 묘사되고 있는 '후오백세'나 '말법'·'말세'와 같은 어구는

---

1 『千眼千臂觀世音菩薩陀羅尼神呪經』 卷上(『大正藏』 20, pp.83~84).

2 『千眼千臂觀世音菩薩陀羅尼神呪經』 卷下(別本)(『大正藏』 20, p.96).

3 『千手千眼觀世音菩薩姥陀羅尼身經』(『大正藏』 20, p.96).

4 『千手千眼觀世音菩薩治病合藥經』(『大正藏』 20, p.105).

대승(특히 般若思想) 후기 경전에 주로 등장하는 표현으로,[5] 이런 맥락에서 「천수경」류 경전의 성립 시기를 '후오백세'라는 표현이 자주 언급되는 『소품반야경』 및 『대반야경』과 동일시한다거나, 그 전후로 추정하는 데에는 별 무리가 없을 것이다. 이에 「천수경」류 경전은 '『소품반야경』 및 『대반야경』의 성립 시기인 2세기 내지 3세기 초반'[6]에 형성된 것이라는 대전제의 설정이 가능하다고 하겠다.

또한 이들 경전의 성립 시기를 추정하는 데 있어, 「천수경」류 경전 가운데 '본사 아미타여래'[7]라는 어구가 등장하고 있는 점에 착안할 수 있다.

이에 대해서는 제1장의 「관음보살 신앙과 아미타불 신앙과의 관계」 항목에서 살펴본 바, 기원후 100년경에 성립된 아미타불 신앙의 핵심 경전인 『반주삼매경』 및 『아미타경』 등에서 관세음보살 신앙과의 융합 흔적을 찾아볼 수 없음을 볼 때, 「천수경」류 경전의 성립은 최소 기원후 100년 이후에 이루어진 것임에 의심의 여지가 없어 보인다. 그러므로 잠정적으로 말한다면 「천수경」류 경전은 기원후 100년 내지 200년 이후에 형성된 것이라는 경전 성립의 상한선을 설정할 수 있을 것이다.

또한 이들 경전이 중국에서 역출譯出된 연대가 주로 6세기 초반에서 8세기 중반임을 생각한다면－인도에서 형성된 경전이 중국에 번역되기까지의 일반적 기간을 50년에서 100년 정도로 잡는다면[8]－「천수경」류 경전은

---

5 목정배 編著, 『불교교리사』, 지양사, 1987. pp.48～51.

6 위의 책.

7 『千手千眼觀世音菩薩廣大圓滿無礙大悲心陀羅尼經』(『大正藏』 20, p.107). "發是願已至心稱念我之名字 亦應專念我本師阿彌陀如來 然後卽當誦此陀羅尼神呪."

8 金岡秀友, 『佛典の讀み方』, 東京: 大法輪閣版, 昭和45. p.37.

대략 3세기에서 4·5세기경을 거쳐 7세기 사이에 만들어졌을 것이라는 폭넓은 추정을 말할 수 있기도 하다.

더욱이 위 「천수경」류 경전 가운데 금강지金剛智가 번역한 『금강정유가청경대비왕관자재염송의궤金剛頂瑜伽青頸大悲王觀自在念誦儀軌』 및 불공不空이 번역한 『금강정유가천수천안관자재보살수행의궤경金剛頂瑜伽千手千眼觀自在菩薩修行儀軌經』에서는 각각 "『금강정유가경』에 의거해 관자재왕여래觀自在王如來의 수행 연화蓮花 달마법요達磨法要를 연설한다"[9]는 표현과 함께, "나는 『유가금강정경』에 의거해 연화부蓮華部 천수천안관자재보살 신구의身口意 금강비밀金剛秘密 수행법을 설한다"[10]는 표현이 보이고 있음을 미루어, "금강지 번역이거나 불공 번역에 해당되는 『금강정경』은 7세기 말까지는 남인도 쪽에 성립되어 있었음이 정설로 되어 있다"[11]는 전제는 「천수경」류 경전의 성립 하한선을 7세기로 설정하는 데 큰 무리가 없음을 뒷받침해 준다.

2) 「천수경」류 경전의 유통

그렇다면 이들 경전은 과연 어떤 지방에서 성립되었으며, 어떻게 다른 지역으로 확산되었을까?

이에 『대지도론』 제7권 중 "자씨慈氏·묘덕보살妙德菩薩 등은 출가보살出家菩薩이며… 관세음보살 등은 타방불토他方佛土에서 온다"[12]는 기록을 찾을 후 있는 바, 중인도를 중심으로 생겨난 미륵보살 신앙 및

9 『金剛頂瑜伽青頸大悲王觀自在念誦儀軌』(『大正藏』 20, p.490).

10 『金剛頂瑜伽千手千眼觀自在菩薩修行儀軌經』 卷上(『大正藏』 20, p.72).

11 松長有慶(朴畢圭 譯), 『密教의 相承者』, 泰光文化社, 1986. pp.107~108.

12 『大智度』論 卷第7(『大正藏』 25, p.110).

기타 보살 신앙의 경우와는 달리 관세음은 다른 지방에서 선양된 인물이었음을 생각할 수 있다.

또한 경전을 설한 장소〔說處〕가 그 경전의 성립 장소로 추정될 수 있다면, 「천수경」류 경전에 나타나는 보타락가라는 지명과의 관계 속에, 또한 『화엄경』 「입법계품」에서 선재동자가 남인도 보타락가산에서 관세음보살을 만났다는 기록 등은 관세음보살 신앙과 남인도와의 관계를 말해주는 좋은 예가 된다고 하겠다.

한편 『송고승전』의 「당낙양광복사금강지전唐洛陽廣福寺金剛智傳」에 쓰여 있는 "釋跋日羅菩提 華言金剛智 南印度摩賴耶國人也 華言光明其國境近 觀音宮殿補陀落迦山"[13]이란 기록은 「천수경」류 경전의 유통자 금강지의 출생지가 관세음보살의 주처 보타락가산과 근접해 있다는 점과 함께, 이들 경전과 남인도와의 관계성을 추정 가능케 하는 것이라 하겠다.

그럼에도 「천수경」류 경전은 7세기 초에 이르러서는 남인도뿐만이 아닌 중인도 내지 서인도에 이르기까지 널리 확산되었음을 말할 수 있다.

『송고승전』에 의하면 이들 경전 중 하나를 번역한 선무외(善無畏: 637~735)는 "석가여래의 계부季父 감로반왕甘露飯王의 후손이며 중인도 사람으로, 일찍이 나란타사那爛陀寺에 나아가 달마국다達磨鞠多를 스승으로 모시고 총지유가總持瑜伽의 가르침을 배우고, 이어 토번국吐蕃國을 거쳐 당나라 서쪽 경계에 이르렀다"[14]는 기록을 남기고 있으며,

13 『宋高僧傳』 卷第1 「唐洛陽廣福寺金剛智傳」(『大正藏』 50, p.711).

14 『宋高僧傳』 卷第2 「唐洛京聖善寺善無畏傳」(『大正藏』 50, pp.714~715). "釋善無畏本中印度人也 釋迦如來季父甘露飯王之後… 初詣那爛陀寺… 寺有達磨掬多者… 路

금강지 역시 "후에 스승을 따라 중인도 나란타사로 가 수다라修多羅와 아비달마阿毘達磨 등을 수학하였다"[15]고 하는 바, 「천수경」류 경전과 함께 많은 밀교 경전이 중인도 나란타사를 중심으로 폭넓게 확산되었을 가능성을 배제할 수 없는 것이다.[16]

이러한 배경 속에 모찌쯔끼 신코(望月信亨)는 "나란타사는 서기 6~7세기 이래 불교의 중심지로 번영하고 특히 유가행파瑜伽行派의 큰 학자들이 잇달아 배출되어 밀교를 선양하던 곳이다. 장로長老도 여기서 주석하였으므로 이곳에서 밀교 경전들이 편찬되었다는 것은 당연하다"[17] 하여 나란타사가 밀교경전의 편찬 장소였음을 추정해 말하고 있다.

중인도 나란타사 뿐만 아니라 서인도 및 사자국師子國 역시 밀교와 함께 「천수경」류 경전의 확산지였음을 추정할 수 있는데, 위 『송고승전』 기록 가운데 금강지는 나란타사에서 학업을 마친 후 "서인도로

出吐蕃與商族同次… 至大唐西境."; 또한 「大唐東都大聖善寺故中天竺國善無畏三藏和尙碑銘幷序」(『大正藏』 50, pp.290~291)를 참조할 것.

15 『宋高僧傳』 卷第1 「唐洛陽廣福寺金剛智傳」(『大正藏』 50, p.711).

16 "『大佛頂首楞嚴經』의 제목 밑에 '다른 이름으로 『印度那爛陀大道場經』이라 한다' 하였으며, 같은 經 제7에 439句의 大神呪를 뽑아서 이를 '「中印度那爛陀曼荼羅灌頂金剛大道場神呪」'라 이름한다"고 한 것 등은 那爛陀寺와 密敎와의 관계를 보여주는 좋은 예가 된다. 望月信亨, 『佛敎經典成立の硏究』, 京都: 法藏館, 昭和53年(2ed), p.39.

한편 義淨(635~713) 역시 『大唐西域求法高僧傳』 「道林傳」 가운데 "淨於那爛陀亦屢入壇場 希心此要 而爲功德不竝就"라는 기사를 남기고 있는 바, 이는 이 시기를 즈음하여 那爛陀寺에 密敎의 경전이 대량 유포되었음을 추정할 수 있는 기록이라 하겠다.

17 望月信亨, 『佛敎經典成立の硏究』, 京都: 法藏館, 昭和53년(2ed), p.39.

나아가 소승제론小乘諸論 및 유가삼밀다라니문瑜伽三密陀羅尼門을 배우고, 10여년을 걸쳐 삼장三藏 전체에 통달하게 되었다"[18]는 것이다. 그리고 그는 다시 사자국을 방문하여 능가산楞伽山을 오른 뒤 해상항로를 통해 중국에 이르게 되는 바,[19] 『정원신정석교목록貞元新定釋教目錄』에 의하면 14세의 나이에 불공은 도파국(闍婆國: 訶陵國, 자바섬을 말함)에서 금강지를 만나 같이 당에 들어오게 되는 것이다.[20]

이러한 전체적 관점을 미루어 볼 때 7~8세기에 걸쳐 「천수경」류 경전은 인도 전역에 확산되었음을 추정할 수 있으며, 아울러 해상항로를 통해 인도차이나 반도에 이르기까지 폭넓게 보급되어 있었음을 생각할 수 있다.

2. 「천수경」류 경전의 전래

이렇듯 인도에서 성립된 「천수경」류 경전이 어떤 루트를 통해 중국에

---

18 『宋高僧傳』 卷第1 「唐洛陽廣福寺金剛智傳」(『大正藏』 50, p.711).

19 위의 책.

20 『貞元新定釋教目錄』 卷第15(『大正藏』 55, p.881).
不空의 傳記로는 수많은 文獻들(『大唐故大德贈司空大辨正廣智不空三藏行狀』·『代宗朝贈司空大辨正廣智三藏和上表制集』·『三藏和上遺書』·『佛祖統紀』·『釋氏稽古略稽』·『宋高僧傳』·『兩部大法相承師資付法紀』 외 많은 자료들)이 전하고 있는데, 오직 위 문헌에서만 不空이 南天竺執師子國 출신으로, 闍婆國에서 金剛智를 만났다는 사실을 기록하고 있다.
不空의 태생이 「南天竺執師子國」이라는 『貞元錄』의 說에 대해서는 비판적 시각(松長有慶, 朴畢圭 譯, 『密教의 相承者』, 泰光文化社, 1986. p.123)이 있기도 하나, 그와 執師子國의 관계에 대해서는 또 다른 문헌들이 이를 뒷받침하여 일반화되는 說이라 할 수 있다.

전래되었는가에 대해서는 의문의 여지가 있다. 그럼에도 인도에서 발생한 밀교의 전래는 대략 북전(北傳: 실크로드)과 남전(南傳: 남해안), 동전(東傳: 히말라야) 등 세 가지 루트로 전해졌다는 이해[21]를 전제로, 이들 경전의 전래 역시 위의 세 루트를 통해 가능하였을 것이다.

이 가운데 「천수경」류 경전 전래에 대해서는 대체로 북전과 남전의 가능성에 대한 몇몇 사료적史料的 증거가 남아 있다. 우선 북전에 대한 사료로서는 스타인(Sir. Aurel Stein)에 의해 발견된 둔황자료 중 '청경세자재(青頸世自在: Nīlakaṇṭha Lokeśvara)'와 관련된 내용을 전하고 있는 자료 MS.3793 말미에 "서인도 사문 가범달마에 의해 코탄에서 번역되었다"[22]는 기록과 함께 브라흐미Brahmi 문자로 쓰여진 *The dhāraṇī of the names of āryāvalokiteśvara-Nīlakaṇṭha with a thousand hands ends* (1 LPw dsty "ry'brwkd'yšbr nyrknt n'm t'rny pty'mty/://)의 단편[23] 및, 펠리오Pelliot에 의해 발견된 자료 MS.2778 가운데서 「천수경」 다라니의 단편들이 보여지고 있는 것이다.[24]

그리고 시대적 편차가 있기는 하지만 둔황자료 가운데 950년경

21 요리토미 모토히로(김무생 역), 『밀교의 역사와 문화』, 민족사. p.18.

22 Lokesh Chandra, *The Thousand-Armed Avalokiteśvara*, New Delhi, Indira Gandhi National Abhinav Pub, 1988, p.92(Giles 1957: pp.105~106).
"伽梵達磨가 코탄Khotan에서 번역을 행했다는 사실은 주목할 만한 것이다"라는 설명을 붙이고 있다.

23 Lokesh Chandra, *The Thousand-Armed Avalokiteśvara*, New Delhi, Indira Gandhi National Abhinav Pub, 1988, p.228. (Poussin/Gauthiot 1912: 644). "여기에 실려진 다라니는 金剛智 譯本과 흡사하여, 그 차이점을 발견하는 데 좋은 대조 자료가 된다."

24 Lokesh Chandra, *The Thousand-Armed Avalokiteśvara*, New Delhi, Indira Gandhi National Abhinav Pub, 1988, p.95.

제작된 것으로 보이는 「천수천안관세음보살도千手千眼觀世音菩薩圖」[25]가 현존해 있음은, 선무외를 포함한 가범달마 및 기타 「천수경」류 경전 역자들의 실크로드를 통한 입당入唐과 함께 북전에 대한 실마리를 제공해 주는 것들이라 하겠다.

이들 경전의 남전에 대한 이해에는 별 어려움이 없다. 앞서 본 것처럼 금강지가 남방 해상항로를 통해 당에 들어왔다는 사실과 함께 "금강지의 입적 후 제자 불공이 스승의 뜻에 따라 가릉국(訶陵國: 자바섬으로 추정)을 거쳐 사자국으로 건너가 '「천수경」류 경전의 저본低本이 되는 『금강정경』계의 밀교경전'[26]을 구해 왔다는 기록"[27], 그리고 「천수경」류 경전을 역출譯出한 보리유지菩提流志가 남인도 사람이었음은 남전의 가능성을 말해주는 예가 되기도 한다.

또한 레비 교수에 의해 1933년 발간된 『발리섬의 범어문헌』 속에 들어 있는 「관세음보살에의 기청祈請」은 현존하는 「천수다라니」와 유사한 내용을 전하고 있어,[28] 남방 해상항로 주변에 일찍이 「천수경」류

---

25 요리토미 모토히로(김무생 역), 『밀교의 역사와 문화』, 민족사. p.154. "이 그림은 그 제작형식과 碑文 등으로 보아 敦煌佛教의 최후기인 曹氏時代(五代·宋代: 약 950년경)의 것이라 생각해도 좋을 것이다."

26 松長有慶(朴畢圭 譯), 『密教의 相承者』, 泰光文化社, 1986. p.127. "金剛智는 유언으로 그의 사망 후 不空을 『金剛頂經』系 密教의 고장인 남인도로 가게 하고, 不空 또한 바로 그 유언에 應한 것이라 해석함으로써 비로소 不空이 天竺國에 간 것이 이해된다."

27 『大唐故大德贈司空大辨正廣智不空三藏行狀』(『大正藏』 50, pp.292~293).

28 이와모도 유다까 외(홍사성 譯), 『동남아불교사』, 도서출판 반야샘, 1987, p.351. '觀世音菩薩에의 祈請'을 앞부분만 간략히 옮기면 다음과 같다. "三寶께 歸命하옵니다. 大悲를 가지신 위대한 親友이며 위대한 世間의 同情者, 聖스런 觀世音菩薩摩訶薩에게 귀명하나이다. 독사의 독을 없애시는 분이시여, 혓바닥의 독을 없애시는

경전이 유포되어 있었음을 추정하는 데에 별 어려움이 없다.

그럼에도 동전의 가능성은 희박한 것으로 생각된다. 티벳에서는 법성(法成: Chos-grub)에 의해 감주甘州 수다사修多寺 등지에서 9세기 중반에 이르러서야 「천수경」류 경전이 한역으로부터 티벳어로 번역되었는 바, 이 모두는 금강지나 지통의 번역을 저본으로 삼고 있기 때문이다.[29]

이러한 전체 입장을 종합해 볼 때 남전과 북전을 통해 「천수경」류 경전이 중국에 전래되었다는 데에는 의심의 여지가 없다.

1) 「천수경」류 경전의 중국 전래

「천수경」류 경전이 중국에 처음 전래된 것은 618~626년 사이의 일로 추정된다. 「천수경」류 경전의 중국 최초 역본인 지통智通 역譯 『천안천비관세음보살다라니신주경千眼千臂觀世音菩薩陀羅尼神呪經』에는 경전 번역의 유래를 밝히는 서문이 실려 있는 바, 그 가운데 "당 무덕(武德: 618~626) 당시 중천축 바라문승僧 구다제파瞿多提婆가 「세첩상도화형질細氎上圖畫形質」 및 「결단수인경본結壇手印經本」을 진상했다"[30]는 기록을 볼 수 있는 것이다. 그리고 이어 "정관(貞觀: 627~649) 년간에 다시 북천축승이 「천비천안다라니범본千臂千眼陀羅尼梵本」을 받들어

분이시여, 毒草의 독을 없애시는 분이시여… (뒤에 다라니가 있다)…"

29 Lokesh Chandra, *The Thousand-Armed Avakokiteśvara*, New Delhi, Indira Gandhi National Abhinav Pub, 1988, pp.233~234.
티벳대장경 北京版에 실려진 法成의 번역은 다음과 같다.
p.369. 1000-armed Avalokiteśvara.
p.374. Ekādaśamukha.

30 『千眼千臂觀世音菩薩陀羅尼神呪經序』(『大正藏』 20, p.83).

진상했다"[31] 하는 바, 문무성제(文武聖帝: 唐 太宗)께서 대총지사大總持寺의 법사 지통으로 하여금 이 경전을 번역케 하였다는 것이다.

이를 미루어 생각할 때 「천수경」류 경전의 중국 최초 전래는 618~626년경에 해당되며, 최초의 번역으로는 650년 경 지통에 의한 『천안천비관세음보살다라니신주경』이었음을 알 수 있다.

이후 658년경 가범달마에 의해 『천수천안관세음보살치병합약경千手千眼觀世音菩薩治病合藥經』 및 『천수천안관세음보살광대원만무애대비심다라니경』이, 그리고 보리유지에 의해 『천수천안관세음보살모다라니신경千手千眼觀世音菩薩姥陀羅尼身經』 등이 번역되기에 이르며, 8세기경부터는 금강지·불공 및 또 다른 역경사들에 의해 수많은 「천수경」류 경전들이 역출되기에 이른다. 현존하는 18종의 '「천수경」류 경전 중국 번역' 실태를 간략해 보면 다음 도표와 같다.(도표 2)

도표 2 현존 「천수경」류 경전의 중국 번역 목록(일련번호와 함께)

連番	『大正藏』No	飜譯年代	譯者	經題目
1	1056	730~744年頃	不空	金剛頂瑜伽千手千眼觀自在菩薩修行儀軌經
2	1057	650年頃	智通	千眼千臂觀世音菩薩陀羅尼神呪經
3	1057(別)			'1057. 智通本의 別本'
4	1058	695年頃	菩提流志	千手千眼觀世音菩薩姥陀羅尼身經
5	1059	658年頃	伽梵達磨	千手千眼觀世音菩薩治病合藥經
6	1060	658年頃	伽梵達磨	千手千眼觀世音菩薩廣大圓滿無礙大悲心陀羅尼經
7	1061	730~741年頃	金剛智	千手千眼觀自在菩薩廣大圓滿無礙大悲心陀羅尼呪本 1卷
8	1062A	730~741年頃	金剛智	千手千眼觀世音菩薩大身呪本

31 위의 책.

9	1062B	?	失譯	世尊聖者千眼千首千足千舌千臂觀自在菩提薩埵怛縛廣大圓滿無礙大悲心陀羅尼
10	1063	?	失譯	番大悲神呪
11	1064	730~744年頃	不空	千手千眼觀世音菩薩大悲心陀羅尼
12	1065	760年頃	三昧蘇嚩羅	千光眼觀自在菩薩秘密法經
13	1066	730~744年頃	不空	大悲心陀羅尼修行念誦略儀
14	1067	730~744年頃	不空	攝無礙大悲心大陀羅尼經計一法中出無量義南方滿願補陀落海會五部諸尊等弘誓力方位及威儀形色執持三摩耶幖幟曼荼羅儀軌
15	1111	730~744年頃	不空	青頸觀自在菩薩心陀羅尼經
16	1112	730~744年頃	金剛智	金剛頂瑜伽青頸大悲王觀自在念誦儀軌
17	1113A	1330年頃	指空	觀自在菩薩廣大圓滿無礙大悲心大陀羅尼
18	1113B	730~744年頃	不空	大慈大悲救苦觀世音自在王菩薩廣大圓滿無礙自在青頸大悲心陀羅尼

이상과 같이 「천수경」류 경전의 역출에 힘입어 650년경부터 750년경 사이에는 「천수경」에 의한 관세음보살 신앙이 유포되었던 바, 이는 선무외·가범달마·지통과 함께 보리유지·금강지·불공 및 삼매소바라三昧蘇嚩羅 등에 의한 밀교의 체계적 전개와도 그 맥을 같이 한다고 말할 수 있다.

2) 「천수경」류 경전의 한국 전래

이후 「천수경」류 경전은 당시의 대당對唐 유학승들에 의해 한국에 전래되었을 것으로 여겨진다. 이에 650~750년경을 즈음하여 대당 유학을 마치고 귀국한 당시 승려들을 살펴보면, 632년 당으로 유학을 떠났던 신라승 명랑(明朗: 635년 귀국?) 및 자장(慈藏: 643년 귀국)이 귀국한 이래 혜통(惠通: 665년 귀국?)·의상(義湘: 671년 귀국) 등의 스님들이 연이어 귀국하게 되는데, 그들의 귀국길에 당시 유행하던 밀교의 경전과 함께 「천수경」류 경전 또한 유입되었다 함은 자연스러운 추정이 될 것이다.[32]

그런데 「천수경」류 경전이 중국에 번역된 시기와 당시 유학승들의 귀국 연대를 비교해 보면 다음 사실을 알 수 있다. 즉 명랑스님의 귀국 시기인 635년부터 의상스님이 귀국한 671년까지 중국에 번역된 「천수경」류 경전을 살펴보면, 650년경에 번역된 지통의 번역본 1권 및 658년경에 번역된 가범달마의 역본 2권 등 총 3권이 있는데, 그 가운데 일부 또는 전체가 최초 한국에 전래되었을 것이다.

그럼에도 그들 유학승들이 각각 「천수경」류 경전을 가지고 왔는지에 대해서는 확인할 길이 없다.[33] 현존 기록에 의존해 볼 때 다만 의상스님만

---

32 이외에도 慧超는 印度 순례에서 唐에 돌아온 후 金剛智로부터 법을 전수(733년)받으며 不空에게서 법을 전수(774년)받았던 한편, 義林(703~?)은 善無畏에게서 法을 받은 후 750년경(?) 신라에 귀국하였고, 781년에는 惠日이 入唐, 靑龍寺에서 密敎를 傳受받고 귀국하였다는 기록이 현존하나, 그 후의 활동에 대해서는 기록이 남아 있지 않다. 金煐泰, 『韓國佛敎史槪說』, 경서원, 1988, p.82, p.94 참조.

33 물론 『三國遺事』의 기록(卷三.「洛山 二大聖 觀音」條) 중 "義湘法師가 처음으로 唐에서 돌아와 大悲(觀音) 眞身이 이 해변굴 안에 산다는 말을 듣고"라는 표현을 볼 수 있는 바, 이전에 이미 관세음보살 신앙이 유포되어 있었음을 알 수 있으나, 이것은 기존의 관세음보살 신앙에 관련된 경전의 유입 및, 『화엄경』에도 역시 관세음보살의 거처에 관한 언급이 나오기 때문에 이 표현만으로는 「천수경」류의 經典이 이미 유입되었음을 확정할 수 없다.

또한 정태혁 교수는 그의 논문에서 "唐에서는 특히 智通이 『千眼千臂觀世音菩薩陀羅尼神呪經』을 번역하여 千手觀音法이 알려지게 되었으니, 明朗은 이러한 많은

이 그의 귀국길에 「천수경」류 경전을 가지고 왔음을 추정할 수 있는데, 현존하는 그의 저술 「투사례投師禮」 및 「백화도량발원문白花道場發願文」을 통해 그 근거를 밝힐 수 있다.[34]

『삼국유사』 기록에 의하면 "의상은 처음 당에서 돌아와 낙산洛山의 해변 굴 안에서 7일간 재계齋戒하고 관세음보살 진신眞身을 친견코자 하였는데",[35] 그 즈음에 지었을 것으로 추정되는 「백화도량발원문」 안에서 「천수경」류 경전 중 몇몇 본문을 인용하고 있음을 볼 수 있는 것이다.

논의 전개를 위해 「백화도량발원문」 부분을 인용해 보면 다음과 같다.

… 오직 원하옵건대 제자가 세세생생에 관세음보살을 근본 스승〔本

密呪法을 전수받은 것이다"(「韓國佛教의 密教的 性格에 대한 考察」 佛教學報 vol.18, p.29)라고 하고 있으나, 이 역시 연대상의 오류를 범하고 있다.

34 김상현 교수가 주장하는 바 「投師禮」의 義湘 親著說(金相鉉, 『新羅華嚴思想史研究』, 민족사, p.126) 여부에 관해서는 별 異見이 없으나, 「白花道場發願文」에 대한 義湘의 親著 여부에 관해서는 다음의 논란이 존재한다.

1) 후대에 손질되었다는 說:

金煐泰, 「白花道場發願文의 몇 가지 문제」(韓國佛教學 第13輯), 韓國佛教學會, 1988. p.32.

2) 義湘에게 가탁되었다는 說:

木村清孝, 「白花道場發願文考」(鎌田茂雄博士 還暦記念論集), 東京: 大藏出版, 1988. p.746.

鄭炳三, 「義湘 華嚴思想研究」(서울대 박사학위논문), 1991. p.203.

3) 義湘法師讚述이라 體元이 소개하고 있는 이상 의심의 여지가 없다는 說:

金相鉉, 「義湘의 信仰과 發願文」(龍巖 車文燮博士 華甲記念 史學論叢), 1989.

35 『三國遺事』 卷三, 「洛山二大聖 觀音」條.

> 師]으로 모시고, 보살께서 아미타불을 이마 위에 모심과 같이 내 역시 관음대성觀音大聖을 이마 위에 모셔, '십원十願', '육향六向'과 '천수천안千手千眼'의 대자대비를 동등하게 하여 (…) 일체 중생으로 하여금 '대비주大悲呪'를 외우고 보살의 이름을 불러 다 같이 원통삼매圓通三昧 성품의 바다에 들기를 발원하나이다…[36]

위 인용문 중 '십원'과 '육향'이란 표현에 주의를 기울일 필요가 있다. 이 표현은 가범달마가 번역한 『천수천안관세음보살광대원만무애대비심다라니경』의 내용에 대한 과목科目으로 이해될 수 있는 것이기 때문이다.[37] 또한 '대비주大悲呪'라는 표현은 같은 경전 안에서 '천수다라니'를 지칭[38]하고 있는 점으로 미루어, 의상스님이 「백화도량발원문」을 지었을 당시 그는 가범달마 역본의 「천수경」 즉 『천수천안관세음보살광대원만무애대비심다라니경』의 내용을 숙지하고 있었음을 알 수 있는 것이다.

이러한 예를 「투사례」 안에서도 발견할 수 있다. 즉 「투사례」 안에서 '대비주'라는 어구와 함께 '원아속승반야선願我速乘般若船'이란 표현[39]을

---

36 「白花道場發願文」(『韓佛全』 2, p.9上).

37 『千手千眼觀世音菩薩廣大圓滿無礙大悲心陀羅尼經』(『大正藏』 20) 가운데 "先當從我發如是願"이란 구절 다음에 '10개의 願'과 '6개의 向'에 대한 언급을 행하고 있음을 볼 수 있다.(pp.106~107).
이에 전해주 교수는 「白花道場發願文」의 義湘 찬술 및 華嚴的 요소를 강조하는 가운데 이를 華嚴 수행 중 歡喜地의 '十種大願'과 연관시키고 있음을 볼 수 있다. 全海住, 「義相和尙 發願文 硏究」(佛敎學報 vol. 29), pp.12~19.

38 伽梵達磨 譯本 가운데 '大悲神呪' 및 '大悲心呪', '大悲章句' 등의 표현이 쓰여지는 바(p.107ff), 이는 모두 경전에 실려진 다라니를 지칭하는 말로 쓰이고 있다.

39 「義湘和尙投師禮」(『韓佛全』 11, p.43中).

찾아볼 수 있는 즉, '원아속승반야선'이란 표현은 어구 그대로가 가범달마 역본의 「천수경」 가운데서 발견[40]되고 있는 것이다.

그러므로 의상스님이 당에서 귀국할 당시 가범달마 역본의 「천수경」을 유입했을 가능성[41]이 있다고 보아야 할 것이며, 이후 그 경전은 그의 활동과 함께 널리 확산되었을 것으로 추정해도 무리가 없을 것이다. 이러한 점에서 본다면 의상스님은 우리나라 '「천수경」 경전'의 확산자적 위치에 있었던 사람이라 말해도 무리는 아닐 것이다.

3. 「천수경」류 경전의 내용 및 제본들의 내용 비교

그렇다면 의상義湘에 의해 전래된 것으로 추정되는 「천수경」의 내용은 무엇이었을까? 이에 필자는 「천수경」류 경전 전반에 대한 기본적 이해를 위해 의상스님에 의해 인용되었던 가범달마 역본의 「천수경」, 즉 『천수천안관세음보살광대원만무애대비심다라니경』[42]의 개괄적 내용을 정리해 보고자 한다.

---

40 『千手千眼觀世音菩薩廣大圓滿無礙大悲心陀羅尼經』(『大正藏』 20, p.106下).

41 671년 귀국한 義湘이 伽梵達磨 譯本의 「천수경」, 즉 『千手千眼觀世音菩薩廣大圓滿無礙大悲心陀羅尼經』을 전래했을 가능성은 다음과 같이 두 가지로 말할 수 있다.
(1) 이 經은 永樂 9년, 즉 唐 高宗 9년(658년)에 간행되었는데, 이것이 가장 최근에 譯出된 經典이라는 점.
(2) 이 經에는 「御製大悲總持經呪序」라는 왕의 서문이 붙어 있어 상당한 권위를 가지고 유통되었을 거라는 확신 등.
「御製大悲總持經呪序」(『大正藏』 20, pp.105～106) 參照.

42 『千手千眼觀世音菩薩廣大圓滿無礙大悲心陀羅尼經』(『大正藏』 20, pp.106～111).

1) 가범달마 역본 「천수경」의 내용

가범달마 역본 「천수경」은 내용상 다음과 같이 16부분으로 나눠질 수 있는 바, 전체 경전 내용을 요약 정리해 보면 다음과 같다.

(1) 설처說處 및 모인 대중(『大正藏』 20, p.106上 5行 ~ 25行)

한때 석가모니 부처님께서 보타락가산 관세음궁전에 머물러 총지總持 다라니를 설하고자 하셨다. 그 곳에는 보살대중과 아라한阿羅漢들, 천신들을 포함한 다수의 대중[43]들이 모여 있었다.

(2) 법회인연法會因緣 – 관세음보살의 광명신통光明神通 (p.106上 25行 ~ 中 27行)

이때 관세음보살이 모임 가운데 광명신통을 놓자, 광명은 시방세계 및 삼천대천세계를 금색으로 물들였으며, 모든 신神들의 궁전이 진동하고 강하대해江河大海와 철위산鐵圍山·수미산須彌山·토산土山·흑산黑山 등이 흔들리고 일월과 주화珠火, 성수星宿가 빛을 발하지 못하였다.

총지왕보살總持王菩薩이 그 희유한 상을 보고 누가 신통을 나타냈는

---

43 모인 대중들은 다음과 같다.

菩薩大衆: 總持王菩薩, 寶王菩薩, 藥王菩薩, 藥上菩薩, 觀世音菩薩, 大勢至菩 薩, 華嚴菩薩, 大莊嚴菩薩, 寶藏菩薩, 德藏菩薩, 金剛藏菩薩, 虛空藏菩薩, 彌彌勒菩薩, 普賢菩薩, 文殊師利菩薩 등.

阿羅漢들: 優樓頻螺迦葉을 대표로 한 무량무수의 大聲聞僧.

天神들: 善吒梵摩를 대표로 한 梵摩羅天, 瞿婆伽天子를 대표로 한 欲界의 諸天, 提頭賴吒 天王을 대표로 한 四天王, 天德 大龍王을 대표로 한 天·龍·夜叉·乾闥婆·阿修羅·迦樓羅·緊那羅·摩睺羅迦·人非人 등, 童目天女를 대표로 한 欲界諸天의 天女, 虛空神·江神·海神·泉源神·河沼神·藥草神·樹林神·舍宅神·水神·火神·地神·風神·土神·山神·石神·宮殿神 등.

지 부처님께 물었다. 이에 부처님께서는 "모임 가운데 관세음자재보살마하살이 있으니 무량無量 무수겁無數劫 전부터 대자대비를 성취하였고, 무량한 다라니문陀羅尼門을 잘 닦아 이제 모든 중생들을 안락케 하고자 신통력을 보인 것이다"라고 하셨다.

그러자 관세음보살이 자리에서 일어나 부처님께 말하기를 "저에게 '대비심다라니주大悲心陀羅尼呪'가 있는 즉, '중생의 안락을 위하여'·'일체 병을 없애고자'·'저들이 수명을 얻게 하기 위하여'·'풍요를 얻게끔'·'일체 악한 업과 중죄를 멸하기 위하여'·'모든 장난障難을 여의게끔'·'모든 청정한〔白〕 법과 공덕을 증장키 위해'·'모든 선근善根을 성취시키기 위해'·'모든 두려움을 멀리 여의고 구하고 원하는 바를 만족시키기 위해' 중생들에게 설하고자 하니 허락해 주소서" 하였다.

(3) '대비심다라니大悲心陀羅尼' 및 천수천안의 기원起源 (p.106中 27行 ~ 下 14行)

그리고 말하기를 "제가 과거 무량억겁 전에 한 부처님께서 세상에 출현하셨으니 그 부처님 이름은 천광왕정주여래千光王靜住如來였습니다. 그 부처님께서는 저를 불쌍히 여기시고 또한 일체 중생을 위해 '광대원만무애대비심다라니廣大圓滿無礙大悲心陀羅尼'를 설하시면서 금색 손으로 제 정수리를 만지며 말씀하셨습니다.

'선남자여, 네 마땅히 이 심주心呪를 가지고 말세의 일체 중생들을 위해 널리 큰 이익을 짓도록 하라.'

그때 저는 초지보살初地菩薩이었는데 다라니를 한번 듣고 팔지八地의 지위에 오르게 되었습니다. 그리하여 크게 환희하여 큰 서원을 발하기를 '만약 제가 오는 세상에 일체 중생을 안락하게 하고 저들의 이익을

능히 감당할 수 있겠거든 제 몸에 천수천안千手千眼이 구족하여지이다'
하였더니, 몸에 천수천안이 갖추어지게 되었습니다.

이 일이 있은 후 저는 무량한 부처님들 모임 가운데 거듭 다라니를 듣고 지닐 수 있었으며 그리하여 무수억겁의 생사를 초월할 수 있었으며, 항상 다라니를 지송하여 태어날 때마다 부처님 앞 연꽃 위에 화생化生하였고 태胎의 몸을 받지 않았습니다."

(4) 다라니陀羅尼 독송법(p.106下 14行 ~ p.107上 7行)

"(이에) 만약 비구·비구니·우바새·우바이·동남·동녀가 이 다라니를 수지코자 하거든, 모든 중생에게 '자비심을 일으키고' 나를 좇아 먼저 이와 같은 원을 발發하여야 합니다."

나무대비관세음南無大悲觀世音 원아속지일체법願我速知一切法[44]
나무대비관세음南無大悲觀世音 원아조득지혜안願我早得智慧眼
나무대비관세음南無大悲觀世音 원아속도일체중願我速度一切衆
나무대비관세음南無大悲觀世音 원아조득선방편願我早得善方便
나무대비관세음南無大悲觀世音 원아속승반야선願我速乘般若船

---

44 伽梵達磨 번역본과는 달리 不空이 번역한 『千手千眼觀世音菩薩大悲心陀羅尼』(『大正藏』 20)에는 앞에까지의 내용이 실려 있지 않다. 대신 '南無大悲觀世音' 이하의 내용 앞에, 아래와 같은 게송이 실려져 있다.(이후 '我若向刀山 刀山自摧折'까지는 같은 내용이 실려 있다.)

"稽首觀音大悲主 願力洪深相好身 千臂莊嚴普護持 千眼光明遍觀照
眞實語中宣密語 無爲心內起悲心 速令滿足諸希求 永使滅除諸罪業
龍天衆聖同慈護 百千三昧頓熏修 受持身是光明幢 受持心是神通藏
洗滌塵勞願濟海 超證菩提方便門 我今稱誦誓歸依 所願從心悉圓滿."

나무대비관세음南無大悲觀世音 원아조득월고해願我早得越苦海
나무대비관세음南無大悲觀世音 원아속득계정도願我速得戒定道
나무대비관세음南無大悲觀世音 원아조등열반산願我早登涅槃山
나무대비관세음南無大悲觀世音 원아속회무위사願我速會無爲舍
나무대비관세음南無大悲觀世音 원아조동법성신願我早同法性身
아약향도산我若向刀山 도산자최절刀山自摧折
아약향화탕我若向火湯 화탕자소멸火湯自消滅
아약향지옥我若向地獄 지옥자고갈地獄自枯竭
아약향아귀我若向餓鬼 아귀자포만餓鬼自飽滿
아약향수라我若向修羅 악심자조복惡心自調伏
아약향축생我若向畜生 자득대지혜自得大智慧

"이렇듯 발원한 후 지극한 마음으로 저의 이름을 부르고 생각할 것이며, 또한 마땅히 저의 본사本師이신 아미타여래의 이름을 불러 오롯이 생각한 후 다라니신주를 외우되 하룻밤에 5편씩을 외워야 합니다."

(5) 참회 및 다라니 독송 공덕(p.107上 7行 ~ 中 21行)

이와 같이 다라니를 외우는 자는 현재와 미래의 생 가운데 많은 이득을 얻게 될 것입니다. 그럼에도 "다라니를 독송할 때 시방의 스승들께 참회하고 사죄한 후에야 비로소 일체 죄의 장애가 소멸되는 바, 대비다라니를 독송할 때 시방의 스승들께서 오셔서 증명하여 주시기 때문입니다." "그러므로 이러한 연후 다라니신주를 외우면 백천만억겁 동안 지은 생사의 무거운 죄가 모두 소멸될 것입니다. 또한 그 사람의 임종시 시방의 모든 부처님들이 오시어 어느 불국토에 날 것인가를 물을 것인 즉, 원에 따라 모두 왕생하게 될 것입니다."

이렇듯 이야기를 전개하는 가운데 관세음보살께서는 다라니 독송 공덕을 다음과 같이 거듭 설명하기도 하였다.

다라니를 독송하므로 해서 삼악도三惡途에 떨어지지 않고 불국토에 태어나게 될 것이며, 무량의 삼매와 더불어 크나큰 재주를, 그리고 현생現生 중에 구하는 바 모든 것을 이룰 수 있으리니, 만일 그렇지 못한다면 이 다라니가 허망하다고 할 것인 즉, 관세음보살께서는 스스로 '성불하지 않겠노라'고 말씀하고 계시는 것이다.

그리하여 '착한 마음으로', '지극한 정성을 기울여', '의심하는 바 없이' 다라니를 외워야 할 것이니, 그렇게 함으로써 15가지 악한 죽음을 만나지 않으며, 15가지 좋은 생을 받아 태어나게 될 것이라고 말씀하고 계시는 것이다.

(6) 신묘장구다라니神妙章句陀羅尼(p.107中 21行 ~ 下 25行)

그리고 연이어 모든 중생들에게 대자비심을 일으켜 얼굴에 미소를 머금은 채, 82구句로 음역된[45] 광대원만무애대비심대다라니인 '신묘장구다라니'를 설하시게 된다.

---

45 앞서 든 전체 18종의 「천수경」류 경전 가운데 伽梵達磨 譯本과 유사한 다라니로는 梵本 5本(1, 2, 7, 9, 18)과 音譯本 13本이 전해지고 있는 바, 音譯本 13本 각각 다라니 音譯의 語句數에 차이를 보이고 있다. 즉, ①64句의 구분(1) 및, ②74句의 구분(18), ③82句의 구분(6, 16), ④84句의 구분(11), ⑤94句의 구분(2, 3, 4), ⑥113句의 구분(7), ⑦구분을 행하지 않은 것(8, 10, 15, 17) 등의 차이를 보이고 있는 것이다. 이에 대한 상세한 내용은 제4장의 「'현행 『천수경』' 문헌 분석」 항목에서 좀 더 자세히 논의될 것이다.

(7) 다라니 문설聞說 공덕(p.107下 26行 ~ p.108上 3行)

이처럼 관세음보살께서 주呪를 설하고 나니 대지는 6종으로 진동하였고, 하늘에서는 보배의 꽃비가 내렸다. 시방의 모든 부처님께서 환희하시고 천마天魔·외도外道는 두려움에 떨었으며, 모든 대중들은 도과道果를 증득하였으니 수다원·사다함·아나함·아라한 또는 1地·2地·3地·4地·5地 내지 10地를 얻고 모든 귀신과 중생이 보리심을 발하게 되었다.

(8) 다라니의 상모相貌(p.108上 4行 ~ 17行)

이때 대중 가운데 대범천왕大梵天王이 다라니의 상모(相貌: 表現, 形相)를 말해 주기를 청했던 바, 관세음보살이 말하기를 "대자비심이야말로 이 다라니의 표현[相貌]이 되니 이는 평등심이라 말할 수 있다. 또한 무위심無爲心이며, 무염착심無染着心·공관심空觀心·공경심恭敬心 그리고 비하심卑下心과 무잡란심無雜亂心·무견취심無見取心·무상보리심無上菩提心 등이 그 표현이 되는 바, 그대는 마땅히 이를 의지해 수행토록 하라"고 하였다.

(9) 다라니 지송持誦 자세(p.108上 17行 ~ 23行)

또한 관세음보살께서 말씀하시기를 "만약 이 신주神呪를 지송하려 하거든 마땅히 '광대한 보리심을 발하고 맹세코 일체 중생을 제도할 서원을 세워야 한다.' 또한 깨끗한 방에 머물고 청정하게 목욕을 하며 깨끗한 의복을 입고 갖가지 당번幢幡과 등을 달고 향과 꽃, 온갖 음식으로 공양을 올릴 것이며, 마음을 한곳으로 지어 다른 것에 인연을 두지 말아야 한다. 이렇게 하여 다라니를 지송한다면 일광보살日光菩薩과 월광보살月光菩薩, 수많은 별들과 야차夜叉와 신선神仙들이 증명하여 그 효험을 더하게 될 것이다"라고 말씀하셨다.

(10) 다라니 지송 공덕 및 옹호천신擁護天神(p.108上 23行 ~ p.109上 20行)

또한 이렇듯 다라니를 지송하는 사람은 관세음보살께서 천안千眼으로 비추어 보고 천수千手로 보호하여 능히 세속의 지혜를 다 알게 하며 일체 외도의 법술法術과 경전 또한 통달케 하리니, 8만4천 가지 모든 귀신의 병을 고치고 일체 귀신과 마魔를 다스리며 외도를 제압할 수 있게 되리라 말씀하기도 하였다.

그런 다음 자비심으로 모든 중생들을 위해 다라니를 지송하는 자를 보호하도록 일체 모든 신들에게 분부하셨으니, 넓은 들에서 홀로 잠들어도 선신善神들이 번갈아 보호할 것… 등 도움을 얻게 되리라 말씀하셨던 것이다.[46]

이어 관세음보살께서는 "이 진언을 5번 외우고 나서 5색 끈으로 줄을 만들고, 또다시 진언 21번을 외운 다음 21번의 매듭을 지어 목에 걸라. 그럼으로써 6바라밀 수행이 구족하지 못한 자로 하여금 바라밀 수행을 원만케 하며, 모든 중생이 대승 수행의 싹을 증장케 할 수 있을 뿐 아니라 필경에 과위果位를 증득할 수 있을 것이다" 하셨다.

---

46 관세음보살을 따르며 「陀羅尼神呪」를 독송하는 사람들을 돕는, 옹호천신들을 나열하면 다음과 같다.(二十八部衆이라 한다). 1)密跡金剛士烏芻君茶鴦倶尸 2)八部力士賞迦羅 3)摩醯那羅延 4)金剛羅陀迦毘羅 5)婆馺婆樓羅 6)滿善車鉢眞陀羅 7)薩遮摩和羅 8)鳩闌單吒半祇羅 9)畢婆伽羅王 10)應德毘多薩和羅 11)梵摩三鉢羅 12)五部淨居炎摩羅 13)帝釋天王과 33天 14)大辯功德婆怛那 15)提頭賴吒王 16)神母女等 大力衆 17)毘樓勒叉王 18)毘樓博叉毘沙門 19)金色孔雀王 20)28部 大仙衆 21)摩尼跋陀羅 22)散支大將弗羅婆 23)難陀와 跋難陀 24)婆伽羅龍伊鉢羅 25)脩羅 乾闥婆 26)迦樓羅·緊那羅·摩睺羅迦 27)水火神과 雷電神 28)鳩槃茶王毘舍闍 등.

그리고 "현세에 구하는 바가 있는 자는 깨끗이 계율을 지키고 3·7일간 다라니를 외우면 원하는 바를 얻을 수 있을 것"이라 하였다.

(11) 다라니 수지자의 공덕 및 가피력(p.109上 21行 ~ p.109中 16行)

이 다라니를 수지하는 자의 공덕은 말로 설명할 수 없는 것이다. 이 사람이 목욕한 물이 물속 중생들 몸에 닿기만 해도 저들 중생의 악업·중죄가 씻겨지고, 정토에 탄생해 태생·난생·습생의 몸을 받지 않을 것이며, 바람이 불어 그 사람의 몸을 스친 바람이 다른 중생들 몸에 닿으면 그는 부처님 계시는 곳에 태어나게 될 것이다.

또한 다라니 수지자受持者는 부처의 몸을 감춘 것이며, 자비의 창고가 되며, 그에게 백천 가지 삼매가 항상 드러나 신통이 자재하게 될 것이다.

(12) 결계법結界法(p.109中 16行 ~ p.110上 1行)

이에 어떤 사람이 세상의 괴로움을 싫어하고 오래 살고자 한다면 조용한 곳에서 청정하게 결계結界하고 모든 거동에 108번씩 다라니를 외운다면, 반드시 그의 수명은 길어질 것이다.

결계의 방법은, 다라니 21편을 외운 후 칼로 땅을 긋거나, 깨끗한 물을 사방에 흩뿌려 경계를 삼기도 하고, 백개자白芥子를 사방에 흩뿌려 경계를 삼거나, 혹은 생각으로서 그 생각 이르는 곳마다 경계를 삼으며, 또는 깨끗한 재로 경계를 삼거나, 오색실을 사변에 둘러 경계를 삼는 등을 말할 수 있다. 그리고 관세음보살께서는 각각 구하는 바에 따른 독송 의궤儀軌를 설하시기도 하셨다.

(13) 다라니의 명칭名稱(p.110上 2行 ~ 7行)

이때 아난이 "세존이시여, 이 다라니는 이름이 무엇이며 어떻게 받아 지녀야 합니까?" 하고 부처님께 여쭈었다. 이에 부처님께서는

"이 신주神呪는 여러 가지 이름이 있으니 일명 광대원만廣大圓滿이고 일명 무애대비無礙大悲이며 또는 구고다라니救苦陀羅尼, 연수다라니延壽陀羅尼·멸악취다라니滅惡趣陀羅尼·파악업장다라니破惡業障陀羅尼·만원다라니滿願陀羅尼·수심자재다라니隨心自在陀羅尼·속초상지다라니速超上地陀羅尼이니 이와 같이 받아 지니라" 하셨다.

(14) 관세음보살의 기원起源(p.110上 7行 ~ 17行)

다시 아난이 부처님께 묻기를 "세존이시여, 이처럼 능히 다라니를 설하시는 이 보살마하살은 다른 어떤 이름이 있습니까?" 하였다. 이에 부처님께서는

"이 보살의 이름은 관세음자재로 일명 연색撚索 또는 천광안千光眼이라 한다. 이 관세음보살에게는 불가사의한 위신력이 있으니, 과거 무량겁 가운데 부처의 경지에 이르렀는데 그 호를 정법명여래正法明如來라 하였다. 그럼에도 대비 원력으로 일체 중생을 안락케 하기 위하여 보살의 형상을 나타냈으니, 모든 대중과 범천·제석천·사천왕·천·용·귀신 등이 마땅히 그를 공양·찬탄하면 많은 복을 얻고 죄를 멸하여 목숨이 마치고 난 뒤 아미타부처님 국토에 왕생하게 될 것이다"라고 하셨다.

(15) 42수주四十手呪 및 옹호신주擁護神呪(p.110上 17行 ~ p.111下 2行)

이 말과 함께 각각 치병治病을 위해 구하는 바에 따른 다라니 독송의

여러 방법을 말씀하신 부처님께서는, 각각 원하는 바에 따라 그것을 성취케 하는 수많은 진언 가운데 42수주에 대해 말씀해 주시기도 하였다. 그리고 이어 일광보살 및 월광보살은 다라니 수지자를 위한 옹호신주를 설하기도 하였다.[47]

(16) 부촉付囑(p.111下 2行 以下)

이때 부처님께서 아난에게 이르시기를,

"너는 마땅히 깊은 마음으로 청정하게 이 대비심다라니를 받아 지니고 널리 염부제閻浮提에 유포하여 끊임없이 하라. 이 다라니는 삼계의 중생들에게 큰 이익이 되느니라. (…) 이 다라니는 과거의 영원겁으로 내려오면서 널리 선근을 심지 않은 사람이면 다라니의 이름도 듣기 어렵거늘, 하물며 다라니를 들을 수 있겠느냐. (…) 만약 이 다라니를 비방하는 자가 있으면 그는 곧 99억 항하사 부처님을 비방하는 것이며, 이 다라니에 의심을 내고 믿지 않는 자가 있으면 그는 길이 큰 이익을 잃고 백천만겁 중 끝없이 윤회하며, 영원히 악취에서 빠져나오지 못하고 불佛과 법法, 승보僧寶를 보지 못할 것이다."

이때 회중會中에 모인 모든 대중과 보살마하살, 금강밀적과 범천, 제석천과 사천왕, 용·귀신 등이 부처님께서 이 다라니를 찬탄하심을

---

47 이들 각각의 진언에 대한 명칭은 전체 18종의 「천수경」류 경전 가운데 3本(6, 11, 12)에 전하고 있다. 이 가운데 (12)는 진언의 명칭만을 전하고 있으며, (6)은 진언 명칭과 함께 진언을 외워야 할 경우를 설명하며, (11)은 진언 명칭 및 진언을 외워야 할 경우와 각각 眞言句를 그림과 함께 싣고 있다.

이 가운데 그림과 함께 소개되는 (11)의 것이 널리 유통되어지며, 기타本에 40개의 진언이 실려져 있는 것과는 달리 41개의 진언이 소개되는 바, 전래의 板本 가운데는 摠攝千臂眞言이 추가되기도 하여, 일반적으로 이것을 '42手呪'라 통칭하고 있다.

듣고 모두 크게 환희하며 가르침을 받들어 수행하였다.

2) 제본諸本 「천수경」류 경전과의 내용 비교

이상, 가범달마 역본의 「천수경」, 즉 『천수천안관세음보살광대원만무애대비심다라니경』 내용을 고찰하면서 필자는 위 경전을 16부분으로 나누어 설명하였다.

이제 필자는 위 경전을 포함한 전체 18종의 「천수경」류 경전 각각의 내용에 대한 고찰을 행하고자 하는 바, 그 경전들이 담고 있는 중요사항과 함께 특징적 요소들만을 언급하고자 한다.

(1) 金剛頂瑜伽千手千眼觀自在菩薩修行儀軌經(『大正藏』 no.1056) 不空 譯

『유가금강정경』에 의거한 '연화부천수천안관자재보살신구의금강비밀수행법蓮華部千手千眼觀自在菩薩身口意金剛秘密修行法'을 많은 진언과 함께 상하 2권으로 설하면서, 하권 중반에 40구로 된 '근본다라니根本陀羅尼'와, 하권 말미에 '세존성자천안천천천족천설천비관자재보리살타달박광대원만무애대비심다라니世尊聖者千眼千千千足千舌千臂觀自在菩提薩埵怛嚩廣大圓滿無礙大悲心陀羅尼'의 범본 및 64구로 된 다라니 음역을 싣고 있다.

(2) 千眼千臂觀世音菩薩陀羅尼神呪經(『大正藏』 no.1057) 智通 譯

번역 유래를 밝히는 서문과 함께 상하 2권으로 구성되어 있다. 상권에는 후오백세 중생의 자비와 이익·안락을 위해 모다라니법姥陀羅尼法인 '천안천비관세음보살대신주千眼千臂觀世音菩薩大身呪'를 94구의 음역으로 설함과 함께, 상하권에 걸쳐 '천안천비관세음보살총섭신인千眼千

臂觀世音菩薩總攝身印' 등 25편의 수인手印과 그에 따른 의궤 및 주呪를 설한 후, 하권 말미에 다라니의 범본을 삽입하고 있다. 보리유지(No.1058) 역본과 동본이역同本異譯이다.

(3) 千眼千臂觀世音菩薩陀羅尼神呪經(『大正藏』 no.1057) 智通 譯의 별본(別本)

명본明本으로서 앞 (2)의 고려본高麗本과 큰 차이가 있어 실어둔 것이다. 상권에 모다라니법인 '근본대신주根本大身呪'를 94구의 음역으로 싣고, 이후 25편의 수인 및 그에 따른 수행 의궤와 주를 설하고 있다. 하권 말미에 '말법시오백년중末法時五百年中'이란 표현이 보이고 있다.

(4) 千手千眼觀世音菩薩姥陀羅尼身經(『大正藏』 no.1058) 菩提流志 譯

후오백세 중의 말세중생을 위한 '천수천안모다라니대신주千手千眼姥陀羅尼大身呪'를 94구의 음역으로 싣고 난 후 "이때 관세음보살마하살께서 이 '박가범대연화수장식보장모다라니薄伽梵大蓮花手嚴飾寶杖姥陀羅尼'를 설하실 때에 삼천대천세계 내지 비상비비상천非想非非想天 모두가 진동하였다"는 말을 전하고 있다. 이후 '천수천안관세음보살총섭신인' 등 24편의 주呪와 '청천안관음왕심인주請千眼觀音王心印呪' 1편 등 전체 25편의 수인과 더불어 수행 의궤 및 주呪를 설하고 있다.

(5) 千手千眼觀世音菩薩治病合藥經(『大正藏』 no.1059) 伽梵達磨 譯

"관세음보살 소설所說 '광대원만무애대비심신주廣大圓滿無礙大悲心神呪'는 진실하여 헛되지 않음"을 말하는 가운데 앞서 설명한 가범달마 역본 내용 중 (6)의 다라니 이후부터 40개의 수주手呪 앞에 이르기까지 후반부의 내용과 흡사한 사항을 전하고 있어, 마치 (6) 가운데 생략된 부분을 따로 모아둔 것이 아닌가 하는 생각을 갖게 한다. 여기에 천수다라니는 생략이 되어 있으며, 후반에 말세중생을 위한다는 표현이 적혀 있다.

(6) 千手千眼觀世音菩薩廣大圓滿無礙大悲心陀羅尼經(『大正藏』 no. 1060) 伽梵達磨 譯

앞서 16 항목으로 전체 내용을 개괄하였듯, 다라니를 설한 인연과 함께 십원·육향·결계법 및 '광대원만무애대비심대다라니신묘장구다라니'를 82구의 음역으로 실은 후, 앞서 설명한 가범달마 역본 중 (5)와 흡사한 내용을 싣고 있으며, 그 후에 부처님께서 40개의 수주手呪를 설하고 있다. 서두에 '어제대비총지경주서御製大悲總持經呪序'라 표기된 영락永樂 9년(唐 高宗 9년, 658년) 당시 황제의 서문이 붙어 있는 까닭에 상당한 권위를 갖고 유통되었을 것으로 생각된다.

(7) 千手千眼觀自在菩薩廣大圓滿無礙大悲心陀羅尼呪本(『大正藏』no.1061) 金剛智 譯

'천수천안관자재보살광대원만무애대비심다라니주'를 113구의 음역으로 싣고 있으며, 이어 범본을 수록하고 있다. 다라니 음역에 있어 소수의 부분을 제외하면, 가범달마(no.1060) 및 불공(no.1064) 역본과 거의 흡사한 모습을 보이고 있다.

(8) 千手千眼觀世音菩薩大身呪本(『大正藏』 no.1062A) 金剛智 譯

"출出 『대비경大悲經』 중권中卷"이란 출전을 밝힌 채, 구句의 구분 없이 음역된 '천수천안관세음보살대신주'를 싣고 있다.

(9) 世尊聖者千眼千首千足千舌千臂觀自在菩提薩埵怛縛廣大圓滿無礙大悲心陀羅尼(『大正藏』 no.1062B) 失譯

비교적 짧은 범본을 싣고 있다.

(10) 番大悲神呪(『大正藏』 no.1063) 失譯

음역 '대비신주'를 구句의 구분 없이 싣고 있다.

(11) 千手千眼觀世音菩薩大悲心陀羅尼(『大正藏』 no.1064) 不空 譯

계수문稽首文 및 10원·6향문과 함께 '광대원만무애대비심다라니신묘장구'인 다라니를 음역 84구로 싣고 있으며(각각의 구에 설명을 붙이고 있다), 그 뒤에 41개의 수주를 그림과 함께 덧붙인 다음 끝맺고 있다. 『팔가비록八家祕錄』을 인용하면서, 이는 '광대원만무애대비심다라니신묘장구'를 설하고 있는 까닭에 완전한 경전이 된다는 것을 후기에서 말하고 있다. 다라니 음역에 있어 가범달마(no.1060) 역본과 거의 일치하고 있다.

(12) 千光眼觀自在菩薩秘密法經(『大正藏』 no.1065) 三昧蘇嚩羅 譯

먼저 40개 수주〔手法〕의 명칭을 소개한 후, 25유有와 함께 천수천안의 기원, 그리고 구하는 바에 따른 각각 40개의 수주에 대해 상술하고 있다. 뒤에 짧은 만다라의궤曼荼羅儀軌를 전하고 있다.

(13) 大悲心陀羅尼修行念誦略儀(『大正藏』 no.1066) 不空 譯

'성천수천안관세음자재보살마하살광대원만무애대비심다라니진언(聖千手千眼觀世音自在菩薩摩訶薩廣大圓滿無礙大悲心陀羅尼眞言: 眞言

句는 생략되어 있음)'을 포함한 각 진언들의 염송의궤念誦儀軌로서, 대비심다라니大悲心陀羅尼의 수행 염송의궤를 전하고 있다.

(14) 攝無礙大悲心大陀羅尼經計一法中出無量義南方滿願補陀落海會五部諸尊等弘誓力方位及威儀形色執持三摩耶幖幟曼荼羅儀軌(『大正藏』 no.1067) 不空 譯

비교적 긴 만다라의궤의 찬讚과 작법作法을 설하고 있다.

(15) 靑頸觀自在菩薩心陀羅尼經(『大正藏』 no.1111) 不空 譯

관조관찰여래觀照觀察如來께서 열반에 임하실 때 월나라연력越那羅延力 천자天子에게 '청경관자재보살심진언靑頸觀自在菩薩心眞言'을 설하셨다는 다라니의 기원과 함께, 음역된 다라니를 구句의 구분 없이 싣고 있다. 그런 다음 청경관자재보살의 간략한 도상법圖像法을 부가하고 있다.

(16) 金剛頂瑜伽靑頸大悲王觀自在念誦儀軌(『大正藏』 no.1112) 金剛智 譯

『금강정유가경』에 의거한 관자재왕여래觀自在王如來의 수행연화달마법요修行蓮花達磨法要를 설명하는 가운데 많은 수인 및 의궤와 함께 '광대원만무애대비심이라건타다라니廣大圓滿無礙大悲心儞羅建他陀羅尼' 143구를 음역으로 전한 후, '천수천안광대원만묘신대비보당다라니千手千眼廣大圓滿妙身大悲寶幢陀羅尼'를 음역 82구로 설하고 있다.

(17) 觀自在菩薩廣大圓滿無礙大悲心大陀羅尼(『大正藏』 no. 113A) 指空 譯

'니라간타바라마흐리다야가라가라다라니抳羅簡陀縛囉摩訖哩多野賀羅賀羅陀羅尼)'를 구 구분 없이 음역으로 싣고 있으며, 뒤에 별본別本으로

'관세음보살시식觀世音菩薩施食' 주呪를 음역하여 싣고 있다.

(18) 大慈大悲救苦觀世音自在王菩薩廣大圓滿無礙自在青頸大悲心陀 羅尼 (『大正藏』no.1113B) 不空 譯

제불諸佛께 대한 귀의와 함께 다라니의 각 이명異名에 대해 열거한 후, 범본과 음역을 병기한 채 74구로 구분된 '청경관음다라니青頸觀音陀羅尼'를 싣고 있다. 특히 다라니 각 구마다 설명을 붙이고 있는데 이는 (11)의 불공 역본에 붙어진 각 구의 설명과 거의 흡사하다. 한편 다라니 음역에 있어서는 가범달마(no.1060) 및 불공(no.1064) 역본과 거의 흡사한 모습을 보이고 있다.

이상 18종의 「천수경」류 경전 전체에 대한 중요 사항 및 특징적 요소들을 정리해 보았다. 이제 이 사항들을 몇몇 중요 항목으로 좀 더 구체화시킨 하나의 도표로 만들어 보면 다음과 같다.(도표 3) (도표에서 ●표는 각각 내용에 대한, 경전 안에서의 소재 여부를 나타낸다.)

도표 3 제본諸本 「천수경」류 경전의 중요 내용 항목표

連番	『大正藏』No	譯者	陀羅尼				四十手呪	25印儀軌	十願	六向	備考
			梵本	音譯	句	名稱					
1	1056	不空	●	●	64句	世尊聖者千眼千千千足千舌千臂觀自在菩提薩埵怛嚩廣大圓滿無礙大悲心陀羅尼					40句의 根本陀羅尼를 音譯으로 別途로 說함
2	1057	智通	●	●	94句	千眼千臂觀世音菩薩大身呪		●			後五百歲의 表現 보임
3	1057 別本			●	94句	根本大身呪		●			後五百歲의 表現 보임

4	1058	菩提流志		●	94句	千手千眼姥陀羅尼大身呪		●			後五百歲의 表現 보임
5	1059	伽梵達磨				廣大圓滿無礙大悲心神呪					*後五百歲. (6)의 後半 內容과 恰似
6	1060	伽梵達磨		●	82句	廣大圓滿無礙大悲心大陀羅尼神妙章句陀羅尼	●		●	●	*王의 序文. 一部는 (5)의 內容과 恰似
7	1061	金剛智	●	●	113句	千手千眼觀自在菩薩廣大圓滿無礙大悲心陀羅尼呪					
8	1062A	金剛智		●	區分無	千手千眼觀世音菩薩大身呪					
9	1062B	失譯	●								짧은 梵本
10	1063	失譯		●	區分無						
11	1064	不空		●	84句	廣大圓滿無礙大悲心陀羅尼神妙章句	● 41 呪그림		●	●	稽首文 첨가. 陀羅尼句에 說明 붙음
12	1065	三昧蘇嚩羅						●			25有와 千手千眼의 起源, 曼茶羅儀軌
13	1066	不空				聖千手千眼觀世音自在菩薩摩訶薩廣大圓滿無礙大悲心陀羅尼眞言					大悲心陀羅尼 修行念誦儀軌전함
14	1067	不空									曼茶羅儀軌와作法 전함
15	1111	不空		●	區分無						青頸觀自在菩薩圖像法 첨가
16	1112	金剛智		●	82句	千手千眼廣大圓滿妙身大悲寶幢陀羅尼		●			143句의 「廣大圓滿無礙大悲心僞羅建他陀羅尼」音譯 전함
17	1113A	指空		●	區分無	抳羅簡陀縛囉摩訖哩多野賀羅賀羅陀羅尼					別本으로 觀世音菩薩施食呪전함

18	1113B	不空	●	●	74句	青頸觀音陀羅尼					(11)과 恰似陀羅尼句에 說明 붙음

이상, 전체 「천수경」류 경전의 중요 사항 및 특징적 요소들을 살펴보면서 하나의 의문을 제기할 수 있다. 즉 이들 경전 상의 「천수경」 구성과 우리가 알고 있는—현재 한국불교의 의례의식儀禮儀式에 사용되고 있는—'현행 『천수경』'과는 너무도 많은 내용 및 구조적 차이점을 보이고 있다는 점이다. 그렇다면 이것은 어떤 연유에서 비롯된 것일까?

제3장

「천수경」류 경전의 한국 유통 및 독송 의례 변천을 통한 '현행 「천수경」'의 성립

제諸 「천수경」류 경전 가운데 보이는 내용과 현재 한국불교 의례의식에 사용되고 있는 '현행 『천수경』'과의 비교 속에 많은 내용 및 구조적 차이점을 발견할 수 있는 바, 그 차이가 생겨나게 된 연유를 밝히기 위해 필자는 두 단계를 거쳐 그것을 설명하고자 한다.

즉 한국불교 의례의식에 사용되고 있는 '현행 『천수경』'은 제諸 「천수경」류 경전과의 내용 및 구조적 상이성 뿐만 아니라, 중국 및 기타 제국諸國의 의식 가운데 찾아볼 수 없는 독특한 의례적儀禮的 형태를 지니는 바, '현행 『천수경』'의 형성 과정을 도출하기 위해 필자는 (1)「천수경」류 경전의 한국 유통에 대한 좀 더 세부적 분석을 시도할 것이며, 한편 '현행 『천수경』' 성립에 관한 추론을 행하기 위해 (2)「천수경」류 경전의 독송 의례에 대한 분석을 시도할 것인 즉, 이러한 노력 가운데

'현행 『천수경』' 성립에 관한 적절한 이해를 마련할 수 있을 것이다.

1. 「천수경」류 경전의 한국 유통

먼저 '현행 『천수경』' 성립을 말하기 위한 전제로 한국에서 「천수경」류 경전의 초기 및 중·후기 유통사를 분석해 볼 필요가 있다. 즉 각 시대에 따른 문헌상의 내용과 그 변천과정을 통해 현재 전해지고 있는 '현행 『천수경』'에 대한 전체적 개관을 행할 수 있으며, 이는 또한 '현행 『천수경』' 성립에 대한 실마리를 제공해줄 것이다.

이제 필자는 각 시대의 흐름에 따른 「천수경」류 경전 유통의 상이성을 살피고자 하는 바, 편의상 시대 구분을 통해 이를 설명하기로 한다.

1) 통일신라의 「천수경」류 경전 유통

앞서 언급했듯 한국에 최초로 「천수경」류 경전이 전래된 것은 통일신라 초기의 일로, 671년 의상스님에 의해서였다고 할 수 있다. 그의 저술 「백화도량발원문」 및 「투사례」 등을 통해 그가 가범달마 역본의 「천수경」, 즉 『천수천안관세음보살광대원만무애대비심다라니경』을 인용하고 있음은 앞서 살펴본 바 있다.

이외에 『삼국유사』 기록 중에서 「천수경」 '대비주'에 관한 언급을 찾아볼 수 있다. 통일신라 효소왕(孝昭王: 692~702년 재위) 당시 정신대왕(淨神大王: 孝昭王을 말함)의 태자 보천寶川과 효명孝明은 세속에 뜻을 두지 않고 오대산五臺山에 이르러 법을 구하고자 했던 바, 이후 효명은 국민의 요청에 의해 왕위에 즉위〔聖德王〕하였으나 보천은 홀로 산에 남아 '수구다라니隨求陀羅尼'를 독송하는 것으로 매일의 과업을 삼았다는 것이다.

그리고 이후 730년경 이래로 추정되는 시기에 "보천은 임종시 후일 산중에서 행할 '국가를 도울 행사'를 기록"하였는데, 그 내용 중 「천수경」과 관련된 기록을 찾아볼 수 있다. 이를 일부 인용해 보면 다음과 같다.

> 이 산(五臺山)은 곧 백두산의 큰 맥인데 각 대臺는 진신眞身이 상주하는 곳이다. 청靑은 동대東臺의 북쪽 아래와 북대北臺의 남쪽 끝에 있으니 마땅히 관음방觀音房을 두어 원상관음圓像觀音과 푸른 바탕에 1만의 관음상觀音像을 그려 봉안하고, 복전오원福田五員을 두어 낮에는 「팔권금경八卷金經」과 『인왕仁王』·『반야般若』·「천수주千手呪」를 읽게 하고 밤에는 '「관음예참觀音禮懺」'을 외우게 하며 원통사圓通社라 이름하라.[1]

위 예문을 통해 의상스님 이후 통일신라 당시 「천수경」 유통의 흔적을 발견할 수 있는 바, 「천수경」을 다만 「천수주千手呪」라 기록하고 있음을 볼 때 「천수경」 전체를 「천수주」라 표현하였거나, 「천수경」 중 '다라니' 부분만을 독송했던 것이 아닐까 하는 생각을 갖게 된다.

한편, 위 예문 가운데 '다라니' 독송과 함께 '「관음예참」을 외우게 했다'는 기록 또한 주의를 기울일 만한 사항이라 하겠다. 앞서 살펴본 바 이미 7세기경에 신라승 연광緣光 및 원효 등을 통해 천태 지의智顗의 교설이 신라에 전해졌다고 한다면,[2] 730년경 이전에는 이미 그의 교법

---

1 『三國遺事』 卷3, 「臺山五萬眞身」條.

2 제1장 「관음신앙의 성립과 전래」 중 註 61)의 내용을 참조할 것.

에 영향을 입은 채 지의의 저서 『청관음참법請觀音懺法』 역시 신라에 소개되어, 그 규범에 의한 「관음참법」이 행해졌으리라 하는 것은 역시 가능성 있는 일이기 때문이다.

물론 지의의 『청관음참법』[3] 자체는 『고왕관세음경高王觀世音經』에 의한 관음신앙 및 그 실천행을 보여주는 것으로, 우리의 주제인 「천수경」류 경전과 직접 관련을 맺지는 않는다 할지라도, 이 「관음참법」의 전통이야말로 중국에서 후대 천태종의 전승자 준식遵式 및 지례知禮 등으로 이어진 채, 고려조 천태종의 발전에 따른 「천수경」류 경전 유통과 아울러 행해진 「관음참법」과의 관련을 보여주는 예가 되기 때문이다.[4]

2) 고려의 「천수경」류 경전 유통

이후 고려시대에 접어들어 「천수경」류 경전 유통의 최초 흔적을 『균여전均如傳』[5] 안에서 발견할 수 있다. 그 기록에 의하면 "절에서 공부를 마치고 돌아온 균여(923~973년)는 그의 누이 수명秀明에게 보현·관음 양 선지식의 법문과 함께 「신중경神衆經」 및 「천수경」 두 경문을 가르쳐 주었다"[6]는 것이다.

---

3 이는 현존하지 않고 『國淸百錄』 卷第1 가운데 그에 대한 사항이 요약 정리되어 전하고 있다. 『國淸百錄』 卷第1(『大正藏』 46, pp.795~796).

4 천태사상과의 관계 속에 행해진 「관음참법」과 「천수경」류 경전 유통과의 관계에 대해서는 '고려의 「천수경」류 경전 유통' 항목에서 좀 더 자세히 다루기로 하겠는 바, 그 직접적인 예를 惠永의 『白衣解』 가운데서 찾을 수 있다.

5 『大華嚴首座圓通兩重大師均如傳』(『韓佛全』 4, pp.511~517). 赫連挺이 讚한 것으로 1075년(文宗29)에 간행되었으며, 일반적으로 『均如傳』이라 불린다.

6 『大華嚴首座圓通兩重大師均如傳』(『韓佛全』 4, p.511). "秀明請聞其業 師講普賢觀音

한편 대장경 안에 소재한 「천수경」의 독송 규범서 『천수안대비심주행법千手眼大悲心呪行法』에 주의를 기울여 볼 필요가 있다. 이는 중국 송나라 때의 승僧 지례(960~1028년)의 찬술로, 그 안에서 초기 「천수경」 독송 범례의 체계적 틀을 찾을 수 있는 까닭이다.[7]
물론 현존 자료를 통해 볼 때 지례의 『천수안대비심주행법』이 당시 고려에 전래된 확실한 기록은 보이지 않는다. 그럼에도 송宋에 『천수안대비심주행법』이 유포된 후, 1084년 고려의 승 의천義天이 송에서 천태교학을 전수받은 다음 고려로 돌아와 국청사國淸寺를 창건(1089년, 선종6) 했으며, 또한 1090년 "최사겸이 송에서 「수륙의문水陸儀文」을 가지고 돌아와… 송에서 시행하던 법회가 고려에 들어왔다"[8]는 기록과 함께, "선종宣宗 9년(1092) 왕과 태후가 백주白州의 견불사見佛寺에서 일만일一萬日을 기약하고 천태종 예참법禮懺法을 베풀었다"[9]는 기록 등은 당시 천태종 예참법과 함께 지례의 『천수안대비심주행법』 역시 고려에 전래되었으리라는 추정을 가능케 한다.

더욱이 1091년(元祿6) 의천이 찬술한 『신편제종교장총록新編諸宗教藏總錄』[10] 가운데 『청관음경석소복삼용請觀音經釋消伏三用』과 함께 7종에 해당하는 지례의 찬술이 실려 있음을 볼 때, 지례의 『천수안대비심주행법』 역시 의천 당시를 즈음하여 혹은 그 이전에 이미 고려에 전래되었

兩知識法門 神衆千手二經文."(「第三 姉妹齊賢之分者」).

7 『千手眼大悲心呪行法』(『大正藏』 46, pp.973~978). 이 내용에 대해서는 제3장의 '2.「천수경」류 경전의 독송 의례' 항목 가운데서 자세히 다루기로 한다.

8 가마타 시게오(신현숙 譯), 『한국불교사』, 민족사, 1994. pp.134~135.

9 『高麗史』 10, 「世家」 卷第10. 壬申9年條. "王太后說天台宗禮懺法于白州見佛寺約一萬日."

10 『韓佛全』 4, pp.679~697.

음을 추정함에는 큰 무리가 따르지 않는다. 더구나 준식遵式의 『참법보조의懺法補助儀』와 『참의懺儀』 역시 위 의천의 찬술 가운데 편입되어 있는 바,[11] 준식의 「관음참법」에 '천수다라니'의 지송 사실이 보이는 점[12] 등은 천태사상과의 관련 속에 「관음참법」과 「천수경」류 경전 확산과의 관계를 보여주는 예가 된다고 할 수 있다.

이에 앞의 '통일신라의 「천수경」류 경전 유통' 항목에서 『삼국유사』 중 "「관음참법」을 외우게 했다"[13]는 보천의 기사를 근거로 생각할 때, 신라 중기로부터 행해진 천태종의 「관음참법」 시행과 아울러, 고려 중기에는 지례의 『천수안대비심주행법』에 따른 「천수경」 독송 범례에 영향을 받은 어느 정도 정형화된 「천수경」 독송 양식이 한국에 정착되지 않았는가 추정할 수 있다. 그런 전제가 가능하다면, 그것은 이후 「천수경」 독송 의례 및 '현행 『천수경』'의 성립 과정에 상당부분 영향을 미치지 않았을까 생각할 수 있다.

여하튼 고려전기 이래 「천수경」류 경전은 신앙의 소의경전所依經典으로 정착되었던 바, 「이탄지李坦之의 묘지명墓誌銘」 중 "천수진언千手眞言을 밤새 외우다가 단정하게 앉은 채로 돌아가셨다. … 천덕天德 4년(1152)이었다"[14]는 기록 및 동시대 「황위黃偉의 처 최씨 묘지명」 중 "계戒를 받고 '천수진언千手眞言'을 외우며"[15] 내지 1192년 조성된

---

11 『韓佛全』 4, pp.679～697.

12 『請觀世音菩薩消伏毒害陀羅尼三昧儀』(『大正藏』 46, p.971).

13 『三國遺事』 卷3, 「臺山五萬眞身」條.

14 「李坦之 墓誌銘」, 김용선 역, 『역주 고려묘지명집성』, 한림대학교출판부, 2006, p.195.

15 「黃偉 처 崔氏 墓誌銘」, 김용선 역, 『역주 고려묘지명집성』, 한림대학교출판부, 2006, p.329.

「김유신金有臣의 처 이씨 묘지명」 중 "늘 『소미타경小彌陀經』, 『화엄경』 「보현품普賢品」, 『천수다라니경』을 읽고"[16] 등의 기록은 당시 「천수경」류 경전의 확산 양상을 보여주는 것들이라 하겠다.

이외에 고종高宗 5년(1218) 혜근惠謹이 간행한 『범서총지집梵書總持集』[17] 서문 중 "「대비심경大悲心經」에 '다라니는 선정禪定의 창고가 되니, 백천삼매百千三昧가 현전現前하는 까닭이다.' 그러한 즉 진언은 일체 선정의 문門을 갖춰 함유하고 있다"[18] 하여 다라니의 공덕을 찬탄하는 가운데 가범달마 역본 「천수경」의 내용(인용문의 ' ' 부분)을 인용하고 있음을 볼 수 있다. 또한 고종 23년(1236)~38년(1251)에 완성된 재조대장경再雕大藏經에 대한 수기守其의 찬술 『대장목록大藏目錄』[19]에서 6편의 「천수경」류 경전 소재를 찾을 수 있는데, 그 안에 가범달마 역본의 「천수경(千手千眼大悲心經)」과 기타 「천수경」류 경전이 삽입되어 있음을 발견할 수 있는 것이다.[20]

---

16 「金有臣 처 李氏 墓誌銘」, 김용선 역, 『역주 고려묘지명집성』, 한림대학교출판부, 2006, p.423.

17 東國大學校 佛教文化硏究所, 「高麗佛書展觀目錄」, 佛紀2990, p.12.

18 종석(전동혁), 「밀교의 수용과 그것의 한국적 전개」(中央僧伽大學, 『中央僧伽大學教授 論文集』, vol. 4. 1995), p.57에서 인용. "大悲心經陀羅尼是禪定藏 百千三昧當現前故 卽知眞言備含一切禪定之門."

19 『大藏目錄』(『韓佛全』 6. pp.161~195).

20 『大藏目錄』 안에서 발견되는 6종의 「천수경」류 경전 문헌은 다음과 같다. 이를 제2장의 '현존 「천수경」류 경전의 중국 번역 목록'에 따른 일련번호와 함께 나열하면 다음과 같다. (1)『金剛頂瑜伽千手千眼觀自在菩薩念誦法』(不空 譯), (2)『千眼千臂神呪經』(智通 譯), (4)『千手千眼陀羅尼身經』(菩提流志 譯), (6)『千手千眼大悲心經』(伽梵達磨 譯), (7)『千手千眼觀自在菩薩廣大圓滿無礙大悲心陀羅尼呪本』(金剛智 譯), (8)『千手千眼觀世音菩薩大身呪本』(金剛智 譯) 等.

이외에 충렬왕忠烈王 19년(1292) 조성된 「첩대비심다라니계청帖大悲心陀羅尼啓請」 1첩帖이 현존해 있으며,[21] 충렬왕 때의 승 충지(沖止: 1226~1292)는 왕의 행차에 대한 평안을 기원하는 4종의 법석法席을 거행하였는데, "「천수대비심주」를 외우니, 소리마다 우레 소리가 진동하였다"[22]는 『동문선東文選』 기록과 동시대의 승려 혜영(惠永: 1228~1294)이 백의관음白衣觀音에 대한 예참문 『백의해白衣解』를 저술하였는데, 그 내용 중 가범달마 역본 「천수경」 본문이 인용되어 있음을 볼 수 있는 것이다.[23]

한편 체원(體元: 1313~1344)은 『백화도량발원문약해白花道場發願文略解』에서 의상의 「백화도량발원문」 중 '십원육향十願六向' 및 '송대비주誦大悲呪' 부분을 주석하는 가운데, 이는 "「천수천안경千手千眼經」에 의거한 관음성觀音聖의 발원"임을 언급한 채 이후 가범달마 역본 「천수경」 내용을 요약·설명[24]하고 있는 점으로 미루어, 그 역시 가범달마 역본 「천수경」을 충분히 숙지하고 있었음을 알 수 있다. 이외에 1328년(충숙왕15), 원나라로부터 서천 108조祖로 알려진 천축승天竺僧 지공

이들은 각각 약간씩 題名을 달리한 채 高麗大藏經 안에서 (1)No. K.293, (2)No.K.292, (4)No.K.293, (6)No.K.294, (7)No.K.1270, (8)No.K.1269로 분류된다. 또한 〔大正新修大藏經〕 안에서는 (1)No. 1056, (2)No.1057, (4)No.1058, (6)No.1060, (7)No.1061, (8)No. 1062A로 분류되어 있다.

21 佛教文化研究所, 『韓國密教思想研究』, 東國大學校 出版部, 1986, p.637.

22 財團法人 民族文化推進會, 『東文選』,112卷. 민족문화문고간행회. 1984, 재판. vol.8. p.836. 「祝大駕消災仁王千手智論 四種法席疏」條. "唱演大悲心呪則聲聲雷振."

23 『白衣解』(『韓佛全』 6, pp.411~412). "千手經云 大悲菩薩 久成正覺 號正法明王如來."(p.411).; "千手經云 持此呪者 聰明多聞 强記不忘."(p.412).

24 『白花道場發願文略解』(『韓佛全』 6, p.574中. p.575上).

(指空: 禪賢, Dhyānabhadra: ?~1363)이 고려에 와 연복정延福亭에서 계율을 설했는데,[25] 그는 「천수경」류 경전 중 하나인 『관자재보살광대원만무애대비심대다라니觀自在菩薩廣大圓滿無礙大悲心大陀羅尼』[26]를 음사音寫한 장본인으로, 그의 고려 입국과 함께 위 경전이 당시 고려에 전래되었음은 추측 가능한 일이다.

또한 『고려사高麗史』 가운데 공민왕(恭愍王: 1351~1374년 재위)이 '천수도량千手道場'을 개설한 기사[27]를 찾을 수 있는 바, 고려대에 있어 「천수경」류 경전은 각 시기에 걸쳐 꾸준히 유통되었음을 알 수 있다.

3) 조선조 및 일제기, 근세에 있어서의 「천수경」류 경전 유통

그럼에도 조선 초기 문헌에서는 「천수경」류 경전의 유통 흔적을 거의 발견할 수 없는 실정이다. 아마도 그것은 2대 정종(定宗: 1398~1400년 재위)의 배불정책과 함께, 특히 3대 태종(太宗: 1400~1418년 재위)대에 이르러서는 "불법佛法은 치국治國 안민安民의 도道에 어긋난다"[28]는 부왕父王의 원칙에 따라 불교의 신앙형태를 부정한 정황에 기인한 것이라 추정된다. 이에 태종은 송주승誦呪僧을 멀리했던 한편[29] 1417년에 이르러서는 당시 명맥을 유지하던 청우재請雨齋 및 시식의례施食儀禮 의궤를 제외한 진언종眞言宗의 경전 및 다라니 등 밀교관계 서적들을 불살라 버렸던 것이다.[30]

---

25 가마타 시게오(신현숙 譯), 앞의 책, p.146. p.186.

26 『大正藏』 20, pp.497~498.

27 『高麗史』 「列傳」 第二, '后妃 二'條.

28 『定宗實錄』, 卷三. 定宗 二年 「己丑」條. "夫佛法非治國安民之道."

29 權相老, 『朝鮮佛敎略史』, p.175.

그러나 궁중에서 은밀히 행해진 불교행사에서 다라니 등 밀교관계 경문의 필요성에 따른 부활이 이루어졌던 바,[31] 그 위세에 힘입어 9대 성종成宗 이래 1476년(成宗7) 「천수천안관자재보살대비심다라니경」 간행을 필두로 조선말 고종高宗대인 1881년(光緖 2년) 『고왕관세음천수다라니경高王觀世音千手陀羅尼經』 간행에 이르기까지 수많은 밀교관계의 문헌들이 출간되었음을 볼 수 있다.

이제 필자는 조선 성종(成宗: 1469~1494년 재위) 이후 근세에 이르기까지 편찬된 진언집 및 경문·의식집 중 「천수경」 관련 내용을 담고 있는 책들을 뽑아 그 내용을 분석해 보겠는데, 이는 '현행 『천수경』' 성립 고찰을 위한 기본 자료가 될 것이다.

(1) 경문經文 및 진언집眞言集

우선 「천수경」 관련 내용을 담고 있는 전체 자료 중 경문 및 진언집에 해당하는 문헌들을 항목별로 구분, 각각 내용을 간략히 정리하면 다음과 같다.

①『천수천안관자재보살대비심다라니경千手千眼觀自在菩薩大悲心陀羅尼經』: 1476년(成宗7) 간행된 것으로, 불공 역본의 「천수경」 중 진언

---

30 李能和『朝鮮佛敎通史』下, p.162. "至于朝鮮之初 悉焚讖緯諸書 眞言宗之眞經神呪亦在所禁 僅有請雨 施食之儀."

31 외세의 침략이나 질병의 만연 등 朱子學의 이념만으로는 어찌할 수 없는 한계성 속에 불교의식, 특히 밀교의식의 필요성을 느끼게 되었음을 말하고 있다. 徐閏吉, 「朝鮮朝 密敎思想硏究」(「佛敎學報」 vol.20), pp.114~115.
한편, 7대 世祖 때에 造成된 것으로 알려진 오대산 상원사의 문수보살상像 복장 안에서 '천수다라니'가 발견되었음은 太宗代 이래에도 꾸준히 밀교 관계의 경문과 다라니 등이 유통되었던 실례가 된다.

명칭만 한문으로 하고 진언은 국문으로 서사書寫한 것이다. 상단부에 '42수진언四十二手眞言'의 수인도手印圖가 그려져 있다.[32]

②『불설천수천안관세음보살광대원만무애대비심대다라니경佛說千手千眼觀世音菩薩廣大圓滿無碍大悲心大陀羅尼經』: 1476년(成宗7) 간행된 것으로, 이후 12차례의 중간重刊을 보이고 있다.[33]

③『오대진언집五大眞言集』: 1485년(成宗16)「대불정다라니大佛頂陀羅尼」·「불정존승다라니佛頂尊勝陀羅尼」와「대비심다라니大悲心陀羅尼」·「수구즉득다라니隨求卽得陀羅尼」등 오대진언을 합편合編 간행한 것으로, 인수대비仁粹大妃의 명으로 당본唐本을 얻어 국역 중간한 것이다. 앞의 두 다라니에 대해서는 범자, 한글, 한자 순으로 행을 달리하여 병서並書하고 있다.[34]

④『오대진언(五大眞言: 摠集文)』: 1485년(成宗16) 간행된 것으로,「사십이수진언」·「신묘장구대다라니」·「수구즉득다라니」·「대불정다라니」·「불정존승다라니」등 다섯 진언을 실담(悉曇: 梵字)·한글(正音)·한자로 병기하여 한 권의 책으로 개간開刊한 것으로, 범梵·언諺·한漢 병기법並記法의 효시가 된다.

---

32 東國大學校,「朝鮮佛教典籍展覽會目錄」, 檀紀4283, p.13.
한편「李朝前期國譯佛書展觀目錄」(東國大學校 佛教文化研究所 編, 1964) p.46에는 刊期 未詳의『千手千眼觀自在菩薩大悲心陀羅尼經』이 실려 있는 바, 위에 소개하고 있는 것과 유사한 내용을 담고 있어 따로 구분을 행하지 않았다. 참고로 이 문헌은 위 목록에만 표기되어 있을 뿐, 현재 所藏되어 있지 않다.

33 東國大學校 佛教文化研究所,『韓國佛教撰述文獻總錄』. 이후의 重刊 기록을 보면 燕山君 2年, 孝宗 9年(鳳巖寺), 肅宗 42年(甘露寺), 英祖 4年(普賢寺), 英祖 22年(雲門寺), 英祖 38年(伽倻寺), 哲宗 8年(奉恩寺), 高宗 18年(三聖庵) 外 4回.

34 東國大學校 佛教文化研究所,「李朝前期國譯佛書展觀目錄」, 1964. p.44.

인수대비의 명으로 당본을 얻어 간행한 것으로, 「신묘장구대다라니」에 앞서 '계수문'과 '십원문'·'육향문'·'사십이수주'·'십이보살' 등의 내용을 소개하고 있다. 한편 '42수주'에 대해서는 각 장 상단에 수인도手印圖를 싣고 있으며, 권말에 한문으로 된 '영험약초靈驗略抄'를 첨부하고 있다. 위 오대진언의 수미首尾가 결락缺落되어 있는 까닭에 「총집문摠集文」(後人의 書)이라 불리어 소장되었다.[35]

⑤『영험약초靈驗略抄』: 1550년(明宗5) 오대진언 끝에 붙어 있는 「대비심다라니」·「수구즉득다라니」·「대불정다라니」·「불정존승다라니」에 대한 영험약초를 국역 출간한 것이다. 이는 ③『오대진언집』의 내용에 대한 국역본의 복각으로 이해된다. 경문 및 다라니 등은 소개되지 않고 있다.[36]

⑥『천수천안관자재보살광대원만무애대비심대다라니千手千眼觀自在菩薩廣大圓滿無碍大悲心大陀羅尼』: 1716년(肅宗42) 간행된 것으로, 불공 역본의 「천수경」 중 다라니와 앞 계청啓請 부분(稽首文·十願文·六向文·十二菩薩의 內容)을 싣고, 다라니 본문의 각 구마다 한자와 정음正音·실담悉曇을 병기하였으며, 각 주문呪文의 뜻과 함께 상단에 그에 대한 화상畵像을 싣고 있다.[37]

⑦『관세음보살영험약초觀世音菩薩靈驗略抄』: 1716년(肅宗42) 간행된 것으로, 「대비심다라니」의 해제 격에 해당되는 「관세음보살영험약초」

---

35 東國大學校 佛教文化研究所, 「眞言·儀式關係佛書展觀目錄」, 1976, p.3.

36 東國大學校 佛教文化研究所, 「李朝前期國譯佛書展觀目錄」, 1964. p.48.

37 東國大學校 佛教文化研究所, 「眞言·儀式關係 佛書展觀目錄」, 1976. p.11. p.13. 최초의 판본 이후 4차례 重刊 및 改刊된다. 英祖 4年(普賢寺), 英祖 22年(雲門寺), 英祖 38年(伽倻寺), 高宗 18年 等.

를, 그리고 「제진언합부諸眞言合部」 항목에 '계수문'·'10원'·'6향' 및 '12보살', '신묘장구다라니'를 화천수畵千手와 함께 싣고 있다.[38]

⑧『비밀교秘密教』: 1784년(正祖8) 간행된 것으로, 「천수다라니」를 포함한 다수의 진언 및 경설經說을 계청문과 함께 수록하고 있다.[39]

(2) 의식집儀式集

이상의 경문 및 진언집 외에 기존 출간된 제 의식집(일부 경문 포함) 가운데 「천수경」과 관련 있는 다수의 문헌들이 현존하고 있다. 그 가운데 '현행 『천수경』' 성립과 직접 관련을 맺고 있다고 생각되는 대표적 문헌들을 상정해 소개코자 하는 바, 각각의 내용을 간략히 정리하면 다음과 같다.

①『운수단가사雲水壇謌詞』: 1607년(宣祖40) 청허 휴정淸虛休靜에 의해 편찬된 것으로, 송주誦呪 및 시식施食 부분으로 구성되어 있다. 전체 구성 중 전반부 송주 부분 및 시식 부분의 「소청하위召請下位」 항목에서 「천수경」 '다라니'와 그 독송의궤를 보이고 있다.[40]

②『염불보권문念佛普勸文』: 1704년 명연明衍에 의해 편찬된 것으로,

---

38 東國大學校 中央圖書館, 『古書目錄』, 分類番號 〔213.19-관53·2〕로 所藏되어 있다. 이는 최초의 板本 이후 2차례 改刊을 보이고 있다. 즉 영조 38년 伽耶寺에서 改刊(分類番號 〔213.19-관533 c2〕)되며, 1939년에 改刊(分類番號 〔213.19-관533〕) 되기도 하는 바, 1939년의 板本 가운데에는 42手呪에 대한 그림이 동시에 실려져 있다.

39 東國大學校 佛教文化硏究所, 「眞言·儀式關係佛書展觀目錄」, p.23.

40 『韓佛全』 7, pp.743~749. 「雲水壇謌詞」와 「釋門家禮抄」를 一書로 合編한 「雲水壇作法」이 1664년(顯宗 5년) 간행되기도 한다.

정토사상에 바탕을 둔 정토염불과 함께 종래 유통되던 「회심가」 및 발원문 등이 수록되어 있다. 이 가운데 「염불작법차서念佛作法次序」 부분에서 '현행 『천수경』' 독송 사례와 흡사한 부분을 발견하게 된다.[41]

③『현행법회예참의식現行法會禮懺儀式』 : 1709년 명안明眼스님에 의해 편찬된 것으로, 이 가운데 「참회게懺悔偈」 및 제불보살에 대한 참회 항목을 찾을 수 있는데, 이는 '현행 『천수경』' '참회' 항목과 부분적 유사함을 보이고 있다.[42]

④『천지명양수륙재의범음산보집天地冥陽水陸齋儀梵音刪補集』(이하 『범음산보집梵音刪補集』이라 약칭함) : 1721년 지환智還에 의해 편찬된 3권의 의식집으로, 권상卷上의 「대분수작법大焚修作法」 및 「영산작법절차靈山作法節次」 가운데 '현행 『천수경』' 독송 범례와 흡사한 여러 부분이 보여진다.[43]

⑤『삼문직지三門直指』 : 1769년 진허팔관振虛捌關에 의해 편찬된 것으로 염불문(念佛門; 淨土)·원돈문(圓頓門; 禪)·경절문(徑截門; 教) 등 삼문三門으로 나뉘어 있는데, 그 중 '염불문' 부분은 상당 부분이 '현행 『천수경』'과 유사함을 보이고 있다.[44]

⑥『작법귀감作法龜鑑』 : 1826년(純祖26) 백파긍선白波亘璇에 의해 편찬된 것으로, 밀교의식에 기반을 둔 송주誦呪 중심의 의식서라 말할 수 있다. 이 중 「삼보통청三寶通請」 및 「분수작법焚修作法」과 「하단관욕규下壇灌浴規」 항목 중 '현행 『천수경』'에서 보여지는 많은 밀교적 부분

---

41 『韓佛全』 9. pp.55～58.

42 『韓佛全』 9, pp.201～202.

43 『韓佛全』 11, pp.458～523.

44 『韓佛全』 10, pp.144～165.

을 찾을 수 있다.[45]

⑦『불가일용작법佛家日用作法』: 1869년 정신井辛에 의해 편찬된 것으로, 예절 및 송주·염불·심경心經 등 불가의 모든 의식에 관련된 것을 집대성한 것이다.[46] 이후 1882년에 속간 유통되기도 한 이 문헌은, 「모송절차暮誦節次」 및 「준제지송편람准提持誦便覽」·「염불절차念佛節次」·「참회불懺悔佛」·「모팔송暮八頌」 항목에서 '현행 『천수경』'과 많은 일치점을 보이고 있다.

⑧『고왕관세음천수다라니경高王觀世音千手陀羅尼經』: 1881년(高宗 18) 간행된 것으로, 「쳔슈경」과 『고왕관세음경高王觀世音經』·『금강반야바라밀경찬』·『불셜명당신경』·「쟈긔관음밀주관렴도」·「불정심모다라니경계청佛頂心姥陀羅尼經啓請」·『불정심관세음보살모다라니경佛頂心觀世音菩薩姥陀羅尼經』(3권) 등을 합간合刊한 것이다.[47]

국문(한글)으로 쓰여진 『쳔슈경』 부분은 '정구업진언'으로부터 '참회게('일체아금개참회')'까지와, '챵회진언'으로부터 '준제후송('원공즁생셩불도')'과 함께 '보궐진언' 등이 수록된 의궤집으로, 몇몇 부분을 제외[48]하고는 '현행 『천수경』'과 일치점을 보이고 있다.

---

45 『韓佛全』 10, pp.553~556.

46 金月雲 편, 『日用儀式隨聞記』, 中央僧伽大學 出版部, 1991. pp.205~219. 「佛家日用作法」 項目.

47 東國大學校 中央圖書館, 『古書目錄』, 分類番號 〔213.199.천57〕로 所藏되어 있다. 『佛說高王觀世音經』〔分類番號.213.199,고66ㅅ2〕 및 『高王觀世音經』〔分類番號 213.199,고66〕이 異本으로 所藏되어 있기도 하다.

48 '16. 懺悔業障 十二尊佛' 항목 및 '17. 十惡懺悔' 항목, '18. 懺悔後頌', '27. 如來十大發願文', '28.29. 發四弘誓願', '30. 發願已 歸命禮三寶', '31. 歸依常住三寶' 등 8부분을 제외하고는 '현행 『천수경』'과 일치를 보이고 있다.

여기서는 『쳔슈경』을 독립된 경으로 취급해 실어두고 있는데, 이는 「천수경」 독송 의궤를 포함한 전체 내용을 하나의 독립된 경전으로 인정하는 것이 되어, '현행 『천수경』'의 시원적始原的 문헌에 해당되는 것이라 할 수 있다.

⑨『쳔슈경·불셜고왕관셰음경』 : 조선조 후기에 쓰여진 것이다. 칠보산 보림사의 조동훈이 필사한 것으로, 전체가 국문으로 쓰여져 있는데 한문본을 필사하는 과정에 국문으로 바뀌어졌을 것이라 여겨진다. 『불셜고왕관셰음경』 및 『쳔슈경』·『불셜산왕경』 등을 싣고 있는데, 이 가운데 『쳔슈경』 부분은 '참회업장십이존불懺悔業障十二尊佛' 항목 및 '십악참회十惡懺悔', '참회후송懺悔後頌' 등 세 항목을 제외한 전체 구성이 '현행 『천수경』'과 일치하고 있어, 앞의 ⑧『고왕관세음천수다라니경』보다 '현행 『천수경』' 성립사적 측면에서 좀 더 발전적 양태를 보이고 있다.[49]

이외에도 근세에 이르러 몇몇 의식집들이 편찬되었는데, 여기 소개하면 다음과 같다.

⑩『조석지송朝夕持誦』 : 1932년 권상로權相老에 의해 편찬된 것으로, 「천수경」 서문과 「관세음 영험록」 및 「천수다라니경 언해」 등을 국문으로 싣고 있다. 이 책은 1922년 금허錦虛 강대련姜大蓮의 『천수경』 필사 해설서 『쳔슈히설』을 바탕으로 저술된 것으로,[50] 근대에 간행된 최초 「천수경」 해설서라 말할 수 있다. 이 책은 「천수다라니경 언해」 항목에

49 東國大學校 中央圖書館, 『古書目錄』, 分類番號 〔213.199-고66ㅅ2〕로 所藏되어 있다.

50 「서언」 항목의 註 13) 참조.

서 각 구절에 대한 해설을 행하는 바, 앞 문헌 중 『고왕관세음천수다라니경』과 흡사함을 보이고 있으며, '참회업장십이존불' 및 '귀의상주삼보歸依常住三寶'의 내용이 추가되어 있음을 볼 수 있다.[51]

⑪ 『석문의범釋門儀範』 : 1935년[52] 안진호安震湖에 의해 편찬된 것으로, 이 가운데 「조송주문朝誦呪文」 부분에 '정구업진언淨口業眞言'에서 '개법장진언開法藏眞言'까지가 실려 있고, 다시 「석송주문夕誦呪文」 부분에 이르러 '대비심다라니계청大悲心陀羅尼啓請'에서 '참회진언懺悔眞言'까지가, 그리고 다시 「조송주문朝誦呪文」의 '준제진언찬准提眞言讚'으로부터 '귀명례삼보歸命禮三寶' 등 '현행 『천수경』' 내용과 더불어 '보회향진언普回向眞言'과 함께 '고아일심귀명정례故我一心歸命頂禮'라는 문장으로서 전체 내용이 끝을 맺고 있다. 「조송주문」 및 「석송주문夕誦呪文」을 포함한 전체 내용은 '현행 『천수경』'과 흡사함을 보이고 있다. 그럼에도 이 문헌은 '현행 『천수경』'과 비교해 볼 때 '참회업장십이존불' 및 '십악참회', '참회후송' 등이 생략되어 있으며, 이후 '장엄염불莊嚴念佛' 등이 연결되고 있는 차이를 보이고 있다.[53]

물론 안진호는 『석문의범』 이전 1931년에 『불자필람佛子必覽』이란 책을 간행[54]하여 위 부분을 구성(朝夕誦呪 부분에 있어 내용상 일치를

---

51 權相老, 『朝夕持誦』, 安養庵, 昭和7年. 東國大學校 中央圖書館, 『古書目錄』, 分類番號〔218.768-권51ㅈ〕으로 所藏되어 있다.

52 현재 유포되고 있는 『釋門儀範』 刊記에 初版이 1931년 발행된 것으로 기록되고 있으나, 출판사에 문의한 결과 1935년에 발행되었음이 맞다고 하였다. 이에 대해서는 『釋門儀範』 序(p.1)에 "乙亥四月聖誕翌夜"라는 표현과 함께 "四佛山人 退耕相老識"라는 기록이 보이고 있어, 여기서 乙亥年은 1935년에 해당됨을 알 수 있다.

53 安震湖, 『釋門儀範』, 京城: 卍商會(法輪社), 1935年.

54 安震湖, 『佛子必覽』, 京城: 卍商會(法輪社), 昭和6年(1931).

보인다)하기도 하였으나, 그 책의 완결판이라 할 수 있는 『석문의범』에 더 큰 가치를 부여해도 좋을 듯하며, 이를 포함한 위 전체 의식집들은 한국불교의 대표적 의식서 『석문의범』을 탄생·확산시키는 데 있어 그 저본低本적 역할을 하였다 해도 무리가 없을 것이다.

이상 『석문의범』에 실려진 「조송주문」과 함께 「석송주문」을 포함한 전체 송주 부분은 1969년경에 이르기까지 『천수경』이란 고유의 독립된 항목으로 유통되었던 듯하다.

그러나 1969년 한길로에 의해 편찬된 『불자지송佛子持誦』의 「천수경」 부분[55]은 위 안진호의 입장에 몇몇 수정을 가하고 있음을 볼 수 있다. 즉 '현행 『천수경』'과의 비교 속에 『석문의범』에 생략된 '십악참회'와 '참회후송' 전반부의 내용[56]을 삽입하고 있는 것이다.(그러나 '현행 『천수경』'과 비교해 볼 때 여기에는 '懺悔業障十二尊佛' 및 '懺悔後頌'의 후반부 부분인 '罪無自性從心起… 是卽名爲眞懺悔'이 생략되어 있다.)

그럼에도 현존의 문헌 중 '현행 『천수경』'의 성립사적 측면에서 그 완결을 보이는 것은 1969년 가을 통도사通度寺에서 간행된 『행자수지行者受持』라 할 수 있다. 그 내용을 간략해 보면 다음과 같다.

⑫『행자수지行者受持』: 1969년 가을 통도사 불교전문강원에서 간행한 것으로, 그 가운데 「천수심경千手心經」 부분은 '현행 『천수경』' 본문과 완벽한 일치를 보이고 있다. 또한 이 문헌은 「천수심경」 말미의 '귀의상주삼보歸依常住三寶' 다음에 '정삼업진언淨三業眞言' 및 '개단진언開壇眞言', '건단진언建壇眞言', '정법계진언淨法界眞言' 등을 싣고 있어, '「천수

55 한길로 편, 『佛子持誦』, 견성암, 1969. pp.27~51.

56 "百劫積集罪 一念頓蕩除 如火焚枯草 滅盡無有餘"의 게송.

경」'과 '또 다른 의궤로의 연결점' 역할을 보여주는 좋은 예가 된다.

진언 및 다라니 등은 한글로 적고 있으며 이외의 전체 내용에 있어서는 한글과 한문을 동시에 명기明記하고 있다.[57]

여기서 1969년에 간행된 『행자수지』를 '현행 『천수경』'의 완결판으로 잡는 데는 다음 이유를 들 수 있다. 즉 앞서 소개한 『석문의범』과 『불자지송』 등의 문헌이 '현행 『천수경』'과 몇몇 어구적 차이점을 드러내고 있는 반면, 『행자수지』의 경우 '현행 『천수경』' 본문과 완벽한 일치를 보이고 있다는 점이다. 한편 1973년에는 '현행 『천수경』'과 동일한 문구에 대한 최초의 해설서가 간행되었는데, 보련각寶蓮閣에서 출간된 정보석鄭寶錫의 『교리해설 천수경敎理解說 千手經』[58]이 그것이다.

그렇다면 우리는 '현행 『천수경』' 성립을 1969년에서 1973년 사이로 잡아야 할 것이다. 즉 현재의 문헌들 중 그 시기 동안 간행된 의식집으로는 오직 위 『행자수지』를 발견할 수 있으며, 따라서 『행자수지』야말로 '현행 『천수경』' 최초의 틀을 전해주고 있음을 말할 수 있다.

이렇게 본다면 현재 독송하고 있는 '현행 『천수경』'이란 지금(1996년)으로부터 불과 27년의 연원을 가질 뿐이다. 물론 1881년 『고왕관세음천수다라니경』으로부터 『천슈경』 자체를 하나의 독립된 경전 격으로

---

57 通度寺 佛敎專門講院 編, 『行者受持』, 己未 孟秋. pp.34～49; 『行者受持』가 간행된 후 이는 大刹 중심으로 확산되었다. 그럼에도 "懺悔業障十二尊佛 및 十惡懺悔·懺悔後頌을 넣어 「천수경」을 독송해야 하는가, 넣지 않고 해야 하는가" 하는 문제는 한동안 스님들 사이에 적지 않은 논란의 대상이 되어왔음을 당시 「천수경」 受持者들이 말하고 있다.(69년 당시 行者 기간을 보낸 師兄 正眼스님의 증언 참조)

58 鄭寶錫, 『敎理解說 千手經』, 寶蓮閣, 1973. pp.1～135.

등장시키고 있음을 볼 수 있으나, 엄밀한 의미로서의 '현행 『천수경』' 성립은 1969년으로 잡아야 할 것이며, 동시에 '현행 『천수경』'에 대한 최초 해설서로서 정보석의 『교리해설 천수경』을 상정함에는 별 무리가 없을 것이다.

그리고 그 이후 「천수경」에 대한 몇몇 논의[59]와 함께 현재에 이르기까지 이에 대한 수많은 해설서들이 등장하고 있음을 알 수 있다.

2. 「천수경」류 경전의 독송 의례

이상 조선조 및 근대에 이르는 「천수경」류 경전의 유통과 관련된 논의를 전개하는 가운데 우리는 '현행 『천수경』' 형성에 이르기까지의 그 성립사적 측면에 대한 개괄적 전제를 마련해 갖을 수 있게 된다.

즉 위 몇몇 문헌상의 개관을 통해 '현행 『천수경』'의 성립 과정을 추론할 수 있게 되는 바, 『운수단가사』로부터 『석문의범』 및 『행자수지』에 이르는 제 의식집의 내용 전개를 바탕으로 '현행 『천수경』'이 성립되지 않았을까 추정할 수 있다는 것이다. 한편 이러한 추측과 함께 이들 각 문헌들 사이에는 어떤 구심적 원천이 내재해 있음을 생각할 수 있는 바, 그 구심적 원천을 파악함에 있어 「천수경」류 경전

---

59 「천수경」에 대한 몇몇 논의들로는 다음 등을 들 수 있다.
「佛教思想」(佛教思想社, 1984. 10月號) 通卷 11號 안에서 다음과 같은 내용을 발견할 수 있다.
*佛教思想 編輯部, 「천수경의 역사적 변천」, pp.124~126. *한정섭, 「천수경의 중심사상」, pp.127~137. *정태혁, 「천수다라니의 공덕」, pp.138~145.
또한 「月刊 佛教」(韓國佛教 太古宗, 1970) 通卷 7號 안에서 다음의 내용을 발견할 수 있다. *金大隱, 「千手經 大悲呪에 對하여」, pp.35~36.

독송 의례의 변천 과정에 대한 일견一見을 행함은 매우 유익한 시도가 될 것이다.

이제 필자는 「천수경」류 경전의 독송 의례에 대한 세부적 분석을 시도할 것으로, 이를 통해 '현행 『천수경』' 성립에 이르기까지의 내재적 변천 과정을 조감할 수 있을 것이다.

1) 「천수경」류 경전에 의한 독송 규범

- 가범달마 역본 및 불공 역본을 중심으로 -

필자가 여기서 「천수경」류 경전이라 말할 때, 그것은 전체 「천수경」류 경전의 총칭을 의미코자 하는 것은 아니다. 이에 대해서는 앞서 살펴본 바, 의상에 의한 「천수경」류 경전의 최초 전래로부터 후대에 이르기까지 전체 「천수경」류 경전의 유통사 가운데 불공 역본의 「천수경」(『千手千眼觀世音菩薩大悲心陀羅尼』)과 함께 가범달마 역본의 「천수경」(『千手千眼觀世音菩薩廣大圓滿無礙大悲心陀羅尼經』) 사용이 보편화되었음을 알 수 있는 즉, 「천수경」류 경전 독송 규범을 언급함에 있어 필자는 가범달마 역본 및 불공 역본의 「천수경」에 기초한 그 독송 규범을 간략하게 정리해 보고자 한다.

(1) 가범달마 역본 「천수경」의 독송 규범

필자는 제2장 '「천수경」류 경전의 성립 및 유통·전래, 내용'의 후반부, 즉 3의 1항 '가범달마 역본 「천수경」의 내용'[60]을 통해 가범달마 역본

60 『千手千眼觀世音菩薩廣大圓滿無礙大悲心陀羅尼經』(『大正藏』 20, pp.105~111) 및 본 논문 第2章, 3項의 내용을 참조할 것.

「천수경」 전반의 개요를 살펴본 바 있다. 여기서는 앞서(제2장 3의 1항)의 개요를 토대로 가범달마 역본 「천수경」의 전체 내용 가운데 '다라니 독송 규범'을 중심으로 한 「천수경」 독송 규범을 추려 정리해 보기로 한다.

우선 (4)'다라니의 독송법' 항목 가운데 "이 다라니를 수지코자 한다면 ① 모든 중생에게 자비심을 일으킨(p.106下 15~16行) 다음, ② 10원(p.106下 17~26行) ③ 6향의 발원(p.106下 27~p.107上. 3行)과 함께, ④ 지극한 마음으로 저(觀世音菩薩)의 이름을 불러 생각(p.107上 4行)한 다음, ⑤ 본사이신 아미타여래의 이름을 부른(p.107上 4~5行) 연후 ⑥ 다라니신주 5편을 외워야(p.107上 6行) 한다"는 표현이 기술되어 있음을 우리는 볼 수 있다.(『大正藏』 20, p.106下~p.107上).

그런 다음 (5)'참회 및 다라니 독송 공덕' 항목 가운데 "⑦ 시방의 스승들께 참회·사죄를 행해야(p.107上 20~22行) 하는 즉, 이러한 절차를 통해 ⑧ 시방의 스승들께서 오셔 증명해 주실 것(p.107上 23~25行)임"을 또한 말하고 있기도 하다.(『大正藏』 20, p.107上)

그리고 (9)'다라니 지송 자세' 항목 중 "이 신주를 독송하려거든 ⑨ 광대한 보리심을 발(p.108上 17~18行)하고, ⑩ 일체 중생을 제도할 서원을 세워야(p.108上 18行) 한다"는 내용과 함께, "⑪ 몸과 주변을 청정케 해야 함(p.108上 19~21行)" 또한 기술하고 있으며(『大正藏』 20, p.108上), (12)'결계법' 항목에서는 "⑫ 칼 또는 깨끗한 물, 백개자白芥子·생각生覺·깨끗한 재·오색실 등으로서 결계를 행해야 할 것(『大正藏』 20, p.109中 19~25行)" 등 모두 12가지의 독송 규범에 대해 언급하고 있음을 볼 수 있다.

(2) 불공 역본 「천수경」의 독송 규범

한편 불공 역본의 「천수경」[61]에서는 ① 계수문(pp.115中 19~下 1行)[62] 및 ② 10원(p.115下 2~11行), ③ 6향의 발원(p.115下 12~17行)과 함께 ④"지극한 마음으로 나(觀世音菩薩)의 이름을 염念(p.115下 18行)한 다음 ⑤ 본사 아미타여래의 이름을 오롯이 염[63](p.115下 18~19行)한 후 ⑥ 다라니신주 5편을 외워야(p.115下 20行) 한다"는 내용을 전하는 바, 가범달마 역본 중 '① 모든 중생에게 자비심을 일으키라'는 항목 대신 '계수문' 항목이 추가되어 있음을 발견할 수 있다.(『大正藏』 20, p.115 中~下)

---

61 『千手千眼觀世音菩薩大悲心陀羅尼』(『大正藏』 20, pp.115~119).

62 다음 「稽首文」 내용은 가범달마 역본에는 들어 있지 않고, 불공 역본에만 실려 있는 것이다.

"稽首觀音大悲主 願力洪深相好身 千臂莊嚴普護持 千眼光明遍觀照
眞實語中宣密語 無爲心內起悲心 速令滿足諸希求 永使滅除諸罪業
龍天衆聖同慈護 百千三昧頓熏修 受持身是光明幢 受持心是神通藏
洗滌塵勞願濟海 超證菩提方便門 我今稱誦誓歸依 所願從心悉圓滿."

물론 엄밀하게 분석해 본다면, 위 불공 역본의 「稽首文」 가운데 밑줄 부분은 가범달마 역본에 그 유사한 사항이 실려 있기도 하는 즉, 이는 두 문헌 사이의 低本의 유사성을 가늠할 수 있는 실마리를 제공해 주기도 한다.

여기 위 밑줄 부분과의 연관 속에 가범달마 역본에 실려진 내용상 유사한 부분을 우리는 가범달마 역본 「천수경」의 내용 중 (11)다라니 수지자의 공덕 및 가피력 항목 가운데서 발견할 수 있는 즉, 그 유사한 부분을 인용하면 다음과 같다.

"(誦持此陀羅尼者)… 當知 其人卽是光明身… 其人是慈悲藏… 其人是妙法藏… 其人是禪定藏… 其人是虛空藏… 其人是無畏藏… 其人是妙語藏… 其人是常住藏… 其人是解脫藏… 其人是藥王藏… 其人是神通藏."(p.109中 3~15行).

63 이에 대해 불공 역본에서는 "南無阿彌陀如來 南無觀世音菩薩摩訶薩"이라는, 念해야 할 바 名號 어구를 싣고 있기도 하다.(p.115下 22行).

그런 다음 ⑦"시방의 스승께 참(懺悔)·사(謝罪)한 연후 비로소 죄가 멸滅(p.116上 9行)해지는 바, ⑧시방의 불佛께서 오셔 증명해 주실 것임(p.116上 10行)"을 말하여, 가범달마 역본 독송 규범과 같은 내용을 전하고 있음을 알 수 있다.(『大正藏』 20, p.116上)

불공 역본의 「천수경」은 이후 「다라니 수지자의 가피력」에 관한 사항(p.116上 16行~中 8行) 및 「다라니신묘장구」(p.116中 13行~p.117上 9行)와 함께 「41개의 수주手呪」(p.117上 10行~p.119中)를, 그리고 「다라니 문설공덕聞說功德」(p.119中)을 전함으로 끝을 맺고 있어, 여타의 독송 규범을 추가적으로 전하고 있지는 않다.

이는 불공 역본 뒤에 붙어 있는 자순慈順의 후기 가운데 "『팔가비록』에 이르기를 '『천수천안관세음광대원만무애대비심대다라니신묘장구』 1권은 비록 경 이름은 있으되 모두가 생략되어 있다'"[64]는 구절을 통해서도 알 수 있듯, 불공 역본 「천수경」은 가범달마 역본과는 달리 많은 부분이 생략되어 있음에 그 까닭이 있다고 할 수 있다.

여하튼 위 「천수경」과 관련된 두 경전의 독송 규범을 통해 '현행 「천수경」'에 근접한 독송의 실례를 발견할 수 있는데, 이를 하나의 도표로 정리해 보면 다음과 같다.(도표 4)

---

64 『大正藏』 20, p.119下.

도표 4 「천수경」류 경전(가범달마 역본 및 불공 역본)에 의한 독송 규범

가범달마 역본의 독송 규범	불공 역본의 독송 규범
① 모든 중생에 자비심 일으킴	① 계수문稽首文
② 십원十願	② 십원十願
③ 육향六向	③ 육향六向
④ 관세음보살 이름을 불러 생각함	④ 관세음보살의 이름을 염念함
⑤ 본사 아미타불 이름 부름	⑤ 본사 아미타여래의 이름을 염함
⑥ 다라니신주 5편 외움	⑥ 다라니신주 5편 외움
⑦ 시방의 사師께 참회·사죄함	⑦ 시방의 사師께 참회·사죄함
⑧ 시방의 사師께서 오셔 증명하심	⑧ 시방의 불佛께서 오셔 증명하심
⑨ 광대한 보리심을 발發함	
⑩ 일체중생 제도할 서원 세움	
⑪ 몸과 주변을 청정케 함	
⑫ 결계結界 행함	

2) 『천수안대비심주행법』에 의한 「천수경」 독송 규범

위 가범달마 및 불공 역본의 「천수경」 독송 규범 외에도, 앞서 '고려의 「천수경」류 경전 유통' 항목을 통해 살펴본 것처럼, 송나라의 승려 지례에 의해 찬술된 『천수안대비심주행법』[65] 중에서 「천수경」 독송 규범에 대한 또 다른 실례를 발견할 수 있다. 이제 필자는 『천수안대비심주행법』에 묘사된 「천수경」 독송 규범에 대한 분석을 행해보기로 하겠는 바, 이 안에서 초기 「천수경」 독송 범례의 체계적 틀을 발견할 수 있게 된다.

『천수안대비심주행법』은 「천수경」 독송 규범을 10개 항목으로 나누어 설명하고 있다. 이에 필자는 그 10개 항목에 대한 독송 규범의

65 『大正藏』 46, pp.973~978.

구분 및 각각의 내용을 상술詳述키로 하겠다. 그 가운데 '현행 『천수경』' 과의 관련성 부분에 대해서는 밑줄을 그어 표시하였으며, 이를 통한 '현행 『천수경』' 성립 연관선상에서의 고찰은 매우 유익한 시도가 될 것이라 생각한다.

① 엄도량嚴道場-"깨끗한 방에 머물러 번旛과 연등을 매달고 향화香華·음식으로서 공양"할 것을 말하는 (가범달마 역본의) 경문을 인용하면서, 『백록청관음의百錄請觀音儀』 및 『보행輔行』 등을 인용한 채 불상을 안치하는 등 도량을 꾸미는 위의威儀에 대해 설명하고 있다.(『大正藏』 46, p.973上 18行~中 6行)
② 정삼업淨三業-"이 신주를 독송코자 하는 자는 '광대한 보리심을 발하고 일체 중생을 제도할 서원을 세워야 한다. 몸은 재계齋戒를 지니고 정돈된 방에 머물러 깨끗이 목욕을 하고 옷을 갈아입은 다음 마음을 한 곳에 모아 다른 생각을 갖지 말아야 한다"는 경문을 인용하면서, 「법화삼매」의 근본 취지에 따라 신身·구口·의意 삼업을 깨끗이 할 것을 말하고 있다.(p.973中 7行~20行)
③ 결계結界-'칼을 들고 주문을 21번 외운 후 땅에 금을 그어 경계를 삼거나' 혹 '깨끗한 물·백개자·생각·깨끗한 재·오색실' 등에 의한 경문에 소개된 결계법을 인용하면서, 그 규범에 따른 결계를 행할 것을 말하고 있다.(p.973中 21行~28行)
④ 수공양修供養-결계를 행한 뒤 천수상千手像 앞에 나아가 '일체삼보一切三寶'와 '법계중생法界衆生' 및 '나의 몸과 마음'이 무이무별無二無別일진대, 내 오히려 중생의 미혹으로 인해 장애가 되었음을 생각하고, 삼보에 대한 예를 올리는 절차와 더불어 꽃과 향을 올려 보살도의 성취와 여래지

如來智의 성취를 발원하는 부분이다.(p.973中 29行~下11行)

⑤ 청삼보제천請三寶諸天－모든 불佛과, '광대원만무애대비심대다라니신묘장구'를 포함한 관세음보살께서 설하신 제 다라니 및 시방세계의 일체존법一切尊法, 보살, 마하가섭을 포함한 무량무수의 성문승들, 그리고 천신天神들을 받들어 청해 그들의 가피력으로 크나큰 서원에서 물러나지 않기를 청하는 절차이다.(p.973下 12行~p.974中 5行)

⑥ 찬탄신성讚歎伸誠－과거의 정법명여래正法明如來, 현재의 관세음보살께서 대비 원력으로 모든 중생들을 구제코자 하시니, 그에 오롯한 마음으로 귀의하여 예를 올려야 할 것을 말한다.(p.974中 6行~16行)

⑦ 작례作禮 －게송으로 석가모니 세존께 대한 오롯한 마음의 예를 올리는 항목이다.(p.974中 17~24行)

⑧ 발원지주發願持呪－'비구·비구니·우바새·우바이로서 (다라니를) 독송·수지코자 하는 자는 자비심을 일으키고 마음의 발원을 세워야 한다'는 경문을 인용하는 가운데 사홍서원 및 십원('南無大悲觀世音願我速知一切法' 등의 구절)·육향('我若向刀山 刀山自摧折' 등의 구절)의 발원을 세우고 난 후, 나무관세음보살과 나무아미타불을 칭한 뒤 신묘장구대다라니를 독송할 것을 말하며, 또다시 다라니와 함께 경문을 인용하고 있다.(p.974中 25行~p.976下 6行)

⑨ 참회懺悔－다라니 독송을 마친 뒤, 일체 인연의 장애되는 것이 모두 숙연으로 말미암음을 깨달아 널리 사은삼유四恩三有와 법계중생을 위하여 신·구·의 삼업의 장애를 끊고 지극한 마음으로 10악 및 5역죄 등을 참회할 것을 말하고 있다. 그러한 즉 대비원만신주, 천수다라니는 이와 같은 죄의 장애를 능히 멸할 수 있으리라는 것이다.

이같이 참회를 마친 후 나무시방불·나무시방법·나무시방승의 게송

과 함께 많은 불보살의 호칭을 외워 삼보에 대한 귀의를 행하게 된다.(p.976下 7行~p.977中 2行)

⑩ 관행觀行－위 참회를 마친 후 도량을 나선 수행자는 경에 의거해 관행을 닦아야 하는 바, 그 닦아야 할 관행을 제시해 주는 것으로는 다라니의 상모(相貌: 形相)가 이에 해당된다. 즉 대자비심과 무염심無染心, 평등심·무상보리심 등을 통하여 끝없는 수행을 계속해야 할 것을 말하고 있는 것이다. 다시 말하면 만행萬行을 뜻한다고 할 수 있다.(p.977中 3行~p.978上)

이상의 내용 분석을 통해 볼 때, 『천수안대비심주행법』에 의한 독송 규범은 앞서 살펴본 '「천수경」류 경전에 의한 독송 규범'의 틀보다 의식적 측면에서 좀 더 구체화되어 있음을 알 수 있다.

이제 필자는 위 가범달마 역본과 불공 역본의 독송 규범 및 『천수안대비심주행법』에 의한 독송 규범을, 전체 내용상 31항목으로 구분될 수 있는 '현행 『천수경』' 독송 규범을 기준삼아 그 내용적 연관성을 종합·정리한 하나의 도표를 만들어 보겠는 바, 이를 통해 '현행 『천수경』'과의 연관선상에서 독송 규범의 상당한 일치점 및 그 발전적 측면을 조감해 볼 수 있을 것이다.

이 도표에서는 '현행 『천수경』'을 기준으로, 앞서 고찰한 각 내용에 대한 각 문헌들의 소재 여부를 개괄적으로 정리코자 하는 바, 그 소재 여부에 대해서는 ●표로써 그 예를 나타냈으며, 직접적 연관성은 미약하나 연관선상에서 배제하기 어려운 부분에 대해서는 ○표를 하였으며, 소재와 관련된 직접적 내용[66]의 근거에 대해서는 그 옆 ( ) 안에 〔도표 4〕 및 『천수안대비심주행법』의 구분에 따른 일련번호와 함께 간략한 설명을 부가하였다.

그럼에도 여기서는 편의상 내용적 유사성을 보이고 있는 부분을 '현행 『천수경』' 구성의 틀에 맞추어 나열하는데 그칠 것이다. 각각 항목에 대한 좀 더 세밀한 분석은 「제4장. '현행 『천수경』'의 구조 및 문헌분석」 항목에서 논의하고자 한다.(도표 5)

도표 5 「천수경」류 경전 및 『천수안대비심주행법』·'현행 「천수경」' 독송 규범의 비교

現行『千手經』의 讀誦 規範	伽梵達磨 譯本의 讀誦 規範	不空 譯本의 讀誦 規範	千手眼大悲心呪行法의 讀誦 規範
(1)淨口業眞言			●(②: 淨三業)
(2)五方內外安慰諸神眞言			
(3)開經偈			
(4)開法藏眞言			
(5)陀羅尼(名稱)	○(⑥: 陀羅尼)	○(⑥: 陀羅尼)	○(⑧: 發願持呪)
(6)啓請			
(7)稽首文		●(①: 稽首文)	
(8)10願文	●(②: 10願)	●(②: 10願)	●(⑧: 發願持呪)
(9)6向文	●(③: 6向)	●(③: 6向)	●(⑧: 發願持呪)
(10)12菩薩	●(④⑤: 名 稱念)	●(④⑤: 名 稱念)	●(⑧: 發願持呪)
(11)神妙章句大陀羅尼	●(⑥: 陀羅尼)	●(⑥: 陀羅尼)	●(⑧: 發願持呪)
(12)陀羅尼(本文)	●(⑥: 陀羅尼)	●(⑥: 陀羅尼)	●(⑧: 發願持呪)
(13)四方讚	●(⑫: 結界)		●(③: 結界)
(14)道場讚	○(⑦: 懺悔)	○(⑦: 懺悔)	●(⑤: 請三寶諸天)
(15)懺悔偈	●(⑦: 懺悔)	●(⑦: 懺悔)	
(16)懺悔業障十二尊佛	●(⑧: 十方佛 證明)	●(⑧: 十方佛 證明)	
(17)十惡懺悔			●(⑨: 懺悔)
(18)懺悔後頌			
(19)懺悔眞言			

66 비록 직접적인 표현상의 일치를 보이지는 않더라도, 내용적 관련성이란 측면에서 그와 관계되는 부분에 대해서는 하나의 항목으로 묶어 정리하였다. 예를 들어 '四方讚' 및 '道場讚' 등을 「結界」 항목에 포함시키는 등.

(20)准提功德			
(21)歸依准提			
(22)淨法界眞言			
(23)護身眞言			
(24)六字大明王眞言			
(25)准提眞言			
(26)准提後頌			
(27)如來十大發願文			
(28)發四弘誓願·I	●(⑩衆生濟度誓願)		●(⑧: 發願持呪)
(29)發四弘誓願·I	●(⑩衆生濟度誓願)		●(⑧: 發願持呪)
(30)發願已 歸命禮三寶			●(⑨: 懺悔)
(31)歸依常住三寶			●(⑨: 懺悔)

3. 「천수경」 독송 의례의 변천을 통한 '현행 『천수경』'의 성립

이상 「천수경」류 경전의 독송 규범을 분석한 도표를 바라보는 가운데 짐짓 의구심을 갖게 된다. 즉 위 「천수경」류 경전 독송 규범에 영향을 입은 채, 과연 어떤 과정을 거쳐 '현행 『천수경』' 독송 규범이 형성되었는가 하는 점이다.

이에 필자는 앞서 살펴본 '조선조 및 근세에 있어서의 「천수경」류 경전 유통' 항목 중 「의식집」에 대한 내용 분석을 통해 '현행 『천수경』' 독송 규범 성립에 대한 논의를 행할 것인 바, 이들 의식집을 제외한 여타 문헌을 통해서는 「천수경」 독송 의례의 실례를 찾아볼 수 없는 까닭이다.[67]

---

67 물론 「儀式集」에 앞선 「經文 및 眞言集」 가운데서도 「천수경」 독송 의례의 실례를 발견할 수 있기도 하다. 예를 들어 1485년 간행된 「五大眞言(揔集文)」 가운데 ①稽首文 및 ②十願文, ③六向文, ④十二菩薩, ⑤神妙章句大陀羅尼 등의 항목과 같이 '현행 『천수경』' 독송 의례의 중요 부분이 그대로 실려져 있음을 발견할 수 있으며, 1716년 간행의 『觀世音菩薩靈驗略抄』 역시 위와 같은 내용을 싣고

1) 제諸 의식집을 통해 본 「천수경」 독송 의례 분석

사실 어떤 면에서는 성급한 추정에 불과할지 모르지만, '현행 『천수경』'은 다분히 가범달마와 불공 역본의 독송 규범 및 『천수안대비심주행법』의 규범에 영향을 입은 채, 그 독자적 규범을 마련해 갔던 것 같다. 한편 문헌상 한국불교 고유의 「천수경」 독송 규범이 마련된 것도 시기에 있어 조선 중기 이래로 생각할 수 있는데, 이러한 점들은 앞으로 논의하게 될 현존하는 제 「의식집」에 대한 체계적 분석을 통해 자연스럽게 밝혀질 것이다.

이제 필자는 「천수경」 독송 규범의 조선조 및 근세 성립과 관련된 「의식집」 관계 문헌들을 바탕으로, '현행 『천수경』' 독송 의례의 성립과정에 대한 고찰을 행하고자 한다. 이에 필자는 현존하는 제 「의식집」들에 실린 각 「천수경」 관련 부분을 성립 연대순에 따라 '현행 『천수경』' 독송 규범의 순서에 맞게끔 재구성 하였는데,[68] 그리하여 생겨난 공관共觀 자료 배열을 통해 '현행 『천수경』'의 성립 과정에 관한 효과적인 안목을 마련할 수 있게 된다.

이에 전체 「의식집」에 등장하는 「천수경」 관련 문헌 및 그 각각 관련 부분을 공관도표로 나타내 보면 다음과 같다.(도표 6)

있는 것이다.

그럼에도 위 실례들은 ④의 '十二菩薩' 항목을 제외하면 모두가 앞서 살펴 본 가범달마 및 불공 역본의 내용을 그대로 옮겨둔 것에 지나지 않음을 알게 되는 즉, 「천수경」 독송 의례에 있어서의 발전적 모습을 보이지는 않고 있다.

68 이 중에서 「現行 法會 禮儀儀式」(『韓佛全』 9, pp.201~202)은 내용 가운데 「천수경」과 관련된 부분을 싣고 있지 않으나, '현행 『천수경』' 성립에 다소 영향을 미쳤을 것이라 생각되어 여기에 포함시켜 두었다.

이상 공관도표를 일람하는 가운데 몇몇 사실에 주의를 기울일 필요가 있다. 즉 '현행 『천수경』' 및 『석문의범』·『천수경·불셜고왕관셰음경』·『고왕관세음천수다라니경』·『염불보권문』 등을 제외한 나머지 문헌들을 배열하는데 있어 원래의 문헌 순서를 그대로 따르지 않았다는 점이다. 이는 각 문헌 가운데 일부에 해당하는 것이지만, '현행 『천수경』'의 배열 순서에 따른 그 형성·전개를 개관코자 하는 이유에서 모든 순서를 '현행 『천수경』'과 일치시키고자 한 것이다.

또한 공관도표에 등장하는 각 문헌들 중 원래 문헌 순서에 대한 불일치 부분은 이탤릭체로 표기하였으며, 각 문헌의 원래 순서(일련번호: 1. 2. 등으로 표기)에 따른 그 위치의 변화 및 특이사항에 대해서는 도표의 「비고」란에 내용을 적어 두었으니 참고 바란다.

한편 각 문헌들을 비교·열거하는 가운데 '현행 『천수경』'과 표기가 달리 쓰여진 부분에 대해, 문헌 비교적 관점에서 도표 안에 각각 원래의 표기를 적고 차이가 발견되는 부분에 대해서는 그 밑에 밑줄을 그어 두었다. 그리고 앞으로의 논의를 진행하면서 '현행 『천수경』' 각각의 내용을 설명코자 함에 있어서는, 공관도표 맨 왼쪽의 내용 〔분류번호 및 제목〕을 기준하여 이를 서술코자 하니 염두에 두기 바란다.(예: 〔1.정구업진언〕, 〔2.개경게〕 등)

2) '현행 『천수경』'의 성립과 독송 의례

이제 위 사항을 전제로 전체 도표에 대한 개관을 행할 수 있는데, 우선 공관도표에 등장하는 여러 문헌들과 '현행 『천수경』'과의 연계성에 대한 접근을 시도해 보면 다음과 같다.

(1) 공관도표의 각각 문헌들과 '현행 『천수경』'과의 연계성

현존하는 (경문 및 진언집을 제외한) 전체 의식집 중 최초로 「천수경」 독송 사례를 보이는 것으로는 1607년에 편찬된 『운수단가사』라 말할 수 있다. 『운수단가사』는 고혼孤魂에 대한 시식施食을 위한 의식집으로, 여기서 「천수경」 독송은 예참 내지 결계의 한 방편으로 쓰이고 있음을 알 수 있다.

곧 의식의 서두 부분과 함께 행해지는 「천수경」 '다라니'의 독송과, 이후 '도량찬道場讚' 게송을 끝으로 곧바로 시식施食 의식이 진행되고 있는 것이다. 여하튼 이 문헌을 접하는 가운데 '현행 『천수경』'의 전체 구성과 동일한 측면을 보이고 있는 몇몇 항목을 발견하게 되는데, 〔12.천수다라니 본문〕[69]과 〔14.도량찬〕 게송, 그리고 후반부의 〔31.귀의상주삼보〕 게송이 그것이다.

한편, 1704년에 편찬된 『염불보권문』은 '현행 「천수경」' 성립사적 측면에서 본다면 좀 더 발전된 측면을 보여주는 문헌이라 할 수 있다. 즉 전체 정토염불淨土念佛의 문구를 수록하고 있는 『염불보권문』의 독립된 항목, 「염불작법차서」 부분은 그 시작부터 끝까지가 '현행 『천수경』'의 기본 틀을 그대로 보여주고 있는 것이다. 그러므로 엄밀히 말한다면 『염불보권문』의 「염불작법차서」 부분이야말로 '현행 『천수경』'의 최초 저본底本 형태를 띠고 있다고 해도 무리는 아닐 것이다.

이에 '현행 『천수경』'과의 대비적 측면에서 이 문헌에 등장하는 '현행 『천수경』'과의 일치 부분을 추려 보면 다음과 같다. 〔1.정구업진언〕, 〔3.개경게〕, 〔4.개법장진언〕, 〔5.천수천안관자재보살광대원만무애

---

69 「雲水壇」에서는 "千手 云云"이라 하여 다라니 全文을 싣지 않고, 地文으로 이를 표기하고 있다.

대비심대다라니〕, 〔11.신묘장구대다라니〕, 〔12.천수다라니 본문〕, 〔14.도량찬〕, 〔15.참회게〕, 〔27.여래십대발원문〕, 〔30.발원이 귀명례삼보〕 등.

또한 1709년 편찬된 『현행법회예참의식現行法會禮懺儀式』 중에서 '현행 『천수경』'과의 관련 부분을 찾을 수 있다. 물론 그 안에 「천수경」 및 '다라니'의 본문을 전하고 있지는 않지만, '현행 『천수경』'의 주요 부분—특히 '참회' 항목—에 있어 이전의 의식집과 대비해 볼 때 '현행 『천수경』'과 내용상 일치를 보여주는 부분이 존재하는 까닭에 '현행 『천수경』' 성립을 고찰함에 있어 이 문헌의 중요성을 간과할 수 없다.

이 문헌에 등장하는 '현행 『천수경』'과의 내용적 일치점을 나열해 보면 다음과 같다. 〔15.참회게〕, 〔16.참회업장십이존불〕, 〔18.참회후송〕 등.

그리고 1721년 편찬된 『범음산보집』은 지환이 '기존 안국사安國寺에 전래하는 범문梵文 의문儀文을 기초로 오자를 바로잡고, 거기에 제소대례諸小大禮를 첨가해 만든' 의례집으로,[70] 그 안에서 천수주千手呪의 독송 사례 및 '현행 『천수경』' 규범에 근접하는 다음 부분들을 발견할 수 있다. 〔3.개경게〕, 〔4.개법장진언〕, 〔12.천수다라니 본문(全文이 실려 있지는 않다)〕, 〔17.사방찬〕, 〔18.도량찬〕, 〔17.십악참회〕, 〔30.발원이 귀명례삼보〕 등.

다음으로 『삼문직지三門直指』는 1769년 편찬된 것으로 그 가운데 「염불문念佛門」을 포함한 상당 부분에서 '현행 『천수경』'과의 내용적 일치점을 보이고 있다. 이는 앞서 소개한 『염불보권문』의 기본 골격에

70 「梵音集刪補序」(『韓佛全』 11, p.458).

'현행 『천수경』' 내용에 좀 더 근접하는 여러 게송들이 추가된 것으로, '현행 『천수경』' 성립 과정을 보여주는 좋은 예가 된다고 할 수 있다.

이 문헌에 등장하는 '현행 『천수경』'과 내용적 일치를 보이는 부분을 나열하면 다음과 같다. 〔1.정구업진언〕[71], 〔2.오방내외안위제신진언〕[72], 〔3.개경게〕, 〔4.개법장진언〕, 〔5.천수천안관자재보살광대원만무애대비심대다라니〕, 〔6.계청〕, 〔10.12보살〕, 〔11.신묘장구대다라니〕, 〔12.천수다라니 본문〕, 〔14.도량찬(嚴淨偈라 표기)〕, 〔15.참회게〕, 〔16.참회업장12존불(懺悔十二佛이라 표기)〕, 〔18.참회후송〕의 부분, 〔19.참회진언〕, 〔20.준제진언찬〕, 〔24.관세음보살 본심미묘 육자대명왕진언〕, 〔25.준제진언(准提大明陀羅尼라 표기)〕, 〔27.여래십대발원문〕, 〔30.발원이 귀명례삼보〕 등.

다음으로 『작법귀감作法龜鑑』을 들 수 있는데, 이는 밀교의식에 바탕을 둔 시식의施食儀라 말할 수 있다. 이 문헌은 1826년 편찬된 것으로, 이 안에서 「천수경」 다라니를 포함한 많은 진언 문구를 발견할 수 있다.

이 문헌에서 발견되는 '현행 『천수경』'과의 내용적 일치점 부분을 나열하면 다음과 같다. 〔1.개경게〕, 〔11.신묘장구대다라니〕, 〔12.천수다라니 본문('三遍'이라고만 표기되어 있다)〕, 〔13.사방찬〕, 〔14.도량찬(嚴淨偈라 표기)〕, 〔15.참회게〕, 〔17.십악참회〕, 〔19.참회진언〕 등.

또 다른 문헌으로서 『불가일용작법』을 들 수 있다. 1869년 편찬된 이 의식집은 종전에 유행하던 불가의 거의 모든 의식을 집대성한 것이다. 이 문헌에서는 '현행 『천수경』'의 거의 모든 부분이—비록 산발적으로 널려 있지만—현재의 틀과 같이 종합되어 있음을 볼 수 있는 바, 이

71 이 문헌 안에서는 '淨口業眞言' 대신 '淨三業眞言'이 쓰이고 있다.

72 '內外安土地眞言'이라 표기되어 있다.

문헌이야말로 '현행 『천수경』'과 거의 상응하는 「천수경」 독송의 발전적 모습을 보여주는 것이라 할 수 있다.

이 문헌 중 '현행 『천수경』'과의 내용적 일치점을 보여주는 부분을 나열하면 다음과 같다. 〔1.정구업진언〕, 〔2.오방내외안위제신 진언(安慰諸神眞言이라 표기)〕, 〔3.개경게〕, 〔4.개법장진언〕, 〔5.천수천안관자재보살광대원만무애대비심대다라니〕, 〔6.계청〕, 〔7.계수문〕, 〔8.10원문〕, 〔9.6향문〕, 〔10.12보살〕, 〔11.신묘장구대다라니〕, 〔12.천수다라니 본문〕, 〔13.사방찬四方讚〕, 〔14.도량찬(嚴淨偈라 표기)〕, 〔15.참회게〕, 〔16.참회업장 12존불(懺悔佛이라 표기)〕, 〔18.참회후송〕, 〔19.참회진언〕, 〔20.준제진언찬〕, 〔21.귀의준제(歸依准提)〕, 〔22.정법계진언〕, 〔23.호신진언護身眞言〕, 〔24.관세음보살 본심미묘육자대명왕진언(六字大明王眞言이라 표기)〕, 〔25.준제진언〕, 〔26.준제후송〕, 〔27.여래십대발원문〕, 〔28.발사홍서원·I〕, 〔29.발사홍서원·II〕, 〔30.발원이 귀명례삼보〕, 〔31.귀의상주삼보〕 등.

다음으로 1881년 편찬된 『고왕관세음천수다라니경』을 들 수 있다. 이 문헌 중 『쳔슈경』이란 독립된 경전(또는 의궤) 항목은 '현행 『천수경』' 형성사에 있어 획기적 측면을 보여준다. 즉 『천수경』이란 독송 의궤 자체를 하나의 독립 경문으로 취급하고 있는 바, 그 내용에 있어서도 '현행 『천수경』'과 큰 차이를 보이지 않는 점이다.

이 문헌 가운데 〔16.참회업장 12존불〕, 〔17.십악참회〕, 〔18.참회후송〕, 〔27.여래십대발원문〕, 〔28.발사홍서원·I〕, 〔29.발사홍서원·II〕, 〔30.발원이 귀명례삼보〕, 〔31.귀의상주삼보〕 등을 제외한 전체 부분은 '현행 「천수경」'과 일치하고 있음을 알 수 있다.

이보다 '현행 『천수경』'에 좀 더 근접한 문헌으로서 조선 후기에 조성된 『천슈경·불셜고왕관셰음경』을 들 수 있다. 이 문헌은 〔16.참회업장 12존불〕, 〔17.십악참회〕, 〔18.참회후송〕을 제외한 전체 부분이 '현행 「천수경」'과 일치를 보이고 있다.

또한 1932년 간행된 『조석지송』 중 「천수다라니경 언해」 부분은 『고왕관세음천수다라니경』과 흡사함을 보이는 바, 〔17.십악참회〕, 〔18.참회후송〕, 〔27.여래십대발원문〕, 〔28.발사홍서원·I〕, 〔29.발사홍서원·II〕, 〔30.발원이 귀명례삼보〕를 제외한 전체 부분이 '현행 『천수경』'과 일치를 보이고 있다.

그리고 1935년 편찬된 『석문의범』의 경우, 「조송주문」 및 「석송주문」 항목에서 '현행 『천수경』'과 흡사함을 발견할 수 있는 바, 〔16.참회업장 12존불〕, 〔17.십악참회〕, 〔18.참회후송〕 및 후반부의 〔32.정삼업진언〕, 〔33.개단진언〕, 〔34.건단진언〕, 〔35.정법계진언〕 등을 제외한 전체 부분이 '현행 『천수경』'과 일치하고 있다.

이어 『행자수지』는 1969년 간행된 것으로, 그 가운데 「천수심경」 부분은 '현행 『천수경』'과 완벽한 일치를 보이고 있다.

(2) '현행 『천수경』' 성립에 관한 추론推論

이상 여러 문헌들과 '현행 『천수경』'과의 연계성을 일견하는 가운데 '현행 『천수경』' 성립에 대한 추론이 가능해진다. 즉 '현행 『천수경』'이란 여러 의식집들의 집대성에 해당하는 것으로, 이를 재구성하는 가운데 만들어진 것이 아닌가 하는 점이다.

사실 앞의 도표를 개관해 보면, 『염불보권문』과 『삼문직지』의 기본 틀을 중심으로 『운수단가사』 및 『현행법회예참의식』·『작법귀감』의 몇몇 항목이 추가되고, 『불가일용작법』과 『고왕관세음천수다라니경』·『쳔슈경·불셜고왕관셰음경』·『석문의범』을 거쳐 『행자수지』, 즉 '현행 『천수경』'이 만들어진 것임을 추정할 수 있다.

이를 좀 더 명확히 살펴보기 위해 필자는 앞의 도표(도표 6)를 간략화한 또 다른 도표를 만들어 보았다. 이는 '현행 『천수경』'의 〔분류번호(앞의 공관도표에 의한 분류번호) 및 제목〕에 따라 각각 의식집 중 같은 내용이 실려진 것을 표시한 것으로(내용이 실려 있지 않은 부분에 대해서는 공란으로 남겨 두었다), 이를 통해 『염불보권문』 및 『삼문직지』 등을 바탕으로 『불가일용작법』과 『고왕관세음천수다라니경』·『쳔슈경·불셜고왕관셰음경』·『조석송주』·『석문의범』·『행자수지』에 이르는 '현행 『천수경』' 성립에 대한 손쉬운 개관을 행할 수 있게 된다.

다음 도표 가운데 '현행 『천수경』' 내용과 대체로 일치되는 부분에 대해서는 ●표를, 약간의 상이점을 보이는 부분은 ○표로 구분을 행하였다. 참고 바란다.(도표 7)

도표 7 '현행 「천수경」' 성립 추론을 위한 도표

(現行『千手經』 行者受持	釋門儀範	朝夕誦呪	쳔슈경·불셜고왕관셰음경	高王觀世音千手陀羅尼經	佛家日用作法	作法龜鑑	三門直指	梵音刪補集	現行法會禮懺儀式	念佛普勸文	雲水壇謌詞
(1)淨口業眞言	●	●	●	●	●		○			●	
(2)五方內外安慰諸神眞言	●	●	●	●	○		○				
(3)開經偈	●	●	●	●	●		●	●		●	
(4)開法藏眞言	●	●	●	●	●		●	●		●	
(5)陀羅尼(名稱)	●	●	●	●	●		●			○	
(6)啓請	●	●	●	●	●		●				
(7)稽首文	●	●	●	●	●						
(8)10願文	●	●	●	●	●						

(9)6向文	●	●	●	●	●						
(10)12菩薩	●	●	●	●	○		○				
(11)神妙章句 大陀羅尼	●	●	●	●	○	●	○			○	
(12)陀羅尼(本文)	●	●	●	●	●		●	○		●	○
(13)四方讚	●	●	●	●	●	●		●			
(14)道場讚	●	●	●	●	○	○	○	○		○	●
(15)懺悔偈	●	●	●	●	●	●	●		●	●	
(16)懺悔業障 十二尊佛		●			○		○		○		
(17)十惡懺悔								○	○		
(18)懺悔後頌					○		○		○		
(19)懺悔眞言	●	●	●	●	●	●	●				
(20)准提功德	●	●	●	●	●		○				
(21)歸依准提	●	●	●	●	●						
(22)淨法界眞言	●	●	●	●	●						
(23)護身眞言	●	●	●	●	●						
(24)六字大明王 眞言	●	●	●	●	○		○				
(25)准提眞言	●	●	●	●	●		○				
(26)准提後頌	●	●	●	●	●						
(27)如來十大 發願文	●		●		●		●			●	
(28)發四弘誓願·I	●		●		●						
(29)發四弘誓願·II	●		●		●						
(30)發願已 歸命禮三寶	●		○		●		●	○		○	
(31)歸依常住三寶	●	●	●		●						●

그럼에도 도표를 통한 이같은 추론에는 다소 무리가 있음을 부인할 수 없다. 즉 『천수경』이란 제명題名하에 독립된 경전-또는 의궤서-을 목적으로 만들어진 '현행 『천수경』' 및 『조석지송』·『쳔슈경·불셜고왕관세음경』·『고왕관세음천수다라니경』 등을 제외한 위 각각 의식집들은 애초 「천수경」 독송을 위한 의식문으로 만들어진 것이 아닌

때문이며, 정토염불[73] 내지 밀교의 송주의식[74] 등 각기 다른 용도에 의해 편찬된 것들인 까닭이다.

그러나 한편 생각할 때, 조선초 이후 계속된 제종諸宗 통합의 움직임[75] 가운데 각 종파의 의식儀式들은 제 기능을 잃어간 채 통합된 의식으로의 변천을 보이는 바, 특히 『삼문직지』를 필두로 한[76] 『불가일용작법』 등은 이러한 성격을 대변해 주었던 것이라 할 수 있다. 그러므로 이런 전제 속에, 약간의 무리가 따르기는 할지라도 위 도표와의 연관성 속에 '현행 『천수경』' 성립에 대한 앞서와 같은 추정을 행할 수 있게 되는 바, 이는 제종 통합에 따른 각 종파 의식들의 집대성이라는 자연스러운 추이의 결과라 말해도 좋을 것이다.

---

73 「念佛普勸文」은 정토사상에 바탕을 둔 정토염불의 작법 순서임은 앞서 말한 바 있다.('조선조의 「천수경」류 경전 유통' 항목 중 「염불보권문」 부분 참조).

74 「作法龜鑑」 및 「雲水壇」은 密敎儀式에 기반을 둔 誦呪 儀式書라 할 수 있다. ('조선조의 「천수경」류 경전 유통' 중 「雲水壇」 및 「作法龜鑑」 항목 참조).

75 金煐泰, 『韓國佛敎史槪說』, 經書院, 1988. p.217. pp.310~321.
조선조 太宗 6년(1406) 이후 11宗에 이르던 불교 宗派는 7宗으로 통합되며, 世宗 6년(1424)에 이르러 禪·敎 兩宗으로 통폐합 되었고, 明宗 20년(1565)에 이르러서는 兩宗制度 역시 폐지된다.(pp.310~321) 이후 "無宗無派의 교단이 下代에까지 일관"되었는데(p.217) 이 諸宗 통합의 움직임이란 시대 상황에 따른 어쩔 수 없는 처사였다고 할 수 있다.

76 위 諸宗 통합에 의한 결과로서 "후기 僧伽에서는 禪만도 아니고 敎만도 아닌 禪修와 講學이 함께하고, 또 念佛도 함께 닦았기 때문에 三門修業의 家風이었다고 할 수가 있다. 그러한 三門修業의 대표적 著書이며 指針書로서 振虛捌關의 『三門直指』를 들 수가 있다."
"(이 책은) 念佛門과 圓頓門과 經裁門의 3門으로 구성되어 있다. 念佛門은 淨土修業門이며, 圓頓門은 華嚴을 중심으로 하는 敎學門이고, 經裁門은 禪旨參究(參禪)의 修禪門이다." 위의 책, p.217.

제4장

'현행 『천수경』'의 구조 및 문헌 분석

이상 「천수경」류 경전의 독송 의례와 현존하는 조선조 및 근세 의식집 관련 문헌들의 공관共觀 분석을 통해 '현행 『천수경』'의 성립 과정을 고찰해보았다. 이제 위 성립사적 고찰을 바탕으로 '현행 『천수경』' 형성에 대한 보다 포괄적인 이해의 장을 마련해 보고자 한다.

즉 '현행 『천수경』'의 성립사적 관점 속에 「천수경」류 경전이 제시하는 '경전 자체의 독송 의례'를 제외한 '기타의 부수적 부분들'이 어떻게 형성되었는가에 대한 고찰을 행하고자 하는 것으로, 이는 '현행 『천수경』'의 문헌분석을 위한 기본 전제가 될 것이다.

이제 위 관점들을 밝히기 위해 필자는 우선 (1) '현행 『천수경』'의 구조를 간략해 보기로 할 것이며, 이렇듯 구조 분석을 통해 각각 항목에 등장하고 있는–「천수경」류 경전의 독송 의례 범주를 벗어나 있는–'비非 「천수경」류 경전적 부분'에 대한 많은 요소들의 출전, 즉 '현행 『천수경』'

성립에 영향을 준 기타 제 문헌들에 대한 고찰을 (2) 문헌분석적 측면 속에 행해 보기로 한다.

1. '현행 『천수경』'의 구조

'현행 『천수경』'은 '원래 경전 상의 「천수경」'[1]과는 달리 그 내용 및 구조상에 있어 매우 복잡한 측면을 보여주고 있다.[2] 그렇다면 이러한 구조적 복잡성과 내용상의 차이는 어떻게 기인한 것일까? 이를 살펴보기 위해 필자는 우선 '현행 『천수경』'에 대한 구조적 구분을 행해 보고자 하는 바, 이러한 구분을 통해 '현행 『천수경』' 성립에 대한 문헌 분석적 접근의 근거를 마련할 수 있게 될 것이다.

우선, '현행 『천수경』'은 내용상 다음과 같이 8부분으로 나눌 수 있다.

1) 서두序頭

'서두' 부분은 현재 『천수경』 독송뿐 아니라 여타의 모든 경전을 독송하는데 있어 통용되는 부분으로, 달리 '개계開啓'라 칭하기도 한다. 이는 제諸 경전 독송의 도입부에 해당하는 것으로, '「천수경」류 경전의 독송 의례' 가운데 그 예가 보이지 않는 까닭에 '현행 『천수경』' 독송 규범을 위해 첨가된 '비非 「천수경」류 경전적 부분'에 해당하는 것이라 하겠다.

---

1 '원래 경전 상의 「천수경」'이라 함은 앞서 제3장에서 고찰한 바, 여기서는 가범달마 및 불공 역본의 「천수경」만을 임의로 상정코자 한다.

2 제3장의 〔도표. 5〕를 통해서 알 수 있듯, '현행 『천수경』'은 가범달마 및 불공 역본의 「천수경」과의 달리 그 내용 및 구조의 복잡함을 보여 주고 있다.

앞서 〔도표. 6〕의 공관도표 가운데 '현행 『천수경』'과 대체적으로 유사함을 보이고 있는 『불가일용작법』 이전의 초기 문헌들 중 오직 『삼문직지』의 「염불문」 및 『염불보권문』의 「염불작법차서」 중에서 이 부분을 발견할 수 있는 바, 이 부분은 '염불작법을 위한 서두'에 해당하는 것이었음을 알 수 있다.

이 '서두' 부분은 (1)정구업진언, (2)오방내외안위제신진언, (3)개경게, (4)개법장진언 등 네 항목으로 이루어져 있다.

2) 경제목經題目

현행의 여타 경전 독송 규범에 의하면 위 '서두' 부분을 끝으로 경전 제목이 등장하는 바, 「천수천안관자재보살광대원만무애대비심대다라니」 부분은 '현행 『천수경』'의 경제목에 해당한다고 말할 수 있다.

그럼에도 앞서 제2장에서 살펴보았듯 제諸 「천수경」류 경전들은 여러 사람들에 의해 각기 다른 제목으로 번역되어 있다. 그 가운데 가범달마는 '천수천안관자재보살광대원만무애대비심다라니경'이라 경을 이름했던 한편, 불공은 '천수천안관세음보살대비심다라니', 그리고 금강지는 '천수천안관자재보살광대원만무애대비심다라니주'라 이를 칭하고 있다. 그런데 현재 칭해지는 『천수경』의 '경제목(천수천안관자재보살광대원만무애대비심대다라니)'은 이 어디에서도 찾아볼 수 없다. 이는 다만 가범달마(또는 불공)가 번역한 경전 명칭이 약간 변화한 채 현재의 모습으로 전래된 것으로 보인다.

3) 「천수경」 경전의 내용

'경제목' 다음으로 '「천수경」 경전의 내용'이 소개되고 있다. 이 부분은

(1)계수문 및 (2)십원문과 육향문, 그리고 (3)관세음보살과 아미타불의 호칭 및 (4)신묘장구대다라니 등으로 구성되며, (1)에서 (3)까지의 부분은 달리 '계청啓請'이라 칭하기도 한다. 즉 「천수경」 경전의 핵심인 '신묘장구대다라니'를 외우기 전에 서원을 드러내는 부분으로,[3] 이는 가범달마 및 불공 역본 등 '「천수경」류 경전의 독송 규범'에 의해 삽입된 내용이라 말할 수 있다.

한편 〔도표. 5〕 가운데 간략한 바와 같이, 이 부분에 대해서는 「천수경」 독송 의궤인 『천수안대비심주행법』 역시 이와 유사한 내용을 전하고 있는 점으로 미루어,[4] 이와의 관련선상 속에 의궤화된 부분이 아닌가 추측할 수 있기도 하다.

4) 결계結界 및 청신請神

한편 (가범달마 역본) '「천수경」 경전 규범'에 의하면, 위 '신묘장구대다라니'를 5편 내지 21편 외운 후 결계를 행할 것을 권하고 있다.[5] 결계의 방법으로는 다라니를 외운 후 '깨끗한 물'을 뿌리거나 '백개자' 및 '깨끗한 재'를, 그리고 '생각'으로 경계를 삼을 것 등이 있는데, 여기서는 사방에 물을 뿌려 경계를 삼는 방법을 택하고 있다. 그리하여 '사방찬' 가운데 '동·서·남·북 사방에 물을 뿌린다'는 내용을 발견할 수 있는 것이다.

그리고 이어 도량에 대한 찬탄과 아울러 많은 천신들이 도량에 내려와 우리를 옹호할 것을 기원하는 바, 이 역시도 「천수경」류 경전 규범에

---

3 제2장 '가범달마 역본 「천수경」의 내용' 항목 중 「다라니 독송법」 부분 참조.

4 제3장 〔도표. 5〕의 「천수안대비심주행법의 독송 규범」 가운데 ⑧번 부분을 참조할 것.

5 제2장 '가범달마 역본 「천수경」의 내용' 항목 가운데 「결계법結界法」 부분 참조.

의한 것임을 알 수 있다. 또한 『천수안대비심주행법』 역시 이와 유사한 부분을 전하고 있으므로[6] 이와의 관련성 역시 생각해 봄직하다.

'결계 및 청신' 부분은 (1)사방찬 및 (2)도량찬 등 두 항목으로 이루어져 있다.

5) 참회문懺悔文

이상 다라니 독송 및 결계와 더불어 모든 신들에 대한 기원을 행한 이후, '현행 『천수경』'은 '참회문' 항목으로 이어진다. 이 부분은 가범달마 역본의 「천수경」 중 "시방의 스승들께 참회하고 사죄한 후에야 비로소 일체 죄의 장애가 소멸되는 바, 대비다라니를 독송할 때 시방의 스승들께서 오셔 증명해 주시기 때문"[7]이라는 구절을 전제로, 「천수경」류 경전의 규범에 따라 삽입된 것이라 여겨진다.

한편 앞서 『삼국유사』 기록 중 보천의 기사를 통해 드러나듯,[8] 「천수경」류 경전의 초기 유통 이래 다라니 독송에는 참회의식이 병행되었음을 알 수 있는데, 이에 대해서는 또 다른 문헌에서도 그 예를 찾아볼 수 있다.

즉 앞서 언급한 『천수안대비심주행법』에 의하면, 다라니 독송을 마친 후 "일체 인연의 장애되는 바가 모두 숙연으로 말미암음을 깨달아" 이전 무량겁으로부터의 모든 죄를 참회할 것을 권유하고 있는 것이다.[9]

---

6 3장 〔도표. 3〕 가운데 ③번과 ⑤번 항목을 참조할 것.

7 『千手千眼觀世音菩薩廣大圓滿無礙大悲心陀羅尼經』(『大正藏』 20, p.107上). "要對十方師懺謝然始除滅 今誦大悲陀羅尼時 十方師卽來爲作證明 一切罪障悉皆消滅."

8 제3장 '통일신라의 「천수경」류 경전 유통' 부분 참조; 三國遺事 卷三(「臺山五萬眞身」條). "晝讀八卷金經仁王般若千手呪夜念觀音禮懺."

그리고 "懺悔發願已 歸命禮三寶 (…) 南無十方佛 南無十方法 南無十方僧"[10]이라 하여 참회의식과 함께 삼보에 대한 귀의를 행하고도 있는 바, 이는 '현행 『천수경』'의 말미 부분과 거의 일치되는 내용이기도 하다.

여하튼 '현행 『천수경』' 중 '참회문' 부분에 속하는 것으로는 (1)참회게 및 (2)참회업장십이존불, (3)십악참회, 그리고 (4)참회후송과 참회진언 등을 들 수 있다.

6) 제諸 진언 독송

이후 '현행 『천수경』'은 준제진언찬과 몇몇 진언 독송으로 이어지고 있다. 엄밀한 의미에서 본다면 이 부분은 「천수경」 내용과는 거리가 먼 것으로 「천수경」 독송에서 배제되어야 할 것이나, -정법계진언 및 호신진언을 제외한- 대개의 내용이 관음보살 신앙과 관련을 맺고 있다는 점에서 삽입된 것이라 여겨진다. 그럼에도 단적으로 말한다면, 이 가운데 준제진언과 관련된 부분은 또 다른 의궤 속에 따로 항목을 마련해야 할 것이라 생각된다.

'현행 『천수경』' 가운데 이 부분에 속하는 것으로는 (1)준제진언찬 및 귀의준제, (2)정법계진언, (3)호신진언, (4)관세음보살본심미묘육자대명왕진언, (5)준제진언 및 준제후송 항목을 들 수 있다.

---

9 『千手眼大悲心呪行法』(『大正藏』 46, p.976下). "行者誦呪畢 當念一切緣障皆由宿因 (……) 懺悔先業之罪 亦自懺謝無量劫 種種惡業." 또한 〔도표. 5〕를 참조할 것.

10 『千手眼大悲心呪行法』(『大正藏』 46, p.977上).

7) 발원發願 및 귀의歸依

이어 '현행 『천수경』'은 '발원 및 귀의'로 종결을 맺게 된다. 여기서 발원 항목은 가범달마 역본 「천수경」 본문 가운데 "선남자 선여인이 있어 이 신비한 주문을 지녀 독송코자 하는 자는 크나큰 보리의 마음을 일으켜 일체 중생을 제도할 서원을 세워야 한다"[11]는 규범에 의한 것임을 알 수 있다.

또한 「천수경」 독송 규범서인 『천수안대비심주행법』 역시 "참회 발원을 행한 다음 삼보께 귀의하라(懺悔發願已 歸命禮三寶)"는 말을 전하고 있어, 위 발원을 행한 후 삼보에 대한 귀의의 항목이 자연스레 연결되는 것이다.

'발원 및 귀의' 부분은 (1)발원과 (2)귀의 두 항목으로 구성된다.

8) 또 다른 의궤儀軌로의 연결점

이후 '현행 『천수경』'은 「천수경」 자체의 독송의궤로서만 존재하지 않은 채, 이후 '정삼업진언' 등의 진언 항목으로 이어져 또 다른 '의궤儀軌'를 위한 준비 절차로 탈바꿈되는 듯한 인상을 주고 있다. 즉 '현행 『천수경』'은 간혹 그 자체의 독송의궤로서 존립하기도 하는 한편, 이후 또 다른 의식이 이어질 경우 '의궤'를 위한 전반부를 형성하게 되는 바, 이후 다른 '의궤'가 이어질 경우에는 (1)정삼업진언과 (2)개단진언(開壇眞言), (3)건단진언(建壇眞言), (4)정법계진언을 거쳐 또 다른 의궤로의 연결점을 갖게 되는 것이다.

---

11 『千手千眼觀世音菩薩廣大圓滿無礙大悲心陀羅尼經』(『大正藏』 20, p.108上). "若善男子善女人 誦持此神呪者 發廣大菩提心 誓度一切衆生."; 또한 제2장 가운데 '다라니 지송 자세' 부분 참조.

이제 이상 설명한 '현행 『천수경』'의 구조를 하나의 도표로 간략하면 다음과 같다.(도표 8)

도표 8 '현행 『천수경』'의 구조 도표

(1) 序頭	① 淨口業眞言 ② 五方內外安慰諸神眞言 ③ 開經偈 ④ 開法藏眞言	
(2) 經題目	千手千眼觀自在菩薩廣大圓滿無礙大悲心大陀羅尼	
(3)「千手經」經典의 內容	① 稽首文 ② 十願文과 六向文 ③ 觀世音菩薩과 阿彌陀佛 呼稱 ④ 神妙章句大陀羅尼	
(4) 結界 및 請神	① 四方讚 ② 道場讚	
(5) 懺悔文	① 懺悔偈 ② 懺悔業障十二尊佛 ③ 十惡懺悔 ④ 懺悔後頌 및 懺悔眞言	
(6) 諸 眞言 讀誦	① 准提眞言讚 및 歸依准提 ② 淨法界眞言 ③ 護身眞言 ④ 觀世音菩薩本心微妙六字大明王眞言 ⑤ 准提眞言 및 准提後頌	
(7) 發願 및 歸依	① 發願	如來十大發願文 發四弘誓願
	② 歸依	
(8) 또다른 儀軌로의 連結點	① 淨三業眞言 ② 開壇眞言 ③ 建壇眞言 ④ 淨法界眞言	

이상 '현행 『천수경』'에 대한 구조적 구분을 통해 볼 때, 1)'서두' 부분으로부터 7)'발원 및 귀의' 부분에 이르기까지, 1)'서두' 부분 및

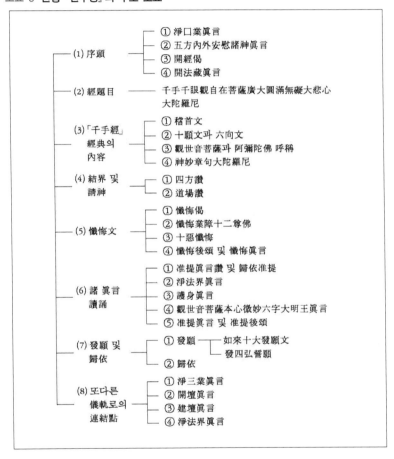

6)'제 진언 독송' 부분을 제외한다면[12] '현행 『천수경』'은 기본 골격에 있어 모두가 원래 '「천수경」류 경전 독송 규범'에 따라 구조적으로 짜 맞춰진 것임을 알 수 있다. 또한 '『천수안대비심주행법』의 독송 규범' 역시 '현행 『천수경』' 성립에 다소 영향을 미치고 있음을 알 수도 있다.

그럼에도 위 기본 골격에서가 아닌, 각 부분에 대한 세부적 내용 ―또는 각 내용에 쓰이는 게송―들은 '「천수경」류 경전' 내용을 그대로 반영하고 있지 않음을 알 수 있다.

앞의 '결계' 부분을 예로 든다면, '「천수경」류 경전 독송 규범'에 의하면 단지 '깨끗한 물' 등을 뿌려 경계를 삼을 것을 말하고 있을 뿐, 그에 대한 어떤 문구 내지 게송을 싣고 있지 않다. 그럼에도 '현행 『천수경』' 가운데 그 부분에 해당하는 게송으로 "일쇄동방결도량一灑東方結道場 이쇄남방득청량二灑南方得淸凉…" 등을 외우게 되는 바, 이런 게송들은 어떤 근거 하에 쓰이게 된 것이며, 그 출전은 무엇인가?

이는 하나의 예에 불과할 뿐이다. 「천수경」류 경전이 전하고 있는 경전의 직접적 내용과의 비교에서 본다면 '현행 『천수경』'은 다만 2)'경제목'과 3)'「천수경」 경전의 내용' 중 (1)계수문·(2)십원문·(3)육향문·(5)신묘장구대다라니만을 경전 원문 그대로 전하고 있을 뿐, 나머지 부분들은 「천수경」류 경전 어디서도 그 내용을 찾아볼 수 없는 것이다. 그렇다면 위 몇몇 부분을 제외한 각 항목들의 내용 및 게송들은 언제, 어떠한 과정을 거쳐 형성된 것일까?

---

12 8) '또다른 의궤로의 연결점' 부분의 ①정삼업진언 ②개단진언 ③건단진언 ④정법계진언 항목들 역시 이 제외의 부분에 해당된다.

2. '현행 『천수경』' 문헌 분석

이점을 명확히 하기 위해 필자는 '현행 『천수경』' 각각 항목들에 대한 문헌 분석을 시도해 보고자 한다. 이 문헌 분석 가운데 '현행 『천수경』'을 구성하고 있는 각 내용들에 대한 출전 및 의미성, 각각 내용에 대한 해설 또한 행하고자 하는데, 이는 '현행 『천수경』'에 대한 총체적 상술詳述에 해당한다고 말할 수 있다.

이제 '현행 『천수경』' 내용에 대한 문헌 분석을 행함에 있어, 앞서 구분한 '현행 『천수경』'의 구조적 구분 순서에 따라 이를 기술코자 한다.

1) 서두序頭

앞서 간략하였듯 '정구업진언'으로부터 '개법장진언'에 이르기까지 전체 '서두' 부분은 '염불작법을 위한 서두'에 해당한 것이라 할 수 있다. 그럼에도 『범음산보집』에 의하면 이 가운데 '개경게' 및 '개법장진언'은 경전 강설講說을 위한 '설법의식' 중 '청법게'와 '설법게'에 앞선 전반부를 구성하는 부분에 해당하는 것이기도 하다.[13]

'현행 『천수경』' 중 '서두' 부분은 다음 네 항목으로 나뉘어져 있다. (1)'정구업진언', (2)'오방내외안위제신진언', (3)'개경게' 및 (4)'개법장진언' 등.

---

13 『天地冥陽水陸齋儀梵音刪補集』(『韓佛全』 11, p.468).

(1) 정구업진언淨口業眞言

'정구업진언'이란 '구업口業을 맑히는 진언', 즉 우리의 '입을 통해 생겨난 업을 깨끗이 하는 참된 말'을 의미하고 있다. 이에 대한 문헌적 추론으로서 밀교부 경전 가운데 『묘길상평등비밀최상관문대교왕경妙吉祥平等秘密最上觀門大敎王經』을 들 수 있는데, 이 경전에서는 '구업' 뿐만이 아닌 '신身·구口·의意 삼업三業'에 대한 다음과 같은 각각의 진언을 설하고 있음을 볼 수 있다.

우선 신업에 대한 '정신삼업진언淨身三業眞言'을 말하며, 구업에 대한 '정구사업진언淨口四業眞言'을, 의업에 대한 '정의삼업진언淨意三業眞言'을 설하고 있다. 이렇듯 (진언을 외움으로써) "삼업이 청정해지면 악도惡道 가운데 운심運心하는 일체 중생의 모든 죄와 장애 등이 다 소멸되고 남음이 없게 되어 모두가 청량한 몸을 얻게 될 것임"[14]을 말하고 있는 것이다.

이와 더불어 위 경전은 신·구·의 삼업에 대한 각각의 진언을 소개하고 있다. '정신삼업진언'으로는 "옴 사라바바 수다살바 달라 마바바 수도함(唵 娑囉婆嚩 秫馱薩嚩 達囉 磨婆嚩 秫度憾)"[15]을, '정구사업진언'으로는 "옴 바기야 수다살바 달라 마바기야 수도함(唵 嚩枳也 秫馱薩嚩 達囉 磨嚩枳也 秫兎憾)"을, 그리고 '정의삼업진언'으로는 "옴 지다 수다살바 달라 마지다 수도함(唵 喞哆 秫馱薩嚩 達囉 磨喞多 秫兎憾)" 등의 진언 표기를 행하고 있는 것이다.[16]

---

14 『妙吉祥平等秘密最上觀門大敎王經』 第三(『大正藏』 20, p.914).

15 앞으로의 논의 가운데 현재 일반에 통용되고 있지 않은 진언에 대한 한글 표기는 동국역경원에서 사용하고 있는 「眞言漢字音」의 규범에 따라 이를 표기하였다.

16 『妙吉祥平等秘密最上觀門大敎王經』 第三(『大正藏』 20, p.914).

그런데 위 경전의 진언 가운데 '정신삼업진언' "옴 사라바바 수다살바 달라 마바바 수도함"은 현재 우리가 외우고 있는 '정삼업진언' "옴 사바바바 수다살바 달마 사바바바 수도함(唵 娑嚩波嚩 秫馱薩嚩 達磨 娑嚩婆嚩 秫度憾)"과 진언구가 거의 일치하고 있음을 볼 때, 위 '정구사업진언' 역시 현행의 '정구업진언'과 동일 진언이 아닌가 추정해 볼 수 있다.

그럼에도 현행 '정구업진언' "수리수리 마하수리 수수리 사바하(修里修里 摩訶修里 修修里 娑婆訶)"와 위 경전의 '정구사업진언' "옴 바기야 수다살바 달라 마바기야 수도함"은 진언구에 있어 현격한 차이를 보이고 있음을 알 수 있다. 좀 더 나아가 우리는 또 다른 경전 안에서 '정구업진언'이란 진언 명칭과의 관련 속에, 이와 유사한 진언명 즉 '정구진언淨口眞言'을 『불설불공견색다라니의궤경佛說不空羂索陀羅尼儀軌經』 및 『불공견색신변진언경不空羂索神變眞言經』 등 2권의 경전 안에서 발견할 수 있다.

그 가운데 『불설불공견색다라니의궤경』에 의하면 '정구진언'이라는 진언명을 소개하면서 "옴 아모카 미마례이 바가라 사잉 수다미 발마구마 라이바승 수타야 다라다라 소이마리 사바하(唵 婀姥佉 弭麽隷爾 嚩迦囉思孕 輸馱弭 鉢麽俱麽 纙爾嚩僧 輸陀耶 馱囉馱囉 素弭摩唎 莎嚩訶)"란 진언구를 싣고 있으며, "이 주呪 및 제 불보살에 대한 독송·참회·예배·찬탄을 행하고자 할 때는 먼저 물로 입과 이를 닦아야 청결함을 얻을 것이며, 설근舌根이 청정하고 유연하여 색이 마치 연꽃의 형상을 띄게 될 것이다"[17]라는 설명을 덧붙이고 있음을 볼 수 있다.

또한 『불공견색신변진언경』 역시 '정구진언' "옴 아모가 미마례이 바가

17 『佛說不空羂索陀羅尼儀軌經』 卷下(『大正藏』 20, p.440).

라승 수타네 발두마구마 라이바승 수타야 다라다라 소미마리 사바하(唵 旖暮伽 弭麽隷爾 縛迦囉僧 輸馱禰 鉢頭麽俱麽 羅爾縛僧 輸馱野 陀囉陀囉 素弭麽 犁 莎縛訶)"란 진언구와 함께 "이 법法 및 제불보살에 대한 독송·참회·예배·찬탄을 행하고자 할 때는…"[18]이라 하여 위 경전에서와 같은 내용 설명을 부가하고 있음을 볼 수 있다.

이상의 예를 제외하고는, 현재 우리가 독송하는 것과 동일한 형태의 '정구업진언'을 여타의 경전 안에서 발견할 수 없는 실정에 있다. 단지 조선 중기에 형성된 의식집 『염불보권문』 가운데 '정구업진언'의 용례를 볼 수 있는 바, "옴 수리수리 마하수리 수수리 사하(ॐ 鏒唎鏒唎 摩訶鏒唎 鏒鏒唎 沙訶)"[19]라 하여 현행 '정구업진언'의 음 표기에 '옴(唵: ॐ oṃ)'자가 첨가된 모습을 볼 수 있다.[20] 좀 더 후대의 문헌 『불가일용작법』에서는 "슈리 슈리 마하슈리 슈슈리 사바하"라는 현행의 주呪를 한글 표기로 전하면서 "이 주呪에는 본래 '옴唵'자가 없다. 미륵 강생 후를 기다린 뒤라야 '옴'자를 둘 수 있거늘, (이를) 어찌 최상경最上經 가운데서 나온 것이라 하랴"[21]라는 설명과 함께 현행 진언구와 마찬가지

---

18 『不空羂索神變眞言經』 卷第二(『大正藏』 20, p.237).

19 『念佛普勸文』(『韓佛全』 9, p.55).

20 서종범, 「千手經 講義」(『불교를 알기쉽게』, 도서출판 밀알, 1984), p.333. 종범스님 책 가운데 "신라의 釋靈業 스님께서 쓰신 『白衣大悲五印心陀羅尼經』의 탁본이 있는데, 여기에 기록된 '淨口業眞言'에는 분명히 '옴'자가 쓰여 있다. 이 탁본은 陰刻으로 새겨진 木板本이다. 釋靈業스님은 명필로 알려진 스님으로서 神行禪師의 비문을 쓰신 분이다"라는 내용을 발견할 수 있음으로 미루어 이 진언 사용의 오랜 淵源을 알 수 있다.(종범스님께 문의해 보니, 이 탁본은 어느 노스님께서 소장했던 것으로, 그 스님 열반 후 행방을 모른다 하셨다.)

21 「佛家日用作法」(金月雲 편, 『日用儀式隋聞記』, 中央僧伽大學 出版部, 1991), p.205. "此呪本無唵字 待彌勒降生後 安此唵字 云何最上經中出也."

로 '옴'을 생략한 형태의 진언구를 수록하고 있는 것이다.

한편 이후의 문헌들 가운데 『고왕관세음천수다라니경』 및 『천슈경·불셜 고왕관세음경』·『조석지송』 등에서 '정구업진언'의 한글 표기 용례를 발견할 수 있는 바, 음역의 한자음에 대한 사용이 없이 한글로만 기록된 것으로 미루어, 이는 『불가일용작법』의 예를 그대로 반영하고 있는 것으로 보인다.

그럼에도 후대의 『석문의범』에 실려진 '정구업진언'의 한자음 표기는 진언에 대한 유일한 한문 기록인 『염불보권문』을 인용하지 않고, 또한 경전상의 문헌에 의거하지도 않은 채[22] 한글 음에 따른 한문 표기를 편자 임의로 적어두었던 바,[23] '현행 『천수경』', 즉 『행자수지』에서는 단지 한글 표기만을 행하고 있음을 보게 된다.

이상의 문헌 고찰에 이어, 위 진언구의 또 다른 용례를 일본 진언종 계통의 사찰인 「총지사總持寺 작법作法」 가운데서 발견할 수 있다. 그런데 일본 「총지사 작법」 예에 따르면, 위 진언구 "수리 수리 마하수리 수수리 사바하"는 "선종禪宗에서 목욕을 행하는 날 좌선당坐禪堂과 관계되는 문수보살이 제일 먼저 (목욕을) 해야 하는데, 그때 (다만) '관목주灌沐呪'를 바친다. 어상御像을 움직일 필요가 없이 작은 옷걸이에 문수보살이라 쓴 천을 드리우고 옮긴다"[24]라 하여 위 진언구에 대해 '관목주'란

---

22 현재 대장경 안에서 그에 대한 기록이 발견되지 않기 때문이다.

23 다른 여타의 진언구와 달리 현행 『천수경』 '淨口業眞言'의 진언 한자음 표기가 너무도 단순한 글자로 적혀 있음은 이러한 의혹을 가능하게 만들고 있다. 원래 진언 표기에 대한 한자음은 悉曇文에 대한 音譯으로, 일상의 字 가운데 것을 사용하지 않음이 일반적인 까닭이다.

24 坂內龍雄, 『眞言陀羅尼』, 東京: 平河出版社, 1992. p.179.

명칭과 함께 '목욕을 함에 사용'되는 진언의 용례를 동시에 전하고 있음을 볼 수 있다.

"수리 수리 마하수리 수수리 사바하(修里 修里 摩訶修里 修修里 娑婆訶)"라 표기된 '정구업진언'의 뜻을 살펴보면, 산스크리트어로는 이를 "śrī śrī mahāśrī suśrī svāhā"라 표기할 수 있다. 여기서 'śrī'는 '좋다(吉祥)', '깨끗하다', '깨끗이 한다(淨)'는 뜻의 형용사이다. 또한 'mahāśrī'는 '참으로(大) 좋다(吉祥)'는 뜻을, 그리고 'suśrī'는 'śrī'에 '묘하게'라는 뜻의 형용사 'su'가 붙어 '묘하게 좋다(妙吉祥)', '묘하게 깨끗하다(妙淨)'는 뜻을 갖는다.

그리고 'svāhā'는 'su'라는 형용사에 '말하다', '참되다'는 뜻의 'ah(또는 āha)'[25]를 합한 것으로, '참되게 말하다('그러므로 말한 바가 이루어지이다'는 뜻을 포함한다)'는 뜻을 지니며, (모든 것이) '성취되어지이다', 혹은 '원만하여지이다' 라는 의미를 지닌 채, 일반적으로는 "(신께) 영광이 있기를!"이란 뜻으로 이해된다.

이상의 내용을 전제로 위 진언을 번역해 본다면, "깨끗하고 깨끗하다, 참으로 깨끗하도다. 그렇듯 깨끗하니, (모든 것이) 원만히 성취되어지이다"라는 뜻을 얻을 수 있다. 즉 이렇듯 '진언을 외움으로써 모든 것(口業)이 깨끗해질 것이니, 이제 모든 것 원만히 성취되어지이다'라는 내용을 '정구업진언'은 담고 있다고 말할 수 있다.

---

25 본 논문의 진언 해석에 있어 몇몇 타당하다고 생각되는 부분에 있어서는 金有光, 「秘密陀羅尼의 現代的 理解」(대한불교 진각종 중앙교육원 편, 『한국 밀교학 논문집』, 泰光文化社, 1986)를 참조하였다. 그럼에도 표기가 정확치 못한 부분은 수정을 가하기도 하였다. 예를 들어 金有光은 aha가 붙어졌다고 하였는데, 長音 ā가 되어야 할 것으로 보고 āha로 고쳐 사용한 점 등이다.(p.480)

그런데 위 진언 가운데 'śrī'는 여성명사 복수 호격으로 이해할 수 있는 바, 이에 따라 이를 "길상吉祥이시여! 길상이시여! 대길상大吉祥이시여! 묘길상妙吉祥이시여! 영광이 있기를!"이라 해석할 수도 있다. 그런데 여기서 묘길상이라 함은 앞의 「총지사 작법」에서 언급한 '문수보살'에 대한 또 다른 호칭이 되어, 문수보살을 묘길상보살妙吉祥菩薩이라 부르고 있기도 하다. 이에 의하면 위 진언은 '모든 것이 깨끗해질 것이니, 모든 것 원만히 성취되어지이다'라는 의미의 '정구업진언'으로서가 아닌 '문수보살에 대한 찬탄의 주呪'라 이해함이 무방할 것으로, 앞의 「총지사 작법」의 예에서와 같이 '관목주'로서 이 부분을 받아들임이 더욱 타당할 것이라 하겠다.[26]

한편 이에 대해 의식집 『삼문직지』에서는 '정구업진언' 대신에 '정삼업진언'을 삽입시키고 있으며, 권상로의 『조석지송』은 '정구업진언' 다음에 '정삼업진언'을 삽입시키는 바, 이러한 사항들은 위 '관목주'와의 관련성 속에 고려해볼 만한 내용들이라 하겠다.

이에 대해 말해 본다면, 대개의 밀교부 경전들은 특정 의궤의 도입부로서 '관정진언灌頂眞言'을 포함한 의례와 함께 뒤이어 '정삼업진언'을 독송하게 되는데,[27] 이러한 맥락에서 생각한다면 '현행 『천수경』'에

---

26 『蘇悉地羯囉經』 卷上(『大正藏』 18, p.618, p.620)의 「灌頂本尊法品」에는 眞言主의 정수리에 灌頂의 예를 행하는 예식과 함께 "혹 목욕을 마친 뒤 응당 本 眞言主를 想念할 것"을 말하는 가운데 '佛部眞言' 및 '蓮花部增驗眞言', '金剛部增驗眞言' 등을 소개하고 있는 즉, 이와의 관련 속에 沐浴에 대한 眞言主로서의 문수보살을 상정하게 되었음에는 큰 무리가 생겨나지 않을 것이다. 이에 대해서는 앞으로 좀 더 세부적인 연구가 진행되어야 할 것이라 생각된다.

27 이에 대한 하나의 예로서 『大一如來劍印』(『大正藏』 18, p.198下)의 경우를 들 수 있다. 또한 많은 경전들 가운데 같은 내용이 소개되기도 하는 즉, 이에 대해서는

사용되고 있는 '정구업진언'은 엄밀한 의미에서 '관정진언'으로 이해함이 타당할 것이라 하겠다.

(2) 오방내외안위제신진언五方內外[28]安慰諸神眞言

'오방내외안위제신진언'은 진언 명칭상 '동·서·남·북 사방 및 중앙과 상하에 위치한, 온 시방에 널려 있는 모든 신들을 편안케 하고 위로코자 하는 진언'을 의미하고 있다.

'오방내외안위제신진언'은 "나무 사만다 몯다남 옴 도로로로 지미 사바하(南無 三滿多 沒馱喃 唵 度魯度魯 地尾 娑婆訶)"라 표기된다. 이 가운데 "나무 사만다 몯다남" 부분은 여러 진언구들 가운데 그 용례를 발견할 수 있는 바, 진언이 아닌 진언 자체의 수식구로 생각할 수 있으며,[29] 뒷부분의 "옴 도로로로 지미 사바하"야말로 실제적인 진언구

본문 뒤편의 '淨三業眞言'의 예를 참고할 것.

28 '五方'이란, 『阿毘達摩俱舍論』에 의하면, 우주의 중심 須彌山 밖 鐵圍山 안에는 南贍部洲·東勝身洲·西牛貨洲·北俱盧洲라 불리는 4개의 대륙(四洲)이 널려 있어 이것을 '四方'이라 부르고 있는 바, 그 중앙의 須彌山까지를 포함하여 '五方'이라 하는 것이다. 그리고 '五方內外'란 수평적으로 東·西·南·北·中央을 포함한 그 '上下'까지를 합해 말하는 것인 즉, 이것은 須彌山을 중심으로 한 上·下, 즉 33天의 세계를 포함한 '전체 우주'의 구성을 뜻하는 말이라 할 수 있다.

29 '전제부'와 '서술부'로 진언을 양분할 수 있다는 田久保周譽의 주장(『眞言陀羅尼藏の解說』, 東京: 鹿野苑, 昭和 42. p.35.)은 설득력을 갖는다고 할 수 있다. 그의 주장을 바탕으로 생각한다면 이 '五方內外安慰諸神眞言'은 "나무 사남다 몯다남"과 "옴 도로도로 지미 사바하"라는 양분 구조를 갖는다.

좀 더 부가해 설명한다면, 진언에 있어 '전제부'와 '서술부'는 '옴唵' 또는 '다냐타(怛儞也他; tad-yathā)' 등의 문구를 통해 그 구분점을 형성하고 있다. 이와 같은 예를 '准提眞言' 및 '開壇眞言'에서 발견할 수 있는 바, 구체적으로 말한다면 이는 산스크리트어에 있어 'yad-tad'와 관련성이 있는 문장으로, 'tad'로 접속되는 문장

에 해당한다고 말할 수 있다.

우리는 뒷부분의 진언구 "옴 도로로로 지미 사바하"와 유사한 진언을 몇몇 경전 중에서 발견할 수 있다. 예를 들면 『칠구지불모준제대명다라니경七俱胝佛母准提大明陀羅尼經』에서는 '칠구지불모준제다라니 염송법'을 소개하면서 진언명을 명기하지 않은 채 "옴 도로도로 사바하(唵 覩嚧覩嚧 莎嚩訶)"라는 진언구를 싣고 있다.

그리고 부가해 말하기를, "마음으로, 아가니슬타(阿迦尼瑟吒, Akaniṣṭha, 도솔천) 천궁天宮 가운데 비로자나여래毘盧遮那如來와 십지보살十地菩薩이 그 집회 가운데서 준제불모准提佛母 성자를 청하자, (준제불모 성자께서) 칠보로 장엄한 수레를 타고 계셨는데, 그 수레 위에는 백련화白蓮花의 좌座가 있고, 그 자리에 (성자께서) 그림과 같이 앉아 계심이 마치 눈앞에 (계심과 같이) 생각하고서 이 묘언(妙言, 眞言)을 세 번 외우라"[30]는 설명을 하고 있다.

한편 『관자재보살여의륜염송의궤觀自在菩薩如意輪念誦儀軌』에서도 "제諸 성중聖衆을 청하고자 하면 진언 3편을 외우라"는 설명과 함께 "옴 도로도로 훔(唵 都嚕都嚕 吽)"이란 진언을 소개하면서, "이 진언 가지(加持: 佛의 위신력에 우리 마음을 합치시키는 일)로 말미암아 칠보의 수레가 저 극락세계에 닿아 여의륜관자재보살如意輪觀自在菩薩 및 제 성중 권속들이 위요圍遶하는 가운데 보배 수레(寶車)를 타고 도량 가운데 이르러 허공에 머무시게 될 것"[31]이란 설명을 하고 있다.

구조의 특징과도 관련이 있다 하겠다.

30 『七俱胝佛母准提大明陀羅尼經』(『大正藏』 20, p.176).

31 『觀自在菩薩如意輪念誦儀軌』(『大正藏』 20, p.205).; 『金剛頂瑜伽靑頸大悲王觀自在念誦儀軌』(『大正藏』 20, p.491)에 비슷한 내용이 실려 있다.

위 경전들의 내용에 의거해 생각해 본다면, -비록 몇몇 진언구에 있어 차이가 있음을 볼 수 있을 지라도-'오방내외안위제신진언'은 '준제여래' 내지 '관자재보살'과의 관련 속에서 도량에 성중들, 즉 신들을 청해 모시고자 하는 진언임을 알 수 있다.

'오방내외안위제신진언' "나무 사만다 못다남 옴 도로도로 지미 사바하" 가운데 전반부의 진언 수식구 "나무 사만다 못다남"은 산스크리트어로 "namaḥ sarva buddhānām"이라 표기[32]할 수 있는데, 'namaḥ'는 namo, namas에서 유래된 변격동사變格動詞로, '귀의한다'는 뜻을 갖는다. 그리고 'sarva'란 '일체의'를 뜻하는 형용사이며,[33] 'buddhānām'은 '각자覺者'의 뜻을 갖는 명사 'buddha'에 복수 여격어미 anām이 붙어진 것으로, 위 문장은 "일체의 각자覺者들께 귀의합니다"라는 일종의 귀의문에 해당하는 것임을 알 수 있다.

그리고 이어지는 진언구 "옴 도로도로 지미 사바하"는 산스크리트어 "Oṁ turu turu jimi svāhā"를 음역한 것으로, 다음과 같이 각각의 뜻을 풀이할 수 있다.

'Oṁ'이란 창조로부터 멸망에 이르기까지 우주의 생성 및 변화를 함축시켜 놓은 '상징적인 말'로, 굳이 번역하자면 '아!' 정도의 감탄사격으로 이해함이 타당할 것이다.[34]

---

32 『大方廣菩薩藏文殊師利根本儀軌經』 卷第1(『大正藏』 20, p.836)에서는 "나무 사만다 못다남 맘(曩嘆 三滿哆 沒馱喃 鋡)"이란 진언에 대한 梵文으로서 "Namaḥ sarva-buddhānām mantraḥ"을 쓰고 있는 점에 비추어 "나무 사만다 못다남"을 "Namaḥsarva-buddhānām"이라 표기한 것이다.

33 sarva 대신 samanta를 채용한다면 '두루하는'이라 해야 할 것이다.

34 '唵(oṁ)'에 대한 체계적 분석은 金有光, 『秘密陀羅尼의 現代的 理解』(대한불교진각종 중앙교육원 편, 『한국 밀교학 논문집』, 泰光文化社, 1986), p.480을 참조

또한 'turu'란 '달리다' 또는 '재촉하다'는 뜻을 갖는 tur의 2인칭 단수 명령형으로 '달리소서!' 라 해석할 수 있다. 이에 앞서 살펴본 『칠구지불모준제대명다라니경』과의 관련 속에 생각해 본다면, "마음으로 아가니슬타(Akaniṣṭha, 도솔천) 천궁 가운데 비로자나여래와 십지보살이 그 집회 가운데서 준제불모 성자를 청하자, (준제불모 성자께서) 「칠보로 장엄한 수레」를 타고 계셨는데, 그 수레 위에는 백련화의 좌座가 있고, 그 자리에 (성자께서) 그림과 같이 앉아 계심이 마치 눈앞에 (계심과 같이) 생각하고서 이 묘언(妙言, 眞言)을 세 번 외우라" 하였던 바, "Oṁ turu turu"는 그 수레를 몰아 '아! 달리소서! 달리소서!' 라는 내용의 기원의 주呪를 외치는 것으로 이해할 수 있다.

그렇듯 주문을 외우자 『관자재보살여의륜염송의궤』에서는 "이 진언의 가지加持로 말미암아 칠보의 수레가 극락세계에 닿아 여의륜관자재보살 및 제諸 성중 권속들이 둘러싼 가운데 보배 수레를 타고 도량 가운데 이르러 허공에 머무시게 될 것"인 바, 모든 성중들께서 'Jimi 하시도다!' 라는 내용을 주문의 뒤 구절은 함포含包하고 있다.

뒷부분 'jimi svāhā'에서 'jimi'는 '내려오다'는 뜻의 동사 ji에 1인칭 능동어미가 붙어 '(남을 위해) 내려오다'는 뜻을 갖는다. 그리고 'svāhā'는 '(모든 것이) 성취되어지이다', '원만케 되어지이다' 또는 '영광이 있기를!'이라 번역된다. 이에 위 진언의 뜻을 종합한다면 "아!(Oṁ) (수레를 타고) 달리소서! 달리소서! 내려오시도다! 영광이 있기를!" 이란 내용이 이 진언 안에 담겨 있음을 알 수 있다. 이에 앞 수식구의 내용을 합해 진언 전체의 뜻을 다시 말해 본다면 "일체의 각자覺者들께

바란다. 그는 논문 가운데 S. Radhakrishnan의 *The Principal Upanisads* (London, Allen Pub, pp.337~339) 중의 내용을 번역 정리해 두었다.

귀의합니다. 아! (수레를 타고) 달리소서! 달리소서! 내려오시도다! 영광이 있기를!"이란 해석을 얻을 수 있다. 이에 엄밀한 의미로서 '오방내외안위제신진언'은 도량에 신들을 청해 모시는 진언이라 말할 수 있을 것이다.

(3) 개경게開經偈

'오방내외안위제신진언'에 이어 '현행『천수경』은 '개경게' 및 '개법장진언'으로 이어진다. '개경게'란 '경전을 열어젖히는 게송'의 뜻으로 모든 경전 독송에 앞서 외우는 게송인 바, 경전을 접할 때 어떤 마음가짐을 가져야 할 것인가를 일러주는 항목이라 할 수 있다.

제 경문 및 의식집 가운데 '개경게(및 개법장진언)'가 쓰여진 최초의 흔적[35]을『염불보권문』「염불작법차서」항목에서 발견[36]할 수 있는 바, 현존하는 모든 의식집 가운데 '개경게'는 '개법장진언'과 함께 경전 독송의 전반부로서 그 용례를 보이고 있다.

그럼에도『범음산보집』「영산작법절차靈山作法節次」[37]에 의하면 '개경게' 및 '개법장진언'은 경전 강설을 위한 '설법의식' 중 그 전반부를

---

35 月雲스님은 "開經偈는『梁皇懺』(『慈悲道場懺法』의 異名)에 보인다"고 하여『梁皇懺』으로부터 '개경게'의 기원을 찾고 있는 듯한 인상을 주고 있다. 金月雲 편,『日用儀式隨聞記』, 中央僧伽大學 出版部, 1991. p.15.

그러나『慈悲道場懺法』(『大正藏』 45, p.922)에는 '개경게'의 내용이 전하지 않는다. 물론 雲虛스님 譯의『慈悲道場懺法(1983. 대각회 출판부刊)』에 '開經偈'의 내용이 포함되어 있는데, 그 책에 '開經偈' 내용이 실려 있다 해도 그것은 이후 편입된 것으로, 그 기원을『慈悲道場懺法』에서 구함에는 무리가 따를 것이다.

36『韓佛全』 9, p.56.

37『韓佛全』 11, p.462.

형성하고 있기도 하다.

여기 '개경게'의 게송을 들어 풀이해 보면 다음과 같다.

무상심심미묘법無上甚深微妙法 백천만겁난조우百千萬劫難遭遇
아금문견득수지我今聞見得受持 원해여래진실의願解如來眞實意

더없이 높고, 극히 심오하며 미묘한 법
백천만 겁에 (걸쳐) 만나기 어려운 바,
내 이제 보고 듣고 받아 지니오니
원컨대 여래의 진실한 뜻을 이해케 하소서.

그런데 여기서 겁劫이란 무엇인가? 겁이란 산스크리트어 'Kalpa'의 음역 '겁파劫波'가 줄어서 된 말로, 뜻으로 번역하면 '대시大時'가 된다. 겁에 대한 시간적 길이로서, 힌두신화에 따르면 겁이란 '창조신 브라흐마Brahma의 하루'를 말하며 1,000의 마하 유가(Mahā-yuga) 또는 인간의 햇수로는 4,320,000,000년의 기간을 말하고 있다.[38] 즉 1겁은 43억 2천만 년에 해당한다. 그런데 여기서는 백만 겁이며 천만 겁[39]을 이야기

38 John Dowson, *A Classical Dictionary of Hindu Mythology and Religion*, Delhi, Rekha Printers(P)Ltd, 1989. p.145, pp.381~382.

39 현재에는 일반적으로 數의 단위를 4항씩 구분 짓지만, 고대 중국에서는 數를 1항씩 구분하는 小乘法이란 것을 쓰거나, 8항씩 구분 짓는 中乘法이라는 숫자 계산방법을 사용하였다.
예를 들면, 현재에는 '億·十億·百億·千億' 다음에 '兆'라는 숫자 계열로 넘어가나, 고대 중국의 中乘法에 의하면 '億·十億·百億·千億·萬億·十萬億·百萬億·千萬億' 다음에 '兆'라는 숫자 계열에 이르게 되는 것이다.(億 이전까지는 4항씩 구분

하고 있으니, 그 시간적 길이는 가히 헤아려 볼 수 없는 것이다.

그 헤아려 볼 수 없는 영원한 시간. 그러나 이제 영겁의 시간 가운데 다행히 만나기 어려운 부처님 법, '무상심심미묘법無上甚深微妙法'을 보고 듣고 받아 지니니, 원컨대 이번 기회에 여래의 진실한 뜻을 이해했으면 좋겠다는 말로서 '개경게'는 마치고 있는 것이다.

(4) 개법장진언開法藏眞言

이후 '개법장진언' "옴 아라남 아라다(唵 阿羅南 阿羅馱)"를 외우게 되는데, 이것은 '법의 창고를 열어젖히는 참된 말'이란 뜻을 가지고 있다. 그렇다면 이 진언이 뜻하는 바, 그 의미성은 무엇인가?

"옴 아라남 아라다"는 산스크리트어 "oṁ āraṇam ārata"를 음역한 것으로, 다음과 같이 그 뜻을 풀이할 수 있다.

우선 'āraṇam'은 '심연深淵'의 뜻을 지닌 명사 āraṇa에 대격어미 m이

짓는 것으로 차이가 없다.) 永田 久(沈雨晟 譯),『曆과 占의 과학』, 東文選, 1992, pp.26~27 參照.

이를 바탕으로 생각해 보면 위에 표기된 '百千萬 劫'이란 兆의 숫자보다 더 큰 숫자 계열인 바, 우리는 이것이 '百萬劫' 또는 '千萬劫'을 말하는 것임을 알 수 있다. 이를 현재의 계산법으로 말하면, 현재 우리가 알고 있는 개념에 '0'을 무려 몇 십 개를 더 붙여야 하는 숫자임을 생각할 수 있다. 그리고 거기에 劫에 해당하는 4,320,000,000을 곱한 숫자는 그 무한한 시간을 말하고 있어, 그 무한한 시간에 걸쳐 만나기 어려운 法을 이제야 만나게 되었다는 뜻이다.

이 같은 계산법의 예를 다음에서 찾을 수 있다. 즉 경전의 설명에 의하면 사바세계에서 아미타불의 극락정토까지는 '十萬億 佛國土'를 지나야 한다고 하는데, 이 '十萬億'을 中乘法이 아닌 현재의 계산으로 따져 본다면 '10兆'가 됨을 알 수 있다. 즉 '10兆'에 해당하는 부처님들 세계를 지나서야 극락정토에 이를 수 있다는 말이니, 참으로 어마어마한 거리이다.

붙어 '심연(깊은 곳)에로' 라 해석될 수 있다. 한편 'ārata'는 '유희遊戲하다'는 뜻을 갖는 동사 ram의 과거수동분사로, 이 둘을 합해 "아(oṁ)! 깊은 곳(진리)에로 (이르러) 유희함…"을 바라는 소망이나, 혹은 "아! 깊은 진리를 통달하였음"을 확신하는 상태의 의미로 이 진언을 해석할 수 있다.

2) 경제목經題目

경전 독송의 일반적 범례에 의하면, 위 '서두' 부분에 이어 독송할 '경전의 제목'을 외우는 것이 관례화되어 있다. 이 기본적 관례에 비추어 볼 때 '현행 『천수경』' 역시 '서두' 부분에 이어 '경제목'이 이어져야 할 것인 바, '천수천안관자재보살광대원만무애대비심대다라니'는 '현행 『천수경』'의 '경제목'에 해당한다고 말할 수 있다.

천수천안 관자재보살 광대원만 무애대비심 대다라니(千手千眼觀自在菩薩廣大圓滿無礙大悲心大陀羅尼)

그런데 앞서 살펴보았듯 제諸 「천수경」류 경전은 여러 사람들에 의해 각기 다른 제목으로 번역되었는데, '천수천안관자재보살광대원만무애대비심대다라니'라 불리는 경제목은 어디에서도 발견할 수 없다. 즉 가범달마 역본에서는 '천수천안관세음보살광대원만무애대비심다라니경'이라 경제목이 쓰여 있는 한편, 불공은 '천수천안관세음보살대비심다라니'라 칭하고 있다. 그리고 금강지는 '천수천안관자재보살광대원만무애대비심다라니경'이라 하는 등, '현행 『천수경』' 문헌에 나타나 있는 '경제목'의 모습을 어디에서도 발견할 수 없는 것이다.

그렇다면 '현행 『천수경』'의 '경제목' '천수천안관자재보살광대원만무애대비심대다라니'는 어디서 유래한 것일까? 아마 위 역자들의 경전 번역 명칭과의 유사성 속에 경제목에 대한 약간의 변화가 가해진 채 현재의 '경제목'이 만들어진 것이 아닌가 생각할 수 있다.

그럼에도 위 '경제목'의 어구가 쓰여진 최초의 예를 진언집 『천수천안관자재보살광대원만무애대비심대다라니』 가운데서 발견할 수 있다. 이는 1716년 불공 역본의 「천수경」 내용을 저본으로 편찬된 것으로[40] 이후 1769년 간행된 『삼문직지』 안에서 역시 동일한 어구를 발견할 수 있다. 물론 이보다 앞선 1704년 「천수경」 '경제목'의 예를 보이고 있는 『염불보권문』에서는 '쳔슈쳔안관자재보살광대원만무애대비심'이라고 '신묘장구대다라니'의 명칭을 한글로 소개[41]하고 있는데 비해, 『삼문직지』에서는 '쳔슈쳔안관자재보살광대원만무애대비심대다라니'[42]라 하여 현행과 같은 '경제목'을 수록하고 있는 것이다. 그리고 이후의 여러 의식집들은 모두 『삼문직지』의 '경제목'을 인용하고 있음을 알 수 있다.

그럼에도 '경제목'을 기술하는 데 있어 '경'이란 글자가 삽입되지 않은 점은 「천수경」 자체가 경전 전체의 내용을 전달하기보다는 '다라니'의 전달에 중점을 두었기 때문이라 말할 수 있는 즉, 이 '경제목'을 필두로 '현행 『천수경』'의 실질적 독송이 시작된다고 할 수 있다.

3) 「천수경」 경전의 내용

앞의 '경제목'에 이어 '계청啓請' 및 '신묘장구대다라니' 독송이 이어진

---

40 東國大學校 佛教文化研究所, 「眞言・儀式關係 佛書展觀目錄」, 1976. 參照.

41 『念佛普勸文』(『韓佛全』 9, p.56).

42 『三門直指』(『韓佛全』 10, p.145).

다. 이 가운데 '계청' 부분은 「천수경」의 핵심인 '신묘장구대다라니'를 외우기 전에 서원을 드러내 보이는 부분으로, 가범달마 및 불공 역본에 의하면 관세음보살께서 부처님 분부에 따라 다라니를 설하는 가운데 이 다라니를 수지코자 하는 자는 다음 절차를 선행해야 할 것임을 말하고 있다.

즉 다라니를 독송코자 하는 자는 먼저 중생들을 위해 자비심을 일으킨 후 다음 게송을 외워야 한다는 것이다. 가범달마 역본에 의하면 우선 "나무대비관세음南無大悲觀世音 원아속지일체법願我速知一切法…" 등의 게송을 외워야 한다[43] 하는 바, '원아願我'라는 어구가 10번 등장하는 까닭에 일반적으로 이를 '십원문十願文'이라 칭하고 있다. 다음으로 "아약향도산我若向刀山 도산자최절刀山自摧折…" 등의 구절이 이어지는데, '아약향我若向…'의 '향向'자가 6번 쓰이는 까닭에 이를 '육향문六向文'이라 칭하고 있다.

한편 위 경전의 설명에 의하면, 이렇듯 발원을 마친 후 관세음보살 및 아미타여래의 이름을 불러 생각한 다음 다라니를 외우라 하고 있는데, 이러한 경전상의 규범에 따라 뒤이어 관세음보살 및 아미타불의 명호를 부름으로써 이 부분이 마쳐진다. 그런데 여기서 관세음보살 명호를 부르는 항목이 11번 이어지는 바, 이를 '11보살十一菩薩'이라 구분할 수도 있을 것이다.

여하튼 '계청啓請' 부분은 '십원문(불공 역본을 참고로 앞에 '계수문稽首文'이 첨가되어 있기도 하다)'과 '육향문', '관세음보살(十一菩薩)과 아미타

43 『千手千眼觀世音菩薩大悲心陀羅尼』(『大正藏』 20, p.114). 가범달마 역본과는 달리 불공 역본에는 '南無大悲觀世音' 앞에 '稽首觀音大悲主 願力洪深相好身' 등의 게송이 실려져 있다. 게송의 맨 앞머리 글자를 따서 이를 '稽首文'이라 부르게 된다.

불의 호칭' 등의 내용으로 구분되는 바, "비구·비구니·우바새·우바이로서 (…) '10원'·'6향'의 발원을 세우고 난 후 '나무관세음보살'과 '아미타불'을 칭한 뒤 '신묘장구대다라니'를 독송하면 십지十地 등의 지위를 얻게 되며, 중생들에게 보리의 마음이 생겨날 것"[44]이라 『천수안대비심주행법』은 기록하고 있다.

한편 앞서 언급한 바,[45] '10원'·'6향' 등의 구분의 예는 의상스님의 「백화도량발원문」 가운데서 발견할 수 있기도 하다.

(1) 계수문稽首文

한국불교에 '계수문' 항목이 처음 소개된 것은 1485년(成宗16) 경이라 말할 수 있다. 가범달마 역본과는 달리 불공 역본에만 '계수문' 항목이 삽입되어 있는 바, 조선 성종 당시 다라니집 「오대진언」을 간행함에 있어 비로소 불공 역본의 「천수경」이 소개되고 있는 까닭이다.[46]

그 이후 1716년(肅宗42) 「천수천안관자재보살광대원만무애대비심대다라니」 등과 같은 다라니집의 편찬과 함께 불공 역본의 「천수경」이 널리 유통되었음을 알 수 있는데, 그럼에도 의식집 가운데 '계수문' 항목이 처음 삽입된 것은 1869년 정신井辛에 의해 편찬된 『불가일용작법』에 의해서였다고 할 수 있다. 『불가일용작법』은 "아래의 16구는 『오대집五大集』 및 『화천수』 가운데 (실려) 있다"[47]는 설명과 함께 '계수문' 내용을 전하고 있는데, 불공 역본의 내용에 따라 이를 소개하면

---

44 『千手眼大悲心呪行法』(『大正藏』 46, p.973).

45 제2장의 註 36)을 참조할 것.

46 제3장의 註 32) 및 「五大眞言」에 대한 개요 참조할 것.

47 「佛家日用作法」(金月雲 편, 『日用儀式隨聞記』, 中央僧伽大學 出版部, 1991), p.206.

다음과 같다.

계수관음대비주稽首觀音大悲主[48]	원력홍심상호신願力洪[49]深相好身
천비장엄보호지千臂莊嚴普護持	천안광명변관조千眼光明遍觀照
진실어중선밀어眞實語中宣密語	무위심내기비심無爲心內起悲心
속령만족제희구速令滿足諸希求	영사멸제제죄업永使滅除諸罪業
용천중성동자호龍天[50]衆聖同慈護	백천삼매돈훈수百千三昧頓熏修
수지신시광명당受持身是光明幢	수지심시신통장受持心是神通藏
세척진로원제해洗滌塵勞願濟海	초증보리방편문超證菩提方便門
아금칭송서귀의我今稱誦誓歸依	소원종심실원만所願從心悉圓滿

크나큰 슬픔의 위로처(主)이신 관세음보살께 머리 숙입니다.
넓고도 깊은 원력과 상호相好의 몸(身)으로
천 개의 팔을 장엄하신 채 널리 (중생들을) 보호(護持)하시고
천 개 눈의 광명으로는 두루 (세상을) 비춰 보시니…
진실한 말 가운데 밀어(密語, 陀羅尼)를 펼쳐 보이시어
함이 없는 마음 가운데 (중생을 위한) 슬픔의 마음 일으키셨네.
(그리하여 중생들의) 모든 바라고 구하는 바를 속히 만족시키어
하여금 길이 모든 죄업을 멸해 없애 주시었네.
용과 천(天神)들, 수많은 성현聖賢들이 함께 애련히 돌보시어
온갖 삼매를 몰록 닦아 나가게 하시나이다.

---

48 '현행 『천수경』' 가운데 '呪'字가 쓰이고 있는데, 이는 '主'로 바뀌어야 할 것이다.

49 '현행 『천수경』' 가운데 '弘'字가 쓰이는데, 잘못된 부분이라 할 수 있다.

50 '현행 『천수경』' 가운데 '天龍'이라 표기되나, 불공 역본에 의하면 '龍天'이라 해야 할 것이다.

(다라니를) 받아 지니는 이 몸이 광명의 깃발이 되며
(다라니를) 받아 지니는 이 마음이 신통의 창고가 되니
티끌(세상)의 괴로움 씻어버리고 (괴로움의) 바다 건너가
깨달음에 이르는 방편의 문을 뛰어 증득證得케 하여지이다.
내 지금 (관세음보살을) 칭송하며 맹세코 귀의하오니
원하는바 마음을 좇아 모두가 원만케 되어지이다.

위 '계수문'의 게송과 근접한 내용의 단편들은 가범달마 역본 「천수경(千手千眼觀世音菩薩廣大圓滿無礙大悲心陀羅尼經)」 중에서 발견되기도 한다. 즉 앞의 게송 중 '수지신시광명당受持身是光明幢'에 해당하는 내용으로서 "기인즉시광명신其人卽是光明身"[51]이란 표현 및, '수지심시신통장受持心是神通藏'에 대한 "기인시신통장其人是神通藏"[52] 등의 직접적 표현과 함께, "기인시선정장其人是禪定藏 백천삼매상현전고百千三昧常現前故", "기인시무외장其人是無畏藏 용천선신상호지고龍天善神常護持故"[53] 등의 표현 및 그에 상응하는 구절들을 발견[54]할 수 있는 것이다.

이렇게 볼 때 위 '계수문' 게송들은 애초 불공 역본에서와 같이 독립되어 전래된 것이 아닌, 가범달마 역본을 기초로 후대에 만들어진 채 불공 역본에 삽입된 것이 아닌가 하는 추측 또한 가능할 것이다.

---

51 『大正藏』 20, p.109.中5行.

52 『大正藏』 20, p.109.中14行.

53 『大正藏』 20, p.109.中8行~18行.

54 『大正藏』 20, p.109. 이상의 예 외에도 다음 구절들도 발견할 수 있다. "其人是慈悲藏… 其人是妙法藏… 其人是虛空藏… 其人是妙語藏… 其人是常住藏… 其人是解脫藏… 其人是藥王藏…"

(2) 십원문十願文과 육향문六向文

다음에 이어지는 '십원문' 및 '육향문'은 관세음보살께 의지한 채 행해야 할, 중생들을 위한 발원을 적어놓은 항목으로, 이는 다라니문陀羅尼門을 닦고자 하는 진언행자眞言行者의 마음 자세, 즉 '중생을 위한 자비심'의 표현이라 할 수 있다.

이러한 마음 자세는 '자리自利'와 '이타利他'로서 설명될 수 있다. 즉 스스로 수행을 해나가는 가운데 주변 중생들의 평화를 갈구하는 것으로, 이는 대승불교 보살 수행의 총체적 핵심을 전하고 있는 내용이기도 하다. 여기서 '십원문'은 '자리'의 측면을 말하며 '육향문'은 '이타'적 측면을 말하는데, 이렇듯 자리이타의 마음을 염두에 둔 채 관세음보살 및 아미타불께 귀의한 연후 '다라니'를 독송해야 할 것임을 경전은 전하고 있는 것이다.

이제 순서에 따른 '십원문' 및 '육향문'의 내용을 설명해 보겠는 바, 『불가일용작법』에서는 "이하의 내용은 「화천수」 및 「천수경」에서 나온 것이다(以下畵千手及千手經出)"[55]라고 그 출전을 밝히고 있다.

'십원문'은 다음 내용으로 이루어져 있다.

나무대비관세음南無大悲觀世音 원아속지일체법願我速知一切法
나무대비관세음南無大悲觀世音 원아조득지혜안願我早得智慧眼
나무대비관세음南無大悲觀世音 원아속도일체중願我速度一切衆
나무대비관세음南無大悲觀世音 원아조득선방편願我早得善方便
나무대비관세음南無大悲觀世音 원아속승반야선願我速乘般若船

55 「佛家日用作法」(金月雲 편, 『日用儀式隨聞記』, 中央僧伽大學 出版部, 1991), p.207.

나무대비관세음南無大悲觀世音　원아조득월고해願我早得越苦海
나무대비관세음南無大悲觀世音　원아속득계정도願我速得戒定道
나무대비관세음南無大悲觀世音　원아조등열반산願我早登涅槃[56]山
나무대비관세음南無大悲觀世音　원아속회무위사願我速會無爲舍
나무대비관세음南無大悲觀世音　원아조동법성신願我早同法性身

대자비이신 관세음보살께 귀의하오니,
일체의 법, 속히 알기 바라나이다.
대 자비이신 관세음보살께 귀의하오니,
지혜의 눈을 빨리 얻기 바라나이다.
대 자비이신 관세음보살께 귀의하오니,
일체 중생을 속히 제도하기 바라나이다.
대 자비이신 관세음보살께 귀의하오니,
훌륭한 방편을 빨리 얻기 바라나이다.
대 자비이신 관세음보살께 귀의하오니,
속히 반야의 배를 타기 바라나이다.
대 자비이신 관세음보살께 귀의하오니,
괴로움의 바다, 빨리 건널 수 있기 바라나이다.
대 자비이신 관세음보살께 귀의하오니,
지계와 선정의 도道, 빨리 얻기 바라나이다.
대 자비이신 관세음보살께 귀의하오니,

---

56 이는 가범달마 역본에 의한 표기로, 불공 역본에는 '涅槃' 대신에 '圓寂'이라 표기되어 있다. '현행 『천수경』'에서는 '圓寂'이라 표기되어 있어, 불공 역본의 어휘가 쓰이고 있음을 알 수 있다.

열반의 산에 일찍 오르기 바라나이다.
대 자비이신 관세음보살께 귀의하오니,
함이 없는 집에 빨리 이르기 바라나이다.
대 자비이신 관세음보살께 귀의하오니,
빨리 부처님(法性) 몸과 같이 되기 바라나이다."

다음에 이어지는 '육향문'의 내용은 다음과 같다.

아약향도산我若向刀山 도산자최절刀山自摧折
아약향화탕我若向火湯 화탕자소멸火湯自消滅
아약향지옥我若向地獄 지옥자고갈地獄自枯竭
아약향아귀我若向餓鬼 아귀자포만餓鬼自飽滿
아약향수라我若向修羅 악심자조복惡心自調伏
아약향축생我若向畜生 자득대지혜自得大智慧

내가 칼로 만든 산에 이르면, 칼산이 저절로 꺾여지고
내가 뜨거운 불길에 이르면, 뜨거운 불길 저절로 소멸되며
내가 지옥에 이르면, 지옥이 저절로 말라버리며
내가 아귀의 세계에 이르면, 아귀들이 저절로 포만케 되고
내가 아수라의 세계에 이르면, 그들의 악한 마음 스스로 누그러지며
내가 축생의 세계에 이르면, 그들 스스로 지혜를 얻을 수 있게 하소서.

(3) 관세음보살(11보살)과 아미타불의 호칭

이어 '현행 『천수경』'은 '관세음보살'을 포함한 '11보살'에 대한 귀의

및 '아미타불'에 대한 귀의의 항목을 소개하고 있다. 이에 "이렇듯 발원을 마친 후 지극한 마음으로 나의 이름을 부르고 생각할 것이며, 또한 마땅히 나의 본사이신 아미타여래의 이름을 불러 오롯이 생각한 후 이 다라니신주를 외우라"[57]고 가범달마 역본은 말하고 있는 즉, 불공 역본에서는 '육향문'에 이어 그 호칭으로 "나무아미타여래 나무관세음보살마하살"[58]이란 구절을 첨가하고 있을 뿐이다.

그런데 위 경전 규범에 의하면, 여기에 '아미타불'과 '관세음보살'에 대한 귀의 항목만이 등장해야 할 것인데, 왜 '11보살'이라 하여 11분의 보살과 아미타불에 대한 내용이 동시에 표기되는 것일까? 물론 경전의 예에서와 같이 '나무본사아미타불' 항목에 대해서는 거론의 여지가 없다. 그럼에도 '나무관세음보살마하살' 부분은 뒤에 10개의 항목이 추가되어 '11보살'이란 체계를 만들어 놓고 있는 것이다.

이제 이를 상세히 설명키 위해, 우선 '현행 『천수경』' 본문 부분을 인용해 보기로 한다.

[1]나무관세음보살마하살南無[59]觀世音菩薩摩訶薩

[2]나무대세지보살마하살南無大勢至菩薩摩訶薩

---

57 『千手千眼觀世音菩薩廣大圓滿無礙大悲心陀羅尼經』(『大正藏』 20, p.107).

58 『千手千眼觀世音菩薩大悲心陀羅尼』(『大正藏』 20. p.115. 下22行).

59 『佛家日用作法』에서는 이에 대해 "이하 各位 위 부분의 '南無' 2字는 諸本에는 모두 없는 것이나, 넣어도 좋다"는 註를 붙이고 있는 바, 이 항목이 언급된 이전 문헌으로는 오직 『三門直指』가 보이고 있는데, 이를 지칭하는 것으로 여겨진다. 「佛家日用作法」(金月雲 편, 『日用儀式隋聞記』, 中央僧伽大學出版部, 1991), p.208. 참고로 『三門直指』에서는 '南無'라는 표현이 생략된 채 보살들의 칭호만이 전하며, 또한 맨 뒤의 '本師阿彌陀佛' 부분 역시 생략되어 있다.(『韓佛全』 10, p.145).

[3]나무천수보살마하살南無千手菩薩摩訶薩
[4]나무여의륜보살마하살南無如意輪菩薩摩訶薩
[5]나무대륜보살마하살南無大輪菩薩摩訶薩
[6]나무관자재보살마하살南無觀自在菩薩摩訶薩
[7]나무정취보살마하살南無正趣菩薩摩訶薩
[8]나무만월보살마하살南無滿月菩薩摩訶薩
[9]나무수월보살마하살南無水月菩薩摩訶薩
[10]나무군다리보살마하살南無軍荼利菩薩摩訶薩
[11]나무십일면보살마하살南無十一面菩薩摩訶薩
[12]나무제대보살마하살南無諸大菩薩摩訶薩
[13]'나무본사아미타불南無本師阿彌陀佛'[60]

위 내용을 살펴보면 ⑬아미타불 외에도 ①관세음보살, ②대세지보살, ③천수보살, ④여의륜보살, ⑤대륜보살, ⑥관자재보살, ⑦정취보살, ⑧만월보살, ⑨수월보살, ⑩군다리보살, ⑪십일면보살 등 11분의 보살 명칭이 소개되고 있음을 알 수 있다.(⑫제대보살諸大菩薩이란 '모든 대보살'이란 뜻으로, 특정 보살을 지칭하는 것이 아니다) 그럼에도 이렇듯 11분의 보살 명칭이 최초 소개되고 있는 『삼문직지』[61] 중에서 이에 대한 출전을 찾아볼 수 없는 즉, 그렇다면 이들 11분의 보살 명칭은 어떤 연유 및 관점 속에 여기 삽입된 것일까?

---

60 『佛家日用作法』에 '南無本師阿彌陀佛' 문구 "이 1位는 諸本에는 모두 없으나, 密敎集에는 있는 까닭에 삽입(奉安)하였다"는 註를 달고 있다. 여기서 '諸本'이란 『三門直指』를 지칭하는 것으로 보인다. 「佛家日用作法」(金月雲 편, 『日用儀式隨聞記』, 中央僧伽大學出版部, 1991), p.209.

61 제4장의 註 59) 참조.

이 점을 설명하기 위해, 관세음보살 호칭에 대한 좀 더 폭넓은 이해를 마련해야 할 필요가 있다. 물론 앞서 제1장 내용을 통해 '관세음보살'은 '대세지보살'과 함께 '아미타불'의 보좌가 됨을 살펴본 바 있었다. 또한 관세음보살의 명칭과 그 명칭의 의미·거주처 등에 대해 살펴보기도 했던 바, 여기서는 그 변화의 모습, 즉 관세음보살의 '화신化身'에 대한 설명을 해 보기로 한다.

① 육관음六觀音

중생의 구제자로 인식되는 관세음보살은, 인간뿐만이 아닌 지옥·아귀·축생·아수라·천상 등을 포함한 육도六道 중생의 구제자로 알려져 있다. 이에 관세음보살은 육도 중생 구제에 따른 6가지 화신의 모습을 갖추며, 이를 일반적으로 '육관음六觀音'이라 칭한다.

이들 '육관음'은 성관음聖觀音·천수관음千手觀音·마두관음馬頭觀音·십일면관음十一面觀音·준제관음准提觀音·여의륜관음如意輪觀音 등으로, '육관음'을 말할 때 준제관음 대신 불공견색관음不空羂索觀音을 포함시키기도 하는 바, 이들 화신은 지옥·아귀·축생·아수라·천상·인간 등 육도의 세계를 관할하며 그들을 교화하고 있다는 것이다.[62]

---

62 이들 '六觀音'에 대한 간략한 설명을 하면 다음과 같다.

① 聖觀音(Āryāvalokiteśvara): 지옥 중생의 구제자로서 하얀 몸에 오른손에는 연꽃을 왼손은 가슴에 대고 있으며, 寶冠에는 『無量壽經』을 안치하거나 혹은 '聖'字를 표시하기도 한다. '六觀音'의 本身으로 '本然觀音'이라 칭하기도 한다.

② 千手觀音(Sahasra-bhuja avalokiteśvara): 아귀 중생의 구제자로 설명된다. 절에서 공양시간에 千手물(水)을 받아 발우와 수저 등을 씻고 난 후, 그 물을 대중방 천정에 붙여진 천수다라니에 비춘 후 아귀에게 공양하는 것은 아귀 중생의 구제라는 '千手觀音'의 역할을 십분 감지한 것이라 하겠다.

② 밀교密敎 만다라曼荼羅의 관음觀音

이상 '육관음(불공견색관음을 포함하면 칠관음)' 외에도 밀교에서 말하는 '태장계만다라胎藏界曼荼羅'의 '연화부원蓮華部院(또는 觀音院)' 중에는 대세지보살·관자재보살·여의륜관음·수월관음을 포함한 관음의 주존主尊 21존의 형상이 소개되어 있기도 하다.[63]

---

③ 馬頭觀音(Hayagrīva avalokiteśvara): 축생 중생의 구제자로, 인도 서사시 『마하바라타Mahābhārata』에 등장하는 비슈누(Viṣṇu, 毘濕奴神) 전승에 영향을 받아 생겨난 것으로서 이해된다. 마치 전륜성왕의 寶馬가 사방을 달리며 모든 것을 굴복시키는 것처럼, 生死大海를 누비면서 악마를 굴복시키는 대위신력을 나타낸다고 하며, 3面(혹은 4面)의 얼굴에 2개 혹은 8개의 팔을 갖추고 있는데, 3개(혹은 4개)의 얼굴 중 맨 위에 있는 것은 '戴著馬頭'라 불리며 분노의 형상을 띠고 있다.
④ 十一面觀音(Ekādaśa-mukha avalokiteśvara): 아수라중생의 구제자로, 11개의 얼굴을 지닌 형상으로 묘사된다. 이 11面 중 正面 3개의 얼굴은 자비의 형상을 띠며, 좌측의 3面은 瞋怒의 형상을, 우측 3面은 개〔狗〕의 이빨이 위로 치솟은 듯한 모습을, 후면 1개의 얼굴은 크게 웃고 있는 모습, 그리고 정상부 1개의 얼굴은 아미타불의 變化身의 모습을 갖추고 있다.
⑤ 准提觀音(Caṇḍi avalokiteśvara): 인간의 구제자로서, Caṇḍi는 淸淨을 뜻하는 바 心性의 淸淨함을 찬탄하는 이름이라고 한다. 3개의 눈(目)에 18개의 팔을 갖고 있으며, 머리에 아미타불의 變化身을 모시고 있다. 한편 '六觀音'을 말할 때 '准提觀音' 대신 '不空羂索觀音(Amoghapāśa avalokiteśvara)'을 포함시키기도 한다. 여기서 羂索이란 새를 잡는 망으로, 그 망을 대천세계에 던져 일체중생을 구제한다는 뜻을 가지며, 그 원력이 허망하지 않음(不空)을 동시에 표현하는 이름을 지니고 있다. 1개의 얼굴에 3개의 눈, 8개의 팔을 가지고 있다.
⑥ 如意輪觀音(Cintāmanicakra avalokiteśvara): 천신들의 구제자로, 如意寶珠의 삼매 속에 머물러 法의 수레바퀴를 굴림으로서 六道 중생의 고통을 덜어 주는 보살이라 한다. 六道 중생 濟度의 표시로 6개의 팔을 지니는 즉, 思惟하는 모습의 팔 및 如意寶珠를 들고 있는 모습, 그리고 염주를 들고 있거나 연꽃 또는 수레바퀴를, 또한 光明山을 누르고 있는 각각 팔의 형태를 취하고 있다.

63 '태장계만다라'의 연화부원(관음원)에 포함된 21尊의 명칭을 소개하면 1.蓮華部發

③ 관세음觀世音, 33응신應身

이상과 같은 각 기능에 따른 구분 외에도, 상호相好의 특수성에 따라 수월관음水月觀音을 포함한 33존의 관세음보살 화신[64]을 말할 수도

生菩薩 2.大勢至菩薩(勢至菩薩) 3.毘俱胝菩薩 4.聖觀自在菩薩(觀自在菩薩) 5.多羅菩薩(蓮華部明妃) 6.大明白身觀音 7.馬頭觀音(馬頭明王) 8.大隨求菩薩(隨求大明王) 9.薩埵婆大吉祥菩薩 10.耶輸陀羅菩薩(明妃) 11.如意輪觀音 12.大吉祥大明菩薩 13.大吉祥明菩薩 14.寂留明菩薩 15.被葉衣菩薩(葉衣觀音) 16.白身觀自在菩薩 17.豊財菩薩 18.不空羂索觀音 19.水吉祥菩薩(水月觀音) 20.大吉祥変菩薩 21.白處觀自在菩薩(白衣觀音) 등을 들 수 있다. 佐和隆研 편, 『密敎辭典』, 京都: 法藏館, 昭和60年, p.720 참조.

64 相好의 특수성에 따라 구체화·형상화된 관음의 33응신을 들어 보면 다음과 같다.

1.楊柳觀音: 바위 위에 앉아 오른손으로 버들가지를 들고 있는 모습인데, 이는 '천수관음'의 楊柳手三昧를 표현한다.

2.龍頭觀音: 구름 속에 용을 탄 형상으로, 33신 중 天龍의 몸을 상징한다.

3.持經觀音: 바위 위에 앉아 오른손에 경전을 지닌 모습으로, 33신 중 성문의 몸을 상징한다.

4.圓光觀音: 몸 주변에 광명을 드리우고 있다.

5.遊戱觀音: 구름을 타고 법계를 자유로이 이동하는 모습이다.

6.白衣觀音: 바위 위에 앉아 풀을 들고 定印을 한 모습으로, 33신 중 비구·비구니의 몸을 상징한다.

7.蓮臥觀音: 연꽃 위에 합장하고 왼쪽을 향해 앉은 모습이며, 小王의 몸을 상징한다.

8.瀧見觀音: 바위 위에 앉아 왼쪽의 폭포를 바라보고 있다.

9.施藥觀音: 못 주변에 앉아 연꽃을 주시하고 있다.

10.魚籃觀音: 큰 물고기 위에 올라 물 위로 떠오르는 모습을 하고 있다.

11.德王觀音: 바위 위에 앉아 오른손에 버들가지를 들고 있는데, 33신 중 梵王의 몸을 상징한다.

12.水月觀音: 물 가운데 연꽃 위에서 물속의 달을 주시하고 있다. 33신 중 辟支佛의 몸을 상징한다.

13.一葉觀音: 물 가운데 핀 연꽃 위에 올라 서 있다. 33신 가운데 관리(宰官)의

있다. 이는 『법화경』「관세음보살보문품」에 등장하는 관음보살 33응신의 모습을 구체·형상화[65]시킨 것으로, 중국에서 당·송 이래에 정착된

몸을 상징한다.

14. 青頸觀音: 바위 위에 앉아 있는데, 왼쪽에는 버들가지가 꽂혀 있는 물병이 놓여 있다. 33신 중 부처님 몸을 표현한다.

15. 威德觀音: 다리를 뻗고 앉아 왼손에는 연꽃을 들고 있다. 33신 중 하늘 大將軍의 모습을 표현한다.

16. 延命觀音: 물 가운데 바위 위에 앉아 있는 모습으로 오른손으로 뺨을 만지고 있다.

17. 衆寶觀音: 왼쪽을 향해 平坐해 있다. 33신 중 長者의 몸을 표현한다.

18. 巖戶觀音: 巖窟 가운데 단정히 앉아 있는 모습이다.

19. 能靜觀音: 巖壁 사이에 앉아 양손을 바위 위에 두고 있다.

20. 阿耨觀音: 바위 위에 앉아 바다를 바라보고 있다.

21. 阿摩斷觀音: 바위 위에 앉아 있으며, 33신 중 毘沙門의 몸을 표현한다.

22. 葉衣觀音: 풀을 깔고 바위에 앉아 있으며, 33신 중 제석천의 몸을 표현한다.

23. 琉璃觀音: 한 송이 연꽃을 타고 물위에 서있는 모습으로, 양손에 발우를 들고 있는 채 33신 중 自在天을 상징한다.

24. 多羅尊觀音: 구름 가운데 서 있다.

25. 蛤蜊觀音: 조개껍질 가운데 서 있다. 33신 중 보살의 몸을 상징한다.

26. 六時觀音: 오른손에 貝葉의 經卷을 들고 서 있다. 33신 중 거사의 몸을 상징한다.

27. 普悲觀音: 옷을 단정히 입은 채 바람을 맞으며 서 있는 모습으로, 33신 중 大自在天을 상징한다.

28. 馬郎婦觀音: 부녀의 모습으로 33신 중 부녀를 상징한다.

29. 合掌觀音: 합장하고 서 있는 모습으로, 33신 중 바라문의 몸을 표현한다.

30. 一如觀音: 구름 가운데 앉아 비행하는 모습을 나타내고 있다.

31. 不二觀音: 두 손을 포개고 연꽃 위에 서 있는 모습으로, 33신 중 執金剛神을 나타낸다.

32. 持蓮觀音: 연잎 위에 한 송이 연꽃을 들고 서 있다. 33신 중 童男·童女의 몸을 표현한다.

33. 灑水觀音: 왼손에는 발우를, 오른손에는 버들가지를 들고 서 있는 모습이다.

각각 형상으로서 이해된다.

④ 11보살

이상 '육관음' 및 '밀교 만다라의 관음'·'관세음 33응신'에 대한 설명을 전제로, 앞서 언급한 각각 11분의 보살에 대한 이해에 접근할 수 있다.

우선 ① 관세음보살은 ② 대세지보살과 함께 아미타불의 보좌 역할을 하고 있음은 앞서 제1장에서 설명하였던 바, 대세지보살은 또한 태장계만다라 연화부원의 1존尊으로 편입되어 있기도 하다.

그렇다면 ③ 천수보살은 누구를 말하는가? 이는 육관음 중 아귀중생의 구제자인 천수관음 내지 관세음 33응신에 동시에 등장하고 있는 천수관음을 뜻한다. 그리고 ④ 여의륜보살이란 육관음 가운데 등장하는 천신들의 구제자 여의륜보살을 말하며, 동시에 태장계만다라 연화부원의 1존에 속해 있기도 하다.

⑤ 대륜보살은 앞의 여의륜보살에 대한 다른 표현이거나, 혹은 태장계만다라의 금강수원金剛手院[66] 가운데 1존이 여기 삽입된 것이 아닌가 생각할 수 있다. 또한 ⑥ 관자재보살은 관세음(Avalokiteśvara)보살의 또 다른 번역어로서 태장계만다라 연화부원의 1존에 속한다. 이 경우 관자재觀自在는 세자재世自在라 불리며 Lokeśvara라고 표기할 수 있을 것이다.

⑨ 수월보살은 연화부원의 1존이거나, 또는 관세음 33응신에 동시에

---

65 『妙法蓮華經』 第7(『大正藏』 9, p.57); 한편 『首楞嚴經』에서는 '32應身'을 말하고 있다. 『大佛頂如來密因修證了義諸菩薩萬行首楞嚴經』 第6(『大正藏』 19, pp.128~129).

66 '胎藏界曼荼羅' 金剛手院 중에는 '大輪金剛菩薩'을 포함한 21尊이 그려지고 있다.

등장하고 있는 수월관음을, ⑧만월보살은 위 수월관음의 상호가 마치 둥근 달과 같다는 뜻에서 불리는 명칭으로 이해할 수 있다. 한편 ⑪십일면보살은 육관음 가운데 등장하는 아수라 중생의 구제자인 십일면관음임을 알 수 있다.

그렇다면 위에서 설명하지 못한 ⑩군다리보살은 누구를 말하는가? 산스크리트어 kuṇḍalī는 감로병甘露甁이라 번역되며 군다리軍荼利라 음역되는데, 이는 관세음보살의 손에 들려 있는 감로수를 담고 있는 물병을 뜻한다. 그러므로 군다리보살이란 감로병을 손에 든 관세음보살을 지칭하고 있음을 알 수 있다.

마지막으로 ⑦정취보살은 누구인가? 정취보살은 『화엄경』「입법계품」에 등장하는, 선재동자가 구법 여행 중 법을 물었던 53선지식 중 28번째에 해당되는 인물을 말한다.[67] 즉 53선지식 중 27번째에 해당하는 관세음보살께서 보타락가산에서 선재동자에게 법을 설하고 있을 때, 동방세계에 거처를 정하신 채 이곳 사바세계의 금강산金剛山 꼭대기에 잠시 머물고 계신 정취보살께서 관세음보살의 처소를 방문하셨는 바, 선재동자는 또다시 그(정취보살)에게 법을 묻게 되는 것이다.

『화엄경』을 읽어본 사람은 알 수 있듯이, 선재동자는 문수보살로부터 시작하여 많은 선지식들을 만나기 위해 크나큰 노력을 기울이는데 비해, 관세음보살 처소에서 정취보살을 곧바로 만나볼 수 있었다는 것은 많은 상징성을 내포하는 것이라 하겠다.

그것은 관세음보살과 정취보살이 서로 가까운 사이이며, 그들이 머물던 거처 또한 멀지 않았음을 의미한다. 우리는 이와 관련된 한

---

67 『大方廣佛華嚴經』 卷第51(『大正藏』 9, pp.718~719).

예를 『삼국유사』를 통해 접할 수 있는데, 다음 인용문은 관세음보살과 정취보살과의 관계성을 일러주는 좋은 예가 되기도 한다.

> 그 뒤에 굴산조사 범일梵日이 당唐나라에 건너가 (…) 왼쪽 귀가 떨어진 (…) 한 스님이 (…) 법사에게 말하기를 "나도 동향인이오. 집은 명주계溟州界 익령현(翼嶺縣: 강원도 양양) 덕기방德耆坊에 있는데, 법사가 후일 본국에 돌아가거든 내 집을 지어달라" 하였다. (…) 법사가 (…) 고향에 돌아와 먼저 굴산사崛山寺를 세워 법을 전하였다. (…) 꿈속에서 전에 본 스님이 와서 말하기를 "예전에 언약한 바가 있는데 어찌 그리 늦는가?" 하였다. 조사祖師가 놀라 깨어 수십 인을 데리고 익령(양양) 지방에 가서 그 사는 데를 찾았으니, 한 여인이 낙산洛山 아래 마을에 살고 있었으므로 그 이름을 덕기德耆라 하였다. 그 여인에게 한 아들이 있어 나이 8세였는데, 항상 마을 남쪽 돌다리에 가서 놀더니 어머니에게 말하되 "나와 같이 노는 아이 중에 금빛이 나는 아이가 있다" 하였다고 했다. (…) 조사가 놀라고 반기어 그 아이를 데리고 놀던 다리 밑에 가 찾으니, 물 가운데 한 돌부처가 있어 꺼내 보니 왼쪽 귀가 떨어져 전에 본 스님과 같았다. 곧 정취보살正趣菩薩 상이었다. 이에 간자를 만들어 절 지을 곳을 점쳤더니, 낙산 위가 길吉하므로 불전佛殿 세 칸을 짓고 그 상像을 모시었다. 백 년 후 산불이 나 이 산에 뻗쳤으나 오직 이 두 성전聖殿만은 화재를 면하였다.[68]

위 예화를 통해 우리는 관세음보살과 정취보살의 긴밀성을 엿볼

---

68 『三國遺事』 卷3, 「洛山二大聖觀音正趣調信」條.

수 있다. 즉 관세음보살께서 머물고 있는 낙산[69] 바로 옆(양양)에 정취보살의 집이 있으며 그 둘은 결국 낙산, 즉 낙산사洛山寺에 같이 모셔졌다는 것이니, 이는 관세음보살과 정취보살의 친분을 설화적으로 묘사한 것이라 생각된다.

이러한 전체적 상황 속에 11분의 보살 명칭 중 ⑦정취보살을 삽입한 것으로, 이 점에서 본다면 정취보살 및 대세지보살을 포함한 9분의 관세음보살 화신은 모두 동일한 격으로 이해될 수 있는 분들이라 하겠다. 그리고 이러한 동일성의 안목과 관점 속에 『삼문직지』 혹은 그 이전의 문헌 편집자가 이를 「천수경」 독송의 관세음보살 호칭 항목에 삽입시킨 것이 아닌가 생각할 수 있다.

여하튼, 이렇듯 '11보살'의 명호를 담고 있는 이 구절에 이어 ⑬"나무본사아미타불"을 독송한 다음 '현행 『천수경』'은 다라니, 즉 '신묘장구대다라니'에로 그 순서가 이어지는 바, 『천수안대비심주행법』에 의하면 "나무관세음보살 나무아미타불"을 칭념稱念함에 있어 "만약 시간이 없을 때는 7편遍을 외우되 시간이 넉넉한 즉 많이 외워도 무방하다"[70]는 내용을 전하고 있다.

(4) 신묘장구대다라니神妙章句大陀羅尼

이어 '현행 『천수경』'은 「천수경」의 핵심이라 할 수 있는 '신묘장구대다라니'에로 이어진다. 그런데 불공 및 가범달마 역본에서는 '다라니'가

---

69 현재 洛山寺가 위치한 山으로, 예로부터 신라인들은 이곳을 관세음보살의 거처인 '補陀落迦山'으로 생각하였다. '보타락가산' 명칭 가운데 '落'과 '山'을 합해 '落山'이라 하였다. 金煐泰, 『佛敎思想史論』, 민족사, 1992. p.470. 참조.

70 『千手眼大悲心呪行法』(『大正藏』 46, p.976).

시작되기 바로 전에 "卽說 如是 廣大圓滿 無碍大悲心 大陀羅尼 神妙章句 陀羅尼 曰"이란 표현이 쓰여지고 있다. 즉 "이와 같이 광대·원만하고 무애한 대비심의 대다라니인 신묘한 장구章句를 곧 설하겠는 바, (그) 다라니를 이르자면(陀羅尼 曰)"이라 하여 '광대·원만하고 무애대비심無礙大悲心의 대다라니' 내용이 즉 '신묘한 장구章句'라는 뜻으로 사용하였으나, 『불가일용작법』 및 『삼문직지』·『염불보권문』 등에서는 이를 제목으로 쓰고 있음을 보게 된다.[71]

그리고 이러한 예에 따라 '현행 『천수경』' 역시 '신묘장구대다라니'라는 제목을 외운 후 '다라니'를 독송하게 되는데, '현행 『천수경』' 독송에 사용되고 있는 「천수경」 다라니에 대해서는 살펴보아야 할 몇몇 문제점들이 내재해 있다. 즉 '현행 『천수경』'에 사용되고 있는 다라니의 출전 및 그 내용에 대한 좀더 세밀한 분석이 필요하다는 것이다.

이에 필자는 앞서 '〔도표 3〕 제본諸本 「천수경」류 경전의 중요 항목 비교표'를 통해 현現 한역 대장경 소재의 각 「천수경」 다라니 범본 및 음역본과 함께, 각 다라니의 구절 수와 더불어 그 명칭들을 살펴보았던 바, 현재 한역 대장경 안에는 범본 5편 및 음역본 13편을 합해 무려 18편의 「천수경」 다라니가 현존해 있음을 알 수 있었다.

한편 최근(1988년)에 Lokesh Chandra라는 인도 학자에 의해 「천수경」 다라니에 대한 연구가 행해졌는데, 그의 연구서 *The Thousand-Armed Avalokiteśvara*에 의하면 한역 대장경에 소재한 이상의 다라니 외에도 5편의 다라니 이본異本이 현존하고 있음이 밝혀진 바 있다.[72]

---

71 金月雲 편, 『日用儀式隨聞記』, 中央僧伽大學 出版部, 1991. p.16.

72 Lokesh Chandra, *The Thousand - Armed Avalokiteśvara*, New Delhi, Abhinav Publications, 1988. pp.92～267.(이후 'L. Chandra'로 간략 표기할 것임).; L. Chandra

그럼에도 L. Chandra에 의한 자료를 포함한 전체 23편의 다라니를 주의 깊게 살펴본다 해도, '현행『천수경』'에 사용되고 있는 다라니의 모습을 현재 모습 그대로 발견할 수 없다는 난점에 직면하게 된다. 그렇다면 현재 우리가 독송하고 있는 현행 다라니의 출전은 무엇이며, 언제 어떤 과정을 거쳐 성립된 채 독송의례 가운데 편입된 것일까?

① 제본諸本 다라니의 비교

이 점에 대해 필자는, 현행 다라니의 출전 및 성립에 대해 그와 관련된 어떤 역사적 기록도 발견되지 않는 시점에서, 이에 대한 뚜렷한 결론에 도달할 수 없다는 점을 미리 전제해 두어야만 할 것 같다. 그럼에도 필자는 현행 다라니와 기타 다라니 역본譯本들과의 문헌적 차이점을 비교하는 가운데 현행 다라니의 출전 및 성립에 대한 추론적 접근이 가능할 것이라 생각하는 바, 현행 다라니와 다라니 제본諸本들과의 비교적 관점 속에 다라니의 성립 및 출전 이해에 접근코자 한다.

이렇듯 현존하는 다라니 각 문헌들을 비교함에 있어 필자는 우선

는 다음 자료를 소개함과 아울러, 각 다라니의 로마자표기(romanize)와 함께 기존 역본들과의 관계를 동시에 밝히고 있다.

①Ji-un Sonja's text(2遍): 18C 중반 일본에서 제작된 悉曇本으로, 가범달마(『大正藏』, no. 1060) 역본을 低本으로 제작된 것으로 추정.

②Chos-grub(法成) text: 金剛智(『大正藏』, no.1113B) 역본을 低本으로 티벳어로 번역된 것으로 추정.

③Rol-paḥi-rdo-rje text: 智通(『大正藏』, no. 1057) 역본을 低本으로 삼아 티벳어로 번역된 것으로 추정.

④Brahmi text: 위 金剛智(『大正藏』, no.1113B) 譯本과 비슷한 내용으로서 브라흐미 文字로 기록된 자료.

'현행 『천수경』'에 사용되고 있는 다라니의 '한글 표기'를 기준으로 몇몇 문헌들의 표기를 들어 공관도표를 만들어 보겠는 바, 공관도표에 사용될 문헌들에 대한 간략한 설명을 행하면 다음과 같다.

우선 공관도표 작성을 위한 첫 번째 문헌으로서,

① 금강지(『大正藏』, no.1061) 역본의 다라니 음역에 대한 로마자 표기(romanize)[73]를 들었다. 이는 전체 113구句로 구분된 비교적 긴 형태의 다라니로서, 여타 문헌들에 비해 후대(730~741년경)에 소개된 것이며 범본梵本과 음역본音譯本을 동시에 전하고 있는 까닭에 여타 다라니들과의 문헌 비교에 있어 규준적規準的 역할을 할 수 있으리라는 생각에서 이를 선정하였다.

② 현행 다라니의 음역音譯에 대한 로마자 표기를 들었다. 그리고 이와 함께

● 현행 다라니 한글 표기에 대한 범문梵文 및 한문 음역音譯 최초 표기의 예를 1485년 간행된 「오대진언(五大眞言: 이후 摠集文이라 표기)」[74] 안에서 발견할 수 있는 바, 이는 현행 다라니 한문 표기에 대한 시원적 예가 된다는 의미에서 실어 두기로 하였다. 그리고

● 현행 다라니 한글 표기에 대한 한글 음역 최초 표기의 예를 「오대진언(총집문)」 안에서 발견할 수 있어, 다라니 한글 표기의 시원적 예가

---

73 金剛智(『大正藏』, no.1061) 역본 및 이후 諸 천수다라니에 대한 로마자 표기는 Lokesh Chandra에 의한 것임을 밝혀 둔다. 그는 그의 책 *The Thousand - Armed Avalokiteśvara*(pp.92~257) 가운데 각각 譯本 다라니에 대한 romanize 표기와 함께 그 譯本에 대한 문헌학적 분석을 동시에 행하고 있다.

74 東國大學校 中央圖書館, 『古書目錄』, 分類番號 〔귀 312-19-다231 ㅇ〕으로 所藏되어 있다.

된다는 점에서 이를 실어 두기로 하였다.

한편 「오대진언(총집문)」 다라니의 한글 표기를 실음에 있어 판본板本 자체의 예에 따라 「○」 부호로 어절 구분을 행하기도 하였는데, 이는 한글 다라니 독송에 있어서의 단락 구분에 대한 최초의 예로서 귀중한 자료라 할 수 있는 것이다.[75]

●또한 위 문헌들과의 비교적 측면에서 현행 다라니의 한글 표기를 실어 두었으니 참고 바란다.

③가범달마(『大正藏』, no.1060) 및 불공(『大正藏』, no.1064) 역본의 다라니 음역에 대한 로마자 표기를 들었다. '현행 『천수경』' 가운데 '십원문'·'육향문' 및 '계수문' 등의 직접적 표현이 이들 두 역본에 의거하고 있음을 앞서 살펴본 바, 이들 역본의 음역 다라니에 대한 표기 역시 현행 다라니 음역 표기의 정착에 상당한 영향을 미쳤을 것이라는 추측 또한 가능할 것이라는 점에서이다. 한편

●불공 역본의 한문 다라니 음역 표기 및

●가범달마 역본의 한문 다라니 음역 표기 또한 실어 두었다.

이는 다라니 표기에 대한 전체적 이해에 도움이 될 것이다.

④불공(『大正藏』, no.1113B) 역본의 다라니 음역에 대한 로마자 표기를 들었다. 앞서 소개하였듯이 다라니 한글 표기에 대한 실담悉曇과

75 이에 대해 정태혁 교수는 「千手觀音 陀羅尼의 硏究」(鄭泰爀, 『정통밀교』, 경서원, 1988. pp.396~400)의 '傳承 陀羅尼의 國音變異' 항목에서 단락 구분의 이유를 "우리 고유 음율이 3·4 내지 7·5調를 즐기는 탓"에 기인한다고 하나, 위 문헌의 예를 통해 볼 때 그 말에 설득력이 없음을 알게 된다. 위 논문은 音의 문법적 변화에 따라 용례의 변화를 보이고 있음을 말하고도 있으나, 이러한 주장들에 대해 위 「五大眞言(摠集文)」 한글 다라니 표기 부분은 그 規準的 근거가 될 것이다.

한문 음역 및 한글 표기를 싣고 있는 최초의 문헌 「오대진언(총집문)」 이후, 1716년 간행된 「관세음보살영험약초」 역시 다라니의 한글 표기에 대한 실담과 아울러 한문 음역 및 한글 표기를 동시에 싣고 있는데, 「관세음보살영험약초」에 쓰이고 있는 실담 표기 및 체제는 위 불공(no.1113B) 역본과 흡사한 모습을 보이고 있다. 이러한 이유로 이 역본의 음역 다라니에 대한 표기 역시 현행 다라니의 음역 표기와 다소 관계가 있을 것이라는 생각에서 실어 두었다.

이상의 다라니 문헌들을 바탕으로 한 공관도표를 작성하는데 있어 필자는 다음과 같은 점을 고려하였다. 즉 앞서 말한 L. Chandra에 의한 다라니의 로마자 표기를 배열함에 있어 한문 음역 및 한글 표기와 그 내용이 일치하게끔 하였으며, L. Chandra에 의한 현행 한글 다라니 로마자 표기에 대한 금강지(no.1061) 역본과의 일치 부분에 대해서는 금강지 역본 밑에 밑줄을 그어 대조에 있어서의 편리를 꾀하였다.

한편 각 역본의 나열에 있어 '(1) (2)…' 등의 번호가 표시된 것은 L. Chandra에 의한 단락 구분을 뜻하고 있다. 그리고 다라니 전체 내용에 대한 I·II·III·IV 등의 필자 임의의 내용적 구분과 함께 도표에 각각 구획을 그어 이를 구분하였다.(도표 9)

사실, 필자가 제시한 이 같은 자료만을 가지고 현행 다라니의 성립 및 출전에 대한 효과적인 설명을 행하기는 어려울 것이다. 그럼에도 위 도표를 통해 다음과 같은 몇몇 사실을 인식할 수 있으리라는 데에는 큰 무리가 따르지 않을 것이다.

즉 '현행 다라니 성립'이란 관점에서, 현재 발견된 사료 가운데 「오대진언(총집문)」은 다라니의 표기에 있어－'시바라'가 '새바라'로 표기되는

도표 6 현행 「천수경」 성립 개관을 위한 공관표共觀表

I.

①금강지(No.1061)	(1)Namo ratna-trayāya
②현행 다라니	(1)*Namo ratna-trayāya*
●다라니 음역(총집문)	曩謨 囉怛曩 怛囉夜野
●한글 표기 (총집문)	나모라◦다나◦다라야야◦
●한글 표기(현행)	나모 라다나 다라야야
③가범1060.불공1064	(1)Namo ratna-trayāya
●불공(1064)음역	南無喝 囉怛娜 哆囉夜椰
●가범달마(1060)음역	....那 ....
④불공(No.1113B)	(1)Namaḥ ratna-trayāya
①金剛智(No.1061)	(2-1)nama āryāvalokiteśvarāya bodhisattvāya mahāsattvāya mahākāruṇikāya
②現行 陀羅尼	(2)*namaḥ āryāvalokiteśvarāya bodhisattvāya mahāsattvāya mahākāruṇikāya*
●陀羅尼 音譯(摠集文)	曩莫 啊哩也 嚩路枳諦濕嚩囉野 冒地薩怛嚩野 摩賀薩怛嚩野 摩賀迦嚕抳迦野
●한글 表記(摠集文)	나막◦알약◦바로기데◦시바라야◦ 모디◦사다바야◦마하◦사다바야◦마하◦가로니가야◦
●한글 表記(現行)	나막 알약바로기제새바라야 모지사다바야 마하사다바야 마하가로니가야
③伽梵1060.不空1064	(2)nama āryāvalokiteśvarāya bodhisattvāya mahāsattvāya mahākāruṇikāya
●不空(1064)音譯	南無 阿唎椰 波盧羯帝爍鉢囉椰 菩提薩埵婆椰 摩訶薩埵婆椰 摩訶迦盧尼迦椰
●伽梵達磨(1060)音譯	....跢.... ......跢... ....
④不空(No.1113B)	(2)namo āryāvalokiteśvarāya bodhisattvāya mahāsattvāya mahākāruṇikāya
①金剛智(No.1061)	(2-2)sarva-bandha-cchedana-karāya sarva-bhava-samudra-śoṣaṇa-karāa sarva-vyādhi-praśamana-karāya sarv-ety-upadrava-vināśana-karāya sarva-bhayeṣu trāṇa-karāya (3)tasmai namaskṛtvā imam āryāvalokiteśvara -bhāṣitaṁ Nīlakaṇṭha-nāma
②現行 『千手經』	(3)*Oṁ sarva-bhayeṣu trāṇa-karāya tasmai namaskṛtvā imam āryāvalokiteśvara -stavaṁ Nīlakaṇṭha-nāma*
●陀羅尼 音譯(摠集文)	唵 薩 嚩婆曳數 怛羅[76]拏 迦囉野 怛寫銘 曩莫塞訖哩怛嚩 伊唅 啊哩也嚩路枳諦濕嚩囉 怛嚩 寧攞建姹 曩麽

●한글 音譯(摠集文)	옴 살바 바예슈[77]◦다라나◦가라야◦ 다샤명◦나막◦ᄭᅡ리다바 ◦이맘◦알야◦바로기테시봐라◦ 다바◦ 니라간타◦나막◦
●한글 音譯(現行)	옴 살바 바예수 다라나 가라야 다사명 나막까리다바 이맘 알야바로기제새바라 다바 니라칸타 나막
③伽梵.不空 譯本	(3)Oṁ sarva-bhayeṣu tana tasya namaskṛtvā imam āryāvalokiteśvara -stavaṁ Namo Nīlakaṇṭha
●不空 音譯	唵 薩皤 囉罰曳數 怛那 怛寫 南無悉吉利埵 伊蒙 阿唎耶 婆盧吉帝室佛羅 嘐馱婆 南無 那囉謹墀
●伽梵達磨 音譯	.. ..囉 ....
④不空(No.1113B)	(3)Oṁ sarva-bhayeṣu tana tasya namaskṛtvā imam āry-āvalokiteśvara -stavaṁ Namo Nīlakaṇṭha

II.

①金剛智(No.1061)	(4)hṛdayaṁ vartayiṣyāmi, sarvārtha-sādhanaṁ śubhaṁ
②現行『千手經』	(4)*hṛdayaṁ vartayiṣyāmi, sarvārtha-sādhanaṁ śubhaṁ*
●陀羅尼 音譯(摠集文)	紇哩娜野 麼嚩㗚 跢以瑟也弭 薩㗚嚩囉他 娑馱喃 輸伴
●한글 音譯(摠集文)	하리나야◦마발다◦이샤미◦ 살발타◦ 사다남◦ 슈반◦
●한글 音譯(現行)	하리나야 마발타이사미 살발타 사다남 수반
③伽梵.不空 譯本	(4)herima vartayiṣyāmi, sarvārtha-sādhanaṁ śubhaṁ
●不空 音譯	醯唎摩 訶皤哆沙咩 薩婆阿他 豆 輸朋
●伽梵達磨 音譯	....
④不空(No.1113B)	(4)herima vartayiṣyāmi, sarvārtha śubhaṁ
①金剛智(No.1061)	(5)ajeyaṁ sarva-bhūtānāṁ, bhava-mārga-viśodhakam.
②現行『千手經』	(5)*ajeyaṁ sarva-bhūtānāṁ, bhava-mārga-viśodhakam.*
●陀羅尼 音譯(摠集文)	阿薺琰 薩㗚嚩 步跢喃 婆嚩沫㗚餓 尾戍馱釖

76 이는 현행 다라니 음역의 低本이 되어지는 「五大眞言(摠集文)」의 板本 가운데 글자가 파손되어 식별할 수 없는 부분이다. 이에 필자는 현행 자료 가운데 「五大眞言(摠集文)」 이후 다라니 음역 표기의 가장 오랜 예를 보이고 있는 1716년 간행의 「觀世音菩薩靈驗略抄」의 표기를 인용해 그와 근접한 표기를 행해 보았다.

77 이는 현행 다라니 음역의 低本이 되어지는 「五大眞言(摠集文)」의 板本 가운데 글자가 파손되어 식별할 수 없는 부분이다. 이에 필자는 현행 자료 가운데 「五大眞言(摠集文)」 이후 다라니 한글 음역 표기의 가장 오랜 예를 보이고 있는 1716년 간행의 「觀世音菩薩靈驗略抄」의 표기를 인용해 그와 근접한 표기를 행해 보았다.

●한글 音譯(摠集文)	애예염。 살바。 보다남。 바바말아。 미슈다감。
●한글 音譯(現行)	아예염 살바 보다남 바바 마라 미수다감
③伽梵.不空 譯本	(5)ajeyaṁ sarva-satvānām, bhaga-mārga-viśodhakam.
●不空 音譯	阿逝孕 薩婆 薩哆那 摩 婆伽 摩 罰悖豆
●伽梵達磨 音譯	······ ···· ······ ·· ···· ·· ··特··
④不空(No.1113B)	(5)ajeyaṁ sarva-satvānām, vaga -mārga-viśodhakam.

III.

①金剛智(No.1061)	(6)tadyathā
②現行『千手經』	(6)*tadyathā*
●陀羅尼 音譯(摠集文)	怛 也他
●한글 音譯(摠集文)	다냐타。
●한글 音譯(現行)	다냐타
③伽梵.不空 譯本	(6)tadyathā
●不空 音譯	怛姪他
●伽梵達磨 音譯	······
④不空(No.1113B)	(6)tadyathā

①金剛智(No.1061)	(7)oṁ āloka e ālokamati lokātikrānta ehy Hare āryāvalokiteśvara	mahābodhisattva
②現行『千手經』	(7)*oṁ āloka e ālokamati lokātikrānta ehy-ehi Hare*	*mahābodhisattva*
●陀羅尼 音譯(摠集文)	唵 阿路計 阿路迦麽底 路迦底羯蘭諦 醯醯 賀	摩賀冒地 薩怛嚩
●한글 音譯(摠集文)	옴。아로계。 아로가。마디로가。디가란데。 혜혜하데。	마하모디。사다바。
●한글 音譯(現行)	옴 아로게 아로가마지 로가지가란제 혜혜 하레	마하모지 사다바
③伽梵.不空 譯本	(7)oṁ āvaloka e lokātikrānta ehi Hare	mahābodhisattva sarpa-sarpa
●不空 音譯	唵 阿婆盧醯 盧迦帝迦羅 帝 夷 醯唎	摩訶菩提薩埵 薩婆 薩婆
●伽梵達磨 音譯	·· ········ ·········· ·· ·· ····	·········· ···· ····
④不空(No.1113B)	(7)oṁ āpaloka e lokātikrānta ehi Hare	mahābodhisattva sarpa-sarpa

①金剛智(No.1061)	(8)he bodhisattva he mahābodhisattva he vīrya-bodhisattva he mahākāruṇika smara hṛdayam
②現行『千手經』	(8)*smara-smara* *hṛdayam*
●陀羅尼 音譯(摠集文)	娑麽囉 娑麽囉 紇哩娜野
●한글 音譯(摠集文)	사마라。사마라。 하리나야。
●한글 音譯(現行)	사마라 사마라 하리나야
③伽梵.不空 譯本	(8)smara-smara makesake hṛdayam
●不空 音譯	摩羅 摩羅 摩醯薩醯 唎馱孕
●伽梵達磨 音譯	....
④不空(No.1113B)	(8)smara-smara makesake hṛdayam

①金剛智(No.1061)	(9)ehy-ehi Hare āryāvalokiteśvara Maheśvara paramārtha-citta mahākāruṇika

IV.

①金剛智(No.1061)	(10)kuru-kuru karma (11)sādhaya-sādhaya vidyām
②現行『千手經』	(9)*kuru-kuru karma* (10)*sādhaya-sādhaya*
●陀羅尼 音譯(摠集文)	矩嚕 矩嚕 羯摩麽 娑達野 娑馱野
●한글 音譯(摠集文)	구로。구로。 갈마。 사다야。 사다야。
●한글 音譯(現行)	구로 구로 갈마 사다야 사다야
③伽梵.不空 譯本	(9)kuru-kuru karmaṁ
●不空 音譯	俱盧 俱盧 羯懞
●伽梵達磨 音譯	....
④不空(No.1113B)	(9)kuru-kuru karmaṁ

①金剛智(No.1061)	(12)dehi-dehi tvaraṁ kāmam gama vihaṅgama siddha-yogeśvara

①金剛智(No.1061)	(13)dhuru-dhuru vijayanta e mahāvijayanta e
②現行『千手經』	(11)*dhuru-dhuru vijayanta e mahāvijayanta e*

●陀羅尼 音譯(摠集文)	度嚕 度嚕 尾演諦 摩賀尾演諦
●한글 音譯(摠集文)	도로◦ 도로◦ 미연뎨◦ 마하◦미연뎨◦
●한글 音譯(現行)	도로 도로 미연제 마하미연제
③伽梵.不空 譯本	(10)dhuru-dhuru vijayanta e mahāvijayate
●不空 音譯	度盧 度盧 罰闍耶帝 摩訶罰闍耶帝
●伽梵達磨 音譯	....
④不空(No.1113B)	(10)dhuru-dhuru vijayanta e mahāvijayate
①金剛智(No.1061)	(14)<u>dhara-dhara dharendreśvara</u>
②現行『千手經』	(12)*dhara-dhara dharaṇiṁdhareśvara*
●陀羅尼 音譯(摠集文)	馱囉 馱囉 達 鄰棕璨 濕嚩囉
●한글 音譯(摠集文)	다라다라◦ 다린나례◦시바라◦
●한글 音譯(現行)	다라 다라 다린나례새바라
③伽梵.不空 譯本	(11)dhara-dhara dharaṇīśvararāja
●不空 音譯	陀羅 陀羅 地唎尼 室佛羅娜
●伽梵達磨 音譯	....利.. ....囉耶
④不空(No.1113B)	(11)dhara-dhara dharaṇī-rāja
①金剛智(No.1061)	(15)<u>cala-cala vimalāmala</u> āryāvalokiteśvara Jina
②現行『千手經』	(13)*cala-cala malla vimalāmala-mūrtte*
●陀羅尼 音譯(摠集文)	左攞 左攞 摩攞 尾摩攞 阿摩攞 母㗚諦
●한글 音譯(摠集文)	자라자라◦ 마라◦미마라◦아마라◦몰뎨◦
●한글 音譯(現行)	자라 자라 마라 미마라 아마라 몰제
③伽梵.不空 譯本	(12)cala-cala mama vimala -mūrtte re
●不空 音譯	遮囉 遮囉 摩摩 罰摩囉 穆帝 隸
●伽梵達磨 音譯	..羅 ..羅 .... 儷
④不空(No.1113B)	(12)cala-cala malla vimalāmala-mūrtte re
①金剛智(No.1061)	(16)kṛṣṇa-jaṭā-makuṭā 'varama prarama virama mahāsiddha-vidyādhara

	(17)bala-bala mahābala malla-malla mahāmalla cala-cala Mahācala		
	(18)kṛṣṇa-varṇa dīrgha-kṛṣṇa-pakṣa-nirghātana he padma-hasta		
	(19)cala-cala Mahācala kṛṣṇa-sarpa-kṛta-yajñopavīta		
①金剛智(No.1061)	(20)ehy-ehi mahā Varāha-mukha Tripura-dahan-eśvara Nārāyaṇa-balopabala-veśa-dhara		
②現行『千手經』	(14)*ehy-ehi*		*Lokeśvara*
●陀羅尼 音譯(摠集文)	醯曳		路計濕嚩囉
●한글 音譯(摠集文)	예혜혜。		로계。시바라。
●한글 音譯(現行)	예혜혜		로계새바라
③伽梵.不空 譯本	(13)ehy-ehi	cinda 2 arṣam pracali	
●不空 音譯	伊醯伊醯	室那室那 阿囉參 佛囉舍利	
●伽梵達磨 音譯	····移··	········ ···············	
④不空(No.1113B)	(13)ehy-ehi	cinda 2 arṣam pracali	

①金剛智(No.1061)	(21-1)he Nīlakaṇṭha he Mahākāla halāhala-viśa-nirjita lokasya	rāga-viṣa vināśana	dveṣa-viṣa vināśana
②現行『千手經』		(15)*rāga-viṣaṁ vināśaya*	*(16)dveṣa-viṣaṁ vināśaya*
●陀羅尼 音譯(摠集文)		囉餓 尾灑 尾曩捨野	祢吠灑 尾灑 尾曩捨野
●한글 音譯(摠集文)		라아。미사미。나샤야。	나베사미。 사미。나샤야。
●한글 音譯(現行)		라아 미사 미나사야	나베사 미사 미나사야
③伽梵.不空 譯本			(14)viṣa-viṣaṁ praśaya
●不空 音譯			罰沙 罰參 佛囉舍耶
●伽梵達磨 音譯			···· ··· ··羅···
④不空(No.1113B)			(14)viṣa-viṣaṁ praśaya

①金剛智(No.1061)	(21-2)moha -viṣa -vināśana
②現行『千手經』	(17)*moha-jāla-viṣaṁ vināśaya*
●陀羅尼 音譯(摠集文)	謨摩 左羅 尾灑 尾曩捨野
●한글 音譯(摠集文)	모하。자라。 미사미。나샤야。
●한글 音譯(現行)	모하 자라 미사 미나사야

①金剛智(No.1061)	(21-3)hulu-hulu malla (22)hulu Hare Mahā-Padmanābha
②現行『千手經』	(18)*huluhulu malla* (19)*hulu* *Hare* *Padmanābha*
●陀羅尼 音譯(摠集文)	虎嚕虎嚕 麽儸 虎嚕 賀黎 鉢娜麽曩婆
●한글 音譯(摠集文)	호로◦호로◦ 마라◦ 호로◦ 하례◦ 바나마◦나바◦
●한글 音譯(現行)	호로 호로 마라 호로 하례 바나마나바
③伽梵.不空 譯本	(15)hulu-hulu malla (16)hulu-hulu Hare
●不空 音譯	呼盧 呼盧 摩羅 呼盧 呼盧 醯唎
●伽梵達磨 音譯	··嚧 ··嚧 ··囉 ··嚧 ··嚧 ··利
④不空(No.1113B)	(15)hulu-hulu malla (16)hulu Hare

①金剛智(No.1061)	(23)sara-sara siri-siri suru-suru muru-muru
②現行『千手經』	(20)*sara-sara siri-siri sru-sru*
●陀羅尼 音譯(摠集文)	娑囉 娑囉 悉哩 悉哩 素嚕 素嚕
●한글 音譯(摠集文)	사라◦사라◦ 시리◦시리◦소로소로◦
●한글 音譯(現行)	사라 사라 시리 시리 소로 소로
③伽梵.不空 譯本	(17)sara-sara siri-siri suru-suru
●不空 音譯	娑囉 沙囉 悉唎 悉唎 蘇嚧蘇嚧
●伽梵達磨 音譯	···· ···· ··利 ··利 ········
④不空(No.1113B)	(17)sara-sara siri-siri suru-suru

①金剛智(No.1061)	(24)budhiha-budhiya bodhaya-bodhaya maitriya Nīlakaṇṭha
②現行『千手經』	(21)*buddhyā-buddhyā bodhaya-bodhaya* *maitriya Nīlakaṇṭha*
●陀羅尼 音譯(摠集文)	沒地野 沒地野 冒馱野 冒馱野 昧怛哩野 鸋欏建姹
●한글 音譯(摠集文)	몯다몯다◦ 모다야◦ 모다야◦ 매다리야◦ 니라간타◦
●한글 音譯(現行)	못쟈 못자 모다야 모다야 매다리야 니라칸타
③伽梵.不空 譯本	(18)bodhiya-bodhiya bodhaya-bodhaya maitriya Nīlakaṇṭha
●不空 音譯	菩提夜 菩提夜 菩馱夜 菩馱夜 彌帝唎夜 那囉謹墀
●伽梵達磨 音譯	······ ······ ······ ······ ····利·· ········
④不空(No.1113B)	(18)bodhiya-bodhiya bodhaya-bodhaya maitriya Nīlakaṇṭha

①金剛智(No.1061)	(25)ehy-ehi vāma-sthita-Siṁha-mukha (26)hasa-hasa muñca-muñca mahāṭṭahāsam (27)ehy-ehi bho mahāsiddha-yogeśvara (28)bhaṇa-bhaṇa vācam (29)sādhaya-sādhaya vidyām (30)smara-smara taṁ bhagavantaṁ lokita-vilokitaṁ Lokeśvaraṁ tathāgatam
①金剛智(No.1061)	(31)dadāhi me darśana-kāmasya darśanam (32)prahlādaya manaḥ svāhā
②現行『千手經』	(22)*kāmasya darśanena* *prahlādāya manaḥ svāhā*
●陀羅尼 音譯(摠集文)	迦麼寫 捺哩捨喃 鉢囉賀囉娜野 摩諾 娑嚩賀
●한글 音譯(摠集文)	가마샤。 날샤남。 바라。하라。나야。마낙。사바하。
●한글 音譯(現行)	가마사 날사남 바라하라나야 마낙 사바하
③伽梵.不空 譯本	(19)darśanena paya manaḥ svāhā
●不空 音譯	他喇瑟尼那 波夜 摩那 娑婆訶
●伽梵達磨 音譯	地········ ···· ···· ······
④不空(No.1113B)	(19)darśanena paya manaḥ svāhā
①金剛智(No.1061)	(33)siddhāya svāhā
②現行『千手經』	(23)*siddhāya svāhā*
●陀羅尼 音譯(摠集文)	悉馱野 娑嚩賀
●한글 音譯(摠集文)	신다야。 사바하。
●한글 音譯(現行)	싯다야 사바하
③伽梵.不空 譯本	(20)siddhāya svāhā
●不空 音譯	悉陀夜 娑婆訶
●伽梵達磨 音譯	······ ······
④不空(No.1113B)	(20)siddhāya svāhā
①金剛智(No.1061)	(34)mahāsiddhāya svāhā
②現行『千手經』	(24)*mahāsiddhāya svāhā*
●陀羅尼 音譯(摠集文)	摩賀悉馱野 娑嚩賀

●한글 音譯(摠集文)	마하◦신다야◦ 사바하◦
●한글 音譯(現行)	마하싯다야 사바하
③伽梵.不空 譯本	(21)mahāsiddhāya svāhā
●不空 音譯	摩訶悉陀夜 娑婆訶
●伽梵達磨 音譯	....
④不空(No.1113B)	(21)mahāsiddhāya svāhā
①金剛智(No.1061)	(35)siddhayogeśvarāya svāhā
②現行『千手經』	(25)*siddhayogeśvarāya svāhā*
●陀羅尼 音譯(摠集文)	悉馱 喩藝濕縛囉野 娑嚩賀
●한글 音譯(摠集文)	싣다유예◦시바라야◦사바하◦
●한글 音譯(現行)	싯다 유예새바라야 사바하
③伽梵.不空 譯本	(22)siddhayogeśvarāya svāhā
●不空 音譯	悉陀 喩藝室皤囉夜 娑婆訶
●伽梵達磨 音譯	....耶 ....
④不空(No.1113B)	(22)siddhayogeśvarāya svāhā
①金剛智(No.1061)	(36)Nīlakaṇṭhāya svāhā
②現行『千手經』	(26)*Nīlakaṇṭhāya svāhā*
●陀羅尼 音譯(摠集文)	鵪欏建姹野 娑嚩賀
●한글 音譯(摠集文)	니라◦간타야◦ 사바하◦
●한글 音譯(現行)	니라칸타야 사바하
③伽梵.不空 譯本	(23)Nīlakaṇṭhāya svāhā
●不空 音譯	那羅 謹墀 娑婆訶
●伽梵達磨 音譯	..囉 ....
④不空(No.1113B)	(23)Nīlakaṇṭhāya svāhā
①金剛智(No.1061)	(37)varāhamukhāya svāhā (38)MahāNarasiṁhamukhāya svāhā
②現行『千手經』	(27)*varāhamukha* *-siṁhamukhāya svāhā*

●陀羅尼 音譯(摠集文)	嚩囉賀目佉	僧賀目佉野 娑嚩賀
●한글 音譯(摠集文)	바라하◦목카◦	싱하◦목카야◦ 사바하◦
●한글 音譯(現行)	바라하목카	싱하목카야 사바하
③伽梵.不空 譯本	(24)maranara svāhā	(25)sirasiṁhamukhāya svāhā
●不空 音譯	摩羅那羅 娑婆訶	悉囉僧阿穆佉耶 娑婆訶
●伽梵達磨 音譯	‥囉‥囉 ‥‥‥	‥‥‥‥‥‥‥ ‥‥‥
④不空(No.1113B)	(24)*maranara svāhā*	(25)sira*siṁhamukhāya svāhā*

①金剛智(No.1061)	(39)siddha-viddya-vidyādharāya svāhā	(40)<u>padma-hastāya svāhā</u>
②現行『千手經』		(28)*padma-hastāya svāhā*
●陀羅尼 音譯(摠集文)		鉢娜麽 賀婆路野 娑嚩賀
●한글 音譯(摠集文)		바나마◦하짜야◦ 사바하◦
●한글 音譯(現行)		바나마 하따야 사바하
③伽梵.不空 譯本		(26)padma-hastāya svāhā
●不空 音譯		娑婆摩訶阿悉陀椰 娑婆訶
●伽梵達磨 音譯		‥‥‥‥‥‥‥夜 ‥‥‥
④不空(No.1113B)		(28)padma-hastāya svāhā

①金剛智(No.1061)	(43)<u>cakr-āyudhāya svāhā</u>
②現行『千手經』	(29)*cakr-āyudhāya svāhā*
●陀羅尼 音譯(摠集文)	作羯 囉欲馱野 娑嚩賀
●한글 音譯(摠集文)	자가라◦욕다야◦사바하◦
●한글 音譯(現行)	자가 라욕다야 사바하
③伽梵.不空 譯本	(27)cakra-hastāya svāhā
●不空 音譯	者吉囉 悉陀夜 娑婆訶
●伽梵達磨 音譯	‥‥‥ ‥‥‥ ‥‥‥
④不空(No.1113B)	(27)cakra-hastāya svāhā

③伽梵.不空 譯本	(28)padma-hastāya svāhā

●不空 音譯	波陀摩 羯悉哆夜 娑婆訶
●伽梵達磨 音譯	....
④不空(No.1113B)	padma-hastāya svāhā
①金剛智(No.1061)	(44)śaṅkha-śabda-nibodhanāya svāhā
②現行『千手經』	(30)*śaṅkha-śabda-nibodhanāya svāhā*
●陀羅尼 音譯(摠集文)	商去 攝娜 寗冒達曩野 娑嚩賀
●한글 音譯(摠集文)	샹카。 셥나녜。 모다나야。 사바하。
●한글 音譯(現行)	상카 섭나 녜모다나야 사바하
③伽梵.不空 譯本	(30)mahābali-Śaṅkarāya svāhā
●不空 音譯	摩婆利 勝羯囉夜 娑婆訶
●伽梵達磨 音譯	....
④不空(No.1113B)	(30)mahābali-Śaṅkarāya svāhā
①金剛智(No.1061)	(41)kṛṣṇa-sarpa-kṛta-yajñopavītāya svāhā (42)mahāLakuṭadharāya svāhā
②現行『千手經』	(31)*mahālakuṭadharāya svāhā*
●陀羅尼 音譯(摠集文)	摩賀 糴矩吒 馱囉野 娑嚩賀
●한글 音譯(摠集文)	마하라。구타。다라야。사바하。
●한글 音譯(現行)	마하 라구타 다라야 사바하
①金剛智(No.1061)	(45)vāma-skanda-deśa-sthita-kṛṣṇ-ājināya svāhā
②現行『千手經』	(32)*vāma-skanda-deśa-sthita-kṛṣṇ-ājināya svāhā*
●陀羅尼 音譯(摠集文)	嚩麼 娑建陀 伱捨 悉體路 訖哩瑟拏 伱曩野 娑嚩賀
●한글 音譯(摠集文)	바마。사간타。니샤。시톄다。가릿나。싀나야。 사바하。
●한글 音譯(現行)	바마 사간타 이사 시체다 가릿나 이나야 사바하
①金剛智(No.1061)	(46)vyāghra-carma-nivasanāya svāhā
②現行『千手經』	(33)*vyāghra-carma-nivasanāya svāhā*
●陀羅尼 音譯(摠集文)	尾野伽囉 拶𭽽麽伱 嚩娑曩野 娑嚩賀
●한글 音譯(摠集文)	먀가라。 잘마。 니바。사나야。 사바하。

●한글 音譯(現行)	먀가라 잘마 이바사나야	사바하
③伽梵.不空 譯本	(29)Nīlakaṇṭha-vyāghrāya	svāhā
●不空 音譯	那囉謹墀 皤伽囉椰	娑婆訶
●伽梵達磨 音譯	········ ······	······
④不空(No.1113B)	(29)Nīlakaṇṭha-vyāghrāya	svāhā
①金剛智(No.1061)	(47)Lokeśvarāya svāhā (48)sarva-siddhe-śvarāya svāhā	

V.

①金剛智(No.1061)	(49)namo	bhagavate		āryāvalokiteśvarāya	bodhisattvāya mahāsattvāya mahākāruṇikāya	
②現行『千手經』	(34)namo	ratna-trayāya	(35)namaḥ	āryāvalokiteśvarāya		svāhā.
●陀羅尼 音譯(摠集文)	曩謨	囉怛曩怛囉夜野	曩莫	啊哩也嚩路枳諦濕嚩囉野		娑嚩賀
●한글 音譯(摠集文)	나모라。다나다라。야야。		나막。	알야。바로기데。시바라야。		사바하。
●한글 音譯(現行)	나모	라다나다라야야	나막	알야바로기제새바라야		사바하
③伽梵.不空 譯本	(31)namo	ratna-trayāya	(32)nama	āryāvalokiteśvarāya		svāhā.
●不空 音譯	南無喝	囉怛那哆囉夜耶	南無	阿唎椰婆盧吉帝爍皤囉夜		娑婆訶
●伽梵達磨 音譯	······	··············	····	········嚧············		······
④不空(No.1113B)	(31)namo	ratna-trayāya	(32)nama	āryāvalokiteśvarāya	bodhi	svāhā.

①金剛智(No.1061)	(50)	siddhyantu	me	mantra-padāni	svāhā.
③伽梵.不空 譯本	(33)oṁ	siddhyantu		mantra-padāni	svāhā.
●不空 音譯		悉殿都		漫哆羅 跋馱耶	娑婆訶
●伽梵達磨 音譯	唵	······		曼··囉 ··鉢默	······

등 몇몇 발음상의 극소한 차이를 제외한다면-현행 다라니와 거의 완벽한 일치를 보여 주고 있다는 점이다. 이에 「오대진언(총집문)」이 1485년(成宗16)에 간행된 사실을 미루어 본다면 이미 그 이전부터 현행의 다라니가 사용되고 있었고, 따라서 현행 다라니의 성립 시기를 1485년 이전으로 산정할 수 있다는 폭넓은 전제가 가능하다는 점이다.

그럼에도 현행 '다라니의 출전'에 대해서는 단언을 내릴 수 없는 실정에 있다. 즉 위 도표를 통해 단지 현행의 다라니가 금강지(no.1061) 역본의 간략한 내용을 거의 수록하고 있으며, 몇몇 부분을 제외한다면 불공 역본들(no.1064, 1113B) 및 가범달마(no.1060) 역본의 표기와 일치된 내용을 전하고 있다는 점만을 말할 수 있을 뿐, 더 이상의 언급을 행할 수 없게 된다는 것이다.

따라서 필자가 제시한 위 도표에 대해, 이후 좀더 새로운 사료의 발견 및 발전적 연구 결과들이 등장하기 바라는 마음만을 남긴 채, 필자는 현재 전하고 있는 다라니 자체에 대한 연구에로 눈을 돌리고자 한다.

② 현행 다라니의 어구語句 해설

천수다라니에 대한 기존의 연구는 몇몇 소수의 예[78]를 제외하고는

---

78 『諸宗章疏錄』 卷二(『日佛全』 1, p.51)에 8세기 후반 일본 僧 圓仁(794~864)에 의한 『千手陀羅尼注』 1권의 목록이 전하고 있음(내용은 전하지 않는다)을 볼 수 있어, 기존에 이에 대한 연구가 행해졌음을 알 수 있다.

한편 일본 화엄종의 중흥조 明慧(高辨)의 찬술 『千手經述祕鈔』(『日本大藏經』, 經藏部 密經部章疏下2, pp.21~22) 가운데 "묻기를, 만약 번역함이 不可하다면 吳나라 支謙과 晉나라 法護는 다라니를 번역하였는데, 어찌 번역하지 않음이라 하는가? (問 若不可飜者 吳支謙晉法護翻陀羅尼 如何言不翻耶)" 하여 지겸과 법호 등에

전무한 상태라 해도 틀리지 않을 것이다. 이처럼 천수다라니에 대한 연구가 행해지지 않았던 주된 원인은 '오종불번五種不飜'의 원칙 가운데 '다라니처럼 비밀한 뜻을 가지는 것은 번역하지 않는다'는 원리가 작용했던 때문이었다고 할 수 있다.

그럼에도 근래 불교 신앙인들의 이성화理性化 경향과 아울러, 가령 '다라니가 인도 문자로 쓰였다면, 인도인들은 그 문자를 알기 때문에 번역하지 않아도 그 뜻을 알게 될 것인데, 왜 타국인들만이 유독 그 뜻을 알지 못한 채 외워야 하는가?'라는 당연한 의문들이 증폭되면서 이에 대한 해석의 필요성이 요구되기도 하였다. 그리고 이에 편승하여 근래 중국 및 일본 등지에서 천수다라니에 대한 해석이 시도되기도 했던 바,[79] 한국에서는 정태혁鄭泰爀 및 전재성全在星 등 불교 학자들에 의해 다라니 번역이 시도된 바 있다.[80]

그럼에도 불구하고 필자의 입장에서 볼 때 이전에 시도된 노력들은 흡족한 결과를 제시한 것이라 생각되지 않는다. 이에 필자는 현행 다라니에 대한 좀 더 효율적인 해설을 시도해 보고자 하는 바, 이로

의해 천수다라니의 번역이 시도되었었음을 말하고 있다. 그러나 이 두 번역본은 현존하지 않는다.

79 근래 중국 및 일본 등지에서 행해졌던 천수다라니에 대한 해석은 가범달마 역본에 실린 다라니 해석으로, 한국불교에 현행하는 천수다라니와는 몇몇 어구에 있어 차이를 보이고 있다. 근래 중국 및 일본 등지에서 천수다라니에 대한 해석을 행하였던 예를 들어 보이면 다음과 같다. 伽梵達磨(慧就雜誌社 白華 譯), 『大悲心陀羅尼經(白話文 譯과 해설)』, 台北: 佛文堂, 中華民國 74년, pp.31~114.; 坂內龍雄, 『眞言陀羅尼』, 東京: 1981, pp.15~23.

80 鄭泰爀, 『正統密教』, 경서원, 1988. pp.380~386.; 全在星, 「千手觀音陀羅尼의 梵文表記와 解釋」(경전읽기 모임, 『팔리대장경 우리말 옮김』), 경전연구소, 1990, pp.77~79.

말미암아 다라니가 지니는 좀더 정확한 이해에 도달할 수 있으리라 생각한다.

다라니 해설에 대한 이 부분 역시 앞에 제시한 '제본諸本 다라니 표기의 공관표'에 의거해 이를 설명코자 하니 참고 바란다. 그리고 필자는 다라니의 어구 해설과 아울러, 다라니에 담겨진 내재적 구조 역시 설명하고자 하였다. 즉 전체 다라니의 내용을 I.귀의문과 II.발원문·I(전제부), III.발원문·II(서술부), IV.성관자재 찬가(靑頸의 명호), V.귀의문 등으로 나누어 그 해설을 꾀하고자 한다.

I. 귀의문歸依文

천수다라니는 다음과 같은 귀의의 문장으로 시작된다.

Namo ratna-trayāya
나모 라뜨나 뜨라야야
삼보三寶께 귀의歸依합니다

여기서 Namo는 중성명사 namas의 변격동사로 '귀의歸依·귀명歸命'의 뜻을 갖는다. ratna는 '보물'을 말하며, traya는 '3종의'라는 형용사로 ratna를 수식하며, ya는 여격與格어미가 된다. 이를 종합하면, 3종의 보물, 즉 "삼보께 귀의합니다"라는 뜻을 얻을 수 있다.

namaḥ āryāvalokiteśvarāya bodhisattvāya mahāsattvāya mahākāruṇikāya

나마하 아리야발로기떼슈와라야 보디쌋뜨와야 마하쌋뜨와야 마하 까루니까야

크나큰 자비의 성관자재聖觀自在 보살마하살께 귀의합니다

여기서 namaḥ는 중성명사 namas의 변격동사로 '귀의·귀명'의 뜻을 갖는다. 한편 āryāvalokiteśvarāya에서 ārya는 '성聖'을 의미하며, Avalokiteśvarāya는 '관觀하여 보는(見)'이란 뜻의 과거수동분사 Avalokita에 '신神'을 뜻하는 Īśvara가 붙어 '관견觀見하는 신神', 즉 불교적 의미로서의 '관자재觀自在'에 여격어미 ya가 붙은 것으로 '관자재께'라 해석할 수 있다. 한편 bodhisattvāya는 bodhisattva, 즉 '보살'에 여격어미 ya가 붙어 '보살께'를, mahāsattvāya는 mahāsattva, 즉 '마하살'에 여격어미 ya가 붙어 '마하살께'란 뜻을 갖는다. 그리고 mahākāruṇika는 maha, 즉 '큰'에 '자비'의 뜻을 갖는 kāruṇika, 거기에 여격 ya가 붙어 '큰 자비에'란 뜻을 갖는다. 이상의 것을 종합하면, "크나큰 자비의 성관자재보살마하살께 귀의합니다"라는 뜻을 얻을 수 있다.

[81] Oṁ[82] sarva-bhayeṣu trāṇa-karāya[83] tasmai[84] namas

---

81 금강지 역본(no.1061)에는 뒤에 다음과 같은 어구가 삽입되어 있다.

sarva-bandha-cchedana-karāya

sarva-bhava-samudra-śoṣaṇa-karāa

sarva-vyādhi-praśamana-karāya

sarv-ety-upadrava-vināśana-karāya

82 금강지 역본(no.1061)에는 Oṁ이란 표기가 생략되어 있다.

83 불공(1064) 역본 및 가범달마(1060), 불공(1113B) 역본 등에서는 trāṇa-karāya

옴 싸르와 바예슈 뜨라나 까라야 따쓰마이 나마쓰

아! 모든 두려움 가운데 피난처 되는 그에게 귀의합니다

이어 다음의 문장 Oṁ sarva-bhayeṣu trāṇa-karāya에서 Oṁ은 '아!'라는 감탄사로 해석할 수 있는 말이며, sarva는 '모든·일체의'라는 뜻을 갖는 형용사이다. bhayeṣu는 '두려움'의 뜻을 갖는 명사 bhaya에 '중中의'라는 뜻을 갖는 처격處格어미 eṣu가 합해져 '두려움 가운데의'라는 의미를 갖는다. trāṇa는 '피난처'의 뜻을 갖는 명사이며, 거기에 '되어지다'라는 뜻을 갖는 형용사 kara와 여격어미 ya가 붙어, 이를 앞의 것과 합해 번역하면 "아! 모든 두려움 가운데 피난처 되어지는 (이)에게"라는 뜻을 얻을 수 있다.

이어 다음 어구로 tasmai namas가 등장하는데, 여기서 tasmai는 '그'를 뜻하는 tad의 단수 여격형으로 '그에게'의 의미를 갖는다. 그리고 namas는 '귀의합니다'는 뜻을 갖는다. 이를 앞의 문장과 연결시켜 보면, "아! 모든 두려움 가운데 피난처 되는, 그에게 귀의합니다"라는 번역을 얻을 수 있다.

kṛtvā imam āryāvalokiteśvara-stavaṁ Nīlakaṇṭha-nāma[85]

끄리뜨와 이맘 아리야발로끼떼슈와라 쓰따밤 닐라깐타 나마

대신 tana라는 표기가 쓰이고 있다.

84 불공(1064) 역본 및 가범달마(1060), 불공(1113B) 역본 등에서는 tasmai 대신 tasya라는 표기가 쓰이고 있다.

85 stavaṁ Nīlakaṇṭha-nāma 부분은 각 역본마다 다른 표기를 행하고 있는 바, 이에 대해서는 본문 가운데 설명될 것이다.

이것을 (즉), 청경靑頸의 명호인 성관자재 찬가讚歌를 기억하면서

이 구절은, 위와 같이 귀의를 행함에 대한 선행적 전제에 해당하는 문구로, 여기서 kṛtvā는 '기억하다'는 뜻의 kṛ에 절대분사 tvā가 붙어 '기억하면서'의 의미를 갖는다. 그리고 imam은 '이것'을 뜻하는 지시대명사 idam의 대격으로 '이것을'이라 표기할 수 있는 바, '이것을 기억하면서' 모든 두려움 가운데 피난처 되는 그에게 귀의합니다라는 말이다.

여기서 '이것을'이란 āryāvalokiteśvara-stavaṁ Nīlakaṇṭha- nāma를 말하고 있다. 한편 āryāvalokiteśvara-stavaṁ에서 stavaṁ은 '찬가讚歌'의 뜻을 갖는 명사에 대격對格어미 ṁ이 붙은 것으로 '찬가를'이라 해석될 수 있는 바, 이 구절은 '성관자재 찬가를'이란 뜻을 갖는다. 그리고 이를 수식하는 말로서 Nīlakaṇṭha-nāma가 붙는데, 닐라칸타 Nīlakaṇṭha에서 Nīla는 '푸른(靑)'을 뜻하는 형용사이며, kaṇṭha는 '(신체 가운데) 목(頸)'을 뜻하는 명사이다.

여기서 Nīlakaṇṭha 즉 '푸른 목(청경靑頸)'이란 원래 힌두의 신 쉬바(Śiva: 또는 비슈누)의 별칭이었는데, 후대에 불교에 유입되어 '청경관음靑頸觀音'이라 불린 채 관세음보살의 화신 가운데 하나로 인식되는 분이다. 그리고 nāma는 '이름·명호'를 뜻하는 명사 nāman의 주격에 해당하는 것으로 앞의 구절과 합해 Nīlakaṇṭha-nāma, 즉 '청경의 명호'라 해석할 수가 있다.

이에 위 구절을 "이것을 (즉), 청경의 명호인 성관자재 찬가를 기억하면서"라 번역할 수 있는 바, 이렇듯 '(성관자재 찬가에 대한) 기억을 행하면서 모든 두려움 가운데 피난처 되어지는 크나큰 자비의 성관자재

보살마하살께 귀의합니다라'는 말로서 귀의문은 종결된다.[86]

II. 발원문發願文・I(전제부前提部)

이상 귀의문 구절을 놓고 생각할 때 이후 다라니의 내용은 성관자재 찬가, 즉 '청경青頸의 명호'에 대한 기억이 대종大宗을 이루게 될 것임을 알 수 있다. 그럼에도 이에 앞서 다라니는 다음과 같은 '독송자의 발원', 즉 발원문 부분을 첨가하고 있다.

hṛdayaṁ[87] vartayiṣyāmi sarvārtha-sādhanaṁ[88] śubhaṁ ajeyaṁ sarva-bhūtānāṁ bhava-mārga-viśodhakam

흐리다얌 바르따이시야미 싸르와르타 싸다남 슈밤 아제얌 싸르바 부따남 바바 마르가 비쑈다깜

저는 마음을 닦겠습니다. 일체의 이익 성취와 복과 필승과, 일체 중생들

---

86 금강지 역본(『大正藏』, no.1061)에서는 이 부분을 bhāṣitaṃ으로 표기하고 있는 바, L. Chandra의 說에 의하면 "한글 음역 다라니의 편집자가 bhāṣitaṃ라는 어구를 'āryāvalokiteśvara tava Nīlakaṇṭha-nāma(聖觀自在 그의 닐라깐타 名號)'라는 일련의 맥락으로 이해했음에 기인한 것이라" 말하고 있으며, 불공(1064) 및 가범달마(1060) 역본에서는 이 부분을 'āryāvalokiteśvara tava nāmo Nīlakaṇṭha(聖觀自在 그의 名號인 닐라깐타)'로서 이해하고 있음을 덧붙이고 있다. Lokesh Chandra, *The Thousand-Armed Avalokiteśvara*, Abhinav Pub, 1988. p.94.; 위 tava는 2인칭의 인칭대명사 tvad의 속격 변화형으로 '그의'라 해석된다.

87 이에 대해 불공(1064) 역본 및 가범달마(1060), 불공(1113B) 역본 등에서는 herima라 표기하고 있는 바, "悉曇 표기에서 herima는 ḥr〔daya〕ṁ과 같은 꼴로서 이해할 수 있다."(L. Chandra. p.95).

88 불공(1064) 역본 및 가범달마(1060), 불공(1113B) 역본 등에서는 sādhanaṁ 부분이 생략되어 있다.

의 삶의 길의 청정(이란 마음)을….

여기서 hṛdayaṁ은 '마음'을 뜻하는 단어 hṛdaya의 대격으로 '마음을'이라 해석할 수 있다. vartayiṣyāmi는 '일으키다', '수행하다'는 뜻의 동사 vṛt의 사역 미래형 1인칭으로, "저는 마음을 닦겠습니다"라고 해석할 수 있다.

이어 그 '마음'을 구체적으로 설명하는 단어들이 뒤에 붙어 있는데, sarvārtha-sādhanaṁ (…) mārga-viśodhakam이 이에 해당한다.

여기서 sarvārtha는 '일체의'란 뜻의 형용사 sarva와 '이익'을 뜻하는 명사 artha가 합해진 말이며, sādhanaṁ은 '성취'를 뜻하는 sādhana에 대격어미 ṁ이 첨가되어 '성취를'이라 번역할 수 있다. 또한 śubhaṁ이란 '안녕安寧'이나 '복福'을 뜻하는 śubha에 대격어미 ṁ이 첨가되어 '복을' 이라 번역할 수 있다. 한편 ajeyaṁ은 '필승必勝'이란 뜻의 ajeya에 대격어미 ṁ이 첨가되어 '필승을'이라 해석된다.

그리고 sarva-bhūtānāṁ은 sarva 즉 '일체의 bhūtānāṁ'으로, 여기서 bhūtānāṁ은 '유정·중생'을 뜻하는 명사 bhūta에 복수 소유격 어미 nāṁ이 붙어 이를 '일체 중생들의'라 번역할 수 있다. 그리고 bhava-mārga-viśodhakam에서 bhava는 '삶'이나 '존재'를 뜻하는 명사이다. mārga는 '길'을 뜻하는 명사이며, viśodhakam은 '청정淸淨'을 뜻하는 viśodhaka에 대격어미 m이 붙어 '청정을'이라 번역할 수 있다.

이에 위 전체 문장을 다음과 같이 해석할 수 있다. "저는 마음을 닦겠습니다. 일체의 이익 성취와 복과 필승과, 일체 중생들의 '삶의 길의 청정(淸淨: 열반)'이란 (마음)을…" 이를 풀어보면, "저는 '복과 필승 등 일체의 이익 성취와 일체 중생들의 삶의 길에 있어서의 청정(열반)'을 바라는 (저의) 마음을 닦아나가겠습니다"라고 말할 수 있다. 이는 다라니 독송자가 가져야 할 발원의 총체적 귀결점을 제시하는 동시에, 발원을 행함에 앞서 다라니 독송자의 기본 마음 자세를 말하고 있는 것으로 이해할 수 있다.

III. 발원문·II(서술부敍述部)

이어 위 발원문에 대한 구체적인 원願이 제시되고 있는 바, 앞의 발원문을 총원總願이라 한다면 이 부분은 앞의 총원에 대한 개별적인 원, 즉 별원別願이라 할 수 있다. 이 별원 부분이 앞의 원에 대한 구체적 설명을 행하고 있음은 다음의 어구 tadyathā를 통해 알 수 있다.

> tadyathā
>
> 따디야타
>
> 앞의 예例는 다음과 같다(다시 말하건대)

이어 tadyathā라는 말이 나오는데, 여기서 tadyathā는 '이것은 그것과 같다', '앞의 예는 다음과 같다'는 뜻이다. 즉 앞의 내용에 대한 좀 더 구체적 서술을 행함을 명시한다고 할 수 있다. 문법적으로 tadyathā는 '이것'을 의미하는 tad와 '~이다'는 뜻의 yathā가 합해진 말로, '이것은 ~이다'라는 서술구의 의미를 갖는다. 이를 굳이 표현한다면 "다시 말하건대" 쯤으로 해석함이 타당할 것이다.

이어 다음과 같은 총체적 서술부의 구절들이 등장한다.

oṁ āloka e, ālokamati[89] lokātikrānta ehy-ehi[90] Hare
옴 알로까에 알로까마띠 로까띠끄란따 에히 에히 하레
아! 관觀하여 보는 자시여! 출세간出世間의 마음, 세속을 초월한 자시여!
오소서, 오소서, 관자재시여!

그럼에도 서술부에서는 발원의 대상, 즉 성관자재께 대한 다음과 같은 귀의의 내용을 또다시 등장시키고 있다. oṁ āloka e, ālokamati lokātikrānta ehy-ehi Hare.

여기서 "'āloka e'는 'Avalok(ita)' 표기에 대한 중앙아시아 형식의 표기로"[91] '관하여 보는'을 뜻하는 'Avalokita'의 호격에 해당하는 단어로 이해된다. 이에 oṁ āloka e를 "아! 관하여 보는 자시여!"라고 번역할 수 있을 것이다.

한편 ālokamati에서 āloka는 '출세간出世間'을, mati는 '마음'을 뜻한다. 또한 lokātikrānta에서 loka는 '세속世俗'을, atikrānta는 과거수동분사 '초월한'의 명사형 호격으로 이해된다. 이에 이 부분을 번역해 보면 '출세간의 마음, 세속을 초월한 자시여!'라는 뜻을 얻을 수 있다.

뒤의 ehy-ehi Hare에서 ehy-ehi는 ehi가 반복되어 쓰인 것이다. 그럼에도 산스크리트어의 연성법連聲法에서 i와 모음이 만날 경우 i가

---

89 불공(1064) 역본 및 가범달마(1060), 불공(1113B) 역본 등에서는 ālokamati라는 표현이 생략되어 있다.

90 기타 역본과는 달리 현행 다라니에서만 ehi라는 어구가 중복 사용되고 있다.

91 L. Chandra. p.96; 한편 호격으로서의 e의 사용은 *Gītagovinda* 가운데 종종 그 예가 보이고 있는 바, 불공(1064) 및 가범달마(1060) 역본에서는 āvaloka e거나 āpaloka e라는 어구를 사용하고 있다.

y로 바뀌는 까닭에 앞의 것이 ehy로 표기된 것이다. 여기서 ehi는 '오다'는 뜻의 명령형으로 '오소서, 오소서'라고 번역할 수 있다. 그리고 뒤의 Hare는 '비슈누Viṣṇu 신'을 지칭하는 명사 Hari의 호격으로, 문장 내용상 앞서 말한 청경青頸이거나 앞 구절의 āloka e로서 '관하여 보는 자'라 이해할 수 있을 것인 바, 관자재觀自在를 지칭한다 해도 무리가 없을 것이다.

이에 앞의 전체 문장을 "아! 관하여 보는 자시여! 출세간의 마음, 세속을 초월한 자시여! 오소서, 오소서, 관자재시여!"라 번역할 수 있다.

[92] **mahābodhisattva[93] [94] smara-smara[95] hṛdayaṁ**

마하보디사뜨와 쓰마라 쓰마라 흐리다얌

(저의) 마음을 기억하소서, 기억하소서, 대보살大菩薩이시여!

여기서 mahābodhisattva는 '대보살'의 호격에 해당한다. 그리고 smara-smara에서 smara는 '~을 기억하다, 상기하다'는 동사 smaratī의 명령형이며, hṛdayaṁ은 hṛdaya 즉 '마음'에 대격어미 ṁ이 붙어

---

92 금강지(1061) 역본에는 이 앞에 āryāvalokiteśvara가 삽입되어 있다.

93 불공(1064) 역본 및 가범달마(1060), 불공(1113B) 역본 등에는 이 뒤에 sarpa-sarpa라는 어구가 삽입되어 있다.

94 금강지(no.1061) 역본에는 이 앞에 he bodhisattva he mahābodhi-sattva he vīrya-bodhisattva he mahākāruṇika라는 구절이 삽입되어 있다.

95 여타 역본들과는 달리 금강지(no.1061) 역본에서는 smara가 중복 사용되지 않고 있으며, 불공(1064) 역본 및 가범달마(1060) 역본 등에서는 이 뒤에 makesake라거나 불공(1113B) 역본에는 mama라는 구절이 삽입되어 있다.

'마음을'이 된다.

한편 불공(1113B) 역본에 의하면 이 뒤에 마마(摩摩: mana)라는 표현이 추가되어 있다.[96] 여기서 mana는 인칭대명사 mad의 속격屬格으로 '나의'라 해석될 수 있다. 이에 '나의'라는 표현까지를 포함해 전체를 번역하면 "(저의) 마음을 기억하소서, 기억하소서, 대보살이시여!"라 할 수 있을 것이다.

[97] kuru-kuru karma sādhaya-sādhaya[98]
꾸루 꾸루 까르마 싸다야 싸다야
의식儀式을 행하소서, 행하소서! (그리하여 저희의) 목표가 달성케 되기를…

kuru-kuru에서 kuru는 '행하다'는 뜻을 갖는 Kṛ의 2인칭 단수 명령형으로 '행하소서'라 번역할 수 있다. 또한 karma는 '의식儀式'을 뜻하는 명사 karman의 대격對格으로, '의식을'이라 번역할 수 있다. 이에 "의식을 행하소서, 행하소서"라는 뜻을 얻을 수 있다. 한편 sādhaya는 '목적을 달성하다'는 뜻의 단어 Sādh에 사역활용 어미인 aya가 붙은 채 사역분사로 쓰이는 바, '목표가 달성케 되기를…'이라 해석할 수 있다. 이에

96 불공(1064)과 가범달마(1060) 本에서는 여기에 摩醯薩醯(makesake)가 추가되고 있다.

97 금강지(1061) 역본에서는 이 앞에 ehy-ehi Hare āryāvalokiteśvara Maheśvara paramārtha-citta mahākāruṇika라는 구절이 삽입되어 있다.

98 sādhaya-sādhaya라는 구절은 금강지(1061) 역본 및 현행 다라니를 제외한 타 역본에서는 그 용례가 보이지 않으며, 금강지(1061) 역본에서는 이 뒤에 vidyām이란 구절이 삽입되어 있다.

위 내용과 함께 이를 번역해 보면, "의식을 행하소서, 행하소서! (그리하여 저희의) 목표가 달성케 되기를…"이라는 뜻이 된다. 이것으로 〔발원문〕은 끝나게 된다.

IV. 성관자재 찬가(聖觀自在讚歌: 청경의 명호)

위 〔발원문〕에 이어 〔성관자재 찬가〕가 등장하게 되는데, 이는 앞의 〔귀의문〕 중 "〔성관자재 찬가〕인 '청경의 명호'를 기억하면서, 모든 두려움 가운데 피난처 되어지는 크나큰 자비의 성관자재보살마하살께 귀의합니다"라는 내용과의 연관선상에서 이해해야 할 부분이다.

이어 다라니는 16항목에 달하는 〔성관자재 찬가〕를 등장시키고 있다. 이것은 '청경의 명호'에 대한 나열이라 말할 수 있는 바, 이후 16개에 이르는 '청경의 명호'가 동시에 소개되고 있다.

[99] dhuru-dhuru vijayanta e mahāvijayanta e

두루 두루 비자얀따예 마하 비자얀따예

수호守護하소서, 수호하소서, '승리자'시여! '대 승리자'시여!

dhuru-dhuru에서 dhuru는 '지니다·수호하다'는 뜻을 갖는 동사 Dhṛ의 명령형으로 '수호하소서, 수호하소서!'라 번역할 수 있다.

한편 vijayanta e에서 "vijayanta는 인드라Indra신의 별칭으로, '승리자'라는 의미를 갖는다."[100] 이에 다라니는 〔성관자재 찬가〕의 한 부분으

---

99 금강지(1061) 역본에는 이 앞에 dehi-dehi tvaraṁ kāmam gama vihaṅgama siddha-yogeśvara라는 구절이 첨가되어 있다.

100 L. Chandra. p.96.

로 '승리자'라는 명칭 자체를 '청경의 명호' 가운데 하나로서 소개하고 있는 것이다.

이에 위 문장을 해석해 보면, "수호하소서, 수호하소서! '승리자'시여! '대 승리자'시여!"라고 할 수 있다.

dhara-dhara dharaṇiṁdhareśvara
다라 다라 다라님다레슈와라
지지支持하소서, 지지하소서, '능히 대지를 지지하는 신'이시여!

dhara-dhara에서 dhara는 '지지・보존・보지保持하는'의 뜻을 갖는 동사 dharatī의 명령형이다. 또한 인도의 신 비슈누나 쉬바의 별칭을 뜻하기도 하는데, 여기서는 '지지支持하소서'의 뜻으로 이해함이 좋을 것 같다. 또한 dharaṇiṁdhareśvara[101]는 dharaṇiṁdhara와 īśvara로 나뉘는데, dharaṇiṁdhara는 '능히 대지를 지지하는'이란 형용사이며, īśvara는 '신'을 뜻하는 말의 호격으로 이해할 수 있으니, 이 역시 '청경의 명호' 가운데 하나로서 '능히 대지를 지지하는 신'으로 이해해야 할 것이다.

이에 위 문장을 "지지하소서, 지지하소서, '능히 대지를 지지하는 신'이시여!"라 해석할 수 있다.

cala-cala malla[102] vimalāmala[103]-mūrtte re

---

101 이 부분은 금강지(1061) 역본에서는 dharendreśvara로, 불공(1113B) 역본에서는 dharaṇī-rāja로 표기된다.

102 malla라는 어구는 금강지(1061) 역본에는 그 표기가 보이지 않으며, 이를 불공

짤라 짤라 말라 비말라말라 무르떼 레
(이리 저리) 움직이소서, 움직이소서, '말라(神)'시여! 부정不淨을 여읜,
청정한 '무르떼(神)'시여!

cala-cala의 cala는 '움직이는·요동하는'의 뜻을 갖는 동사 calatī의 명령형이다. 그리고 이어 malla vimalāmala가 등장하는데, 이 구절을 해석하는데 있어 주의를 기울일 필요가 있다.

한글 음역 다라니에서는 이 부분을 '마라 미마라 아마라'라 표기하여 그 음에 따라 이를 mala vimala amala의 도식적 관계로 이해하게끔 하는 바,[104] 이 표기에 따른다면 이 부분을 "부정不淨이여! 부정을 여읜 청정한"이라 번역할 수 있을 것이다. mala는 '부정'을 뜻하는 명사의 호격이며, vimala는 '부정을 여읜'이란 형용사, 그리고 amala는 '청정한'이란 형용사를 뜻하기 때문이다.

그럼에도 앞의 공관도표를 통해 볼 때 불공(1064, 1113B) 및 가범달마(1060) 역본에서는 한글 음역의 '마라'에 해당하는 부분을 '摩摩(마마)'로서 한역 표기를 행하는 즉, 이에 따른다면 'mama vimal-āmala'로서

(1064) 및 가범달마(1060), 불공(1113B) 역본에서는 mama라 표기하고 있다.

103 불공(1064) 및 가범달마(1060) 역본에서는 amala란 표기가 보이지 않는다. 그리고 금강지(1061) 역본에는 amala 다음에 āryāvalokiteśvara Jina라는 표기를 행하고 있는 한편, 현행 다라니에서는 mūrtte를 그리고 불공(1064) 및 가범달마(1060), 불공(1113B) 역본 등에는 mūrtte re라는 표기를 보이고 있다.

104 정태혁 교수(『正統密敎』, p.382)는 이 부분을 'mala-vimala amala'라 표기하고 있으며, 전재성 교수(「千手觀音 陀羅尼의 梵文 表記와 解釋」, p.78) 역시 이와 같은 표기를 행하고 있는 즉, 각각 '塵垢의 離脫이여, 無垢解脫이여(鄭泰爀, p.385)'거나 '티끌을 떠난, 淸淨한(全在星, p.78)'이라 번역하고 있다.

이 구절을 이해할 수 있다.[105] 여기서 mama는 '나'를 뜻하는 인칭대명사 mad의 속격으로, '나의'라 해석될 수 있다. 그리고 앞서 살펴보았듯 vimala는 '부정을 여읜', amala는 '청정한'이란 뜻을 갖기에, "나의 부정을 여읜 청정한"이란 해석을 얻을 수 있을 것이다.

그럼에도 '천수관음'에 대한 인도印度의 연구자 L. Chandra의 경우 이 부분을 'malla vimala-amala'라 표기하고 있는 바,[106] 필자는 L. Chadra의 표기를 전제로 malla란 단어를 인도 신화적 측면에서 이해코자 한다. 이에 malla는 인도신화 가운데 나라야나Nārāyaṇa를 뜻한 채 『마하바라타Mahābhārata』에서는 비슈누 신에 대한 호칭으로 쓰이고 있음을 말할 수 있다. 한편 다라니의 구성상 〔성관자재 찬가〕에 해당하는 이 부분에서 위 신적神的 인물은 '청경青頸의 명호' 중 하나로 이해되는 바, 이 구절은 "'말라(神, 비슈누)'시여! 부정을 여읜, 청정한"이라 번역할 수 있다.

그리고 뒤의 mūrtte re 역시 신의 명칭으로 이해되는 바, 비슈누의 처妻인 락쉬미Lakṣmī 여신을 지칭하는 것으로 이해된다. 한편 금강지(no.1061) 역본에서는 mūrtte re 대신 'aryāvalokiteśvara Jina' 즉 '성관자재 성자'라는 표현을 쓰기도 하는 바, mūrtte re 역시 '청경의 명호' 중 하나로 이해함이 좋을 듯하다.

이러한 관점에서 위 문장 전체를 해석해 본다면, "(이리 저리) 움직이소서, 움직이소서, '말라(神, 비슈누)'시여! 부정을 여읜, 청정한 '무르떼(女神, 락쉬미)'시여!"라는 해석을 얻을 수 있게 된다.[107] 여기서 '말라'나

---

105 금강지(1061) 역본에는 이 'mama'거나 'mala'에 해당하는 부분이 생략되어 있다.

106 L. Chandra. p.93.

107 cala-cala를 '요동하는'이 아닌 '(이리 저리) 움직이는'이라 한 것은 神의 움직임을

'무르떼'는 '청경의 명호' 중 하나로 이해될 수 있다.

[108] ehy-ehi[109] Lokeśvara[110] rāga-viṣaṁ vināśaya[111]

dveṣa-viṣaṁ vināśaya[112] moha-jāla-viṣaṁ vināśaya[113]

뜻하는 이유에서 '(이리 저리) 중생 구제를 위해 움직임'이란 표현을 채택한 것이다. malla가 아닌 mala를 채용한다면 이 문장을 "요동하는, 요동하는 不淨이여! 不淨을 여읜 청정한 神이여!"라고 해석할 수 있을 것이다. 또한 mama를 사용한다면 "요동하는, 요동하는 나의 부정이여! 부정을 여읜 청정한 神이시여!"라 해석할 수 있게 된다. 이는 문장 성격상 對句로 이해될 수 있는 것들이라 하겠다.

108 금강지(1061) 역본에서는 이 앞에 다음과 같은 구절을 삽입시키고 있다.

(16)kṛṣṇa-jaṭā-makuṭā 'varama prarama virama

mahāsiddha-vidyādhara

(17)bala-bala mahābala malla-malla mahāmalla cala-cala Mahācala

(18)kṛṣṇa-varṇa dīrgha-kṛṣṇa-pakṣa-nirghātana he padma-hasta

(19)cala-cala Mahācala kṛṣṇa-sarpa-kṛta-yajñopavīta

109 금강지(1061) 역본에는 ehy-ehi 다음에 mahā Varāha-mukha Tripura-dahan- eśvara Nārāyaṇa-balopabala-veśa-dhara라는 내용이 삽입되는 바, 가범달마(1060) 및 불공(1064), 불공(1113B) 역본 등에서는 이를 '室那室那 阿囉 佛囉舍利(cinda 2 arṣam pracali)'라 싣고 있으며, 현행 다라니에서는 'Lokeśvara'라는 내용을 싣고 있다. 여기서 "cinda는 kṛṣṇa의 悉曇 표기이며, 2 arṣam은 산스크리트어 sa(স)字를 2라는 숫자로 잘못 오인하였고 rpa(র্প)를 rṣa(র্ষ)로 잘못 읽음으로서 생겨난 실수로 sarpa라 정정해야 할 것이며, pracali는 upavīta라 이해할 수 있는 바, '닐라깐타가 그의 목으로 검은 독을 삼켰다'는 뜻으로 해석할 수 있다."(L. Chandra. p.97. 참조).

110 금강지(1061) 역본에는 이 앞에 he Nīlakaṇṭa he Mahākāla halāhala -viśa-nirjita lokasya라는 구절이 삽입되어 있다.

111 현행 다라니 및 금강지(1061) 역본을 제외한 기타 역본에서는 이 부분이 생략되어 있다.

112 불공(1064) 및 가범달마(1060), 불공(1113B) 역본 등에서는 이 부분이 praśaya라

에히 에히 로께슈와라 라가 비샴 비나샤야
드웨사 비샴 비나샤야 모하 잘라 비샴 비나샤야
오소서, 오소서, '세자재世自在'시여! 탐욕의 독을 파괴하시고, 진에瞋恚의 독을 파괴하시고, 치암癡暗의 얽혀짐의 독을 파괴하소서!

ehy-ehi에서 ehi는 '오다'는 말의 명령형이며, Lokeśvara는 통상적으로 '세자재'를 뜻하는 바, 이 역시 '청경의 명호' 가운데 하나로 이해된다. 이에 이 문장은 "오소서, 오소서, '세자재'시여!"라 해석할 수 있다.

한편 rāga-viṣaṁ vināśaya에서 rāga는 '탐욕'을 뜻하는 명사이며, viṣaṁ은 '독'을 뜻하는 명사 viṣa에 '을'을 뜻하는 대격어미 ṁ이 첨가된 것으로 '탐욕의 독을'이라 해석할 수 있다. 한편 vināśaya는 '파괴하다'는 뜻을 갖는 동사 vināśayatī의 명령형으로 '파괴하소서'라 해석된다. 이 내용을 종합하면 "탐욕의 독을 파괴하소서!"라 옮길 수 있다.

dveṣa-viṣaṁ vināśaya에서 dveṣa는 '진에瞋恚'를 뜻하는 명사이다. 여기에 '독을'이란 뜻의 viṣaṁ이 붙고, '파괴하소서'란 뜻의 vināśaya가 붙어 "진에의 독을 파괴하소서!"라 번역할 수 있다.

moha-jāla-viṣaṁ vināśaya에서 moha는 '치암(癡暗: 어리석음)'을 뜻하는 명사이며, jāla는 '그물, 망網'을 뜻하는 명사이다. 즉 '치암이 얽혀져 있음'을 말하는 것이다. 여기에 viṣaṁ과 vināśaya가 연결되어, 이는 "치암의 얽혀짐의 독을 파괴하소서!"라 번역할 수 있다.

이에 앞의 전체 문장을 우리말로 옮겨 보면 "오소서, 오소서, '세자재'

표기되고 있다.

113 이 부분은 현행 다라니 및 금강지(1061) 역본을 제외한 여타 역본에서는 발견되지 않으며, 금강지本에서는 jāla라는 표기가 생략되어 있기도 하다.

시여! 탐욕의 독을 파괴하시고, 진에의 독을 파괴하시고, 치암(어리석음)의 얽혀짐의 독을 파괴하소서!"라는 기원祈願의 뜻으로 이를 이해할 수 있다.

huluhulu malla hulu Hare[114] Padmanābha
훌루훌루 말라 훌루 하레 빠드마나바
기쁘도다! '말라(神)'시여! 기쁘도다! '관자재'시여, '파드마나바'시여!

huluhulu mala에서 huluhulu는 기쁨의 탄성으로, '기쁘도다!'라는 뜻의 불변화사不變化詞가 된다('기뻐하다'는 동사 hulutī의 명령형으로 이해할 수도 있다). 그리고 malla는 앞서 살펴본 대로 비슈누의 화신 나라야나를 뜻하는 바, '청경의 명호' 가운데 하나로서 '말라(神)'를 이해해야 할 것이다.

한편 hulu Hare Padmanābha에서 Hare는 비슈누 신을 뜻하는 명사 hari의 호격으로, 관자재觀自在를 말하고 있음은 앞서 언급한 바 있다. 그리고 Padmanābha는 '연꽃'을 의미하는 Padma와 '허공'을 뜻하는 nābha가 결합된 말로, 비슈누 신의 명칭으로 이해되는 한편 관세음보살의 화신적 성격을 띠기도 하는 바, 이 역시 '청경의 명호' 가운데 하나로 이해될 수 있다.

이상의 문장을 옮겨 보면, "기쁘도다! '말라(神)'시여! 기쁘도다! '관자재'시여, '파드마나바'시여!"가 된다. 이는 앞 구절에서 설명된

---

114 불공(1064) 및 가범달마(1060) 역본에서는 hulu가 중복 사용되고 있으며, 금강지(1061) 역본에서는 Padmanābha 앞에 mahā가 삽입되어 있기도 하다. 불공(1064) 및 가범달마(1060) 역본에서는 Padmanābha가 생략되어 있다.

'탐욕·진에·치암' 등 삼독이 파괴될 것에 대해 '성관자재'께 기쁨의 탄성을 올리는 내용으로 이해될 수 있을 것이다.

sara-sara siri-siri suru-suru[115] buddhyā-buddhyā bodhaya-bodhaya
싸라 싸라 씨리 씨리 쑤루 쑤루 부디야 부디야 보다야 보다야
이리 저리 좌우로 움직이소서, 흐르소서! 비추어 식별識別함으로써 깨닫게(이룩하게) 하소서!

sara-sara siri-siri suru-suru에서 sarasara는 '이리 저리 움직이는'의 뜻을, sirisiri는 '좌우로 움직이는'이란 뜻을 갖는데, 모두 명령형으로 쓰이고 있다. 한편 suru-suru에서 suru는 '흐르다·흐르게 하다'는 동사 sru의 명령형으로,[116] '흐르소서!'라 번역할 수 있다. 이에 앞의 어구를 "이리 저리 좌우로 움직이소서, 흐르소서!"라 해석할 수 있다.[117]

---

115 금강지(1061) 역본에는 muru-muru라는 어구가 삽입되어 있다.

116 L. Chandra에 의하면 이 부분은 'suru-suru'라 표기되어 있으나, suru라는 단어는 사전에 나오지 않는 표기이다. 굳이 연관시켜 본다면 suru는 1류동사 sru의 명령형으로 이해할 수 있을 뿐인 바, sru라 표기하여도 번역에 있어서는 큰 차이가 생겨나지는 않는다.

이에 정태혁 및 전재성 등은 이를 'sru sru'라 표기하고 있는 바, 정태혁은 이를 타동사의 명령형으로 해석하였으며, 전재성은 이를 의태어적 표현으로 인식한 채 번역하지 않고 있다. 필자 역시 해석상의 이유로 'sru sru'라는 표기를 사용하였다.

117 어떤 면에서 생각해 볼 때 sara-sara siri-siri suru-suru라는 전체 문장은 祭儀와 관련맺는 것으로 이해되기도 한다. 여기 sru-sru에서 sru는 '숟가락'을 의미하는 명사 srū와 관련을 맺기도 한다. 숟가락은 인도에서 祭式을 행할 때 제사음식인 버터를 祭器(srūc)에 집어넣는 데 사용하는 것으로, 위 문장은 그 숟가락(srū)에

그 다음 구절인 buddhyā-buddhyā에서 buddhyā는 '신념信念' 또는 '식별識別' 등의 뜻을 갖는 명사 buddhi의 구격具格으로 '(반조하는) 신념으로써, 식별로써'라고 해석할 수 있다.[118] 그리고 bodhaya-bodhaya는 '깨닫다' 또는 '이룩하다'는 뜻의 동사 bodhayatī의 명령형으로(또는 bodh에 사역형 어미 aya가 붙어) '깨달으소서(이룩하소서)', 또는 '깨닫게 하소서(이룩하게 하소서)'라는 의미를 갖는다.

이상의 해석을 통해 볼 때, 이 문장에는 주어가 발견되지 않는다. 그렇다면 위 행위의 주체자는 누구인가? 이에 금강지(1061) 역본에서는 suru-suru 다음에 muru-muru라는 표현이 삽입되어 있는데, 이는 아수라의 명칭으로 통칭 '신神'이라 간략할 수 있는 말이다. 곧 "신이시여!"라 말할 수 있는 바, 전체 다라니의 내용과 굳이 연관을 시킨다면 이 역시 '청경의 명호' 가운데 하나로 이해함이 좋을 듯하다.

이제 번역상의 편리를 위해 금강지 역본의 내용을 삽입시킨 채 위 전체 문장을 의역해 보면 "이리 저리 좌우로 움직이소서, 흐르소서! ['무루무루(神)'시여!] 비추어 식별함으로서 깨닫게(이룩하게) 하소서!"라는 뜻을 얻을 수 있다.

maitriya Nīlakaṇṭha[119] kāmasya[120] darśanena prahlādāya[121]

버터를 담아 祭器인 srūc에 넣기를 반복하는 모습(sara-sara siri-siri)을 그리고 있는 것이라 할 수도 있다. 곧 끊임없는 제사의 광경을 나타내는 말이라 할 수 있다. 참고해 볼 만한 내용이라 하겠다.

118 L. Chandra는 buddhya-buddhya란 표기를 행하고 있는 바, 필자는 문장 내용상 이를 具格으로 해석함이 낫다는 생각에 마지막 a를 장음 ā로 바꿔 buddhyā-buddhyā라 표기하였다. 기타 本에서는 buddhya-buddhya 대신 budhiya-budhiya라는 표기를 취하고 있다.

manaḥ svāhā

마이뜨레야 닐라깐타 까마씨야 다르샤네나 쁘라흐라다야 마나하 쓰와하

정情이 깊은 '청경靑頸'이시여! 즐거움의 마음을 성찰함으로써, 쁘라흐라다(神)께 영광이 있기를!

maitriya Nīlakaṇṭha에서 maitriya는 '정이 있는'의 뜻을 갖는 명칭동사이며, Nīlakaṇṭha는 '청경靑頸'을 뜻한다. 이에 '정이 깊은 '청경'이시여!'라고 번역할 수 있다.

kāmasya darśanena prahlādāya manaḥ svāhā에서 kāmasya는 '즐거움'을 뜻하는 남성명사 kāma[122]에 속격어미 sya가 붙은 말로, '즐거움의

---

119 금강지(1061) 역본에서는 이 앞에 다음과 같은 내용이 삽입되어 있다.

(25)ehy-ehi vāma-sthita-Siṁha-mukha

(26)hasa-hasa muñca-muñca mahāṭṭahāsam

(27)ehy-ehi bho mahāsiddha-yogeśvara

(28)bhaṇa-bhaṇa vācam

(29)sādhaya-sādhaya vidyām

(30)smara-smara taṁ bhagavantaṁ lokita-vilokitaṁ Lokeśvaraṁ tathāgatam

(31)dadāhi me darśana

120 금강지(1061) 역본과 현행 다라니를 제외한 기타 역본에서는 이 표기가 생략되어 있다.

121 불공(1113B) 및 가범달마(1060), 불공(1064) 역본 등에서는 prahlādaya 대신 '波夜(paya)'라 표기하고 있다. 그러나 "悉曇에서 paya는 p(rahlada)ya를 말하는 까닭"(L. Chandra. p.98)에 의미에 있어 차이가 생겨나지는 않는다.

122 『마하바라타』의 여주인공 kāmā(Pṛthuśravas의 娘)를 말하기도 한다. 여기서 kāma는 죽음(mṛta)이라는 괴로움(duḥkha)으로부터 不死(amṛta)의 즐거움(kāma)을 얻는다는 의미로서의 kāma를 이해해야 할 것이다.

(혹은 kāmā의)'라 번역할 수 있다. 그리고 darśanena는 '바램(원함, 희구), 관찰, 봄'이란 뜻의 darśana에 구격어미 na가 붙어(어간 끝의 a가 e로 변하고 na가 붙음) '성찰함으로써'라 해석할 수 있다.

그리고 뒤의 prahlādāya[123]는 비슈누 숭배자로서의 쁘라흐라다 prahlāda[124]에 여격 ya가 붙은 것으로 '쁘라흐라다(神)께'라 번역할 수 있다. 여기에 '마음'을 뜻하는 manas가 대격 manaḥ로 되어 '마음을'이 되고, 또한 svāhā가 뒤에 붙는다. 따라서 위 문장 전체를 "정이 깊은 '청경'이시여! 즐거움의 마음을 성찰함으로써, 쁘라흐라다(神)께 영광이 있기를!"이라 해석할 수 있다.

siddhāya svāhā mahāsiddhāya svāhā

siddhayogeśvarāya svāhā

씻다야 쓰와하 마하씻다야 쓰와하 씻다요게슈와라야 쓰와하

성자께 영광이 있기를! 대성자께 영광이 있기를! 성자, '요가의 주主'께 영광이 있기를!

siddhāya svāhā에서 siddhāya는 '성자'를 뜻하는 명사 siddha에 여격어미 ya가 붙어 '성자께'라 할 수 있으며, svāhā는 '영광이 있기를!'이라

---

123 L. Chandra는 이 단어를 prahlādaya라 하였는 바, 필자는 이를 與格으로 해석함이 무난하리라는 생각 속에 prahlāda+ya=prahlādāya라는 원칙에 의해 a를 ā로 바꿔 표기하였다.

124 『마하바라타』에 등장하는 阿修羅의 名稱으로서, vairocana의 아버지로 이해되며, indra의 敵, 또는 비슈누의 숭배자로 묘사되고 있다. 한편 kāyādhava라 별칭되기도 하는 바, kāya는 prajapati, 즉 쉬바의 아내를, dhava는 소유자를 뜻한다. 그러므로 prajapati의 소유자, 즉 쉬바의 별칭이 되기도 한다.

는 축복어가 되니, "성자께 영광이 있기를!"이라 번역할 수 있다. mahāsiddhāya svāhā는 "대성자께 영광이 있기를!"이라 번역할 수 있다.

siddhayogeśvarāya svāhā에서 siddhayogeśvarāya는 siddha와 yoga와 '신'을 뜻하는 īśvara가 합해진 꼴에 여격어미 ya가 붙어 '성자, '요가의 주'께'라 할 수 있으며, 뒤에 svāhā가 붙어 "성자, '요가의 주'께 영광이 있기를!"이라 번역할 수 있다. 한편 yogeśvara, 즉 '요가의 주'는 쉬바의 호칭이 되기는 바, '청경의 명호' 가운데 하나로서 쓰이고 있음을 알 수 있다.

이에 위 전체 문장을 번역해 보면, "성자께 영광이 있기를! 대성자께 영광이 있기를! 성자, '요가의 주'께 영광이 있기를!"이란 뜻을 얻을 수 있다.

Nīlakaṇṭhāya svāhā

닐라깐타야 쓰와하

'청경青頸'께 영광이 있기를!

Nīlakaṇṭhāya svāhā는 Nīlakaṇṭha, 즉 '청경'에 여격 ya가 붙어 "청경께 영광이 있기를!"이라 이를 번역할 수 있다.

varāhamukha-siṁhamukhāya[125] svāhā

---

125 금강지本(1061)을 제외한 기타 역본은 다음의 각각 다른 표기를 보이고 있다.
金剛智(1061) 譯本: varāhamukhāya svāhā MahāNarasiṁhamukhāya svāhā
不空(1113B) 譯本 및 不空(1064), 伽梵達磨(1060) 譯本 :

바라하무카 씽하무카야 쓰와하

'멧돼지의 용모, 사자의 용모를 (갖춘) 자'께 영광이 있기를!

varāhamukha-siṁhamukhāya에서 varāha는 '멧돼지'를 말하며, '비슈누Viṣṇu의 화신'으로 이해할 수 있다. 또한 mukha란 '얼굴' 내지 '용모'를 뜻하는 명사로, varāhamukha라 함은 '멧돼지의 용모로 변한 비슈누의 화신'을 뜻한다고 하겠다. 한편 siṁhamukhāya에서 siṁha란 '사자'를 말하는 바, 여타 역본에 표기되어 있는 narasiṁha는 '비슈누의 화신'인 '인사자人獅子'를 말하고 있다. 그리고 다음에 '용모'라는 뜻의 mukha가 붙는데, 이를 '사자의 용모로 변한 비슈누의 화신'으로 이해할 수 있으며, 거기에 여격어미 ya가 붙어 "멧돼지의 용모, 사자의 용모를 (갖춘) 자께 영광이 있기를!"이라고 전체 내용을 번역할 수 있다.

여기서 '멧돼지의 용모, 사자의 용모를 (갖춘) 자' 또한 '청경의 명호' 가운데 하나로 이해된다.

126 padma-hastāya svāhā

빠드마 하쓰따야 쓰와하

---

maranara svāhā Sirasiṁhamukhāya svāhā

여기서 maranara(摩羅那羅)는 varāhamukhāya의 訛傳된 표기이며, 금강지 역본에서의 MahāNarasiṁhamukhāya를, 불공(1113B) 및 가범달마(1060), 불공(1064) 역본에서는 maha를 빼고 Sirasiṁhamukhāya라 하는 바, 여기서 Sira 역시 Nara의 訛音이 된다. 현행 다라니에서는 앞의 svāhā를 빼고 varāhamukha-siṁhamukhāya svāhā란 표기만을 쓰고 있다.

126 금강지(1061) 역본에는 이 앞에 siddha-viddya-vidyādharāya svāhā라는 내용이 첨가되어 있다.

'연꽃을 손에 쥔 자'께 영광이 있기를!

padma-hastāya svāhā에서 padma는 '연꽃'이란 뜻의 명사이다. 그리고 hasta는 '손', '손에 쥔'을 뜻하는 명사로서 둘을 합하면 '연꽃을 손에 쥔 자'가 된다. 거기에 여격어미 ya가 붙어 '연꽃을 손에 쥔 자께'라는 뜻이 되는데, '연꽃'이란 비슈누의 지물持物이 되는 까닭에 '연꽃을 손에 쥔 자'라 함은 곧 비슈누를 말한다고 할 것이다. 이에 이 구절을 "연꽃을 손에 쥔 자께 영광이 있기를!"이라 번역할 수 있다. 한편 '연꽃을 손에 쥔 자'는 불교 관음보살의 화신인 연화수蓮華手보살로 이해되기도 하는데, 여기서는 '청경의 명호' 가운데 하나로 쓰이고 있다.

cakrāyudhāya svāhā[127]

짜끄라유다야 쓰와하

'챠크라(원반 모양의 무기)를 손에 쥔 자'께 영광이 있기를!

cakrāyudhāya svāhā에서 cakrāyudha는 비슈누 내지 끄리슈나 Kṛṣṇa의 별칭으로 알려져 있다. 거기에 여격어미 ya가 붙어 "신(Viṣṇu 혹은 Kṛṣṇa)께 영광이 있기를!"이라 이 부분을 번역할 수 있을 것이다. 그러나 불공 역본(113B)이거나 불공(1064) 및 가범달마(1060) 역본에서는 이 부분을 cakra hastāya svāhā라 표기하는 바, cakra는 '원반

127 불공(1064) 및 가범달마(1060) 역본에는 이후에 padma-hastāya svāhā라는 내용이 삽입되어 있다. 한편 이후의 몇몇 문장은 현행 다라니와 그 순서의 차이를 보이고 있다. 앞의 공관도표에서 각각 역본의 원래 순서를 ( ) 안에 번호로 표기해 두었으니, 참고 바란다.

모양의 무기로 비슈누의 지물持物'로 알려져 있다. 그리고 hasta는 '손에 쥔'을 뜻하며 여기에 여격어미 ya가 붙어 "챠크라를 손에 쥔(자)에게 영광이 있기를!"이라 번역할 수 있다. 여기서 '챠크라를 손에 쥔 자' 역시 '청경의 명호' 가운데 하나로 이해되고 있다.

śaṅkha-śabda-nibodhanāya svāhā[128]

샹카 삽다 니보다나야 쓰와하

'소라고둥 소리를 듣는 자'께 영광이 있기를!

śaṅkha-śabda-nibodhanāya svāhā에서 śaṅkha란 '소라고둥(螺貝)'이란 명사로, 비슈누의 지물持物 내지 비슈누 자체를 상징하는 용어이기도 하다. 그리고 śabda는 '음音'을 뜻하는 명사로, 이 둘을 합하면 '소라고둥 소리'가 된다. 한편 nibodhanāya는 '소리를 듣다'는 뜻을 갖는 nibudh의 현재분사 nibodhana에 여격어미 ya가 붙어 '소리를 듣는 자에게'라 번역될 수 있다. 이에 전체 문장을 "소라고둥 소리를 듣는 자께 영광이 있기를!"이라 번역할 수 있다.[129] 여기서 '소라고둥

---

128 불공(1113B) 역본 및 불공(1064), 가범달마(1060) 역본에서는 이 문장과 뒷문장의 순서가 바뀌어져 있는 채, śaṅkha-śabda-nibodhanāya svāhā라는 어구 대신 mahābali-śaṅkarāya svāhā라는 어구가 쓰이고 있다.

129 nibodhanāya에서 ni는 '아래' '안에' '뒤에'를 뜻하는 동사의 접두어, 그리고 bodhana는 '呪文을 유효케 하다(혹은 '눈을 뜨다')'는 의미의 형용사가 되는 바, 둘을 합하면 '呪文을 유효케 한 뒤에('눈을 뜬 뒤에')'라는 뜻을 얻게 된다. 여기에 문장의 주어격으로 앞의 구절이 오게 되니, '呪文을 유효케 한 후('눈을 뜬 뒤')의 소라고둥(Viṣṇu의) 소리'가 되며, 그 뒤에 여격어미 ya와 svāhā가 붙어 "呪文을 유효케 한 이후('눈을 뜬 뒤') (울리게 될) 소라고둥(Viṣṇu의) 소리에 영광이

소리를 듣는 자'는 비슈누를 말하는 것이나, 여기서는 '청경의 명호' 가운데 하나로서 쓰이고 있음을 알 수 있다.

[130] mahālakuṭadharāya svāhā[131]
마하라꾸따 다라야 쓰와하
'큰 방망이(를) 보지保持하는 (자)'께 영광이 있기를!

mahālakuṭadharāya에서 maha는 '큰'이란 뜻이며, lakuṭa는 '방망이'라는 뜻의 명사로, 방망이 역시 비슈누의 지물 중 하나이다. 그리고 dhara는 '보지保持하는'이란 뜻의 형용사로 여기에 여격 ya가 붙어 있으니, 이 문장은 "큰 방망이(를) 보지하는 (자)께 영광이 있기를

있기를!"이라고 이 문장 전체를 해석할 수 있기도 하다.
한편 불공本(1113B)과 불공 및 가범달마 역본에서는 이 부분을 摩婆利 勝羯囉夜 娑婆訶(mahābali-śaṅkarāya svāhā)라 표기하고 있는 바, 한글 음역 및 금강지本과 많은 차이을 보이고 있다. 여기 mahābali-śaṅkarāya에서 mahābali는 '출중하게 강한'이란 뜻을 갖는다. 그리고 śaṅkara는 Śiva神의 명칭에 해당되니, "출중하게 강한 (Śiva)神께(ya) 영광이 있기를(svāhā)!"이라 이를 번역할 수 있다.
이를 위의 문장과 비교해 보면 위에서는 śaṅkha(소라고둥, 혹은 Viṣṇu神)란 단어를 사용하고 있는 대신 이 문장에서는 śaṅkara(Śiva神)라는 단어를 사용하고 있는 바, 이는 '소라고둥(或은 Viṣṇu의) 소리(śabda)의 우렁참'과 '출중하게 강한(mahābali) Śiva神(śaṅkha)'과의 의미상의 유사점과 아울러, śaṅkha와 śaṅkara라는 단어 표기상의 유사점 속에 큰 무리가 생기지 않는다는 생각으로 이러한 표기를 행한 것으로 여겨진다.

130 금강지(1061) 역본에는 이 앞에 (41)Kṛṣṇa-sarpa-kṛta-yajñopavītāya svāhā라는 문장이 삽입되어 있다.

131 이 문장은 불공本(1113B) 및 불공(1064), 가범달마(1060) 역본에서는 생략되어 있다.

(svāhā)!"이라 해석될 수 있다. '큰 방망이(를) 보지하는 (자)' 역시 비슈누를 칭하는 표현이나, 여기서는 '청경의 명호' 가운데 하나로 쓰이고 있다.

vāma-skanda-deśa-sthita-kṛṣṇājināya svāhā[132]
바마 쓰깐다 데샤 쓰티따 끄리슈나지나야 쓰와하
왼쪽 공격자 쪽에 있는 '흑색 성자'께 영광이 있기를!

여기서 vāma는 '왼쪽의'라는 뜻의 형용사이다. 그리고 skanda는 '공격자'거나 'Śiva신 또는 Agni신의 아들'을 의미하는 명사이다. 또한 deśa는 '쪽' 또는 '장소'를 뜻하는 명사이며, sthita는 '서 있는', '있는'의 뜻을 가지는 과거수동분사, 그리고 kṛṣṇājina는 '흑색 야크(羚羊)의 가죽' 내지 '비슈누 화신으로서 끄리슈나kṛṣṇa'의 별칭 '흑색 성자'를 말한다. 그리고 거기에 여격어미 ya가 붙어 있다. 이를 해석해 보면, "왼쪽 공격자 쪽에 있는 흑색 성자께 영광이 있기를!"이 된다. 여기서 '흑색 성자' 역시 '청경의 명호' 가운데 하나로 쓰이고 있다.

vyāghra-carma-nivasanāya svāhā[133]

---

132 이 문장은 불공本(1113B) 및 불공(1064), 가범달마(1060) 역본에는 생략되어 있다.

133 금강지(1061) 역본은 현행 다라니와 내용의 일치를 보이고 있으나, 불공(1113B) 역본 및 가범달마(1060), 불공(1064) 역본에서는 (29) Nīlakaṇṭa- vyāghrāya svāhā 라는 표기를 보이고 있다.
한편 금강지(1061) 역본에는 이 문장 다음에 (47)Lokeśvarāya svāhā (48)sarva-siddhe-śvarāya svāhā라는 문장이 삽입되어 있기도 하다.

비야그라 짜르마 니바싸나야 쓰와하

'호랑이 가죽(을) 착용(한 자)'께 영광이 있기를!

vyāghra는 '호랑이'를 뜻하고, carma(n)는 '가죽'을 뜻하는 명사이다. 그리고 nivasana는 '(의복의) 착용'을 뜻하는 명사이며, 그 뒤에 여격어미 ya가 붙었다. 이에 위 문장을 "호랑이 가죽(을) 착용(한 자)께 영광이 있기를!"이라 번역할 수 있다. 여기서 '호랑이 가죽(을) 착용(한 자)' 역시 '청경의 명호' 가운데 하나로 쓰이고 있다.

V. 귀의문歸依文

이상 16항목에 걸친 〔성관자재 찬가〕를 통해 무려 16개에 이르는 '청경의 명호'가 동시에 소개되고 있는 바, 위 내용을 통해 볼 때 힌두 신앙의 많은 요소들이 불교 다라니에 접목되어 있음을 발견할 수 있다. 이에 다라니에 담긴 내재적 의미성을 파악하기 위해 우리는 「'천수다라니'에 대한 인도 신화학적神話學的 고찰」의 필요성을 느끼게 되는 바, 필자에 의해 쓰여진 이 연구는 본 책의 부록으로 실려 있다.

여하튼 이상의 〔성관자재 찬가〕에 이어, 다라니는 또다시 다음과 같은 〔귀의문〕을 등장시켜 전체 내용을 마무리 짓고 있다.

namo ratna-trayāya[134] namaḥ āryāvalokiteśvarāya svāhā[135]

---

134 금강지(1061) 역본에는 이 부분이 생략되어 있다.

135 이 부분은 각 역본마다 다음과 같이 표기에 있어 상당한 차이를 보이고 있다.

金剛智: namo bhagavate aryāvalokiteśvarāya bodhisattvāya mahā-sattvāya mahākāruṇikāya

나모 라뜨나 뜨라야야 나마하 아리야발로끼떼슈와라야 쓰와하
삼보에 귀의합니다. 성관자재께 귀의합니다. 영광 있으소서!

namo ratna-trayāya는 앞서 살펴본 것처럼, "삼보에 귀의합니다"는 뜻을 갖으며, namaḥ āryāvalokiteśvarāya는 "성관자재께 귀의합니다"라 번역될 수 있다. 그리고 svāhā는 "영광이 있기를……"이라 번역될 수 있음은 앞서 말한 바 있다.

③ **현행 다라니의 해석**

이상 다라니에 대한 어구 해설을 통해 전체 다라니에 대한 해석을 행할 수 있게 되었다. 이제 필자는 다라니 전체의 해석문을 소개함에 있어 정태혁 및 전재성 등 이전의 해석문과 아울러 실어 두겠는 바,

---

現行本:	namaḥ	aryāvalokiteśvarāya		svāhā
伽.不 :	nama	aryāvalokiteśvarāya		svāhā
不空 :	nama	aryāvalokiteśvarāya	bodhi	svāhā

한편 다음 역본 등에는 이후 다음과 같은 구절이 첨가되어 있기도 하다.

金剛智(1061) :		siddhyantu me mantra-padāni svāhā
伽梵達磨(1060):		siddhyantu mantra-padāni svāhā
不空(1060) :	oṁ	siddhyantu mantra-padāni svāhā

이 부분을 금강지(1061) 역본에 의거(불공本의 oṁ 삽입)해 번역해 보면, oṁ siddhyantu me mantra-padāni svāhā에서 siddhyantu란 '완성'의 의미를 갖는 명사 siddhi에 3인칭 명령형 어미가 붙어(siddhi+antu=siddhyantu) "아(oṁ)! (그것들은) 완성되어지이다"에 '나의'란 뜻을 갖는 aham의 屬格 me, 그리고 '찬가, 주문'을 뜻하는 mantra와, '(veda의) 독송 방법'을 뜻하는 명사 pada의 복수 주격형, 즉 '(veda의) 독송 방법들'이란 뜻의 padāni에 svāhā가 붙어진 말로 "아! 완성되어지이다, 나의 呪文 독송 방법들이여, 영광이 있기를!"이라고 전체 문장을 해석할 수 있다.

이를 통해 관점의 차이에 의한 다라니 해석의 다양한 모습을 접할 수 있게 된다. 필자의 해석은 직역을 원칙으로 하였음을 밝혀 둔다.

筆者: 正覺 解釋	全在星 敎授 解釋	鄭泰爀 敎授 解釋
I. 삼보께 귀의합니다. 크나큰 자비의 聖觀自在 보살마하살께 귀의합니다. 아! 모든 두려움 가운데 피난처 되는 그에게, 이것을, (즉) 靑頸의 名號인 聖觀自在 讚歌를 기억하면서, 귀의합니다.	삼보께 귀의하나이다. 옴-큰 자비심을 지닌 훌륭한 분으로, 모든 두려움에서 보호하여 주시는 '세상을 굽어 살피는 님' 거룩한 관세음보살님께 귀의하나이다. 목에 푸른빛을 띄우는 님이시여 그에게 귀의하옵나니,	귀의하옵나이다. 거룩하신 관자재보살마하살 大悲愍尊께 귀의하옵나이다. 옴, 일체의 두려움 속에서 救度하시는 저 〔聖尊께〕 귀의하면 여기에 聖觀自在의 위력은 〔나타납니다.〕 靑頸尊下시여, 귀의하옵나이다.
II. 저는 마음을 닦겠습니다. 일체의 이익 성취와・복과・필승과, 일체 중생들의 삶의 길의 청정(이란 마음)을‥	지순하여 겨룰 수 없고, 모든 뭇 삶들의 청정으로 '이끄는' '이 세상을 굽어 살피시는 님' 관세음보살님의 가르침에로 제 마음을 돌이킵니다.	나는 心髓에 〔도달하겠나이다.〕 일체의 이익의 성취・淨明・無能勝・一切生類의 世間道 淨化에 〔도달하겠습니다.〕
III. 다시 말하건대 아! 觀하여 보는 者시여! 출세간의 마음, 세속을 초월한 者시여! 오소서, 오소서, 觀自在시여! 저의 마음을 기억하소서, 기억하소서, 대보살이여! 의식을 행하소서, 행하소서. 그리하여 저희의 목표가 달성케 되기를….	옴-아아, 밝음이여! 빛과 같은 지혜를 지닌 님이시여! 세상을 뛰어넘는 님이시여! 님이시여! 위대한 보살님이시여! 당신은 마음을 살피고 또 살피시어 일을 하시고 또 하시고 이루고 또 이루시고, 펴시고 또 펴십시오.	옴, 관찰자여, 관찰하는 지혜의 聖尊이시여, 관찰을 뛰어넘는 聖尊이시여, 자, 자, 태워주소서. 대보살이시여, 속히 憶念하소서. 항상 생각하소서. 속히 악업을 그치게 하소서.
IV. 수호하소서, 수호하소서! '승리자'시여! '대승리자'시여! 支持하소서, 지지하소서, '능히 대지를 지지하는 神'이시여! 이리 저리 움직이소서, 움직이소	승리하는 님이시여! 크낙하게 승리하는 님이시여! 호지護持하십시오. 호지하십시오. 번갯불을 호지하는 님이시여! 움직이십시오, 움직이십시오.	승리자여, 대승리자여, 항상 受持하소서. 受持自在王이시여, 속히 發起하소서.

서, '말라(神)'시여! 부정을 여읜, 청정한 '무르떼(神)'시여!	티끌을 떠난 님이여! 청정한 해탈의 님이시여!	塵垢의 離脫이여, 無垢解脫이여,
오소서, 오소서, '世自在'시여!	오십시오, 오십시오. 세계를 '主宰하는' 님이시여!	속히 오라. 世自在尊이시여,
貪慾의 독을 파괴하시고, 瞋恚의 독을 파괴하시고, 癡暗(어리석음)의 얽혀짐의 독을 파괴하소서!	탐욕의 독을 없애게 하시고, 미움의 독을 없애게 하시고 어리석음의 독을 없애게 하십시오. 님이시여!	탐욕의 독을 소멸하소서. 진에의 독을 소멸하소서. 愚癡가 움직이는 독을 소멸하소서.
기쁘도다! '말라(神)'시여! 기쁘도다! '觀自在(神)'시여, '파드마나바'시여!	훌루 훌루 말라 훌루 훌루 말라 훌루 훌루! 배꼽에서 연꽃이 피어나는 님이시여!	두렵도다, 塵垢여, 두렵도다, 塵垢여, 두렵도다, 제거하소서. 生蓮華臍의 聖尊이시여,
이리 저리 좌우로 움직이소서, 흐르소서! 비추어 식별함으로서 깨닫게(이룩하게) 하소서!	싸라 싸라 씨리 씨리 쓰루 쓰루! 깨달으시고 깨달으셔서, 깨닫고 또 깨닫게 하여 주십시오.	〔속히〕 건지소서. 〔속히〕 가게 하옵소서. 〔속히〕 흘려내 주소서, 〔속히〕 覺을 이루게 하소서. 〔속히〕 覺을 이루게 하소서.
정이 깊은 '青頸(닐라깐타)'이시여! 즐거움(kāma)의 마음을 성찰함으로서, '쁘라흐라다(神)'께 영광이 있기를!	자비스러운, 목에 푸른빛을 띠운 님이시여! 애욕의 부숨을 기뻐하면서, 쓰와하 --	哀愍青頸尊이시여, 〔그는〕 愛慾을 破하기에 奮起케 하셨도다.
성자께 영광이 있기를! 대성자께 영광이 있기를!	신비한 힘을 성취한 님을 위하여 쓰와하 --	成就尊을 위해, 大成就尊을 위해 吉祥 있으라.
聖者, '요가의 主'께 영광이 있기를!	위대한 신비의 요가를 성취한 님을 위해서 쓰와하 --	요가 成就自在尊을 위해 吉祥 있으라.
'青頸'께 영광이 있기를!	'신비로운 힘의 방편을 지닌' 요가 수행자의 님(主)을 위하여 쓰와하 --	青頸聖尊을 위하여, 吉祥있으라.
'멧돼지의 용모, 사자의 용모를 갖춘 者'께 영광이 있기를!	멧돼지의 얼굴과 사자 얼굴을 한 님을 위해서, 쓰와하 --	猪容尊을 위하여, 獅子容尊을 위하여 吉祥있으라.
'연꽃을 손에 쥔 자'께 영광이 있기를!	손에 연꽃을 든 님을 위해서 쓰와하 --	蓮華手尊을 위하여, 吉祥있으라.
'챠크라(원반 모양의 무기)를 손에 쥔 자'께 영광이 있기를!	보륜을 사용하는 님을 위해서 쓰와하 --	寶輪相應尊을 위하여, 吉祥있으라.
'소라고둥 소리를 듣는 자'께 영광이 있기를!	신의 소라고둥에서 소리가 울릴 때 우주적인 잠에서 깨어난 님을 위해서 쓰와하 --	螺貝音尊이여, 菩提를 위하여 吉祥있으라.
'큰 방망이를 지니는 자'께 영광이 있기를!	큰 주장자를 든 님을 위해서, 쓰와하 --	尊瓶執持尊을 위하여 吉祥있으라.
왼쪽 공격자 쪽에 있는 '흑색 성자'께 영광이 있기를!	왼쪽 어깨 쪽에 서 있는 · 승리의 끄리슈나님을 위해, 쓰와하 --	오른 어깨 쪽에 있는 黑色身勝尊에게

'호랑이 가죽을 착용한 자'께 영광이 있기를!	호랑이 가죽 위에 명상하는 님을 위해서, 쓰와하 --	吉祥있으라. 虎皮의 옷을 입은 聖尊께 吉祥있으라.
V. 삼보께 귀의합니다. 聖觀自在께 귀의합니다. 영광이 있으소서!	삼보께 귀의합니다. 거룩한 '세상을 굽어살피시는 님' 관세음보살님께 귀의합니다.	귀의하옵나이다. 聖觀自在에게 귀의하옵나이다.

이상 다라니를 독송함에 있어 가범달마 역본 경전 설명에 의하면 "다라니신주를 외우되 하룻밤에 5편을 외우라"고 하고 있다. "그러한 즉 몸 가운데 백천만억 겁의 생사 중죄가 소멸되어 없어지게 될 것이다"[136]라는 것이다.

그럼에도 '현행 『천수경』'을 독송하는데 있어 전체 다라니를 3편 외운다거나, 혹 전체 다라니를 3편 외우지 않을 경우에는 마지막 구절 '나모라 다나다라 야야 나막알약 바로기제 새바라야 사바하'만을 3번 외움[137]으로써 '3편'에 대한 의미를 부여하는 바, 이렇듯 다라니를 3편 외우게 됨은 어떤 까닭에 의해서일까?

이에 의식집 『삼문직지』 가운데 "차천수삼편次千手三遍"이란 지문地文과 함께 다음 구절이 수록되어 있음을 볼 수 있다.

> 3편을 외우는 것은, 첫째 (세속에) 물든 인연을 멸하고자 하는 것이요, 둘째 마음〔識心〕에 장애되는 바를 떨쳐 버리기 위함이고, 셋째

136 『千手千眼觀世音菩薩廣大圓滿無礙大悲心陀羅尼經』(『大正藏』 20, p.107).

137 1826년 편찬된 『작법귀감』 가운데 "처음 1편을 전부 외우고 뒤의 2편은 단지 마지막 1句만을 외우는 방법에 대해, 그것이 옳은 것인지 모르겠다"는 내용이 적혀 있는 것으로 봐서, 이러한 전통은 퍽이나 오래 전부터 시행되었던 것으로 여겨진다. 『作法龜鑑』(『韓佛全』 10, p.554).

> 법계法界를 넓혀 청정케 하는데 그 뜻이 있는 것이다. 그러므로 (말하건대) 이렇듯 3편(을 독송하는 것)은 정토의 뜻을 (함유해) 가지는 것이다. 본래 1편 혹은 5편을 외우는데, (그것은) 임의任意에 따를 일이라. 대저 관음보살께서 초지初地에 이 법(다라니)을 듣고 제9지地에로 직입直入해 들었던 즉, 그 공덕을 가히 알아야 할 것이다.[138]

위 인용문에 의할 것 같으면 '세속의 인연을 멸하고', '마음에 장애되는 바를 떨쳐버리며', '법계를 넓혀 청정케 하고자' 함에, 그리하여 결국 '정토를 이루고자 함'에 다라니 '3편' 독송의 의미가 있음을 말하고 있다.

4) 결계結界 및 청신請神

'정토를 이루고자 한다는 것.' 그리하여 '현행 『천수경』'은 앞의 '신묘장구대다라니' 3편 독송에 이어, 이렇듯 형성된 '정토'에 신들이 내려 우리를 옹호해 주기를 기원하는 '결계 및 청신' 항목을 등장시키고

---

138 『三門直指』(『韓佛全』 10, p.145). "三遍者 一滅染緣 二遺識心限碍 三廓法界淸淨 此乃三遍淨土之義 而有本一片或五片 任意爲之 盖觀音菩薩 初地聞此法 直超第九地 則其功可知."
『작법귀감』(『韓佛全』 10, p.554) 역시 "三遍者 初滅諸染緣 次去識心限碍 後擴周法界也"라는 유사한 내용을 기록하고 있다.
『불가일용작법』 역시 이와 유사한 내용을 전하고 있다. 이에 그 문구를 인용하면 다음과 같다. "千手三遍者 初變滅染緣 再變遺識心限碍 三變廓法界眞境也 釋迦分身諸佛容受之義也 觀世音菩薩 始住初地 値千光王如來 一聞此呪 頓超八地云." 『佛家日用作法』(金月雲 편, 『日用儀式隨聞記』, 中央僧伽大學 出版部, 1991), p.216.

있다.

이 가운데 '결계' 부분에 대해 『작법귀감作法龜鑑』은 다라니 '3편'을 외움에 있어 다음 독송 방법을 제시하고 있다. 즉 "대중이 함께 범음(梵音: 陀羅尼) 3편을 외우되, 우선 탁자 앞에 나아가 향을 꽂고 '왼손에는 물그릇[139]을 오른손에는 양지(楊枝: 버드나무) 가지'[140]를 잡는다. 그리고 물에다 향 연기 3번을 쏘인 후, 3번 휘젓고 난 다음 그 물을 뿌려야 한다. 법당 내부를 한 바퀴 돌고 법당 밖〔月臺〕과 (寺의) 회랑을 한 바퀴씩 돌며 물을 뿌릴 지니, 이렇게 세 바퀴를 돎으로써 (온 땅이) 정토로 변하여 질 것이다.[141] 혹 법당 안을 세 바퀴 돌아도 된다"[142]는

---

139 '왼손에 물그릇을 든다'는 이 규범에 비해 『佛說甘露經陀羅尼呪』(『大正藏』 21, p.468)에서는 "오른손에 물 한 움큼을 쥔 채 (다음) 주문을 7편 외운 후 (그 물을) 허공 가운데 흩뿌려라. (그러한 즉) 그 물은 10斛의 감로로 변하여 일체 아귀들이 먹을 수 있게 되는 바, 조금도 부족하지 않고 모두 다 포만케 되리라"는 내용과 함께 "나무 소로바야 다타아다야 다냐타 옴 소로소로 바라소로 바라소로 사바하(南無 素嚕皤耶 怛他揭多耶 怛姪他 唵 素嚕素嚕 皤囉素嚕 皤羅素嚕 莎訶)"라는 진언을 동시에 전하고 있기도 하는 바, 차이를 보이고 있다.

140 楊枝가지에 물(水)을 묻혀 뿌리는 의식을 경전 여러 곳에서 발견할 수 있다. 여기 한 예를 들어 보겠다. 이는 病苦者를 치료하는 데 의식이 쓰이고 있음을 볼 수 있다.
"나라 안의 국왕·대신·장자·거사와 4종의 백성으로서 만약 病苦者가 있다면 그를 精舍 안으로 데려와 楊枝가지와 아울러 샘물(泉水)을 준비한 다음, 病者(에게 뿌려) 목욕을 시킨 후 五方에 뿌릴지어다. (그러한 즉) 모든 魔와 惡鬼·毒鬼 등이 사라지고 모든 악을 막아 없애 만사가 吉祥케 되리라." 『佛說灌頂梵天神策經』 卷第9(『大正藏』 21, p.513).

141 이렇듯 물에 향 연기를 쏘인 후, 그 '법의 물〔法水〕'을 뿌려 정토를 이루게 한다는 내용을 우리는 『作法龜鑑』의 前 항목인 '開啓文' 가운데서도 발견할 수 있다. "상술컨대 대저 물(水)란 청정의 공능을 함유하고, 향에는 널리 움직이는 덕성을 지니고 있다. 그러므로 '법의 물(法水)'로서 거기에 특별히 妙香을 쏘인 다음

것이다.

이상의 인용구는 밀교 작법으로서 '결계'의 행법을 보여주는 좋은 예라 할 수 있다. 이에 가범달마 역본 「천수경」 경전에 의하면, 다라니를 외우고 난 후 '결계'를 행할 것을 설하고 있다. 즉 "깨끗한 물이거나 백개자·깨끗한 재 아니면 생각의 영역으로써 경계를 삼으라"[143] 하고 있는데, 이렇게 함으로써 '일정 영역의 깨끗한 땅', 즉 '정토'가 형성될 것임을 말하고 있는 것이다.

(1) 결계, 사방찬四方讚

이에 '결계'라 함은 '정토 형성의 방법'을 뜻하는 바, 한국의 전통 불교의 식에서는 다만 물을 뿌림(灑水)으로써 '결계'를 행하였음이 일반적이었던 것 같다.

이와 함께 의식집 『작법귀감』 및 『범음산보집』에는 '쇄수게灑水偈'라 하여 '물 뿌리는 의식'을 행함에 앞서 외우는 게송이 소개되고 있는데, 이를 인용해 보면 다음과 같다.

관음보살대의왕觀音菩薩大醫王　감로병중법수향甘露甁中法水香

그 물을 法筵에 뿌린 즉 정토를 이루게 될 것이다(詳夫水含淸淨之功 香有普熏之德 故將法水 特熏妙香 灑斯法筵 成于淨土)." 『作法龜鑑』(『韓佛全』 10, p.553).

142 「作法龜鑑」(『韓佛全』 10, p.554). "法衆同諷三遍 一邊梵音 進入卓前揷香 左手執水盈 右手執楊枝 滴水熏香三度 因攪其水三度而灑之 始匝堂內一巡 次匝庭中一巡 終匝 廊外一巡 以擬三變淨土 或堂內三巡亦可."

143 『千手千眼觀世音菩薩廣大圓滿無礙大悲心陀羅尼經』(『大正藏』 20, p.109). 같은 내용이 『千手眼大悲心呪行法(『大正藏』 46, p.973)』 가운데 실려 있는 바, 이곳 독송 규범에서는 '다라니' 독송에 앞서 結界를 행할 것을 말하고 있다.

쇄탁마운생서기灑濯魔雲生瑞氣　소제열뇌획청량消除熱惱獲淸凉

관음보살께서는 모든 의사 중의 으뜸이시니
감로병甘露甁 가운데 (담겨진) 법法의 물, 그 향기로써
탁한 마魔의 기운 흩뿌려 상서로운 기운 생겨나고
들뜬 마음의 번뇌 소멸시키시어, 청량함을 얻게 하소서.[144]

그러나 이들 의식집 가운데 '쇄수게'는 다라니를 외우고 나서가 아닌 다라니 독송 전에 외웠던 것으로,[145] "다라니를 외우고 난 후 '결계'를 행하라"는 「천수경」(가범달마 역본) 경전 상의 내용과는 순서적으로 일치하지 않는 측면을 보인다. 그럼에도 현재에는 이 부분이 의식 가운데 생략된 채 뒤이어 '사방찬'만을 독송하는 바, 그 게송을 인용하면 다음과 같다.

일쇄동방결도량一灑東方潔道場　이쇄남방득청량二灑南方得淸凉
삼쇄서방구정토三灑西方俱淨土　사쇄북방영안강四灑北方永安康

처음 동방에 (물을) 뿌려 도량을 청결케 하였고
다음으로 남방에 (물을) 뿌려 청량함을 얻게 되었으며
또다시 서방에 (물을) 뿌려 정토를 이루었고

---

144 『作法龜鑑』(『韓佛全』 10, p.554).
이와 동일한 게송이 『梵音刪補集』 가운데 실려 있기도 하다. 『天地冥陽水陸齋儀梵音刪補集』(『韓佛全』 11, p.467).

145 앞의 책.

또한 북방에 (물을) 뿌려 길이 평안하리니

이상에서 볼 수 있는 '사방찬' 각 구절들은 '물을 뿌렸음(灑)'에 그 초점이 맞춰져 있다. 이렇듯 물을 뿌림으로 인해 동·서·남·북 사방에 악한 기운이 사라졌고, 도량은 청정함과 아울러 서방정토에서와 같은 평안함을 이루게 되었음을 찬탄하고 있는 '사방찬'. 그럼에도 『불가일용작법』 가운데 "만약 사방에 물을 뿌림을 본 즉 ('사방찬'을) 독송할 것이며, 그렇지 않으면 다만 '엄정게嚴淨偈'만을 읽으라"[146]는 내용을 발견할 수 있기도 하다.

(2) 청신請神, 도량찬道場讚

여기서 '엄정게'란 '도량찬道場讚'을 가리키는 말로, 『삼문직지』[147] 및 『작법귀감』[148]·『범음산보집』[149] 등에서도 이를 '엄정게'라 표현하고 있다. 한편 『염불보권문』[150]에서는 이를 '도량게道場偈'라 표현하고 있으나, 그 모두가 현행의 '도량찬'과 동일한 내용을 전하고 있다.

여하튼 앞의 '사방찬'에 이어 '현행 『천수경』'은 '도량찬'에로 이어지고 있다. 이 부분은 '도량찬'이란 제목이 알려 주듯, 도량을 찬탄함에 그 주안점을 두고 있다. 그럼에도 '도량찬'에는 찬탄의 성격과 아울러 불·법·승 삼보와 하늘 신들의 도움을 구하는 내용이 동시에 담겨

---

146 『佛家日用作法』, p.216.

147 『三門直指』(『韓佛全』 10, p.146).

148 『作法龜鑑』(『韓佛全』 10, p.554).

149 『天地冥陽水陸齋儀梵音刪補集』(『韓佛全』 11, p.467).

150 『念佛普勸文』(『韓佛全』 9, p.56).

있음을 또한 알 수 있다.

곧 '다라니를 외움과 함께 깨끗한 물을 뿌려 도량을 청정케 하였으니(즉 정토를 이루었으니), 삼보 및 하늘의 신들께서는 이곳 도량에 내리시어 나에게 복을 주십시오' 하는 말이다. 여기 '도량찬' 게송을 인용해 보면 다음과 같다.

도량청정무하예道場淸淨無瑕穢　삼보천룡강차지三寶天龍[151]降此地
아금지송묘진언我今持誦妙眞言[152]　원사자비밀가호願賜慈悲密加護

도량이 청정하여 티끌만큼의 더러움이 없나니,
(불·법·승) 삼보와 '천룡(및 야차·건달바·아수라·가루라·긴나라·마후라가 등 하늘의 신들)'은 이 땅에 내려오소서.
내 지금 신묘한 진언(다라니)을 외웠으니
원컨대 자비로이 은밀한 도움(加護) 주시기 바랍니다.

위 게송이 최초로 쓰이는 예를 『운수단가사』 안에서 발견할 수 있다. 그럼에도 이 문헌에서는 '도량찬'이나 '엄정게' 등 제목은 명기하지 않는 채 단지 게송만을 소개하고 있다. 한편 『천수안대비심주행법』의 「청삼보제천請三寶諸天」 항목에서는 "삼보 및 (…) 범천과 제석천·사천

151 『雲水壇謌詞』 및 『念佛普勸文』·『梵音刪補集』·『三門直指』 등 비교적 초기의 의식집과 『佛家日用作法』 가운데 '天龍'은 '龍天'으로 표기되어 있음을 볼 수 있다. 한편 가범달마 역본의 「천수경」 가운데 '龍天善神常護持故'라는 구절을 발견(『大正藏』 20, p.109.中)할 수 있는 바, 만약 이와의 연관 속에 이 구절이 쓰였다 한다면 그 순서가 바뀌어야 할 것이다.

152 『雲水壇謌詞』에는 '眞言' 대신에 '章句'라는 표현이 쓰이고 있다.

왕·제천팔부諸天八部께서는 나의 청請에 따라 이곳에 오시어 도량을 지켜 주시고 (다라니) 지송자를 옹호해 주시며…"[153]라는 구절이 쓰여 있는 바, 이는 '도량찬' 내용에 대한 문헌적 근거가 된다고 할 수 있다.

그런데 위 게송 가운데 '천룡天龍'이란 무엇을 뜻하는 것인가? 천룡이란 천룡팔부天龍八部, 즉 불법을 수호하는 여덟 신장神將을 말하는 것으로, 천天·용龍·야차夜叉·건달바乾闥婆·아수라阿修羅·가루라迦樓羅·긴나라緊那羅·마후라가摩睺羅迦 등이 이에 해당된다.[154]

여기서 '천'이란 석제환인釋提桓因, 즉 수미산須彌山 꼭대기에 머무는 도리천忉利天의 왕을 말한다. 산스크리트어로는 'śakrā-devānām indra'이며 또한 '석제환인다라釋提桓因陀羅'라 음역된 채 보통 '제석천帝釋天'이라 번역한다. 원래 힌두교의 우신雨神이 불교에 편입된 것으로, 모든 신들의 왕이라 칭해지며 코끼리를 탄 모습에 금강저(金剛杵: Vajra)와 그물망〔帝網〕을 손에 든 모습으로 표현된다.[155]

한편 '용'이란 산스크리트어의 'nāga', 즉 뱀을 지칭한 번역어로 고대 인도에서 뱀을 숭배하던 관습이 종교화하여 성립된 초월적 대상을 말한다. 뱀의 외형적 모습 및 특징을 변형시켜 '용'이란 '무한한 생명의 수호자'로 인식되기도 하였으며, 불법 수호의 신으로 불법이 행해지지 않을 때는 용왕이 이를 호지護持해 경전을 바다 속에 감추어 둔다고 전해지고 있다.[156]

---

153 『千手眼大悲心呪行法』(『大正藏』 46, p.974).

154 이하 '天龍八部'에 대한 설명은 拙稿, 『禮佛』 가운데 실려진 내용을 참조하였다. 정각, 『禮佛』, 奉恩寺出版部, 1993. p.70ff.

155 여기서 그물이란 '因陀羅網'을 말하며 '帝網'이라 略해 부르기도 하는 바, '禮敬文'에 등장하는 '帝網'은 이것을 일컫는 것이다.

이어 '천룡팔부' 중 세 번째 신으로 '야차'를 들 수 있다. '야차'란 산스크리트어 'yakṣa'의 음역이며, 고대 힌두 신화에 등장하는 나무의 신이나 산의 신·토지의 신 등 풍요와 결부된 지모신地母神이 불교적으로 변화한 모습을 말한다.[157]

그리고 '건달바'는 산스크리트어 'gandharva'의 음역으로, 향香을 음식으로 먹는다는 이 신의 특성에 따라 식향食香·심향尋香·향음香陰이라 번역하기도 한다. 힌두 신화에 표현되는 '건달바'는 반인반조半人半鳥의 모습을 갖추며, 하늘 천공天空에 거처를 둔 채 신들을 위한 영원성의 음료 소마soma를 보존하는 역할을 맡고 있다. 이렇듯 영원성의 근원(soma)을 보존하는 특성이 불법을 보존한다는 역할로 전이된 것이 아닌가 생각된다.[158]

또한 '아수라'는 산스크리트어 'asura'의 음역이다. 'asu'는 '호흡·숨'을 뜻하는 말로, 힌두교의 창조신 브라흐마의 호흡으로부터 태어난 첫 번째 창조물로 이해되고 있다. 조로아스터교의 전지자全知者 '아후라Ahura'와 동일시되기도 하며, 빛의 근원을 뜻하기도 하는 신이다. 힌두 신화의 일부분에서는 수행자를 방해하고 제석천과 전쟁을 일삼는 신으로 표현되기도 하나, 전체 불교 우주관 속에 불법 수호의 신으로

---

156 참고로 나가르쥬나Nāgārjuna, 즉 龍樹菩薩이 『화엄경』을 용궁으로부터 구해왔다는 이야기는 이를 상징적으로 표현한 것이라 할 수 있다.

157 현재 '夜叉'의 모습은 인도 산치 대탑의 난간이거나 많은 불탑의 문 등에 장식된 형태로서 남아 있는 바, 이렇듯 불법 수호의 수문장으로서의 '야차'의 성격은 힌두 신화에서 볼 수 있는 '쿠베라(Kuvera; 불교의 毘沙門天)'의 하나로서, 이는 수문장의 역할을 맡는 '夜叉'의 성격을 그대로 드러낸 것이라 할 수 있다.

158 『능엄경』(제7권, 20장)에 의하면 '乾闥婆'는 '毘舍闍'와 함께 동방 持國天王의 권속으로 이해되고 있다.

편입되고 있다.

다음에 등장하는 '가루라'는 산스크리트어 'garuḍa'의 음역으로 금시조金翅鳥라 번역되기도 하는데, 대범천왕大梵天王 또는 문수보살이 중생 구제를 위해 화현한 것이라 이해되는 신이다.[159]

한편 '긴나라'는 산스크리트어 'Kiṁnara'의 음역으로, 'kim'은 '어떤?'을 뜻하는 불변사不變詞이고 'nara'는 사람을 뜻하는 명사로 '어떤 사람?' 내지 '사람인지 아닌지?'의 뜻으로 해석되는 바, 한역에서는 '의인疑人'이라 번역하기도 한다.[160] 힌두 신화에 의하면 창조주의 근원인 카샤파 Kaśyapa의 아들로, 혹은 야차와 함께 창조신 브라흐마의 발가락에서 태어난 존재로, 쉬바신이 머무는 카일라사Kailāsa 산〔須彌山〕 쿠베라 Kuvera의 하늘에 살며 하늘 음악을 연주하는 악사거나 노래하는 천신으로 표현되며, 불교에서도 역시 하늘 음악을 연주하며 불법을 보호하는 천신으로 숭배되고 있다.

'마후라가'는 산스크리트어 'mahoraga'의 음역으로 몸은 사람이요 머리는 뱀의 형태를 한 신을 말한다. 'Mahoraga'는 'mahā'와 'uraga'로 나뉠 수 있는 바, 즉 용왕(great serpent)을 말하며 그 중에서도 특히

---

159 힌두 신화에 의하면 半人半鳥의 새 '迦樓羅'는 애초 굽타왕조 기간에는 태양신으로 상징되기도 하였으나, 이후 비슈누신의 '탈것'으로 그 용도가 전이된 후, 佛法의 수호신으로 불교에 편입된 전설적 동물이다.
용을 잡아먹는다는 金翅鳥으로서의 성격은 경전의 많은 부분에 등장하기도 하는데, 가사의 실오라기 하나가 금시조의 공격으로부터 용을 보호해 준다는 설화는 가사의 공덕과 더불어 금시조로서의 '迦樓羅'의 성격을 동시에 전해 주는 것이라 할 것이다.

160 산치대탑의 浮彫거나 바루후트 건축 등에 남아 전하는 '緊那羅'는 半人半馬의 모습으로 혹 머리 부분이거나 몸 부분이 말(馬)로 표현되는 경우가 있다.

쉐샤Sesha용왕을 '마후라가'라 부르게 된다. 앞서 설명한 불법 수호의 신 '용'과 동일시 생각해도 무방할 것이다.

5) 참회문懺悔文

이상 '결계' 및 '청신' 항목에 이어 '현행 『천수경』'은 '참회문'을 등장시키고 있다. 이는 "시방의 스승들께 참회하고 사죄한 후에야 비로소 일체 죄의 장애가 소멸되는 바, '대비다라니'를 독송할 때 시방의 스승들이 오셔 증명해 주시기 때문"이라는 가범달마 역본 경전 내용에 의해 삽입된 것으로 이해된다. 「천수경」 독송 의례를 전하고 있는 『천수안대비심주행법』 역시 다라니 독송을 마친 후 "일체 인연의 장애되는 바가 모두 숙연으로 말미암음을 깨달아"[161] 이전 무량겁으로부터의 모든 죄를 참회할 것을 권하고 있다.

'참회문' 항목으로서 '참회게' 및 '참회업장십이존불'·'십악참회'·'참회후송'과 아울러 '참회진언' 등을 독송하게 되는데, 이후 '제 진언 독송' 항목에로 '현행 『천수경』'은 이어지고 있다.

(1) 참회게懺悔偈

'참회게'는 『화엄경』(40화엄) 「보현행원품」 중 보현보살이 대중에게 고하는 게송 중 일부를 차용한 것이다.[162] '참회게'의 내용은 다음과 같다.

아석소조제악업我昔所造諸惡業　개유무시탐진치皆由無始貪嗔癡

---

161 『大正藏』 46, p.976下.

162 『大方廣佛華嚴經』(『大正藏』 10, p.847).

종신구의지소생從身口意之所生 일체아금개참회一切我今皆懺悔

내 지난날 지었던 모든 나쁜 짓
모두가 비롯됨 없는 탐·진·치로 말미암았네.
몸과 입, 생각을 좇아 생겨난 바
내 지금 그 모두를 참회하나이다.

그런데 위 『화엄경』 경문에 의하면 앞의 「천수경」 게송 중 '개유무시탐진치皆由無始貪嗔癡 종신구의지소생從身口意之所生'을 '개유무시탐에치皆由無始貪恚癡 종신어의지소생從身語意之所生'이라 하여 '진嗔'을 '에恚'로, '구口'를 '어語'로 표기하고 있는 바, 『현행법회예참의식』 역시 '진' 대신 '에'를,[163] '구' 대신 '어'를 표기하고 있음을 볼 수 있다.

그렇다면 위 내용 가운데 '에恚'를 '진嗔'으로 표기하고 있음은 어떤 까닭인가? 이는 다만 표기상의 차이에 지나지 않는다. 탐·진·치 삼독 중 '진嗔'을 '진에嗔恚(또는 瞋恚)'라 표기하는 바, 이는 산스크리트어 'krodha'의 번역어이기 때문이다.

그러나 '어語' 대신 '구口'가 표기되어 있음은 고려해 볼 만한 점이 있다. 즉 『금강정연화부심염송의궤金剛頂蓮華部心念誦儀軌』를 포함한 여러 경전들 중 "무시윤회제유중無始輪迴諸有中 '신구의업소생죄身口意業所生罪' 여불보살소참회如佛菩薩所懺悔 아금진참역여시我今陳懺亦如是(비롯함이 없이 많은 세상 윤회하는 가운데 신·구·의의 업으로 생겨난 죄, 마치 불보살들 참회하였음과 같이 내 이제 그와 같이 말해 참회합니다)"[164]

---

163 『作法龜鑑』(『韓佛全』 10, p.554) 또한 이를 '恚'로 표기하고 있다.

164 『金剛頂蓮華部心念誦儀軌』(『大正藏』 18, p.300) 및 『金剛頂一切如來眞實攝大乘現

라는 구절이 있음을 보게 되는데, 이는 위의 '참회게'와 내용 및 어구상 유사함을 보이고 있다.

따라서 위 경전의 영향 하에 제諸 의식집 편집자들이 '어'를 '구'로 바꾸지 않았나 생각할 수 있으며, 한편 신·구·의 삼업이란 의미상의 관련성 속에 '구口'를 택한 것이 아닌가 생각할 수 있다. 참고로 '구'자를 택하고 있는 최초 의식집 문헌으로 『염불보권문』을 들 수 있는데, 이후 대개의 의식집에서 이를 수용하고 있다.

(2) 참회업장십이존불懺除業障十二尊佛

위 '참회게'에 이어 '현행 『천수경』'은 가범달마 역본 경전에 따라 '악업을 참회해야 할 시방의 스승(佛)'을 나열하고 있는데, 다음 등 12분의 부처님 명호가 소개되는 까닭에 '참회업장십이존불'이라 부른다. 이 부분을 소개하면 다음과 같다.

나무南無 참회업장懺除業障

1보승장불寶勝藏佛

2보광왕화렴조불寶光王火炎照佛

3일체향화자재력왕불一切香火自在力王佛

4백억항하사결정불白億恒河沙決定佛

5진위덕불振威德佛

6금강견강소복괴산불金剛堅强消伏壞散佛

證大教王經』卷上(『大正藏』18, p.311), 『金剛頂經 金剛界大道場 毘盧遮那如來自受用身內證智眷屬法身異名佛最上乘秘密三摩地禮懺文』(『大正藏』18, p.336), 『藥師如來觀行儀軌法』1卷(『大正藏』19, p.23) 등에 동일한 구절이 수록되어 있다.

7보광월전묘음존왕불普光月殿妙音尊王佛

8환희장마니보적불歡喜藏摩尼寶積佛

9무진향승왕불無盡香勝王佛

10사자월불獅子月佛

11환희장엄주왕불歡喜莊嚴珠王佛

12제보당마니승광불帝寶幢摩尼勝光佛

이에 대해『조석지송』및『불가일용작법』,[165]『삼문직지』,[166]『현행법회예참의식』[167] 등에는 위 내용과 함께 이들 부처님 명호를 외움으로써 얻게 되는 공덕을 설명하고 있다. 그 내용을 싣고 있는 최초 문헌인『현행법회예참의식』을 기준삼아 이를 소개해 보면 다음과 같다.

1'보승장불' 명호를 1번 외우면 일생에 축생을 타고 다닌 죄를 멸할 수 있다.

2'보광왕화렴조불' 명호를 1번 외우면 일생에 (상주물을)[168] 손상시킨 죄를 덜 수 있다.

3'일체향화자재력왕불' 명호를 1번 외우면 일생 동안 '음행한 죄'[169]를 멸할 수 있다.

4'백억항[170]하사결정불' 명호를 1번 외우면 일생에 지은 살생[171]의

165「佛家日用作法」(金月雲 편,『日用儀式隨聞記』), p.252.

166『三門直指』(『韓佛全』 10, p.151).

167『現行法會禮懺儀式』(『韓佛全』 9, p.202).

168『三門直指』에는 "常住物을"이란 표현이 첨가된다.

169『三門直指』에는 '齋戒를 破한 죄'라 기록된다.

170『現行法會禮懺儀式』에서는 '恒'字가 생략되어 있다.

죄를 멸할 수 있다.

5'진위덕불' 명호를 1번 외우면 일생에 지은[172] 악구惡口의 죄를 멸할 수 있다.

6'금강견강소복괴산불' 명호를 1번 외우면 아비지옥에 떨어지지 않는다.

7'보광월전묘음존[173]왕불' 명호를 1번 외우는 것은 대장경[174]을 독송한 (공덕에) 준한다.

8'환희장마니보적불' (그 공덕이 다른 佛과 같다.)[175]

9'무진향승왕불' 명호를 외우면 무량겁의[176]죄를 초월하여 숙명지宿命智를 얻게 된다.

10'사자월불' 명호를 듣기만 해도 무량겁의[177]죄를 멸하고,[178] 축생의 몸을 여읠 수 있다.

11'환희장엄주왕불' 명호를 듣기만 해도 오백만억 아승지阿僧祇의 생사죄를 멸할 수 있다.[179]

---

171 『三門直指』에는 '等'字가 추가된다.

172 『三門直指』에는 '邪淫과'라는 표현이 추가된다.

173 『三門直指』 및 『佛家日用作法』에는 각각 '音尊'을 '尊音'이라 순서를 바꾸어 놓고 있는 바, 『十方千五百佛名經』(『大正藏』 14, p.316) 가운데 "寶光月殿妙尊音佛"이란 표현이 보이고 있는 점을 미루어 『三門直指』 등의 표기를 따름이 보다 정확한 것이라 하겠다.

174 『三門直指』 및 『佛家日用作法』에는 '1편을'이란 구절이 추가된다.

175 『三門直指』 및 『佛家日用作法』 가운데 "古板本에는 없으나, 그 공덕이 응당 다른 佛과 같다"는 기록을 보이고 있다.

176 『三門直指』 및 『佛家日用作法』에는 '生死'라는 표현이 추가된다.

177 『三門直指』 및 『佛家日用作法』에는 '生死'란 표현이 추가된다.

178 『三門直指』 및 『佛家日用作法』에는 '태어나는 곳마다'란 표현이 추가된다.

12'제보당마니승광불' (이 佛의 명호를 듣고 歸依頂禮하면 오백만 억겁 생사의 죄를 초월할 수 있다.)[180]

한편, 동 문헌에 의하면 "이하 '12존의 참회불'은 『여래장경如來藏經』「보상장구寶相章句」 가운데의 출전"[181]임을 말하고 있으나, 동일 경전 및 유사 경전 중에서 그 예를 찾을 수 없다. 다만 『불설십이불명신주교량공덕제장멸죄경佛說十二佛名神呪校量功德除障滅罪經』 및 『오천오백불명신주제장멸죄경五千五百佛名神呪除障滅罪經』에 "만약 바른 믿음을 가진 선남자 선여인이 있어 이 12제불의 명호를 칭함에 10일이 다하도록 일체 모든 죄를 참회하고 닦아나가면… 일체 모든 죄 멸함을 얻게 될 것이다"[182]는 내용과 함께 다음 12분의 불명佛名을 기록하고 있음을 볼 수 있다(『五千五百佛名神呪除障滅罪經』에 의한 명칭을 기준하였다).

① 허공공덕청정미진등목단정공덕상광명화파두마유리광보체향최상향공양흘종종장엄정만무량무변일월광명원력장엄변화장엄법계출생무장애왕여래虛空功德清淨微塵等目端正功德相光明華坡頭摩琉璃光寶

179 『三門直指』 및 『佛家日用作法』에 의하면, "이 佛名을 듣고 오체투지하고 귀의정례한 즉 오백만억 겁에 지은 생사의 죄에서 벗어날 수 있다"는 기록이 있다.

180 『三門直指』 및 『佛家日用作法』에 "이 佛의 명호를 듣고 歸依頂禮하면 오백 만 억겁 생사의 죄를 초월할 수 있다"는 표현이 보이고 있다.

181 『現行法會禮懺儀式』(『韓佛全』 9, p.202).

182 『佛說十二佛名神呪校量功德除障滅罪經』(『大正藏』 21, p.861).
같은 내용이 『五千五百佛名神呪除障滅罪經』(『大正藏』 14, p.318) 가운데 소개되어 있기도 하다. 또한 아래 12분 부처님의 명호 역시 동일한 명칭으로서 소개되어 있다.

體香最上香供養訖種種莊嚴頂髻無量無邊日月光明願力莊嚴變化莊嚴法界出生無障礙王如來

② 호상일월광명염보련화고여금강신비로자나무장애안원만시방방광보조일체불찰상왕여래毫相日月光明焰[183]寶蓮華固[184]如金剛身毘盧遮那無障礙眼圓滿十方放光普[185]照一切佛刹相王如來

③ 일체장엄무구왕여래一切莊嚴無垢光如來

④ 변재영락사념여래辯才瓔珞思念如來

⑤ 무구월상왕명칭여래無垢月相王名稱如來

⑥ 화장엄작광명여래華莊嚴作光明如來

⑦ 작등명여래作燈明如來

⑧ 보상상명칭여래寶上相名稱如來

⑨ 무외관여래無畏觀如來

⑩ 무외무겁모공불수명칭여래無畏無怯毛孔不竪名稱如來

⑪ 사자분신근여래師子奮迅根如來

⑫ 금광위왕상사여래金光威王相似如來

물론 위 경전에 등장하는 12불 명호와 '현행 『천수경』'에 등장하고 있는 12불 명호가 각각 일치하지는 않지만, 이들 부처님께 대한 참회의

183 『佛說十二佛名神呪校量功德除障滅罪經』(『大正藏』 21, p.861)에는 '焰'字 대신 '華'字가 쓰이고 있다.

184 『佛說十二佛名神呪校量功德除障滅罪經』(『大正藏』 21, p.861)에는 '固'字 대신 '堅'字가 쓰이고 있다.

185 『佛說十二佛名神呪校量功德除障滅罪經』(『大正藏』 21, p.861)에는 '普'字가 생략되어 있다.

마음과 함께 그로써 얻어지는 결과적 측면은 위와 동일한 것이라 해도 무리는 없을 것이다.

이에 참고로 '현행 『천수경』'에 등장하는 '12존불' 각각에 대한 문헌에 따른 설명을 해 보겠는 바, 자료의 한계성으로 인해 몇몇 불佛에 대한 설명밖에는 할 수 없는 실정이다.

[3]'일체향화자재력왕불': 『불설칭양제불공덕경佛說稱揚諸佛功德經』 중 부처님께서는 사리불의 물음에 따라 무수한 불찰佛刹에 대해 설명을 하고 계신다. 그 가운데 "동방 정각세계正覺世界를 지나 10억 불찰佛刹을 지나면 세계가 있어 그 이름을 '유월喩月'이라 하는데, 그 나라에 불佛이 계시니 그 호를 '일체향화자재왕여래'라 한다. (…) 그 부처님 이름을 듣고 깨끗한 마음과 믿음으로 (명호를) 외워 송하는 자는 태어나는 곳마다에 항하사와 같은 계향戒香을 구족하게 될 것이며, (…) (그 佛에) 예를 올리어 항상 마음속에 잊지 아니하는 자는 14겁 생사의 죄를 물리칠 수 있을 것이다"[186]라는 구절이 보인다.

[4]'백억항하사결정불': 『불설불명경佛說佛名經』 중 부처님께서는 "내 과거·미래·현재의 제불諸佛 명자名字를 설하고자 하니, 자세히 들으라. 만약 선남자 선여인으로서 제불의 명名을 수지 독송하는 자는 현세에 있어 안은安隱함과 모든 어려움을 여윌 수 있을 것이고, 모든 죄를 소멸할 수 있을 것이다. 그리고 미래에 있어 아뇩다라삼먁삼보리阿耨多羅三藐三菩提를 얻게 될 것이다"는 말과 함께, 수많은 불명과 아울러 "나무백억결정광명불南無'百億決定光明佛"[187]이라 하여 '백억결정광명

---

186 『佛說稱揚諸佛功德經』 卷上(『大正藏』 14, pp.90~91).

187 『佛說佛名經』 卷第1(『大正藏』 14, pp.114~115).

불' 명호를 기록하고 있다.

⁶'금강견강소복괴산불': 위 『불설불명경』 가운데 '금강견강소복괴산불'의 명호를 소개하고 있다.[188] 아울러 『불설칭양제불공덕경』에서는 "아일(阿逸: 미륵을 말함)아! 북방 불가계수제불찰토不可計數諸佛刹土를 지나면 세계가 있어 그 이름을 '금강견고金剛堅固'라 한다. 그 나라에 불佛이 계시니 그 호를 '금강견강소복괴산여래'라 한다. (…) 그 부처님 이름을 듣고 환희의 믿음으로 그 명호를 외우고 마음을 다하여 공양하는 자는 (…) 십만 억 나술겁那術劫의 생사의 죄를 물리치리니, (…) 내가 과거 무수겁 전 정광여래錠光如來께서 출세出世하셨을 때 그 부처님 처소에서 이 '금강견강소복괴산여래'의 명호를 듣고 십만 억 나술겁의 생사의 죄를 넘어설 수 있었다"라는 구절과 함께 '금강견강소복괴산'이란 명호의 연기를 말씀하고 계심[189]을 볼 수 있다.

⁷'보광월전묘음존왕불': 『시방천오백불명경十方千五百佛名經』 가운데 '보광월전묘존음불'을 수록하고 있으며, (그에) "일심으로 경례하는 자는 일백 겁 생사의 죄를 물리칠 수 있다"[190]는 내용을 동시에 기술하고 있다.

⁸'환희장마니보적불': 『삼겁삼천불연기三劫三千佛緣起』 가운데 '석가모니불께서 과거 묘광불妙光佛의 말법 가운데 출가학도出家學道로서 이 53불의 이름을 듣고 환희의 마음을 내어 타인으로 하여금 들어 지니게 했던 바, 전전轉轉히 상교相教하여 3,000인이 이구동음異口同音으로 불명佛名에 일심 경례敬禮하였던 공덕력으로 무수억 겁의 생사의

---

188 앞의 책, p.116.

189 『佛說稱揚諸佛功德經』 卷下(『大正藏』 14, p.100).

190 『十方千五百佛名經』(『大正藏』 14, p.316).

죄를 초월함을 득得하였다. 그 중 처음의 1,000인은 화광불華光佛로부터 비사부불毘舍浮佛에 이르기까지 과거겁의 천불千佛이 되었고, 중中의 1,000인은 구류손불拘留孫佛로부터 루지불樓至佛에 이르는 현겁 천불이 될 것이며, 후後의 1,000인은 일광불日光佛로부터 수미상불須彌相佛에 이르는 성수겁星宿劫의 천불이 될 것임을 말씀'하심에 이어 다음 말씀을 부가하고 계심을 볼 수 있다.

즉 "시방의 현재 제불諸佛 선덕여래善德如來 등도 역시 일찍이 이 53불의 이름을 득문得聞했던 까닭에 저 시방면十方面에서 각기 모두 성불하였으니, 만약 사종금죄四重禁罪의 제멸除滅을 얻기 바라거나 오역(죄)·십악(죄)의 참회를 얻고자 하는 중생들이 있거든 (…) 마땅히 53불 명호에 힘써 예경할 지어다"라는 말과 함께 53불 중 한 분으로서 '환희장마니보적불'을 소개[191]하고 있음을 볼 수 있다.

이상 '십이존불' 중 필자는 전체 대장경 가운데 오직 '오불五佛'과 관련된 자료만을 찾을 수 있었는데, 위 내용을 의거해 생각해 볼 때 위에 소개되는 불佛들은 모두 '죄의 참회 내지 소멸'과 관련 맺고 있다는 공통점을 발견할 수 있다.

이에 생각할 때, '참회(12)불'에 대한 최초 기록을 보이는 『현행법회 예참의식』의 편집자나 혹 이전의 편자 역시 '참회불'이란 관점 속에, 그리고 앞서 살펴본 문헌 가운데 '참회·멸죄'와 관련된 12불이라는 측면과의 연관선상에 '참회12불' 항목을 구성한 것이 아닌가 싶다. 한편, 위 자료들과의 연관선상에서 볼 때—만약 이 항목에 등장하는

---

191 『三劫三千佛緣起』(『大正藏』 14, p.364).

불명들이 앞에 예시한 문헌들과의 관련성 속에 편집된 것이라면-'현행 『천수경』'에 등장하는 '참회업장12존불' 명칭에는 다소 수정이 가해져야 하지 않을까 생각된다.

(3) 십악참회十惡懺悔

이상 '참회업장12존불'에 이어 '현행 『천수경』'은 '십악참회' 항목을 등장시키는데, 이는 '몸·입·생각으로 행한 열 가지 나쁜 행위에 대한 참회'를 표시하는 부분이라 할 수 있다.

이에 대해서는 『자비도량참법慈悲道場懺法』 가운데 "무시無始 이래 오늘에 이르도록 몸과 입과 생각으로 열 가지 나쁜 업을 지었사오니, '몸'으로는 살생殺生·투도偸盜·음행淫行과, '입(口)'으로는 망어妄語·기어綺語·양설兩舌·악구惡口를, '뜻(意)'으로는 탐심貪心·진심瞋心·우치愚癡로 스스로 10악을 행했고, 다른 이로 하여금 10악을 행하게 했으며, 10악을 찬탄하고 10악 행하는 이를 찬탄하였나이다. 이렇듯 일념一念 동안 40가지 악업을 지었는 즉, 이런 무량무변한 죄를 오늘 참회하오니 소멸해 주소서"[192]라는 구절을 발견할 수 있게 되는데, 이렇듯 "몸으로 인한 세 가지 악업과 입으로 인한 네 가지 악업, 뜻으로 지은 세 가지 악업(身三惡業 口四惡業 意三惡業)"[193]에 대한 참회야말로 우리를 "범부의 속박으로부터 성인의 해탈 경지"[194]에로 이끌어 주는 것이라 하였다.

'현행 『천수경』'에 쓰이고 있는 '십악참회' 항목의 내용을 인용해 보면 다음과 같다.

---

192 『慈悲道場懺法』 卷1(『大正藏』 45, p.927上. 12行 以下).

193 앞의 책, p.927下 4行.

194 앞의 책, p.926中 17行.

살생중죄금일참회殺生重罪今日懺悔
투도중죄금일참회偸盜重罪今日懺悔
사음중죄금일참회邪淫重罪今日懺悔
망어중죄금일참회妄語重罪今日懺悔
기어중죄금일참회綺語重罪今日懺悔
양설중죄금일참회兩舌重罪今日懺悔
악구중죄금일참회惡口重罪今日懺悔
탐애중죄금일참회貪愛重罪今日懺悔
진에중죄금일참회瞋恚重罪今日懺悔
치암중죄금일참회癡暗重罪今日懺悔

살생한 무거운 죄, 이제 참회합니다.
도둑질한 무거운 죄, 이제 참회합니다.
음행을 한 무거운 죄, 이제 참회합니다.
거짓말한 무거운 죄, 이제 참회합니다.
남을 속인 무거운 죄, 이제 참회합니다.
이간질한 무거운 죄, 이제 참회합니다.
심한 말한 무거운 죄, 이제 참회합니다.
애욕에 탐착한 무거운 죄, 이제 참회합니다.
성내고 신경질 낸 무거운 죄, 이제 참회합니다.
어리석음의 무거운 죄, 이제 참회합니다.

이러한 '십악참회' 항목을 고래의 몇몇 의식집 가운데서 찾아볼 수 있다. 즉 『범음산보집』 「대분수작법大焚修作法」 항목 중에서 '십악화청+

惡和請'이라 표기된 채 "살생중죄금일참회·투도중죄금일참회·사음중죄금일참회·망어중죄금일참회·기어중죄금일참회·양설중죄금일참회·악구중죄금일참회·삼독三毒중죄금일참회"[195]라는 구절을 발견할 수 있는데, 여기서는 위 '십악참회' 항목 중 '탐애'·'진에'·'치암'을 하나로 묶어 '삼독'이라 칭하고 있음을 볼 수 있다.

한편 『작법귀감』「분수작법焚修作法」 항목 중에서 역시 '십악화청'이란 표기와 함께 위 『범음산보집』에서와 같은 내용을 발견할 수 있다. 그러나 이 책에서는 '삼독' 대신 "탐심貪心·진심嗔心·치심癡心"[196] 등 '삼독' 각각에 대한 내용을 지칭하여 전하고 있음을 볼 수 있다. 그리고 이후 '현행 『천수경』'에서는 이에 대한 자구 수정을 통해 '탐애·진에·치암'을 말하고 있으니, 이는 『자비도량참법』에 의거하면서, 또한 『범음산보집』에 의한 게송 내용이 현재에로 정착되는 과정을 보이는 좋은 예가 된다고 할 수 있다.[197]

---

195 『天地冥陽水陸齋儀梵音刪補集』(『韓佛全』 11, p.463).

196 『作法龜鑑』 卷下(『韓佛全』 10, p.581).

197 한편 '十惡'에 대한 참회를 행하고 있는 위 의식집과는 달리, 그보다 앞서 편찬된 『現行法會禮懺儀式』「受八關齋戒」 항목에서는 '八齋戒'에 대한 참회의 내용을 소개하고 있기도 하다.
여기서 '八齋戒'란 고대 인도에서 六齋日에 목욕·단식을 하며 경건한 하루를 보냈던 관습에서 유래된 것으로, 신라 진흥왕 當時 惠亮에 의해 우리나라에 처음 시행(목정배, 『삼국시대의 불교』, 東國大學校 出版部, 1991. p.134)된 이래 고려·조선조에 걸쳐 폭넓게 시행되었던 의식(高麗의 '八關齋戒' 施行에 관해서는 金炯佑, 「高麗時代 國家的 佛教行事에 대한 硏究」, 東國大學校 大學院, 1992, pp.237~243 참조할 것. 한편 1709년 明眼에 의해 편집된 '현행하는 법회의 禮懺儀式書'로서 『現行法會禮懺儀式』 가운데 '八關齋戒' 항목이 소개되고 있다는 사실은 당시 '八關齋戒' 시행의 보편성을 알려 주는 좋은 예가 된다고 말할 수

(4) 참회후송懺悔後頌 및 참회진언懺悔眞言

다음에 이어지는 '현행 『천수경』' 내용은 '참회후송' 및 '참회진언'으로 나누어 설명할 수 있다.

① 참회후송

우선 '참회후송'의 게송 내용을 들어 설명해 보면 다음과 같다.

백겁적집죄百劫積集罪 일념돈탕진一念頓蕩盡[198]
여화분고초如火焚枯草 멸진무유여滅盡無有[199]餘

오랜 세월(百劫) 쌓여온 (그 모든) 죄
한 생각에 문득 소멸되어지이다.

있을 것이다) 및 그 수행에 따른 戒文으로, ①不殺生 ②不偸盜 ③不邪淫 ④不妄語 ⑤不飮酒 ⑥不坐高廣大床 ⑦不著華鬘瓔珞 ⑧不習歌舞戱樂 등 8가지 계율 항목에 대한 '淨戒'의 측면을 말하고 있다.

'淨戒'의 측면. 그러므로 『現行法會禮懺儀式』에서는 이에 따른 ①'淨戒' 不殺生 ②'淨戒' 不偸盜… 등 '淨戒'의 의미를 말하고 있는데, 이것은 '懺悔'에 대한 또 다른 표기임을 이해할 수 있기도 하다. 사실 위의 '八齋戒' 역시 身業과 口業 및 意業에 관련된 항목들이라 할 수 있다. ①不殺生 ②不偸盜 ③不邪淫 ⑤不飮酒는 身業에 해당되며, ④不妄語는 口業에, ⑥ ⑦ ⑧ 등의 내용은 意業에 해당한다고 말할 수 있으니, 이들 각각에 대한 '淨戒'의 뜻을 담고 있는 『現行法會儀式』의 내용 역시 위 '懺悔'라는 의미성과의 자연스러운 연결 속에, '十惡懺悔'와의 연관선상에서 고찰함 또한 필요한 일이라 할 것이다.

그럼에도 '八關齋戒'의 내용은 『천수경』 '十惡懺悔'의 내용과 직접적인 관련을 맺고 있지 않는 한에 있어 여기서 같이 고찰할 성격은 아닌 것 같다.

198 『三門直指』 및 『佛家日用作法』에서는 '盡' 대신 '除'字가 쓰이고 있다.

199 『三門直指』 및 『佛家日用作法』에서는 모두 '有'字 대신 '遺'字를 쓰고 있다.

마치 불(火)이 마른 풀 태워버리 듯
(죄 모두) 없어져, 남음이 없이 되어지이다.

어떻게 모든 죄가 소멸되리라는 생각이 가능한 것인가? 그리고 위 게송에서 말하고 있는 '죄'란 과연 무엇이며, 또한 '참회'란 무엇을 말하는 것일까? 다음 게송이 이에 대한 설명을 해주고 있다.

죄무자성종심기罪無自性從心起 심약멸시죄역망心若滅時罪亦亡
죄망심멸양구공罪亡心滅兩俱空 시즉명위진참회是卽名爲眞懺悔

죄란 스스로 성품이 없어, 마음을 좇아 일어나는 것
마음이 멸한 즉, 죄 역시 사라지나니
죄 사라지고 마음 멸함을
(이), 진정한 참회라 이름하리라.

이상의 내용 항목을 '참회후송'이라 구분 지을 수 있다. '십악참회', 즉 '참회' 항목에 이어 붙어진 게송이란 뜻이다. 그런데 위 '참회후송' 가운데 "백겁적집죄百劫積集罪 일념돈탕제一念頓蕩除 여화분고초如火焚枯草 멸진무유여滅盡無有餘"라는 게송을 『유가집요염구시식의瑜伽集要焰口施食儀』[200] 및 『유가집요구아난다라니염구의궤경瑜伽集要救阿難陀羅尼焰口儀軌經』[201]에서 발견할 수 있는데, 이 각각 문헌들은 "모든 불자佛子 등이 이미 참회를 마쳤으니(諸佛子等旣懺悔已)"라는 말과 함께

200 『大正藏』 21, p.477下.
201 『大正藏』 21, p.470.

위 게송을 등장시키고 있다.

이렇듯 '십악참회'에 이어 등장하는 "백겁적집죄百劫積集罪…"의 문헌 근거를 『유가집요염구시식의』 등 경전 안에서 찾을 수 있다. 그렇다면 '참회후송'의 또 다른 구절 "죄무자성종심기罪無自性從心起…" 등은 어디서 유래한 것일까?

기존 「천수경」 관련 제 의식집 가운데 그 어떤 문헌에서도 이에 대한 실례를 발견할 수 없어, 이 게송이 어떤 문헌에서 인용된 것인지는 분명치 않다. 그럼에도 '죄'와 함께 '참회'의 참뜻을 일러주는 하나의 예가 있어 인용해 본다. 다음 이야기는 『경덕전등록景德傳燈錄』에 실려진 것이다.

> 나이 40이 넘었음직한 한 거사居士가 있었는데, 이름도 밝히지 않은 채 불쑥 와 절을 하고 스승(慧可)에게 물었다. "제자는 풍병(문둥병)에 걸렸사오니, 청컨대 화상和尙께서 참회懺悔시켜 주십시오." 스승이 말하기를 "죄를 가져와라. 참회시켜 주리라." 거사가 잠시 있다가 말하기를 "죄를 찾고자 하나 가히 찾을 수 없습니다(覓罪不可得)." 스승이 말하기를 "내 너의 죄를 참회시켜 주었느니라."[202]

무슨 말인가? 죄를 가져 오라니! 이에 거사는 자신 마음 내면세계로 달려 스스로의 죄를 찾기 시작하였다. 그러나 죄의 근원은 마음인즉 "마음 없어서 가히 얻을 수 없거늘(無心無可得)"[203] 어디서 죄를 찾는단

---

202 『景德傳燈錄』 第三(『大正藏』 51, p.220).

203 이는 傳法 6祖 彌遮迦 尊者가 7祖 婆須密 尊者에게 전한 '傳法偈'의 일부를 인용한 것이다. 이를 전체 인용해 보면 다음과 같다. "無心無可得 說得不名法 若了心非心

말인가? 그래서 죄 역시 찾을 수 없다(覓罪不可得) 하였더니, 스승(慧可)께서는 그의 죄를 이미 참회시켜 주었다고 말하고 있는 것이다.

이는 "죄란 스스로의 성품이 없어 마음을 좇아 일어나는 것. 마음이 멸한 즉 죄 역시 사해지나니, 죄 사해지고 마음 멸함을 진정한 참회라 이름하리라"는 위 구절을 설명해 주는 것이라 하겠다. 또한 이것은 우리 마음(心)과 죄, 참회에 대한 불교만의 독특한 이해에 기반한 설명으로, 이를 깨닫게 됨으로써 참된 법을 요달할 수 있을 것이다.

② 참회진언

"아! 위와 같이 참된 법을 요달한 각자覺者·깨달은 중생에게 영광이 있기를!" 그럼에도 『일체여래대비밀왕미증유최상미묘대만나라경一切如來大秘密王未曾有最上微妙大曼拏羅經』에 의하면 "만약 범부의 지위에 머물러 능히 모든 미세한 (죄를) 관찰하지 못하는 허물이 있게 되며, (그리하여) 죄를 불러 물리치지 못함을 두려워하는 즉, 마땅히 지극하고 오롯한 주의를 기울여 일심으로 '참회진언'을 외우라"[204]는 말과 함께 '참회진언'을 소개하고 있다.

곧 앞의 '참회후송'에서와 같이 우리 '마음이 멸한 즉 죄 역시 사라질(心若滅時罪亦亡)' 것이나, 그럼에도 불구하고 범부들은 미세한 죄를 관찰하지 못한 채 그로 인한 죄를 떨쳐버리기 어려우니, 그 마음과 그로 인한 미세한 죄를 떨쳐버리기 위해 '참회진언'을 외우라는 것이다.

始解心心法."(마음이 없어서 가히 얻을 수 없거늘, 이름 없는 法 얻을 수 있다 말하네. 만약 마음이 마음 아님을 깨닫게 된다면, 비로소 마음과 마음의 法 알게 되리라.) 『景德傳燈錄』 第一(『大正藏』 51, p.208).

204 『一切如來大秘密王未曾有最上微妙大曼拏羅經』 卷第5(『大正藏』 18, p.559).

이렇듯 앞 경전 구절을 통해 '참회진언'의 의미성을 감지할 수 있다.

그럼에도 위 경전에 소개되어 있는 '참회진언' "唵 阿迦舍馱 覩 餓里鼻 莎嚩賀"[205]는 '현행 『천수경』'의 '참회진언' "옴 살바 못자 모지사다야 사바하(唵 薩婆 菩陀 菩提薩埵耶 莎訶)"와 상당한 차이를 보이고 있음을 알 수 있다. 여하튼 현행의 '참회진언'은 산스크리트어 "oṁ sarva bodha bodhisattvāya svāhā"를 음역한 것으로, 그 뜻을 풀이해 보면 다음과 같다.

우선 'oṁ'은 앞서 말했듯 '아!'라는 감탄사로 번역해도 무방할 것이며, 'sarva' 역시 '전체의'·'일체의'란 뜻을 가지고 있음은 앞에 설명한 바 있다. 또한 'bodha'란 '지智'를 뜻하는 명사이며, 그 뒤에 '깨달음'이란 명사 'bodhi'와 '중생(유정)'을 뜻하는 명사 'sattva'에 여격어미 'ya'가 붙어 있다. 그리고 'svāhā'는 '(모든 것이) 성취되어지이다'는 뜻으로, 찬양을 표시하는 어구 '영광을!'이라 풀이할 수 있음은 앞서 언급한 바 있다.

그러므로 위 내용을 전제로 전체 진언구를 해석해 보면 다음 뜻을

---

205 위의 경전 외에도 다음과 같은 많은 경전들에 '懺悔眞言'이 소개되고 있으나, 각각 차이를 보이고 있다.

- 『瑜伽集要救阿難陀羅尼焰口儀軌經(『大正藏』 21, p.470)』 가운데 '懺悔眞言' "唵 薩嚩播跛 尾婆普 吒 那賀襄 嚩日囉野 娑嚩賀"를 紹介하고 있다. 그리고 이 진언에 이어 "百劫積集罪 (…) 滅盡無有餘"의 게송 역시 소개하고 있음을 볼 수 있다.
- 『瑜伽集要焰口施食儀』(『大正藏』 21, p.477) 가운데 '懺悔眞言'이란 진언 제목 없이 "唵 薩哩斡 巴鉢 月斯普 吒怛賀納斡 資囉耶 莎訶"를 소개하고 있다. 그리고 "諸佛子等旣懺悔已"라는 구절과 더불어 "百劫積集罪 (…) 滅盡無有餘"의 게송 역시 소개하고 있다.

또한 『受菩提心戒儀』(『大正藏』 18, p.940) 및 『大日如來劍印』(『大正藏』 18, p.197) 가운데는 '懺悔滅罪眞言' "唵 薩嚩跛波捺賀 襄嚩日囉野 娑嚩賀"를 소개하고 있다.

얻을 수 있다. "아! 일체의 지智(를) 깨달은 중생에게, 영광을(모든 것이 성취되리이다)!" 또는 "아! 위와 같이 참된 법을 요달한 각자·깨달은 중생에게, 영광을!"이라 의역할 수 있기도 하다.

이상의 진언구에 대한 해석을 앞 '참회후송'과 연결시켜 보면, 위 진언은 진언이라기보다는 일반적으로 통용되던 찬양 어구에 지나지 않았던 것으로 여겨진다. 그럼에도 이 표현이 중국으로 건너오는 과정 속에 '진언'이라는 틀 속에 묶여진 것이라 여겨진다.

6) 제諸 진언眞言 독송讀誦

이후 '준제진언찬'을 포함한 '제 진언 독송' 항목은 『불가일용작법』 중 「준제지송편람准提持誦便覽」을 인용한 것으로, 원래는 그 자체가 독립된 의식 항목으로 만들어진 것이다.[206]

그러므로 엄밀한 의미에서 본다면 이 부분은 『천수경』 독송 의궤와는 거리가 먼 것으로서[207] 『천수경』 독송에서 배제되어야 할 것이나, ('정법

---

206 「准提持誦便覽」은 1724년(擁正2) 구례 華嚴寺에서 간행된 『准提淨業』 중 「准提眞言持誦便覽」(圓覺寺 所藏)을 차용한 것이다. 이 책은 1623년(天啓癸亥) 重刊本을 復刻한 것으로, 「준제진언지송편람」은 准提眞言讚으로부터 歸依准提, 淨法界眞言, 護身眞言, 六字大明王眞言, 准提眞言, 准提後誦으로 구성되어 있다. '현행 「천수경」'의 〔諸 眞言讀誦〕에 해당하는 부분으로, 엄밀히 말해 〔諸 眞言讀誦〕 부분은 『准提淨業』으로부터 차용된 것이라 말해도 좋을 것이다.
『佛家日用作法』(金月雲 편, 『日用儀式隋聞記』), pp.227~229. "이는 '四大呪'라 달리 불리며 ①'准提功德讚' 部分과 '歸依准提', ②'淨法界眞言', ③'護身眞言', ④'六字大明王眞言', ⑤'准提眞言' 및 '准提後頌' 등으로 나눠지는 바, '현행 『천수경』'과 같은 내용을 전하고 있다. 다만 '六字大明王眞言'의 제목에 있어 약간의 차이를 보이고 있을 뿐이다."

207 뒷부분, 7) '發願 및 歸依' 항목의 내용을 참조할 것.

계진언' 및 '호신진언'을 제외한) 전체 내용이 관세음보살 신앙과 관련을 맺고 있다는 의미에서 여기 삽입된 것으로 여겨진다. 그럼에도 단적으로 말한다면, 이 가운데 '준제진언'과 관련된 부분은 또 다른 의궤 속에 따로 항목을 마련해야 할 것이라 여겨진다.

여하튼, '현행 『천수경』' 가운데 이 항목에 속하는 것으로는 '준제진언찬 및 귀의준제', '정법계진언', '호신진언', '관세음보살본심미묘육자대명왕진언', '준제진언 및 준제후송' 등을 들 수 있다.

(1) 준제진언찬准提眞言讚 및 귀의준제歸依准提

이 가운데 '준제진언찬' 부분은 문헌 출전상 『현밀원통성불심요집顯密圓通成佛心要集』[208] 내용을 인용한 것으로, 『불가일용작법』에 앞서 편찬된 『삼문직지』(1769년)의 편자 진허팔관振虛捌關은 '준제진언찬' 내용을 수록하는 가운데 『준제다라니이익관자재보살경準提陀羅尼利益觀自在菩薩經』, 『최승총지경最勝摠指經』, 『무구정광경無垢淨光經』 등 여러 경전의 대의를 추려 '준제진언' 공덕을 찬탄한 찬문纂文을 덧붙여 놓고 있다.[209]

---

208 『顯密圓通成佛心要集』(『大正藏』 46, p.995).

209 『三門直指』에 적혀 있는 '준제진언찬'에 대한 찬문의 내용은 다음과 같다. "『准提陀羅尼利益觀自在菩薩經』에 이르기를 '능히 일체 유정 중생의 재앙과 질병·기근을, 그리고 劫(이 멸할 때 생겨나는) 도둑과 칼·군대·물과 불의 피해 등 일체 고액을 멸하며, 또한 능히 복덕과 수명을 증장시킨다…' 하였고, 『最勝總持經』에 이르기를 '만약 「준제다라니」를 書寫하여 불탑 가운데 혹은 집의 담이나 벽이나 문 위, 종이나 판자에 안치시키거나, 종과 북·징·바라 등 소리를 내는 일체 물건에 써서 그것을 치면 일체 유정중생이 그 소리를 들음으로써 모든 부처님 앞에 참회치 못한 다섯 무간 지옥의 죄를 모두 멸해 없앨 수 있을 뿐

① 준제진언찬

여기 '준제진언 독송에 대한 공덕의 내용'을 전하고 있는 '준제진언찬' 부분을 인용해 보겠는데, 『현밀원통성불심요집』에 의하면 "범문梵文에는 ('준제주准提呪'의 공덕을 설하는) 10만 개의 게송이 전하는 즉, 용수보살龍樹菩薩이 게송으로서 찬탄하여 말하기를"[210]이라 하여 '준제진언찬'의 작자가 용수보살임을 밝히고 있다.

위 내용을 전제로 본다면, '준제진언찬' 맨 앞 구절 "준제공덕취准提功

아니라 내세에는 모든 부처님의 국토 가운데 태어날 것인데, 어찌 하물며 몸소 그것을 독송하고 수지하는 자이겠는가?' 하였으며, 『無垢淨光經』에 이르기를 '만약 죽은 사람이 널리 악업을 짓고 죽어 삼악도에 떨어지더라도 이 주문을 행하고 지송하되 (지옥사자가) 그 이름을 부를 때까지 오롯한 마음으로 주문을 독송하는 사람은 (자기 이름에) 대답을 한 즉시 惡趣를 벗어나 천상에 태어나게 될 것이다. 또한 모래 위나 혹은 연꽃 위에 (다라니를) 글로 써서 죽은 사람의 묘나 시체 위에 흩뿌린 즉, 죽은 자가 모든 부처님들의 정토 가운데 태어남을 얻으리라…' 하였다. (또한) '이 주문은 더러움과 깨끗함을 구분 짓지 아니한 까닭에 비록 음란한 남자와 음란한 여자가 있어 술을 마시고 고기를 먹는 사람이라 할지라도 다만 (이 다라니에) 믿음을 가지고 (몸에) 차거나 받들어 지송하는 즉, 모두 이익을 얻게 되리라…' (이렇듯) 이 기이하고 영험한 이야기를 어찌 능히 글로서 다 쓸 수 있겠는가(准提陀羅尼利益觀自在菩薩經云 能除一切有情衆生災禍疾疫饑饉劫 賊刀兵水火 一切木苦厄 亦能增長福德壽命云云 最勝總持經云 若准提陀羅尼 書寫置佛塔中 或家宅牆壁門上紙板木 或鐘鼓錚鈸出聲一切器物 書之 扣鳴則一切有情衆生 見聞其音者 從有五無間之罪 諸佛前不懺悔業罪 悉皆滅盡 來世生諸佛國中 何況親自誦持者也 無垢淨光經云 若亡人廣造惡業 死墮三惡途 此呪行持人稱亡人名字 專心誦呪 亡人應時 卽離惡趣 生於天上 又書沙土 或蓮華散之亡者 墓上屍體上 亡者卽得生於諸佛淨土中云云 此呪不擇染淨故 雖有淫男淫女 飮酒食肉之人但有信心佩戴持誦 則皆得利益云云 此靈異之說 豈能盡書耶)." 『三門直指』(『韓佛全』 10, p.153).

210 『顯密圓通成佛心要集』(『大正藏』 46, p.995上).

德聚"를 '준제공덕을 찬탄한 수많은 게송이 모여 (전해지는 바), (그 내용에 의할 것 같으면)'이라 해석할 수 있다. '준제진언찬' 내용을 인용해 보면 다음과 같다.

준제공덕취准提功德聚[211]
적정심상송寂靜心常誦 일체제대난一切諸大難 무능침시인無能侵是人
천상급인간天上及人間 수복여불등受[212]福如[213]佛等
우차여의주遇此如意珠 정획무등등定獲無等等

준제공덕准提功德(을 찬탄한 수많은 게송이) 모여(聚) (전해지는 바)
(그 내용에 의할 것 같으면):
고요한 마음으로 (준제진언을) 항상 외우면
일체의 모든 대 재난이
능히 그 사람을 침범치 못하리라.
천상의 신이거나 인간들
그 받을 바 복이 부처님과 같을 것인 즉,
이 여의주(준제진언을 말함)를 만났으니
마땅히 비할 바 없는 깨달음 얻게 되리라.

---

211 "准提功德聚"를 앞서 말한 바와 같이 '准提功德을 찬탄한 수많은 게송이 모여(聚) (전해지는 바)'라고 해석할 수 있다는 전제하에 『三門直指』(『韓佛全』 10, p.153)에서의 표기 '趣'자는 잘못 쓰이고 있는 것이라 생각된다.

212 『三門直指』에서는 '壽'자를 쓰고 있는 바, 잘못 인용된 것으로 보인다. 『三門直指』(『韓佛全』 10, p.153).

213 『三門直指』 및 『釋門儀範』에서는 '與'자를 쓰고 있는 바, 잘못 인용된 것으로 보인다. 『三門直指』(『韓佛全』 10, p.153).

② 귀의준제

한편 『삼문직지』에 의하면 다음에 이어지는 '귀의준제' 부분이 생략된 채 '준제진언'을 '준제대명다라니准提大明陀羅尼'라 하여 그 뒤에 앞의 '준제진언찬'을 소개하고 있기도 하다.[214]

나무칠구지불모대준제보살南無七俱胝佛母大准提菩薩

'현행 『천수경』'은 '준제진언찬'에 이어 위 같은 내용의 '귀의준제' 항목을 싣고 있다. 즉 "칠구지불모이신 대준제보살께 귀의합니다"는 내용을 말하는 바, '준제진언'을 설하신 칠구지불모七俱胝佛母이신 준제보살에 대한 귀의의 내용을 담고 있는 것이라 할 수 있다.

'귀의준제'에 해당하는 이 어구는 최초 『준제정업准提淨業』[215] 중 「준제진언지송편람准提眞言持誦便覽」에 실려진 것으로, 『불가일용작법』을 편찬한 팔관스님에 의해 삽입된 것으로 추정된다. 그런데 여기 등장하고 있는 '칠구지불모 대준제보살'은 과연 누구를 지칭하는가?

우리는 『불설칠구지불모준제대명다라니경佛說七俱胝佛母准提大明陀羅尼經』 안에서 다음 내용을 발견할 수 있다. 즉 세존께서 한때 기수급고독원에 머물러 계셨는데, 말세 중생들을 가련히 여겼던 까닭에, "과거 칠구지준제여래七俱胝准提如來 등 불모佛母께서 설하신 준제다라니를 내 이제 똑같이 설하리라 하시며 대명(大明: 진언을 의미)을 설해 이르시되…"[216]

---

214 『三門直指』(『韓佛全』 10, p.153).

215 1724년(擁正2), 구례 華嚴寺 간행. (일산 圓覺寺 所藏).

216 『佛說七俱胝佛母准提大明陀羅尼經』(『大正藏』 20, p.173) "說過去七俱胝准提如來

또한 『칠구지불모소설준제다라니경七俱胝佛母所說准提陀羅尼經』 안에서 석가모니 부처님께서 "미래의 박복한 악업 중생들을 가엾이 여기사 준제삼매准提三昧에 들어 과거 칠구지불七俱胝佛께서 설하셨던 다라니를 말씀해 이르시되"[217]라는 표현을 발견할 수 있기도 하다.[218]

위 내용을 통해 생각할 때 '칠구지七俱胝'란 표현은 어떤 '특정 부처님을 지칭'하는 명사로서가 아닌, '수많은'이란 의미를 갖는 수사數詞[219]

'等'佛母准提陀羅尼 乃至我今同說 卽說大明曰" 여기서 우리는 '等'字에 대한 해석에 유의해야 할 것이다.

217 『七俱胝佛母所說准提陀羅尼經』(『大正藏』 20, p.178).

218 이외에도 『佛說七俱胝佛母心大准提陀羅尼經』(『大正藏』 20, p.185) 안에서 "七俱胝佛母의 心准提陀羅尼法을 설하셨으니"라는 표현을 찾아볼 수 있다.

219 '七俱胝'가 數詞임을 말하기 위해 인도에서의 數 표기에 대한 일반적 설명을 행하기로 한다.

존재하는 數量을 표시하는 것 중에서 인도에서의 숫자 개념에는 단수(一數)·쌍수雙數·복수(多數)의 세 가지 총체적 표현법이 있으며, 개별적으로는 1에서 無數, 즉 不可說에 이르기까지의 십진법의 60數를 말하고 있다.

그럼에도 처음에는 阿僧祇까지 60數였으나, 뒤에 8개를 망실해서 52개의 數가 되었다고 하는 즉, 『阿毘達磨俱舍論』 「分別世品」에서는 다음과 같은 말을 남기고 있다. "이 數 가운데서 나머지 여덟은 잊었다. 만일 大劫을 세어서 이 數 가운데의 阿僧祇에 이르면 無數劫이라 이름하는데, 이 無數劫을 다시 더 셋까지 이른 것을 3無數劫이라 한다. 이는 산수의 계산으로는 능히 세어 알 수 없으므로 3無數劫이 된다."

그러나 『飜譯名義大集, mahāvyutpatti』 제249장, 「阿毘達磨」에는 8개의 數를 합해 60數를 소개하고 있다. 『飜譯名義集』(권제3)에도 數가 소개되는 바, 아래의 數 개념과는 일치하지 않는다. 또한 각 경전마다 일치하지 않는 점들이 많이 발견되는 바, 이들 각각의 입장 중 특이한 점들을 간략하면 다음과 같다.

'아유다'를 『佛本行集經』 권12에서는 수십억으로 말하고, 『俱舍論』에서는 俱胝의 100배로, 『慧苑音義』 하권에서는 1兆로, 『華嚴經』에서는 俱胝의 俱胝倍로 말하기도 한다.

또한 '아추파'를 『俱舍論』 권12에서는 52數 가운데 20번째 數임을 말한다. 그리고 『佛本行集經』 권12에서 "아추바는 隋나라 말로 數千億이다"라고 기록하고 있다. 그리고 '아승지'에 대해 이것을 阿僧祇耶, 阿僧企耶, 阿僧, 僧祇 등으로 표현하기도 하며, 無數, 無中央이라 번역하여 셀 수 없이 많은 수의 뜻을 가진다고 하는 바, 『華嚴經』 「阿僧祇品」에서는 124大數 中 105번째의 數를 말한다고 한다. 한편 極大의 數를 비유적으로 微塵數라 하는 바, 1 이하의 分數로 아주 적은 數(혹 1/16)를 歌羅分이라 하여 그 구분을 행하고 있다. 또한 最極의 적은 分數를 오파니살담분(鄔波尼殺曇分, upanisadam, 優波尼沙陀分)이라 말하기도 한다. 또한 신역 『華嚴經』 45권에서는 '阿僧祇·無量·無邊·無等·不可數·不可稱·不可思·不可量·不可說·不可說不可說'의 10大數를 들고 있다. 한편 '阿僧祇 × 阿僧祇 = 아승지전阿僧祇轉'이며, '阿僧祇轉 × 阿僧祇轉 = 無量'이라 하여 이 숫자들의 짜임새를 설명하기도 한다.(『瑜伽師地論』 卷3, 卷56, 『顯揚聖教論』 卷1, 『大乘百法明門論』, 『瑜伽論記』 卷15 등 참조) 이 경우 阿僧祇의 算定法은 阿由多 이상의 數를 102개 들어 차례로 제곱하여 최후의 수를 至라 하고, 至를 至배한 것을 阿僧祇라 한다. 이 102개의 數 다음에 앞서의 阿僧祇 등의 19(10大數 하나하나 사이에 各數의 轉이 들어간다)를 더하면 모두 120이므로, 이것을 120轉이라 한다. (新譯에서는 121數)
한편 兆載永劫이라 할 경우, 兆도 載도 어마어마하게 큰 數를 말한다. 그리고 『華嚴經』 가운데 '도마죽위稻麻竹葦 무한극수無限極數'라는 표현이 등장하는데, 이 또한 셀 수 없는 많은 數를 말한다. 이제 위의 간략한 설명에 이어 60數를 나열하면 다음과 같다.

1. 一(eka)
2. 十(daśa) - (10^1)
3. 百(śata) - (10^2)
4. 千(sahasra) - (10^3)
5. 발라벽타(鉢羅薜陀, hrabheda) - 萬.(10^4)
6. 락차(洛叉, 洛沙, lakṣa) - 10萬.(10^5)
7. 도락차(度洛叉, atilakṣa, 아저락사阿底洛沙) - 100萬.(10^6)
8. 구지(俱胝, koṭi) - 拘胝,俱致,俱梨. 千萬.(10^7)
9. 말타(末陀, madhya) - 1億.(10^8)

10. 아유다(阿由多, 阿庾多, ayuta) - 10億.(10^{9}).
11. 대아유다(大阿由多, 大阿庾多, mahāayuta)- 100億.(10^{10}).
12. 나유다(那由多, 那由他, 那庾他, nayuta) - 千億.(10^{11})
13. 대나유다(大那由多, 大那庾多, mahānayuta) - 10^{12}.
14. 발라유다(鉢羅由多, parāyuta, 波羅庾他, 鉢羅由他) - 10^{13}.
15. 대발라유다(大鉢羅由多, 大鉢羅庾多, mahāparāyta) - 10^{14}.
16. 긍갈라(矜羯羅, kiṁkara, 矜羯落, 堅羯羅, 金伽羅) - 10^{15}.
17. 대긍갈라(大矜羯羅, mahākiṁkara) - 10^{16}.
18. 빈발라(頻跋羅, visvara, 頻婆羅) - 10^{17}.
19. 대빈발라(大頻跋羅, mahāvisvara) - 10^{18}.
20. 아추파(阿芻婆, akṣobhya, 阿閦婆) - 10^{19}.
21. 대아추파(大阿芻婆, mahāakṣobhya) - 10^{20}.
22. 비파가(毘婆訶, vivāha) - 10^{21}.
23. 대비파가(大毘婆訶, mahāvivāha) - 10^{22}.
24. 올준가(嗢蹲伽, 올층가嗢蹭伽, utsaṅga) - 10^{23}.
25. 대올준가(大嗢蹲伽, mahāutsaṅga) - 10^{24}.
26. 파갈나(婆喝那, 바할나, vāhana) - 10^{25}.
27. 대파갈나(大婆喝那, mahāvāhana) - 10^{26}.
28. 지치파(地致婆, titibha) - 10^{27}.
29. 대지치파(大地致婆, mahātitibha) - 10^{28}.
30. 혜도(醯都, hetu) - 10^{29}.
31. 대혜도(大醯都, mahāhetu) - 10^{30}.
32. 갈랍파(羯臘婆, karabha) - 10^{31}.
33. 대갈랍파(大羯臘婆, mahākarabha) - 10^{32}.
34. 인달라(印達羅, Indra) - 10^{33}.
35. 대인달라(大印達羅, mahāindra) - 10^{34}.
36. 삼마발탐(三磨鉢耽, samāpta) - 10^{35}.
37. 대삼마발탐(大三磨鉢耽, mahāsamāpta) - 10^{36}.
38. 게저(揭底, gati) - 10^{37}.
39. 대게저(大揭底, mahāgati) - 10^{38}.

역할을 하고 있음을 알 수 있다.[220] 그럼에도 앞의 주(註: 217)의 예에서 '구지俱胝'가 '천만千萬'이란 수數를 말하고 있다면 '칠구지'란 '칠천만'에 해당하므로, 위 경전 내용과 함께 '귀의준제' 항목은 '과거의 수많은(칠

---

40. 점벌라사(拈筏羅闍, nimbārajas) – 10^{39}.
41. 대점벌라사(大拈筏羅闍, mahānimbārajas) – 10^{40}.
42. 모달라(姥達羅, mudrā) – 10^{41}.
43. 대모달라(大姥達羅, mahāmudrā) – 10^{42}.
44. 발람(跋藍, vala) – 10^{43}.
45. 대발람(大跋藍, mahāvala) – 10^{44}.
46. 산야(珊若, saṁjñā) – 10^{45}.
47. 대산야(大珊若, mahāsaṁjñā) – 10^{46}.
48. 비보다(毘步多, vibhuna) – 10^{47}.
49. 대비보다(大毘步多, mahāvibhuna) – 10^{48}.
50. 발라참(跋羅攙, balākṣa) – 10^{49}.
51. 대발라참(大跋羅攙, mahābalākṣa) – 10^{50}.
52. 아승지(阿僧祇, asaṁkhya) – 10^{51}.
53. 무량(無量, apramāṇa) – 10^{52}.
54. 무변(無邊, aprameya) – 10^{53}.
55. 무증(無增, aparimita) – 10^{54}.
56. 출변(出邊, aparimāṇa) – 10^{55}.
57. 무비(無比, atulya) – 10^{56}.
58. 불가비(不可比, amāpya) – 10^{57}.
59. 불가사의(不可思議, acintya) – 10^{58}.
60. 불가설(不可說, anabhilāpya) – 10^{59}.

– 위의 예에서 생각할 때 '구지(俱胝, koṭi)'는 千萬, 즉 10^7을 뜻하고 있음을 알 수 있다.

220 『金剛香菩薩大明成就儀軌經』(『大正藏』 20, p.704) 안에서 우리는 위와 같이 숫자적 개념으로 사용된 '俱胝'의 용례를 또다시 찾아볼 수 있다. "그때 金剛手菩薩 및 數를 헤아릴 수 없는 俱胝菩薩摩訶薩께서…"

천만의) 준제여래, 즉 수많은(칠천만의) 부처님께서는 불모佛母가 되기도 하는 바, 그러한 분께 귀의합니다'라는 내용을 말하고 것이라 하겠다.

그렇다면 여기서 '수많은(칠천만의) 부처님'과 동일시 표현되고 있는 '준제여래'는 누구를 지칭하는 것일까? 앞서 필자는 육도중생 구제의 원력으로 화현한 육관음六觀音 중 하나로서 '준제관음'에 대해 살펴본 바 있었다. 그렇다면 여기서 말하는 준제보살(또는 준제여래)이란 육관음 중 하나인 준제관음을 말하는 것인가?

이에『칠구지불모소설준제다라니경』안에서 준제불모(准提佛母: 준제보살을 말함)에 대한 형상을 소개하는 부분을 찾을 수 있는데, "연화대蓮華臺에 앉아 계신 채… 하얀 옷을 입고… 3개의 눈에 18개의 팔을 지니고 있는"[221] 모습은 앞서 말한 육관음 중 하나인 준제관음의 모습과 흡사함[222]을 알 수 있다.

그리고 "(칠구지불모 준제대명다라니를) 60만 번을 독송하면 성자관자재보살의 상像이나 다라보살多羅菩薩의 상을 볼 수 있다"[223]고 하는 바, 이 역시 관음보살의 화신을 지칭하는 한에 있어 위 '준제보살'과 '준제관음'이 동일한 인물을 뜻하고 있음을 알 수 있다.

이러한 표현은 여타의 신앙 형태에 대한 관음신앙의 우위성을 드러내는 것으로, 이에 의한다면 관세음보살이야말로 모든 부처님들의 어머니(佛母)로서 법신불法身佛의 지위에까지 드높여지고 있음을 알 수 있다.

---

221 『七俱胝佛母所說准提陀羅尼經』(『大正藏』 20, p.184.下).

222 이에 대해서는 제4장 註 62)의 내용 중 ⑤번 항목을 참조할 것.

223 『佛說七俱胝佛母准提大明陀羅尼經』(『大正藏』 20, p.174.下).

(2) 정법계진언淨法界眞言

다음으로 이어지는 '정법계진언'은 『현밀원통성불심요집』 가운데 보여지는 바, 아래와 같이 진언 독송 의궤와 함께 '정법계진언'을 소개하고 있다.

> "진언행자眞言行者는 매일 목욕한 후, 단정히 옷을 입어야 한다. 그리고 (다라니를) 독송코자 하거든 먼저 모름지기 반가부좌(금강정좌金剛正坐)를 하고 앉아, 손은 대삼매인大三昧印을 지은 다음 심신心身을 안정시킨 채 '정법계삼매淨法界三昧'에 들어 다음과 같은 생각을 하여야 한다.
> 즉 자신 정수리 위에 범어로 된 글씨 '람(濫: )'자가 있는 바, 광명이 두루하여 마치 밝은 구슬이나 만월滿月인 양 생각하여야 한다. 이렇듯 글자에 대한 생각을 마친 다음 왼손으로는 금강권인金剛拳印을 짓고 오른손에는 염주(念珠: 數珠)를 든 다음, 입으로는 '정법계진언'을 독송하되 21번 독송할 것이다. 이에 진언을 말하면 '옴 람唵濫'이다."[224]

이어 위 문헌은 '람濫'자에 대한 설명을 행하는 바, 또 다른 의궤서 『밀주원인왕생집密呪圓因往生集』에서는 '정법계진언'을 '정법계주淨法界呪'라 표현한 채 "『유가연화부염송법瑜伽蓮華部念誦法』에 이르기

---

224 『顯密圓通成佛心要集』 卷上(『大正藏』 46, p.994). '淨法界眞言' '옴 람'에 대한 표기에 대해 『顯密圓通成佛心要集』 卷下(『大正藏』 46,p.1004)의 「供佛利生儀」 항목에서는 단지 '람'이라 표기하고 있으며, 그럼으로써 "그 음식·기물 등이 자연 청정케 되며 법계에 두루하게 된다"는 설명을 부가하고 있다.

를…"[225]이란 인용구를 제시하면서 위 내용과 비슷한 설명을 행하고도 있다.

진언 '옴 람唵㘕'은 산스크리트어로 'oṁ raṃ'이라 표기할 수 있다. 여기서 'raṃ'은 '정지·안락·적정의 상태로 만든다'는 뜻의 동사로, 지地·수水·화火·풍風·공空 등 우주 구성의 5대 요소 중 '화대火大'를 표현하는 종자種子가 된다. 불(火)은 모든 더러움을 태워 청정케 한다는 의미와 더불어, 위 '정법계진언' 역시 모든 사물을 청정케 한다는 뜻을 담고 있다.

위 설명을 토대로 '정법계진언'을 옮겨보면, 다음과 같다. "아! 청정케 되어지이다!"

(3) 호신진언護身眞言

'정법계진언'에 이어 '호신진언'을 독송하는데, 이 역시 『현밀원통성불심요집』에 실린 내용으로, '정법계진언'에 이어 곧바로 등장하는 내용이다. 이에 의하면 "다음으로 호신진언 21편을 독송하라. 이 진언을 말하면, '옴 치림唵齒嚂'이다."[226]

위 '호신진언'의 문헌 출전으로는 『대방광보살장경중문수사리근본일자다라니경大方廣菩薩藏經中文殊師利根本一字陀羅尼經』을 들 수 있다. 이 경전에 의하면 '한때 부처님께서 정거천淨居天의 보장엄도량寶莊嚴道場에 머물러 그곳 천중天衆들을 위해 문수사리동자행륜文殊師利童子行輪의 주법呪法을 말씀하셨는데, 이 주문을 외우게 되면 문수사리동자보살文殊師利童子菩薩이 항상 옹호할 것인 즉 일체의 모든 주呪가 원만케

225 『密呪圓因往生集』(『大正藏』 46, pp.1007~1008).

226 『顯密圓通成佛心要集』(『大正藏』 46, p.994).

되며 모든 행하는 바(所作)가 성취되라'는 말하고 있는 것이다.

그리고 진언에 대한 명칭 없이 "즉설주왈卽說呪曰"이라 쓴 채 "옴 치림" 진언을 소개하고 있다. 또한 "이 주문을 외움으로써 능히 오역죄·십악죄 등 일체 죄업을 소멸할 수 있으며, 일체 고뇌의 장애되는 바와 악몽을 제거할 수 있다"는 말과 더불어 "사악한 혼魂들이나 귀신으로 인한 모든 상스럽지 못한 일들을 길한 일로 바꾸며, 일체 원하는 바를 원만케 하리라"[227] 하여 진언의 공능功能을 설명하고도 있다.

한편 앞서 든 『현밀원통성불심요집』에 의하면 "이 주문은 모든 부처님의 마음(心)을 뜻하는 것이어서, 오롯한 마음으로 1편을 외운 즉 일체 귀신이나 천마天魔의 침범으로부터 능히 자신을 수호할 수 있으며, 2편을 독송함으로써 주위 도반을 보호할 수 있고, 3편을 외움으로써 한 집안 사람들을 수호할 수 있으며, 4편을 외움으로써 능히 한 성城 안의 사람들을 수호하고, 7편 독송함으로써 사천(四天: 四王天) 이하의 사람들을 수호할 수 있게 하리라"[228]는 내용을 전하고도 있다.

한편 의궤서 『밀주원인왕생집』에서는 '호신진언'을 '문수호신주文殊護身呪'라 표기하는 바,[229] "『문수근본일자다라니경文殊根本一字陀羅尼

---

227 『大方廣菩薩藏經中文殊師利根本一字陀羅尼經』(『大正藏』 20, p.780), 또한 『顯密圓通成佛心要集』(『大正藏』 46, p.994) 안에서 동일한 표현들을 발견할 수 있다.

228 『顯密圓通成佛心要集』(『大正藏』 46, p.994), 또한 『大方廣菩薩藏經中文殊師利根本一字陀羅尼經』(『大正藏』 20, p.780) 안에서 동일한 표현들을 발견할 수 있다.

229 '護身眞言'에 대한 진언구 표기로서 『不空羂索神變眞言經』 卷第2(『大正藏』 20, p.239)에서는 '護身眞言'을 "唵 旖暮伽 縛唎灑抳 鉅嚕鉅嚕 莎縛訶"라 표기하고 있으며, 권제16(p.309)에서는 "唵 旖暮伽 落訖灑抳 播捨欱塞羝 覩嚕覩嚕 莎縛訶"로, 권제30(p.397)에서는 "唵 旖暮伽 落訖沙拏 縛囉娜 部"이라 표기하고 있는 등 많은 차이를 보이고 있다.

經』에 이르기를"[230]이라는 인용구를 제시하는 가운데 위 경전에서 말한 바와 동일한 내용을 전하고 있다.

'옴 치림'은 산스크리트어로 'oṁ, cilim'이라 표기할 수 있다. 여기서 'cilim'은 '심히 깊다'는 뜻으로 흔히 '길상吉祥'이라 번역되기도 하는 바, 묘길상보살, 즉 문수보살을 뜻하는 '일자진언一字眞言'이 되기도 한다. 한편 외부의 침입으로부터 자신을 보호해 준다는 가사袈裟 공덕과 관련된 측면으로서, 'cilim'이 가사(옷감, 천)를 뜻하는 'cīra' 내지 'cīvara'에서 유래한 글자가 아닌가 생각해 볼 수도 있다.

여하튼 위 설명을 토대로 '호신진언'을 뜻으로 옮겨 보면 다음과 같은 해석을 얻을 수 있다. "아! (부처님 마음은) 심히 깊습니다." 즉 그렇듯 깊은 부처님 마음에 의지한다면 어떤 어려움이 우리를 침범할 수 있겠는가 하는 뜻이다.

(4) 관세음보살본심미묘육자대명왕진언觀世音菩薩本心微妙六字大明王眞言

'호신진언'에 이어 『현밀원통성불심요집』은 '육자대명진언六字大明眞言'을 소개하고 있는데,[231] 위 제목에서와는 달리 "관세음보살본심미묘" 및 "왕王"자가 생략된 채 '육자대명진언'이라 표기되어 있다.[232]

이에 대해 『밀주원인왕생집』[233]에서는 이 주문을 '관자재보살육자대명심주'라 표기한 채 "『장엄보왕경莊嚴寶王經』에 이르기를 '이 육자대명

---

230 『密呪圓因往生集』(『大正藏』 46, p.1008).

231 『大正藏』 46, p.994.

232 『佛家日用作法』, p.228에서도 역시 위의 표기에서와 같이 '六字大明眞言'이라 하고 있다.

233 『大正藏』 46, p.1010下.

(진언)은 관자재보살의 미묘본심微妙本心을 가리키는 말"'[234]이란 설명을 덧붙여 놓았는데,[235] 후에 『삼문직지』의 편자가 이를 종합하여 '관세음보살미묘본심육자대명왕진언'이라 표기한 것으로 생각된다. 그럼에도 『고왕관세음천수다라니경』 이후 '현행 『천수경』' 등에서는 '미묘본심'을 '본심미묘'라 바꿔 적고 있는데, 그에 대한 문헌상의 이유를 발견할 수 없는 실정이다.

여하튼 위 의궤집 『현밀원통성불심요집』 및 『밀주원인왕생집』 등에 의하면 "이 주문을 독송한 즉 머무는 곳마다 수없이 많은 불·보살·천룡팔부의 신들이 모여 오며, (그 다라니에) 무량한 삼매의 법문法門을 갖추고 있는 까닭에 그것을 지송하는 사람의 7대 종족에 이르기까지 모두 해탈을 얻을 수 있을 것이다" 하였다. "또한 (다라니를 독송하는 사람의) 뱃속에 있는 모든 벌레들까지도 보살의 지위를 얻을 수 있을 것이니, 그 사람은 하루하루 6바라밀의 원만한 공덕을 갖추게 될 것이다"라고 말하고 있다.

"또한 다함이 없는 변재辯才와 청정한 지혜를 갖추게 되며 … 영원히 생·노·병·사 등의 고통을 받지 않게 되리라"는 말과 함께 "이 육자대명의 경계 안에는 77구지七十七俱胝의 부처님께서 머물러 계시는 즉 일시에 몸을 드러내어 (우리와) 함께 준제주准提呪를 외우게 될 것이다"고 말하고 있다. 그리고 "한 장소에서 108번의 주문을 독송하면 (그것을

---

234 大乘莊嚴寶王經(『大正藏』 20, p.59中 13行)에서도 같은 내용을 찾아볼 수 있다. "佛告善男子 此六字大明陀羅尼 是觀自在菩薩摩訶薩微妙本心 若有知是微妙本心 卽知解脫."

235 물론 『顯密圓通成佛心要集』(『大正藏』 46, p.994中) 안에도 이 표현이 묘사되어 있는 즉, 여기에는 "觀音菩薩微妙本心"이라 표기되어 있다.

독송하는 자의) 머리 위에 그(佛)의 손(手印)을 펼쳐 보일 것"이라 하는 바,[236] 이는 '육자대명왕진언'의 공덕을 찬탄하고 있는 것들이라 하겠다.

위 진언 '옴 마니 반메 훔(唵 麼抳 鉢訥銘 吽)'은 산스크리트어로 'oṁ maṇi padme huṁ'이라 표기한다. 여기서 'maṇi'는 '마니주', 즉 '여의주'를 뜻한다. 'padme'는 '연화蓮華'를 뜻하는 명사 'padma'에 처소격 접미어가 붙어 있는 말로 '연꽃의'라고 번역되며, 한편으로는 인도의 신 브라흐마 또는 비슈누의 화신이거나 불교에서의 '연화수보살(蓮華手菩薩: padmapāṇi)'을 상징하고 있다.

또한 'huṁ'은 여러 의미가 담겨진 복합어로 다음과 같은 여러 어구가 종합되어 만들어진 글자이다. 즉 '원인原因'이란 뜻을 가지는 'hetu'라는 명사의 'h'와, '감소시키다'는 뜻을 갖는 과거분사의 'u'를 취한 채, 음편(음의 조각) 'ṃ'(아누스와라anusvāra라 하며, 字母에 찍는 점·을 말한다)을 더해서 만든 글자인 바, '원인을 감減한다' 또는 '원인이 되는 업을 없앤다'는 뜻으로 이해할 수 있다.

이상의 설명을 통해 "옴 마니 반메 훔"을 다음과 같이 해석할 수 있다. "아! 연꽃의 보주寶珠시여(또는 '연화수보살의 보주여)! (생·노·병·사 고통의) 원인이 되는 업을 멸해 주소서."

그런데 여기서 '연꽃의 보주'란 무엇을 말하는가? 『대승장엄보왕경大乘莊嚴寶王經』을 통해 우리는 '연꽃의 보주', 그 의미성을 찾아볼 수 있다. 즉 제개장보살除蓋障菩薩에게 '육자대명다라니'의 유래를 설명하는 가운데, 먼저 부처님께서는 스스로 이 다라니를 연화상여래蓮華上如

---

236 이상과 같은 내용은 『密呪圓因往生集』과 『顯密圓通成佛心要集』 가운데 거의 비슷하게 인용되고 있는 바, 이 모두는 『大乘莊嚴寶王經』(『大正藏』 20, pp.59中~63行) 중의 내용을 간추린 것이라 할 수 있다.

來를 통해 얻어 지닐 수 있었음을 말하고 있다. 이어 이전에 연화상여래가 무량수여래無量壽如來를 친견하고, 관자재보살을 통해 '육자대명다라니'를 얻게 된 과정을 묘사하는 중 다음 말씀을 하시는 것이다.

"이때 무량수여래응정등각無量壽如來應正等覺께서 가릉빈가迦陵頻伽 음성으로 관자재보살마하살께 말씀하시기를 '선남자여, 이 연화상여래응정등각蓮華上如來應正等覺을 보라. 그는 이 '육자대명다라니'를 구하기 위해 '무수 백천만 구지 나유타無數百千萬俱胝那由他 세계'를 두루 돌아다녔으니, 마땅히 이 '육자대명'을 알려주어야 할 것이다. 그 여래께서 그것을 얻고자 이곳에 오셨으니….'

이에 관자재보살이 세존(무량수여래응정등각)께 말씀하시기를 '만나라(曼拏羅: 만다라)를 보지 못한 자는 능히 이 법을 얻을 수 없나니 어찌 이 연화인蓮華印을 알겠으며, 지마니인持摩尼印과 일체왕인一切王印, 만나라청정체曼拏羅清淨體를 알 수 있겠습니까?'라고 하였다."

이어 만다라의 형상을 보여 주시는데, 무량수여래의 왼쪽에는 대마니보보살大摩尼寶菩薩을, 오른쪽에는 '육자대명六字大明'을 안치하였고… 왼손에는 연화蓮華를 들고 그 연화 위에 마니보석摩尼寶石을 안치하였음을 보여주고 있는 것이다.[237]

위와 같이 만다라의 형상을 볼 수 있는 자만이 '육자대명다라니'를 얻을 수 있다는 전제를 놓고 생각할 때, 이후 설해지는 다라니 "옴 마니 받메 훔" 중 '마니 받메', 즉 '연꽃의 보주'란 위 만다라 형상 가운데 등장하는 '연꽃 위의 마니보주'를 뜻함을 알 수 있다. 이에 '마니 받메'를 '연화수보살의 보주'로 이해할 수 있는 근거가 마련되는 바, 이러한

237 『大乘莊嚴寶王經』 4卷(『大正藏』 20, pp.59ff).

점을 통해 볼 때, 진언이란 '만다라 형상에 대한 총체적 이해'의 관점을 뜻하는 것임을 또한 알 수 있다.

(5) 준제진언准提眞言 및 준제후송准提後頌

'준제진언' 및 '준제후송' 항목은 최초 『준제정업准提淨業』에 실려진 바,[238] 『삼문직지』와 『불가일용작법』과 함께 이후의 의식집 등에 그 용례가 보이고 있다.

① 준제진언

이 가운데 '준제진언'은 『현밀원통성불심요집』 및 『밀주원인왕생집』에 그 예가 보이기도 하는 바, 『현밀원통성불심요집』에서는 '육자대명왕진언'의 공덕을 찬양하면서 "이 육자대명의 경계 안에는 77구지의 부처님께서 머물러 계신 즉, 일시에 몸을 드러내어 (우리와) 더불어 준제주를 외우게 될 것"[239]을 말하고 있어, '육자대명왕진언'에 따른 규범상의 맥락 속에 '준제진언'이 등장하고 있음을 볼 수 있다.

한편 『현밀원통성불심요집』은 '준제진언'을 '칠구지불모심대준제다라니진언'이라 표기한 채 "나무 사다남 삼약삼못다 구치남 다냐타 옴 자례 주례 준제 사바하 부림(南無 颯哆喃 三藐三菩馱 俱胝喃 怛儞也他 唵 折隷 主隷 准提 娑婆訶 部林)"이란 진언구를 적고 있는데,[240] 이에 비해

---

238 1724년(擁正2) 구례 華嚴寺 開刊, 「准提持誦便覽」 항목 참조.

239 『顯密圓通成佛心要集』(『大正藏』, vol.46, no.1955, p.994下).

240 『青龍寺軌記』(『大正藏』 18, p.173)에서는 '七俱胝佛母眞言'이란 眞言名 밑에 "襄莫薩嚩沒馱 昌地薩 怛嚩喃 怛儞也他 唵 左隷 蘇隷 准胝 莎嚩賀"란 진언구를 수록하고 있다. 그런데 이는 앞의 '准提眞言'과 현격한 차이를 보이고 있다.

『삼문직지』에서는 ‘준제대명다라니’를 “옴 자례 주례 준제 사바하”라 간략히 표기하여 진언의 전제부[241]를 생략한 채, 또한 ‘부림部林’이란 표현 역시 생략하고 있다. 그런데 『불설칠구지불모준제대명다라니경』에서는 이와는 달리 진언 끝의 “부림”만을 생략하고 있는 등 차이점을 보인다.[242]

이에 대해 『현밀원통성불심요집』에서는 “부림”을 ‘대륜일자주大輪一字呪’ 또는 ‘말법 중 일자심주(末法中一字心呪)’라 말하며, 이는 문수보살의 마음을 가리키는 것으로 말세에 능히 여래의 일체법을 보호하는 것…[243]이란 설명을 행하고 있기도 하다.

---

241 제4장의 註 29)의 내용 참조할 것.

242 『佛說七俱胝佛母准提大明陀羅尼經』(『大正藏』 20, p.173) 외에도 『七俱胝佛母所說准提陀羅尼經』(『大正藏』 20. p.178)·『佛說七俱胝佛母心大准提陀羅尼經』(『大正藏』 20, p.185)·『七佛俱胝佛母心大准提陀羅尼法』(『大正藏』 20, p.186) 및 『呪五首』(『大正藏』 20, p.17) 등에 각각 진언이 실려 있는데, 한결같이 ‘部林’을 생략하고 있다. 그럼에도 진언 표기에 있어서는 약간의 차이점을 보이고 있는 바, 이들 각각 경전 상에 쓰이고 있는 진언 표기를 인용해 보면 다음과 같다.

①『佛說七俱胝佛母准提大明陀羅尼經』: ‘娜麼颯哆南三藐三勃陀俱胝南怛姪他 唵折隸主隸准提莎嚩訶’(p.173) 또는 ‘南無颯哆喃三藐三勃陀俱胝南怛姪他 唵折隸主隸准提莎嚩’(p.177) 등의 표기를 혼합하여 사용하고 있다.

②『七俱胝佛母所說准提陀羅尼經』: ‘娜莫颯哆南三藐三沒馱俱胝南怛儞也他 唵者禮主禮准泥娑嚩賀’(p.178)라는 표기를 사용하고 있다.

③『佛說七俱胝佛母心大准提陀羅尼經』: ‘南謨颯哆南三藐三勃陀俱胝南怛姪他 唵折戾主戾准締莎婆訶’(p.185)라는 표기를 사용하고 있다.

④『七佛俱胝佛母心大准提陀羅尼法』: ‘那麼颯哆喃三藐三勃佗俱胝南怛姪也他 唵折戾主戾准提莎嚩訶’(p.186)라는 표기를 사용하고 있다.

⑤『呪五首』: “納莫 颯多南 三藐 三勃陀 俱胝南 怛姪他 折麗 主麗 准第 莎訶”(p.17)라는 표기를 행하고 있다.

243 『顯密圓通成佛心要集』(『大正藏』 46, p.995中) “大輪一字呪 卽部林是也 亦名末法中

그럼에도 "부림"이란 산스크리트어 'bhūri'라는 형용사에 대격어미가 붙어진 꼴로 '풍부한·많은'이란 뜻을 지니는 바, '반복'의 의미를 갖고 있기도 하다. 그러므로 이것은 원래의 진언구라기보다는 의식을 진행하는 가운데 이 진언을 '여러 번 반복해서 외우라'는 일종의 지문地文으로 사용된 것이 아닐까 생각할 수 있다. 진언의 의미에 있어 '준제진언'이 준제보살에 대한 귀의의 뜻을 전하고 있다면, 같은 진언구 안에 문수보살에 대한 내용이 동시에 등장함은 격에 맞지 않는 것인 까닭이기도 하다.

여하튼 위 진언 "나무 사다남 삼먁삼못다 구치남 다냐타 옴 자례 주례 준제 사바하 부림"은 산스크리트어로 "namaḥ saptānāṃ samyak-saṃbuddha-koṭīnāṃ tad-yathā oṃ calā-cala cundi svāhā bhūrim"이라 표기할 수 있다.

여기서 'saptānāṃ'은 '7'이란 숫자의 부정수不定數의 복수를 의미하는 'saptan'에 여격어미가 첨가된 꼴로, '7의' 또는 '77의' 등으로 번역할 수 있다. 한편 'samyak-saṃbuddha'란 '정등정각正等正覺'이라 번역되며, '불佛'을 호칭하는 또 다른 표현이 되기도 한다. 그리고 'koṭīnāṃ'이란 '천만'을 뜻하는 숫자 'koṭi'에 여격조사가 첨가된 말이다. 이렇듯 단어 풀이를 바탕으로 위 진언구는 "7(또는 77)천만의 정등정각, 부처님께 귀의합니다" 내지 "칠(또는 77)구지불七俱胝佛께 귀의합니다"라고 번역할 수 있는 바, 경전 상에서 '준제진언'을 설하고 계신 부처님을 '칠구지불'[244] 또는 '칠구지준제여래'[245] 혹은 '칠십칠구지불'[246]이라 표현

一字心呪…"

244 『七俱胝佛母所說准提陀羅尼經』(『大正藏』 20, p.178).

245 『佛說七俱胝佛母准提大明陀羅尼經』(『大正藏』 20, p.173).

하고 있는 점을 미루어, 이 진언은 그러한 부처님께 대한 귀의의 내용을 담고 있다고 할 것이다.

이어 'tad-yathā'란 말이 등장하는 바, 이는 '이와 같이(如此)' 또는 '이른바(所謂)', '다시 말하건대'라고 번역될 수 있는 단어이다. 즉 앞의 부처님께 대한 귀의의 내용에 이어 그에 대한 부가적 설명이 이어짐을 암시하는 말로, 이후 다음과 같이 부처님께 대한 부가적 표현이 이어진다.

"oṃ calā-cala cundi svāhā." 그런데 여기서 'calā-cala'는 '이리저리 움직이는'이란 뜻의 형용동사로, '(중생 구제를 위한) 끝없는 행行'을 뜻하는 것이라 할 수 있다. 또한 'cundi'는 준제보살을 뜻하는 바, 이에 위 진언구를 "아(oṃ)! (중생 구제를 위한) 끝없는 행을 드러내 보이시는 준제보살(여래)께 영광이 있기를(svāhā)!"이라 번역할 수 있다.

이를 앞 구절과 연결시켜 본다면 "칠구지불께 귀의합니다. 아! (중생 구제를 위한) 끝없는 행을 드러내 보이시는 준제보살께 영광이 있기를!" 이라는 뜻을 얻을 수 있는데, 준제보살에 대한 이러한 찬양을 반복(bhūrim)[247]해서 행할 것을 '준제진언'은 말하고 있는 것이다.

이에 대해 『불설칠구지불모준제대명다라니경』에서는 각기 구하는 바에 따른 각각 법식法式을 행한 후 '준제진언'을 7번 내지 21번·

---

246 『顯密圓通成佛心要集』(『大正藏』 46, p.994).

247 여기서 bhūri는 '힌두 신화에서 비슈누 또는 인드라의 別稱이 되기도 하는 바, 이에 대한 연구는 또 다른 글 가운데서 밝혀져야 할 것으로 생각된다. 한편 bhūri-sravas는 Bālhīkas의 왕자이자 『마하바라타Mahābhārata』의 전쟁 영웅 Kauravas의 동료로서 이해되기도 하는 바, 이에 대한 고찰 역시 또 다른 항목 속에 이야기 되어야 할 것이다. John Dowson, *A Classical Dictionary of Hindu Mythology and Religion*, Delhi, Rekha Printers(P)Ltd, 1989. p.55 참조.

108번·1,080번·10만 번·60만 번·70만 번·90만 번 혹은 100만 번 독송할 것을 말하는 즉, 그럼으로써 원하는 모든 것을 얻을 수 있으리라는 것이다.[248] 한편 위 경전은 진언을 독송하는 가운데 다음과 같은 생각을 지녀야 할 것임을 말하고도 있다.

> "진언을 독송하는 자 스스로의 마음을 마치 둥근 보름달과 같이 생각할 것이며, (스스로의 마음인) 둥근 보름달 한가운데 '옴唵'자를 놓아둔 다음 '자례 주례 준제 사바하(折隷主隷准提莎嚩訶)' 각각의 글자를 '옴'자의 오른쪽 방향으로 펼쳐 둔 후, (삼매 가운데) 그 글자 한 자 한 자의 뜻을 자세히 관觀해야 한다."[249]

이와 함께 위 경전은 '삼매 가운데 관해야 할, 펼쳐진 각각 글자의 뜻'을 설명하기도 하는 바, 이에 대해서는 『칠구지불모소설준제다라니경七俱胝佛母所說准提陀羅尼經』에 좀더 명확한 설명이 있어 이를 인용해 보기로 한다.

> '옴唵'자는 '(法·報·化) 삼신三身의 뜻을 가지며, 또한 일체법이 본래 생生함이 없다'는 뜻을 갖는다. 또한 '자者'자는 '일체법은 불생불멸(=無行)'이란 뜻을 가지며, '례禮'자는 '일체법의 상相은 얻을 바 없음(=無相)'이란 뜻을 갖는다. 그리고 '주主'자는 '일체 법에 생멸이 없다(=無起)'는 뜻을, '례禮'자는 '일체 법에 더러움이 없다(=無垢)'

---

248 『佛說七俱胝不毛准提大明陀羅尼經』(『大正藏』 20, pp.173~174). 경전 가운데, 얻고자 하는 바에 따른 각각의 경우에 행해야 할 法式이 소개되어 있다.

249 『佛說七俱胝不毛准提大明陀羅尼經』(『大正藏』 20, p.177中).

는 뜻을 가지며, '준准'자는 '일체 법에 동등한 깨달음이 없다(=無等覺)'는 뜻을, '제提'자는 '일체 법에 취하고 버릴 것이 없다(=無取捨)'는 뜻을 갖는다. 한편 '사바(娑嚩)'자는 '일체 법이 평등하여 언설할 바 없음(=平等無言說)'을, '하賀'자는 '일체 법에 비롯함이 없(어 적정하)다(=無因寂靜無主涅槃)'는 뜻을 갖는다.[250]

이렇듯 '준제진언'을 독송하면서 글자 하나 하나를 외우는 가운데 위 같은 상념을 행하라는 것은, 일체법一切法에 대한 관觀을 행하라는 말이다. 또한 이것이야말로 일체법에 대한 참된 지혜, 즉 반야(般若: prajñā)의 참뜻에 접근해야 함을 뜻하고 있기도 하다.

이렇듯 '준제진언' 자체가 '반야의 관행觀行'을 뜻한다면 이것은 '반야, 즉 불모佛母'의 성격을 말하며, 또한 '칠구지 부처님의 어머니(七俱胝佛母)'로서 준제보살의 성격을 동시에 드러내 주고 것이라 하겠다.

② 준제후송

이상 '준제진언'을 거쳐 '현행 『천수경』은 '준제후송'으로 이어진다. 의식집 『불가일용작법』에 의하면, '준제진언'을 "108편이나 500편, 1,000편 독송을 마친 후 지극한 마음으로 회향하라"[251]는 지문地文의 기록과 함께, 이 규범에 따른 다음과 같은 '준제후송'을 등장시키고 있다.

'준제후송' 항목은 『준제정업』 내지 『불가일용작법』을 제외한 여타 문헌에서는 그 예를 찾을 수 없는 바, 『준제정업』의 내용을 『불가일용작

250 『七俱胝佛母所說准提陀羅尼經』(『大正藏』 20, p.183).

251 『佛家日用作法』(金月雲 편, 『日用儀式隋聞記』), p.228.

법』의 편자가 정신井辛이 수용한 것으로 생각된다. 여기 '준제후송' 내용을 인용해 보면 다음과 같다.

아금지송대준제我今持誦大准提　즉발보리광대원卽發菩提廣大願
원아정혜속원명願我定慧速圓明　원아공덕개성취願我功德皆成就
원아승복변장엄願我勝福遍[252]莊嚴　원공중생성불도願共衆生成佛道

내 이제 준제진언을 지녀 외웠사오니
깨달음의 마음 드러내 크나큰 원을 세우게 하소서.
(하여금) 선정과 지혜 두루 밝아지며
모든 공덕 성취되기 바라나이다.
내 (준제진언의) 크나큰 복으로 (세상을) 두루 장엄하오니
원컨대 모든 중생, 깨달음 얻어지이다.

7) 발원發願 및 귀의歸依

이어 '현행 『천수경』'은 '발원 및 귀의' 항목으로 종결을 맺는다. 여기서 '발원' 부분은 가범달마 역본 「천수경」 가운데 "선남자 선여인이 있어 이 신비한 주문을 지녀 독송코자 하는 자는 크나큰 보리의 마음을 일으켜 일체 중생을 제도할 서원을 세워야 한다"[253]는 규범에 의한 것임을 짐작할 수 있다.

또한 「천수경」 독송 의궤서인 『천수안대비심주행법』 역시 "참회·

252 『佛家日用作法』에서는 '遍'字 대신 '徧'字가 표기되어 있다.

253 『千手千眼觀世音菩薩廣大圓滿無礙大悲心陀羅尼經』(『大正藏』 20, p.108上). "若善男子善女人 誦持此神呪者 發廣大菩提心 誓度一切衆生."

발원을 행한 다음 삼보께 귀의하라(懺悔發願已 歸命禮三寶)"[254]는 말을 전하는 바, '발원'을 행한 후 삼보에 대한 '귀의'의 항목 역시 자연스럽게 연결되는 것이다.

그럼에도 가범달마 역본 「천수경」 및 『천수안대비심주행법』 내용에 의하면 '발원' 항목은 앞의 '십원'·'육향' 등과 함께 '참회문' 이전에 등장해야 할 것으로, 엄밀히 말한다면 '십원'·'육향' 자체가 '발원' 항목이 되기도 할 것이다. 그러므로 또다시 '참회문'에 이은 '제 진언 독송' 다음에 '발원' 항목이 등장하는 것은, 이 부분이 기타 의궤서의 영향하에 생겨난 것이 아닌가 하는 추정을 가능케 한다.[255]

'발원 및 귀의'에 대한 상세한 설명을 하면 다음과 같다.

(1) 발원

'현행 『천수경』'의 구성 가운데 '발원' 부분은 '여래십대발원문'과 '발사홍서원' 등 2개의 항목으로 나뉘어 설명될 수 있다. 이 부분은 하나의

---

254 『千手眼大悲心呪行法』(『大正藏』 46, p.977上).

255 이 점에 대해서는 다음과 같은 2가지 관점에서 생각해 볼 수 있을 것이다.
①『佛家日用作法』의 구성 가운데 '發願' 항목에 앞선 '諸眞言 讀誦' 부분이 准提菩薩, 즉 관세음보살에 대한 신앙 의궤를 전하고 있다면, 그 뒷부분 '如來十大發願文' 이하는 「念佛節次」라 또 다른 제목이 붙어있는 가운데 아미타불에 대한 신앙 의궤를 전하고 있는 것이다. 이러한 관점에서 생각한다면 '發四弘誓願' 및 '歸依常住三寶' 부분을 제외한 그 후의 구성을 위해 '如來十大發願文'이 등장하고 있지 않은가 생각된다.
② 이어지는 '發願文' 가운데 '發四弘誓願' 부분은 『六祖大師法寶壇經』(『大正藏』 48, no.2008, pp.353~354) 중의 내용을 참고로 형성된 것 같은 생각이 드는 바, 『六祖大師法寶壇經』의 구성에 의하면 '懺悔' 다음에 '發願'이 등장하고 있는 것이다.

의궤 안에 동시에 2개의 발원 항목이 등장하는 특이함을 보이고 있는 바, 그 각각의 내용에 있어서도 현저한 차이점을 드러내고 있다.

① 여래십대발원문如來十大發願文

'여래십대발원문'은 『염불보권문』 및 『삼문직지』 등에 그 내용이 실려 있으며[256] 『불가일용작법』 역시 이를 수록하고 있는데, 이는 송나라 종효(宗曉: 1151~1214)에 의해 편찬된 『낙방문류樂邦文類』 가운데 그 문헌 출전의 예를 찾을 수 있다.[257] 여기서 『낙방문류』의 '낙방樂邦'이란 안락국安樂國, 극락정토를 지칭하는 말로, 『낙방문류』는 극락정토 신앙과 관련된 이전 모든 문헌(文)을 집대성한 것으로 알려져 있다.

『낙방문류』에서는 택영(擇瑛: 1045~1099)에 의해 찬술된 것으로 알려진 이 부분('여래십대발원문')을 인용하는 가운데 그 항項의 제목을 '왕생정토십원문往生淨土十願文'이라 기록[258]하고 있다. 그것이 우리 의식집에 편입되는 과정에서 '여래십대발원문'이라 불리게 된 것으로 여겨진다. 그럼에도 『불가일용작법』에서는 이를 '미타찬彌陀讚'이란 항목에 편입시키고 있는 점으로 미루어,[259] 이는 엄밀한 의미에서 『천수경』의 독송 범례에 해당되지 않는 부분이라 말할 수 있다.

한편 『염불보권문』 이하 의식집에서는 위 항목을 인용하는 가운데

---

256 『念佛普勸文』(『韓佛全』 9, p.58)의 경우, 乾隆 41년(1776년)의 海印寺 開刊本 가운데 '如來十大發願文' 항목이 실려 있음을 볼 수 있다.

257 『樂邦文類』(『大正藏』 47, p.179中).

258 『樂邦文類』(『大正藏』 47, p.179)는 이 부분의 제목을 '往生淨土十願文'이라 하면서, '桐江法師 擇瑛'이란 원래의 作者를 밝혀 두고 있다.

259 「佛家日用作法」(金月雲 편, 『日用儀式隨聞記』, 中央僧伽大學出版部, 1991), p.231의 板心 부분을 참조할 것.

한 구절의 순서를 바꿔놓기도 하였다. 즉 『낙방문류』에서 '원아속견아미타願我速見阿彌陀' 다음에 '원아결정생안양願我決定生安養'이 놓여 있는 반면, 우리 의식집에서는 '원아결정생안양'이 앞에 놓여 있는 것이다. 아마도 이것은 안양(安養: 極樂淨土)에 태어나야만 아미타불을 뵐 수 있다는, 의미상의 순서에 따른 것으로 여겨진다.

여기 '여래십대발원문' 부분을 인용해 보면 다음과 같다.

원아영리삼악도願我永離三惡道	원아속단탐진치願我速斷貪瞋癡
원아상문불법승願我常聞佛法僧	원아근수계정혜願我勤修戒定慧
원아항수제불학願我恒隨諸佛學	원아불퇴보리심願我不退菩提心
원아결정생안양願我決定生安養	원아속견아미타願我速見阿彌陀
원아분신변진찰願我分身遍[260]塵刹	원아광도제중생願我廣度諸衆生

원컨대 길이 삼악도(지옥·아귀·축생) 여의기 바라오며
탐·진·치 (삼독의 번뇌) 끊고자 하나이다.
(그리하여) 항상 불·법·승 (삼보) 가까이 하며
계·정·혜 삼학三學을 부지런히 닦아
모든 부처님 가르침을 항상 따라서
깨달음의 마음 물러서지 않게 하여지이다.
(그러한 즉) 결정코 안양(安養: 極樂世界)에 태어나
아미타 부처님을 뵈오리니
나의 몸 티끌 세상에 두루하여
원컨대 널리 모든 중생들을 제도하게 하소서.

260 『佛家日用作法』에서는 '遍'字 대신 '徧'字가 쓰이고 있다.

② 발사홍서원發四弘誓願

이어 '발사홍서원'이 등장하는 바, 이는 「천수경」 독송 규범을 전하고 있는 『천수안대비심주행법』 중 "사홍서원 등의 발원을 행하라"는 언급과 함께 '사홍서원'의 각 구절을 소개하고 있음[261]에 기인하는 것이라 여겨진다.

'사홍서원'이란 '승나승열僧那僧涅'이라 음역되는데,[262] '사홍서원'이란 어휘를 대장경의 수많은 문헌들 안에서 발견할 수 있다.[263]

'현행 『천수경』'에 등장하고 있는 '발사홍서원' 부분을 인용하면 다음과 같다.

중생무변서원도衆生無邊誓願度　번뇌무진서원단煩惱無盡[264]誓願斷
법문무량서원학法門無量[265]誓願學[266]　불도무상서원성佛道無上誓願成

---

261 『大正藏』 46, p.974下.

262 『肇論疏』 卷下(『大正藏』 45, p.193).

263 『摩訶止觀』(『大正藏』 46, p.83. p.100) 및 『四念處』(『大正藏』 46, p.561), 『觀心論疏』(『大正藏』 46, p.619), 『諸法無諍三昧法文』(『大正藏』 46, p.629), 『四明尊者教行錄』(『大正藏』 46, p.861) 외에도 『大正藏』 45, p.193. p.830. p.953. p.972. 그리고 『大正藏』 48, p.354. p.339. 『大正藏』 54, p.231. p.1119 등 수많은 부분에서 '四弘誓願'이란 어구를 발견할 수 있게 된다.
한편 우리는 『陀羅尼雜集』(『大正藏』 21, p.596) 가운데서 '菩薩四大弘願'을 발견할 수 있는 바, 위 '四弘誓願'과 다른 내용을 소개하고 있음을 본다.

264 『六祖大師法寶壇經』에서는 '無盡' 대신에 '無邊'이 쓰여지며, 『千手眼大悲心呪行法』에서는 '無數'로 표기하고 있다.

265 『六祖大師法寶壇經』 및 『千手眼大悲心呪行法』에서는 모두 '無量' 대신에 '無盡'을 쓰고 있다.

266 『千手眼大悲心呪行法』에서는 '學' 대신 '知'로 표기하고 있다.

자성중생서원도自性衆生誓願度 자성번뇌서원단自性煩惱[267]誓願斷
자성법문서원학自性法門誓願學 자성불도서원성自性佛道誓願成

한없이 많은 중생들, 제도코자 원하나이다.
다함이 없는 번뇌를, 끊어 버리고자 원하나이다.
헤아릴 수 없이 많은 법의 진리, 배우고자 원하나이다.
더없이 높은 부처님의 깨달음, 이루고자 원하나이다.
나의 성품 속의 중생심, 제도코자 원하나이다.
나의 마음 속의 번뇌를, 끊어 버리고자 원하나이다.
나의 성품 속에 깃든 법의 진리, 배우고자 원하나이다.
나의 성품 속에 내재한 깨달음의 법, 이루고자 원하나이다.

이상 8구로 이루어진 '발사홍서원'의 원형을 『육조대사법보단경六祖大師法寶壇經』에서 찾을 수 있다. 거기서는 위와 같은 8구가 아닌 다음 4구로서 위 내용을 전하고 있다.

자심중생무변서원도自心衆生無邊誓願度
자심번뇌무변서원단自心煩惱無邊誓願斷
자성법문무진서원학自性法門無盡誓願學
자성무상불도서원성自性無上佛道誓願成[268]

---

267 『六祖大師法寶壇經』에서는 '自性衆生' 및 '自性煩惱'를, '自心衆生'과 '自心煩惱'로서 표기하고 있다. 의미에 좀 더 가까운 표현이 될 것이라는 생각이 든다.

268 『六祖大師法寶壇經』(『大正藏』 48, p.354中).
이에 대해 『飜譯名義集』(『大正藏』 54, p.1119)에서는 "衆生無邊誓願度 煩惱無數誓願斷 法門無盡誓願學 佛道無上誓願成"이라 '四弘誓願'을 표기하고 있다.

위 내용을 기술하는 가운데『육조대사법보단경』은 "스스로의 성품을 스스로 제도하는 것이야말로 참된 제도라 이름할 수 있다(自性自度是名眞度)"[269] 하여 '자심즉불自心卽佛'의 선풍禪風을 드러내고 있는 바, 자성삼보自性三寶께 대한 귀의를 행하라는 '무상삼보無相三寶'의 내용을 설하고 있기도 하다. 이것은 뒤에 이어지는 '귀의상주삼보歸依常住三寶'의 내용과도 관련맺고 있음을 알 수 있다.

한편『천수안대비심주행법』에서는 "사홍四弘이란 사성제四聖諦를 의거하여 생겨나는 것"이라 말하면서 '고苦'와 '중생衆生'을, '집集'과 '번뇌煩惱'를, '멸滅'과 '법문法門'을, '도道'와 '불도佛道'를 각각 비교하고 있다.[270] 한편『석선바라밀차제법문釋禪波羅蜜次第法門』에서는 "사홍서원이란 ①(고통에서) 제도치 못한 자 제도함을 '중생무변서원도衆生無邊誓願度'라 하며, ②(집착을) 해결치(끊지) 못한 자 해결케(끊게) 함을 '번뇌무수서원단煩惱無數誓願斷'이라 하고, ③(번뇌를 미멸未滅하여) 편안치 못한 자 편안케 함을 '법문무진서원지法門無盡誓願知'라 하고, ④열반을 얻지 못한 자 열반 얻게 함을 '무상불도서원성無上佛道誓願成'이라 하는 바, 이 사홍서원은 사성제와 대비시켜 생각할 수 있다"[271] 하여 '사홍서원'과 '사성제'와의 관련성에 대한 좀 더 구체적인 설명을 행하고

269『六祖大師法寶壇經』(『大正藏』 48, p.354中).

270『千手眼大悲心呪行法』(『大正藏』 46, p.974下).

271『釋禪波羅蜜次第法門』(『大正藏』 46, p.476).
"四弘誓願者 一未度者令度 亦云 衆生無邊誓願度 二未解者令解 亦云 煩惱無數誓願斷 三未安者令安 亦云 法門無盡誓願知 四未涅槃者令得涅槃 亦云 無上佛道誓願成 此之四法 卽對四諦."
이에 대해『法界次第初門』(『大正藏』 46, p.685) 역시 "一未度者令度 二未解者令解 三未安者令安 四未涅槃者令得涅槃"이란 구절을 적고 있다.

있기도 하다.

(2) 귀의

이상 '여래십대발원문' 및 '발사홍서원' 등 '발원' 항목에 이어 '현행 『천수경』'은 '귀의' 항목으로 그 일단을 마감하는 바, 이는 어구 상 '상주常住해 계시는 삼보께 대한 귀의'를 행하는 부분으로 '귀의상주삼보歸依常住三寶'라 달리 표현되기도 한다.

이 항목은 고래의 많은 의식집에 그 예가 보이고 있는데, 우리 의식집에서의 최초의 예를 『운수단가사』[272]에서, 그리고 이후 『현행법회예참의식』 등의 문헌에서 그 예를 발견할 수 있다. 그럼에도 「천수경」 독송의 실질적 규범을 전하고 있는 『천수안대비심주행법』에서는 이에 해당하는 내용을 "나무시방불南無十方佛 나무시방법南無十方法 나무시방승南無十方僧"이라 표현하고 있어, '현행 『천수경』'의 예와는 달리 '상주常住'라는 어구가 생략된 모습을 보이고 있다.

한편 이 게송을 독송하기 전에 "발원이 귀명례삼보發願已歸命禮三寶"라는 상용구를 행하게 되는데, 이는 독송을 위한 것이 아닌, '발원을 마쳤으므로 이제 삼보께 귀의의 예를 행하라'는 일종의 지문으로 형성된 구절임을 알 수 있다.

의식집 가운데 최초 이 상용구가 사용된 예를 『염불보권문』에서 볼 수 있다. 그런데 『염불보권문』에서는 '원이 원이 발원이 귀명례삼보'라는 표기를 행하고 있는 바,[273] '현행 『천수경』' 어구와 달리 '원이'라는

---

272 『雲水壇謌詞』(『韓佛全』 7, p.746).

273 『念佛普勸文』(『韓佛全』 9, p.58).

현행 『千手經』 독송 과정에 습관적으로 '원이願已'라는 어구를 추가 독송하게

표현을 중복 추가하고 있다. 이러한 예를『천슈경·불셜고왕관세음경』에서도 발견하게 되는데,[274] 여기서는 이와 함께 '귀의삼보진언歸依三寶眞言'인 "남모라 다나다라야야 옴 복함"이란 진언구를 동시에 싣고 있기도 하다.

여기 '귀의' 항목에 해당되는 '귀의상주삼보' 부분을 인용해 보면 다음과 같다.

나무상주십방불南無常住十方佛
나무상주십방법南無常住十方法
나무상주십방승南無常住十方僧

온 누리에 항상 머무시는 부처님께 귀의합니다.
온 누리에 항상 존재해 있는 진리에 귀의합니다.
온 누리에 항상 계시는 스님들께 귀의합니다.

그런데 여기서 말하고 있는 부처님이란 무엇인가? 이에『육조대사법보단경』은 다음과 같이 말하고 있다.

부처님께 귀의한다고 말할 때, 그 부처님은 어디에 계신단 말인가? 그래서 부처님을 뵐 수 없다면 어떻게 귀의를 행할 수 있단 말인가!… 경문經文에 분명히 '스스로의 부처(自佛)에 귀의하랬지 또 다른 부처

되는 즉, 그 문헌적 근거가 된다고 말할 수 있다.

274 東國大學校 中央圖書館,『古書目錄』, 分類番號〔213.199-고66ㅅ2〕로 所藏되어 있다.

(他佛)에 귀의하라고 하지 않았지 않는가!'…

이에 육조대사(慧能)에 의하면 "불·법·승이란 다름 아닌 '깨달음(覺)·바름(正)·청정함(淨)'을 말하는 것"으로,[275] 이러한 모습을 드러내는 것이 참된 '불·법·승'이며, 이에 따른 '진정한 행行을 행함'이야말로 참된 귀의가 됨을 강조하고 있는 것이다.

이상으로 '현행 『천수경』'은 종결을 이루게 된다. 필자는 '현행 『천수경』' 본문에 대한 내용 및 구조적 분석을 동시에 행해 보았는데, 1)'서두' 부분을 시작으로 7)'발원 및 귀의' 항목에 이르기까지, 6)'제 진언 독송' 항목만을 제외한다면 기본 골격에 있어서는 가범달마 및 불공 등의 「천수경」 경전 규범 및 『천수안대비심주행법』의 독송 규범에 따라 '현행 『천수경』'이 구조적으로 짜 맞춰진 것임을 알 수 있었다.

그럼에도 그 가운데 몇몇 항목 및 진언 부분은 관세음보살 신앙을 전하고 있는 「천수경」 독송 의궤가 아닌 또 다른 신앙의식 의궤에 영향을 받고 있음을 볼 수 있다. 그 가운데서도 특히 많은 부분이 아미타불 신앙 및 밀교 신앙 의례와 관련 맺고 있음을 알 수 있었다. 아마도 이것은 조선시대 이후 꾸준히 진행된 제종諸宗 통합의 움직임 속에 생겨난 자연스러운 추이라 말할 수 있을 것으로,[276] 이후 '현행 『천수경』'은 그 자체의 독송 의궤로서만 존립하지 않은 채, '정삼업진언' 등의 진언 항목에로 이어져 또 다른 의궤를 위한 준비 절차로 탈바꿈하고 있는 듯한 인상을 주고 있다.

---

275 『大正藏』 48, p.354中.

276 제3장의 註 67) 참조할 것.

8) 또 다른 의궤儀軌로의 연결점

'현행 『천수경』'은 그 자체의 독송 의궤로 존재하기도 하는 한편, 이후 몇몇 진언 항목을 통해 '또 다른 의궤를 위한 전제'가 되기도 한다. 이때 '정삼업진언'과 '개단진언', '건단진언' 그리고 '정법계진언' 등은 '현행 『천수경』'과 '또 다른 의궤'를 연결해 주는 역할을 맡게 된다.

'정삼업진언'과 '개단진언'·'건단진언'·'정법계진언' 등은 『운수단가사』 및 『작법귀감』에서도 그 용례를 볼 수 있는데, 대개의 경우 헌공 및 시식施食을 위한 예비 절차를 행하는 가운데 그 용례가 보인다. 그럼에도 이 부분은 현재 '현행 『천수경』' 독송과 함께 맞물려진 형식을 취하는 까닭에, 여기 부가해 설명키로 한다.

(1) 정삼업진언淨三業眞言

'정삼업진언'은 밀교부 계통의 문헌 중 여러 경전들에 실려 전하는데, 대개의 경우 특정 신앙 의궤의 도입부로서 그 역할을 보이고 있다.[277]

---

277 다음의 문헌들 등에서 '淨三業眞言'이 발견되는 바, 대부분 특정 신앙 의궤의 도입부로서의 역할을 하고 있음을 볼 수 있다.

*『大日如來劍印』(『大正藏』 18, p.198下).

*『金剛頂瑜伽中略出念誦經』(『大正藏』 18, p.226上): '慾求淸淨住於正念者 以心存念而誦此密語'란 설명과 함께 진언이 실려 있다.

*『金剛頂一切如來眞實攝大乘現證大教王經』(『大正藏』 18, p.311上): 簡略한 前文과 함께 그에 대한 짧은 설명이 이어진다.

*『藥師如來觀行儀軌法』(『大正藏』 19, p.23上): 간략한 前文에 이어 진언이 소개되고 있다. 그 뒤에 '普禮眞言'이 이어지고, '三禮' '懺悔' '結界' 등의 항목과 함께 약사여래 신앙 의식의 전반부를 구성하고 있다.

*『藥師如來念誦儀軌』(『大正藏』 19, p.30下): 간략한 前文에 이어 진언이 소개되고 있는 바, '香水淨三業'이라 항의 제목이 붙어진 채 약사여래 신앙 의식의 전반부를

『천수안대비심주행법』 역시 「천수경」 독송 절차의 '두 번째' 항목으로서 '정삼업淨三業' 행법行法을 배치하고 있으며,[278] 『삼문직지』 또한 '염불문念佛門', 즉 「천수경」 독송의 처음 부분에 '정구업진언' 대신 '정삼업진언'을 배치하고 있음을 볼 수 있다.[279]

'정삼업진언' 내용을 소개하는 많은 경전들 중 『대일여래검인大日如來劍印』에서는 이 진언 독송시의 행법에 대한 다음과 같은 상세한 내용을 전하고 있다.

> 이 진언은 능히 신身·어語·의意의 업을 제거할 뿐 아니라 일체 죄의 더러움 역시 씻어 청정함을 얻게 만든다. 이에 이 진언을 독송할 때 유가삼매瑜伽三昧에 들어 다음과 같이 사유해야 한다.

구성하고 있다.

*『無量壽如來觀行供養儀軌』(『大正藏』 19, p.67下): 간략한 前文에 이어 진언이 소개되고 있다. 정토신앙 의식의 전반부를 형성하고 있다.

*『佛頂尊勝陀羅尼念誦儀軌法』(『大正藏』 19, p.365上): 간략한 前文에 이어 '澡浴眞言'이라 이름하여 밀교 염송의궤의 전반부를 형성한다.

*『仁王般若念誦法』(『大正藏』 19, p.520上): 간략한 前文과 진언 설명에 이어 경전 염송의궤의 전반부를 형성하고 있다.

*『成就妙法蓮華經王瑜伽觀智儀軌』(『大正藏』 19, p.596中): 밀교의식을 행하는 가운데 '淸淨眞言'이라 불리는 이 진언을 외우게 되는 바, 澡浴의 뜻을 갖는다고 한다.

*『金剛頂經瑜伽文殊師利菩薩法』(『大正藏』 20, p.706中): 간략한 前文과 함께 진언이 소개되며, 밀교의궤의 전반부를 형성한다.

*『金剛頂經瑜伽文殊師利菩薩供養儀軌』(『大正藏』 20, p.717): 앞의 경전(金剛頂經瑜伽文殊師利菩薩法)과 똑같은 내용이 실려 있다.

278 『千手眼大悲心呪行法』(『大正藏』 46, p.973中).

279 『三門直指』(『韓佛全』 10, p.145).

'일체 제법의 본성은 청정한 것인데, 다만 허망虛妄과 객진客塵·번뇌煩惱의 덮인 바 되어 미혹함 속에 바른 이치를 잃어버렸으니, 그럼으로써 전도된 생각과 망령된 집착·선과 악의 과보가 있게 되는 것이다. 내 이제 법계 평등의 부사의不思議한 삼매에 들었으니, 일체 번뇌와 죄의 더러움이 본래 청정한 것임을 알게 하소서.' 이 다라니에는 부사의한 힘이 있으니… 마땅히 번뇌·망상을 벗어나 청정함을 얻게 될 것이다.[280]

이 '정삼업진언', "옴 사바바바 수다 살바 달마 사바바바 수도함(唵 娑嚩波嚩 秫馱薩嚩 達磨 娑嚩婆嚩 秫度憾)"[281]을 산스크리트어로는 "oṁ svabhāva śuddha sarva dharmāḥ svabhāva śuddho 'ham"이라 표기할 수 있다. 여기서 'svabhāva'란 '자성自性'을 뜻하는 명사이며, 'śuddha'는 '청정清淨'을 뜻하는 형용사이다. 그리고 'sarva'는 '일체'를 뜻하는 형용

280 『大日如來劍印』(『大正藏』 18, p.198下).

281 '淨三業眞言'의 진언구는 경전에 따라 그 표기가 다르게 행해지기도 한다. 『觀自在菩薩如意輪瑜伽』(『大正藏』 20, p.207)에서는 "옴 사바바바 수다살바 달마 사바바바 수도함(唵 娑嚩波嚩 秫馱薩嚩 達磨 娑嚩婆嚩 秫度憾)"이라 이를 표기하고 있는 즉, 『觀自在如意輪菩薩瑜伽法』(『大正藏』 20, p.211) 및 『金剛頂瑜伽文殊師利菩薩法(『大正藏』 20, p.706), 『金剛頂經瑜伽文殊師利菩薩供養儀軌』(『大正藏』 20, p.717), 『大聖妙吉祥菩薩秘密八字陀羅尼修行曼荼羅次第儀軌法』(『大正藏』 20, p.786) 등에서는 音譯 한자음의 표기만이 약간 다를 뿐, 각각 동일한 진언구를 소개하고 있다.
그럼에도 『觀自在菩薩如意輪念誦儀軌』(『大正藏』 20, p.203)에서는 眞言名을 명기하지 않는 가운데 "옴 사바바바 수도함(唵 娑嚩波嚩 戍度憾)"이라 이를 표기하고 있으며, 『觀自在菩薩如意輪念誦儀軌』(『大正藏』 20, p.203)에서는 "唵 娑嚩婆嚩 戍度憾"이란 표기를, 『金剛頂勝初瑜伽普賢菩薩念誦法』(『大正藏』 20, p.528) 역시 "唵 娑嚩波嚩 戍度含"이란 표기를 행하고 있다.

사이며 'dharma'는 '법'을, 그리고 'śuddho 'ham'은 'śuddha aham'으로 나뉠 수 있다. 여기서 'aham'은 '주격 1인칭', 즉 '나'를 뜻하는 말이다. 이에 위 진언을 우리말로 옮겨 보면 다음과 같다. "아! 자성 청정의 일체법이여! 나의 자성 청정이여!"

한편, 『금강정유가타화자재천리취회보현수행염송의궤金剛頂瑜伽他化自在天理趣會普賢修行念誦儀軌』에서는 '옴 사바바바 수다살바 달마 사바바바 수도함(唵 娑嚩婆嚩 秫鐸薩嚩 達莫 娑嚩婆嚩 戍度憾)"이란 진언구의 표기와 함께 진언 내용 및 가지加持의 뜻을 구체적으로 설명하고 있는 바, 이를 인용하면 다음과 같다.

> 이 명(明: 眞言)의 밀의密義에 이르기를 '제법은 스스로 청정하며 나 역시 스스로 청정하니, 이는 「가지加持」를 말미암은 것이네. 자타自他가 무구無垢함을 얻으니, 반드시 저 자심自心 중의 성품이 금강金剛과 같이 됨을 볼 수 있을 것이다. 이는 삼업三業이 이미 전의轉依되었기 때문이다.'[282]

그럼에도 '정삼업진언'은 '신·구·의 삼업' 전체에 대한 진언을 뜻하는 것으로 여겨지지 않는다. 즉 『묘길상평등비밀최상관문대교왕경妙吉祥平等秘密最上觀門大教王經』에서는 위 진언을 '정신삼업진언淨身三業眞言'이라 표기하는 바, 그와 함께 '정구사업진언淨口四業眞言' 및 '정의삼업진언淨意三業眞言'을 동시에 소개하고 있는 것이다.[283] 이에 위 '정삼업진언'은 '신·구·의 삼업'에 대한 진언이 아닌, 몸으로 짓는 3개의 신업(身業:

---

282 『金剛頂瑜伽他化自在天理趣會普賢修行念誦儀軌』(『大正藏』 20, p.524).

283 『妙吉祥平等秘密最上觀門大教王經』(『大正藏』 20, p.914上).

殺生·偸盜·邪淫)을 맑히는 '정신삼업진언'으로 이해할 수 있다.

이와 더불어 '정구사업진언' 즉 입으로 짓는 4개의 업(口業: 妄語·綺語·兩舌·惡口)을 맑히는 진언과, '정의삼업진언' 즉 뜻으로 짓는 3개의 의업(意業: 貪愛·瞋恚·癡暗)을 맑히는 진언 등 '신·구·의 삼업'으로 인한 총 '10종의 업'과 관련해서는 '십악참회'와의 연관선상에서 이를 생각해 보아야 할 것이다.

(2) 개단진언開壇眞言

'개단진언' 역시 여러 문헌 가운데서 이 진언의 용례를 찾아볼 수 있다. 그럼에도 진언 명칭에 있어서는 현행의 표기와 일치하는 문헌을 찾아볼 수 없는 즉, 하나의 예 『불설일체여래진실섭대승현증삼매대교왕경佛說一切如來眞實攝大乘現證三昧大敎王經』에서는 이를 '개단진언'이 아닌 '개단문소용대명開檀門所用大明'이라 표기하고 있다.

한편 진언구의 표기에 있어 위 경전에서는 "옴 바아라 다가 다야 삼마야 바라 베사야 훔(唵 嚩日嚕 訥伽 吒野 三摩野 鉢嚩 吠舍野 吽)"이라 하여 현행의 진언구와 달리 '놔로糯魯'라는 어구가 생략된 모습을 보이고 있다.[284] 그러나 같은 경전의 다른 항목에서 이 진언에 대한 또 다른 표기를 발견할 수 있어, "옴 바아라 '나바로오' 다가 다야 삼마야 바라 베사야 훔(唵 嚩日嚕 '娜嚩嚕嘔' 娜伽 吒野 三摩野 鉢嚩 吠舍野 吽)"이라 하여, '나바로오' 즉 '놔로'가 삽입된 모습이 보여지기도 한다.[285]

---

284 『佛說一切如來眞實攝大乘現證三昧大敎王經』(『大正藏』 18, p.376).

285 佛說一切如來眞實攝大乘現證三昧大敎王經(『大正藏』 18, p.315).; 또한 金剛頂蓮華部心念誦儀軌(『大正藏』 18, p.303) 역시 眞言名을 명기하지 않은 채 "옴 바아라 '나바로오' 다가 다야 삼마야 바라 베사야 훔(唵 嚩日嚕 '娜嚩嚕嘔' 娜笳 吒也

그럼에도 현행 진언구 표기와 동일 형태를 『금강정유가중약출염송경金剛頂瑜伽中略出念誦經』 중에서 발견할 수 있어, "옴 바아라 '놔로' 다가 다야 삼마야 바라 베사야 훔(唵 跋折囉 '糯嚧' 特伽 吒耶 三摩耶 鉢羅 吠舍野 吽)"[286]이라 표기어 있음을 볼 수 있다.

한편 위 『불설일체여래진실섭대승현증삼매대교왕경』에서는 이 진언에 대한 상세한 설명이 게송으로 설해져 있음을 볼 수 있는 바, 금강계 만다라金剛界曼荼羅를 설명하는 일련의 과정 속에 다음 내용을 소개하고 있다.

> 내 다음으로 광대한 최상의 만다라에 대해 말하겠는데, 그것은 마치 금강계와 같은 모습을 지니고 있다. 일체의 성취(成就: 悉地, siddhi) 가운데 제일 수승한 것으로 '삼계 가운데 제일 수승한 단壇'이라 이름할 수 있는 것이다. 그로부터 금강삼매金剛三昧가 생겨 나오는 바, (…) 이 단의 사방은 4개의 문과 4개의 누각으로 거듭 장엄되어 있으니 (…) 작법作法을 행하는 자는 마음을 거두어 법에 의거한 채 조심스럽게 단의 문을 열어젖혀야 할 것인 즉, 그 4개의 금강문金剛門이 열려지게 될 것이다.
> 이에 그 '단의 문을 열어젖히는 데 필요한 진언(大明)', 즉 '개단문소용대명'을 말한다면 '옴 바아라 다가 다야 삼마야 바라 베사야 훔(唵 嚩日嚕 訥伽 吒野 三摩野 鉢嚩 吠舍野 吽)'…

이어 경전은 몇몇 또 다른 의궤를 행할 것을 말한 다음, "이와 같이

三摩耶 鉢嚩 吠舍野 吽)"이란 같은 진언구를 싣고 있다.

286 『金剛頂瑜伽中略出念誦經』(『大正藏』 18, p.241).

법에 의거해 금강계 등을 좇아 일체 만다라 세계를 벗어나면 무릇 모든 행하는 바(所住) 뜻에 따라 걸림이 없게 되리라"[287]고 말하고 있다.

위 경전 내용에 의거해 본다면, '개단진언(開壇眞言: 開壇門所用大明)'은 만다라의 의궤 가운데 금강계를 지나 태장계胎藏界의 핵심부로 나아가는데 필요한 절차로, 불佛의 핵심에 이르게 되는 중요 요소 가운데 하나로 이해될 수 있는 것이다.

개단진언 "옴 바아라 놔로 다가 다야 삼마야 바라 베사야 훔"은 산스크리트어로는 "oṁ vajra nara ḍhakkā tayā samāya pāra viṣaya huṁ"이라 표기할 수 있다. 여기서 'vajra'는 '금강'을, 'nara'는 '우주적 영靈'을 뜻하며 각각 호격으로 사용되고 있다.

또한 'ḍhakkā'는 '큰 북(鼓)'을, 'tayā'는 'tad(그곳에)'의 여성 구격具格으로 '그것으로서'의 뜻을 갖는다. 그리고 'samāya'는 '평정平靜함'을 뜻하는 명사 sama에 여격어미가 붙어 '평정함을 위해'라 해석될 수 있다. 한편 'pāra'는 '피안彼岸의'라는 뜻의 형용사가 되며, 'viṣaya'는 '경계'라는 명사의 호격으로 사용되고, 'huṁ'은 '제거한다'는 의미를 갖는다.

이로써 위의 진언을 "아! 금강의 우주적 영이시여! 큰 북, 그것으로써 (마음의) 평정함을 위해, 피안의 경계여! 제거되어지이다!"라 번역할 수 있다.

이렇듯 진언 내용을 풀이하는 가운데 다음 사실을 주목할 수 있다. 즉 가람 배치가 만다라의 성격을 띠고 있다면, 금강문이란 다름 아닌 금강계에 이르는 문의 성격을 갖는 것이며, 그 금강문 옆에는 언제나

287 『佛說一切如來眞實攝大乘現證三昧大敎王經』(『大正藏』 18, p.376).

종고루鐘鼓樓가 설치되어 거기에 '북(鼓)'이 매달려 있다는 사실을.

이로서 생각할 때, 북이란 우리를 금강계의 세계 저편에 이를 수 있게끔 하는 법구法具임을 알게 되며, 기존 불교 의식 중 북이 종종 사용되었음에 대한 이해를 마련해 가질 수 있게 된다.

'개단진언'은 위 경전들 외에도 『운수단가사』·『작법귀감』 등에 그 용례가 보이고 있다. 그러나 진언 (한문) 표기에 있어서는 각각 상이점을 보이는 바,[288] 이는 산스크리트어에 대한 음역의 차이점과 아울러 이 진언을 인용한 각각 출전 문헌들의 차이에 의해 생겨난 것이라 하겠다.

(3) 건단진언建壇眞言

이어 '건단진언'이 등장하는 바, 『운수단가사』 및 『작법귀감』 가운데 그 용례를 발견할 수 있다. 한편 『대비로자나성불신변가지경연화태장보리당표식보통진언장광대성취유가大毘盧遮那成佛神變加持經蓮華胎藏菩提幢標幟普通眞言藏廣大成就瑜伽』[289] 및 『청룡사궤기青龍寺軌記』[290] 중에서 진언의 출전을 찾아볼 수 있기도 하다. 그럼에도 위 경문 가운데 두 문헌 모두 '건단진언' 아닌 '작단진언作壇眞言'이라 진언 제목을 표기하는 바, 앞 문헌에서는 제목과 함께 진언구를 실어 두고 있기도 하다.

---

288 『雲水壇謌詞』에서는 이를 '唵嚩囉 糯嚧 特伽 吒耶 三摩耶 鉢囉 吠舍野 吽吽吽'이라 표기하고 있으며, 『作法龜鑑』에서는 '唵 跋折囉 糯嚧 特伽 吒耶 三摩耶 八囉 吠舍耶 吽', 현행 의식집에서는 '唵 跋折羅 糯魯 特伽 陀耶 三摩耶 婆羅 吠舍耶 吽'이라 표기하고 있는 등 각각 상이점을 보여주고 있다.

289 『大毘盧遮那成佛神變加持經蓮華胎藏菩提幢標幟普通眞言藏廣大成就瑜伽』(『大正藏』 18, p.145).

290 『青龍寺軌記』(『大正藏』 18, p.172).

위 경전 중『청룡사궤기』에 의하면, 건단진언은 태장계 만다라의 결계를 행함에 사용되고 있음을 알 수 있다. 즉 전단계의 여러 의식과 진언을 행하는 가운데 "선정관(禪定觀: 定觀)에 머물러 '계명주髻明珠'을 뜻하는 '곱고 흰(鮮白)' '라(羅: 𑖨) 자'를 머리 위에 얹어놓은 즉, 죄의 더러움 제거되고 없어져 복과 지혜 원만케 되리니, (다음으로) '무능감인명無能堪忍明'의 수인手印을 지은 다음… '여래권如來拳'의 수인手印을 한 채 '작단진언(作壇眞言: 建壇眞言)'을 외우라"[291]는 설명을 덧붙이고 있다.

위 내용 중 '작단진언'을 외우기 전에 등장하는 '계명주'와 '라자羅字'·'선백鮮白' 등의 어휘에 주목할 수 있다. 이는 현행 의식에 쓰이는 '정법계진언의 전송前頌'에 사용되는 어구임을 알 수 있는 바, 이러한 내용은『대비로자나성불신변가지경연화태장보리당표식보통진언장광대성취유가大毘盧遮那成佛神變加持經蓮華胎藏菩提幢標幟普通眞言藏廣大成就瑜伽』가운데 '작단진언' 앞에 "라자색선백囉字色鮮白 공점이엄지空點以嚴之 여피계명주如彼髻明珠…"[292] 등의 게송으로 등장하고 있기도 하다. 이러한 점을 미루어 현행 의식 중 '건단진언'과 '정법계진언'의 위치가 바뀌어져 있음을 알 수 있기도 하다.[293]

여하튼 '건단진언(작단진언)' "옴 난다 난다 나지 나지 난다 바리 사바하(唵 難多 難多 那地 那地 難多 婆哩 娑婆訶)"[294]를 산스크리트어로는

---

291 앞의 책, p.172下.

292『大正藏』18, p.145.

293 이러한 점에서 생각해 본다면,『雲水壇謌詞』및『三門直指』등은 '建壇眞言(作壇眞言)' 앞에 '淨法界眞言'을 배치하고 있는 바, 의궤상의 순서에 있어 합당한 것이라 할 수 있을 것이다.

"oṁ nanda nanda nadi nadi nanda bhārin svāhā"라 표기할 수 있다. 여기서 'nanda'는 '기쁨'과 '행복'을 뜻하는 남성명사이다. 그리고 'nadi'는 '강江'을 뜻하는 여성명사로, 앞의 남신男神 nanda에 대한 여신女神 gāṅga를 뜻하는 것으로 여겨지는 바, 이 모두는 신에 대한 대용어로 쓰인 것이라 여겨진다. 그리고 거기에 '운반하는 자'를 뜻하는 명사 'bhārin'의 호격 bhāri가 쓰여 '이끄는 자시여!'라는 의미가 추가되어 있다. 이에 전체 문장을 번역해 보면 "아! (기쁨의) (남녀) 신들이시여! 기쁨이여(신이시여)! (기쁨을) 이끄는 자시여! 영광이 있기를!"이란 뜻을 얻을 수 있다.

그럼에도 'nanda'와 'nadi'는 모두 힌두 신 비슈누viṣṇu의 별칭으로 쓰이기도 하는 바, 이러한 표현이 불교 경전 안에 포함된 것은, 기원 전후로부터 꾸준히 힌두 신앙의 요소들이 불교 신앙에 흡수된 결과라고 말할 수 있다.

(4) 정법계진언淨法界眞言

다음에 이어지는 '정법계진언'은 앞서 '제 진언 독송' 항목에서 말했듯이, 『현밀원통성불심요집』과 『밀주원인왕생집』 가운데 진언과 함께 그 내용이 소개되어 있다. '법계法界를 맑히는 진언'의 뜻을 갖고 있는 바, 『준제정업』 내지 『불가일용작법』을 제외한 기타 의식집에서는

---

294 이와 같이 현재 쓰여지고 있는 '建壇眞言'은 위 경전의 표기 외에도 『雲水壇謌詞』, 『作法龜鑑』 등에 각각 표기에 있어서의 불일치를 보이고 있다. 이에 각각 사용되고 있는 표기를 옮겨 보면, 위 경전에서는 "唵 難馱 難馱 娜智 娜智 難馱 婆哩 娑嚩賀"라 표기되며, 『雲水壇謌詞』에서는 "唵 難多 難多 難地 難地 難多 婆哩 娑婆訶", 『作法龜鑑』에서는 "唵 難多 難多 難地 難地 難多 婆哩 莎訶"라 표기되어 있다.

그 용례가 보이지 않는다.

한편 『준제정업』의 경우 「지송의궤持誦儀軌」 가운데 "앞의 정법계(진언)과 호신(진언) 등 주呪는 모두 지송준제持誦准提의 차제次第에 해당하는 것으로, 현밀심요(顯密心要, 『顯密圓通成佛心要集』)에 의거한 것이다"[295] 하여 이 내용이 『현밀원통성불심요집』에 의거한 것으로, 준제진언의 지송차제에 해당하는 것임을 말하고 있다. 이에 엄밀히 말한다면, 이 내용은 「천수경」 독송과는 무관한 부분에 해당하는 것이라 할 수 있을 것이다.

여하튼 현행 의식집 가운데 이 부분은 '정법계진언 전송前頌'과 '정법계진언'으로 나눠질 수 있는 바, 우선 '정법계진언 전송' 내용을 살펴보기로 한다.

① 정법계진언 전송前頌

이는 '정법계진언을 외움에 앞서 독송하는 게송'으로, 『대비로자나성불신변가지경연화태장보리당표식보통진언장광대성취유가』 및 『청룡사궤기』 등에서 이에 해당하는 설명을 찾을 수 있다.

우선 『청룡사궤기』에서는 "계명주髻明珠임을 나타내는 곱고 흰(鮮白) 라(羅: ꣕)자를 머리 위에 얹어놓은 즉 죄의 더러움 제거되고 없어져…"[296]라는 설명을 하고 있으며, 『대비로자나성불신변가지경연화태장보리당표식보통진언장광대성취유가』에서는 '작단진언'에 앞서 이 부분에 해당하는 다음 게송을 소개하고 있다.

---

295 1724년(擁正2) 求禮 華嚴寺 開刊. 10面, 持誦儀軌 항목. "依顯密心要 從頭 淨法界護身等呪 皆是持誦准提之次第."

296 『青龍寺軌記』(『大正藏』 18, p.172).

라자색선백囉字色鮮白　　공점이엄지空點以嚴之
여피계명주如彼髻明珠　　치지어정상置之於頂上
소적중죄구所積衆罪垢　　유시실제멸由是悉除滅
복지개원만福智皆圓滿　　일체촉예처一切觸穢處
당가차자문當加此字門　　적색구위광赤色具威光
염만편위요焰鬘遍圍繞　　차위항복마次謂降伏魔
제제대장자制諸大障者　　당념대호자當念大護者
무능감인명無能堪忍明[297]

위 게송은 현행 의식집에 사용되는 게송과는 다소 차이점을 보이고 있다. 이에 비해 『준제정업准提淨業』「지송의궤持誦儀軌」에서는 현행의 게송과 동일한 내용을 싣고 있는 즉,[298] 여기 '정법계진언 전송'에 해당하는 부분을 실어보면 다음과 같다.

라자색선백羅字色鮮白　　공점이엄지空點以嚴之
여피계명주如彼髻明珠　　치지어정상置之於頂上
진언동법계眞言同法界　　무량중죄제無量衆罪除
일체촉예처一切觸穢處　　당가차자문當加此字門

곱고 흰 색의 라(羅: 𑖨)자를
공점(空點: •)으로 장엄할 것인 즉,

297 『大毘盧遮那成佛神變加持經蓮華胎藏菩提幢標幟普通眞言藏廣大成就瑜伽』(『大正藏』 18, p.145).

298 1724년(擁正2) 求禮 華嚴寺 開刊(일산 圓覺寺 所藏), 11面, 持誦儀軌 항목.

마치 계명주髻明珠를
머리 위에 올려놓은 것처럼 하라.
(그리고 진언을 외운 즉) 그 진언은 (성품이) 법계와 같아져
한량없는 무거운 죄를 제거하리니,
일체 더러운 곳에 맞닥뜨릴 때마다
마땅히 이 글자를 놓아두라.

그런데 위 내용을 살펴보면, 이는 진언을 외움에 앞서 외우는 '전송前頌'이 아닌, '정법계진언'을 외울 때 행해야 할 행법을 설명한 것으로, 엄밀히 말한다면 '전송前頌' 아닌 '지송의궤持誦儀軌'에 해당하는 것임을 말할 수 있다. 그리고 위 의궤에 따르면 '정법계진언'을 외움에 앞서 다음 절차를 행해야 할 것임을 알 수 있기도 하다.

즉 우선 흰색의 글자로 범자梵字 '라(羅: 𑖨)' 자字를 준비한 다음, 그 위에 '공점(空點: •)'을 찍어야 한다는 것이다. 그렇게 하여 범자 '람(濫: 𑖨𑖽)'자를 얻을 수 있는 바, 그런 연후 '정법계진언'을 외워야 할 것이니, 그렇게 함으로써 그 진언은 법계의 성품을 두루 갖춰 한량없는 무거운 죄를 제거할 수 있다는 것이다.

② 정법계진언淨法界眞言

위 방법을 통해 외워야 할,[299] '정법계진언' "람(濫, raṃ)'은 앞서 항목에서 설명했듯이, '정지·안락·적정의 상태로 만든다'는 동사적 의미를 갖는다. 또한 우주 구성의 5대 요소인 지대地大·수대水大·화대火大·풍대風大·

299 위 관상법을 제외한, 진언을 독송할 때의 身密 威儀에 대해서는 앞의 '淨法界眞言' 항목을 참조할 것.

공대空大 가운데 화대火大를 표현하는 글자로, 불이 모든 더러움을 태워 청정케 한다는 뜻과 같이 진언 자체에 '모든 사물을 (태워) 청정케 한다'는 뜻을 담고 있다.

이에 위 진언 "람"을 "청정케 되어지이다!"라고 해석할 수 있다. 그럼에도 앞의 '제 진언 독송' 부분의 '정법계진언' 항목에서와 같이 진언에 '옴唵'자를 추가한 것은 진언 자체의 성스러움을 강조하기 위한 예가 될 것이며, 또한 한 글자로 된 진언(종자種子)에는 일반적으로 '옴' 내지 다른 표현을 추가하여 진언 자체의 의미를 더하였던 것 같다.

현행 의식집에 쓰이는 "나무 삼만다 못다남 람(南無 三滿多 沒多喃 覽)"[300]의 경우가 그러하다. 여기서 "나무 삼만다 못다남"은 산스크리트어로 "namaḥ sarva buddhānām"이라 표기할 수 있다.[301] 이는 앞서 '오방내외안위제신진언' 가운데 설명한 바 있듯 '일체의 각자覺者들께 귀의합니다'는 내용의 귀의문이 된다. 그리고 다음에 '람覽'이란 진언을 외우는데, 진언을 외우는 우리의 참된 귀의처는 다름 아닌 '각자' 즉 '깨달은 자'를을 향하고 있음을 뜻하는 것이다.

여하튼 이 진언을 "일체의 각자들께 귀의하오니, 청정케 되기를!"이라 번역할 수 있다. 이는 다분히 종교적 성격을 강조하는 표현이라 할 수 있다. 그럼에도 불교에서 말하는 궁극적 귀의처는 법신法身 비로자나毘盧遮那 내지 보신報身·화신化身의 모습이 아닌, 법계 자체의 진리가 그에 해당한다고 말함이 더욱 적절한 표현이 될 것이다.

---

300 현행 의식집 및 『作法龜鑑』에서 '淨法界眞言'을 "南無 三滿多 沒馱喃 覽"이라 표기하고 있는 것에 비해, 『雲水壇謌詞』에서는 '淨法界眞言'을 "曩謨 三滿多 沒馱喃 覽 達摩馱覩 莎縛皤嚩怛 麽矩唅"이라 표기하고 있다.

301 제4장의 註 32)의 예를 참조할 것.

한편 '청정'이라 함은 많은 경전 가운데 열반의 이명異名으로 쓰이기도 하는 바,[302] '정법계진언'의 궁극적 귀결점은 열반의 성취에 그 뜻이 주어져 있음을 말할 수 있기도 하다.

302 하나의 예로써, 『大般涅槃經』(『大正藏』 12, p.653下) 가운데 涅槃에 대한 25종의 異名을 들고 있는 바, 淸淨(viśuddhi) 역시 열반의 異名으로 쓰이고 있음을 볼 수 있다.

제5장

문헌분석을 통해 본 '현행 『천수경』'의 성격

이상의 논고를 통해 필자는 '현행 『천수경』'의 구조와 함께 각 내용에 대한 구체적 설명과 함께 그 출전을 밝혀 보았다. 이에 '현행 『천수경』'은 천수다라니 및 그 신앙 의궤를 전하고 있는 '제 「천수경」류 경전들' 외에 수많은 경전 및 의궤적 요소가 한데 어우러져 형성되어 있음을 볼 수 있었다.[1]

이제 필자는 이 장에서 '현행 『천수경』'에 삽입된 '「천수경」류 경전들'

---

1 '현행 『천수경』' 내용을 〔諸 '「천수경」류 경전'적 요소〕와 〔非 '「천수경」류 경전'적 요소〕로 구분하고, 이를 또다시 「천수경」과 관련을 맺는 〔의궤적 요소〕 및 〔비관련성 부분〕으로 나눈 하나의 종합적인 도표를 만들어 보면 다음과 같다.

現行 『千手經』의 構造와 內容	諸 '「千手經」類 經典'的 要素	非 '「千手經」類 經典'的 要素	
		儀軌的 要素	非關聯性 部分

이외의 부분들에 대한 각각의 신앙적 성격들을 밝혀 보고자 한다. 이 작업은 '「천수경」류 경전들' 자체의 신앙적 성격－즉 밀교적 성격－을 포함한 '현행 『천수경』'의 신앙적 유형에 대한 총체적 분석이 될 것으로, 이러한 분석이야말로 「천수경」을 신앙의 주된 바탕으로

---

(1) 序頭	①淨口業眞言			●
	②五方內外安慰諸神眞言			●
	③開經偈			●
	④開法藏眞言			●
(2) 經題目	①千手千眼觀自在菩薩廣大圓滿無礙大悲心大陀羅尼	●		
(3) 「千手經」 經典의 內容	① 啓首文	●		
	② 十願文	●		
	③ 六向文	●		
	④ 觀世音菩薩과 阿彌陀佛 呼稱	●		
	⑤神妙章句大陀羅尼	●		
(4) 結界 및 請神	①四方讚	○	○	●
	②道場讚	○	○	●
(5) 懺悔文	①懺悔偈			●
	②懺悔業障十二尊佛	○		●
	③十惡懺悔		○	●
	④懺悔後頌			●
	⑤懺悔眞言			●
(6) 諸 眞言讀誦	①准提眞言讚			●
	②歸依准提			●
	③淨法界眞言			●
	④護身眞言			●
	⑤觀世音菩薩本心微妙六字大明王眞言			●
	⑥准提眞言			●
	⑦准提後頌			●
(7) 發願 및 歸依	①如來十大發願文			●
	②發四弘誓願	○	●	●
	③歸依常住三寶		○	●
(8) 또 다른 儀軌로의 連結點	①淨三業眞言		○	●
	②開壇眞言			●
	③建壇眞言			●
	④淨法界眞言			●

삼고 있는 한국불교의 신앙적 특성을 점검 가능케 하는 주요 자료가 될 것이라 생각하는 바이다.

1. 출전 문헌을 통해 본 '현행 『천수경』'의 위치

이를 위해 필자는 먼저 앞장의 논고를 토대로 '현행 『천수경』' 가운데 담겨진 '제 「천수경」류 경전들' 이외의 요소들에 대한 문헌 출전과 함께 각 출전 문헌들의 신앙적 성격을 조감해 보고자 한다. 이는 '현행 『천수경』'에 내재한 신앙적 성격을 드러내는 효과적인 작업이 될 것이다.

이에 필자는 먼저 '현행 『천수경』' 각 항목들의 문헌 출전을 총괄적으로 정리한 하나의 도표를 제시해 보겠는데, 도표를 작성하는 데 있어 다음의 점에 의거하였다.

1. 각 출전문헌을 ①출전 경전, ②출전 의식집, ③관계문헌 등으로 구분하였는데, 「②출전 의식집」을 명기함에 있어서는 '현행 『천수경』'에 실려진 내용이 기록된 최초의 문헌에 한하여 그것을 소개하였다.

한편 「③관계문헌」을 명기함에 있어서는 경전 및 의식집 가운데 그 출전을 찾기 어려운 경우에 한하였으며, 그와 유사한 내용이 기술된 경우에 한하여 그 예를 밝혀 두었다.

2. 출전문헌을 명기함에 있어 '현행 『천수경』' 각 항목에 쓰이고 있는 내용이 문헌 그대로 실려진 부분에 한하였지만, 몇몇 부분에 대해서는 그와 유사한 내용(내용상 거의 일치하는 부분)이 실려진 부분에 대해서도 그 출전을 기록하였다.

이제 이러한 기준하에 "현행 『천수경』' 각 항목들의 출전문헌 도표'를 만들어 보면 다음과 같다.(도표 10)

도표 10 '현행 『천수경』' 각 항목들의 출전 문헌표

현행『천수경』의 구조와 내용		〔1〕出典經典	〔2〕出典儀式集	〔3〕關係文獻
(1) 序頭	① 淨口業眞言		『念佛普勸文』	日本「總持寺 作法」 가운데 '灌沐呪'로서 쓰이고 있다.
	② 五方內外 安慰諸神眞言		『三門直指』	『七俱胝佛母准提大明陀羅尼經』 『觀自在菩薩如意輪念誦儀軌』
	③ 開經偈	『華嚴經』 如來出現品	『念佛普勸文』	
	④ 開法藏眞言		『念佛普勸文』	
(2) 經題目	① 千手千眼觀自在菩薩廣大圓滿 無礙大悲心大陀羅尼	不空과 伽梵達磨 譯本 및 諸「千手經」類 經典들	眞言集 「千手千眼觀自在菩薩廣大圓滿無礙大悲心大陀羅尼」	
(3) 千手經 經典의 內容	① 啓首文	不空 譯本의 「千手經」		
	② 十願文	不空 및 伽梵達磨 譯本의 「千手經」		
	③ 六向文	不空 및 伽梵達磨 譯本의 「千手經」		
	④ 觀世音菩薩과 阿彌陀佛 呼稱	不空 譯本의 「千手經」 (不完全한 表現이 실림)	『三門直指』	『華嚴經』과의 關係 속에 '正趣菩薩' 登場.
	⑤ 神妙章句 大陀羅尼	不空과 伽梵達磨 譯本의 「千手經」 및 諸 「千手經」類 經典들		『三門直指』에 陀羅尼 3遍의 意味(淨土를 이루고자 함) 실림.
(4) 結界 및 請神	① 四方讚		『梵音刪補集』	
	② 道場讚		『雲水壇謌詞』	
(5) 懺悔文	① 懺悔偈	『大方廣佛華嚴經』 (40華嚴)		
	② 懺悔業障 十二尊佛		『現行法會禮懺儀式』	
	③ 十惡懺悔		『梵音刪補集』	*『慈悲道場懺法』가

				운데 類似한 內容이 실려져 있다.
	④ 懺悔後頌	『瑜伽集要焰口施食儀』 『瑜伽集要救阿難陀羅尼焰口儀軌經』	『行者受持』 (現行『千手經』)	* 偈頌의 후반부 내용은 『景德傳燈錄』가운데 유사한 구절 보인다.
	⑤ 懺悔眞言	『一切如來大秘密王未曾有最上微妙大曼拏羅經』		
(6) 諸眞言讀誦	① 准提眞言讚		『顯密圓通成佛心要集』	
	② 歸依准提		『准提淨業』 『佛家日用作法』	
	③ 淨法界眞言		『顯密圓通成佛心要集』	
	④ 護身眞言	『大方廣菩薩藏經中文殊師利根本一字陀羅尼經』	『顯密圓通成佛心要集』	
	⑤ 觀世音菩薩本心微妙 六字大明王眞言	『大乘莊嚴寶王經』	『顯密圓通成佛心要集』 및 『密呪圓因往生集』	
	⑥ 准提眞言	『佛說七俱胝佛母准提大明陀羅尼經』	『顯密圓通成佛心要集』 및 『密呪圓因往生集』	
	⑦ 准提後頌		『佛家日用作法』	
(7) 發願 및 歸依	① 如來十大發願文		『낙방文類』「往生淨土十願文」項目	
	② 發四弘誓願			『六祖大師法寶壇經』및『釋禪波羅蜜次第法門』
	③ 歸依常住三寶		『雲水壇謌詞』	『千手眼大悲心呪行法』
(8) 또 다른 儀軌로의 連結點	① 淨三業眞言	『大一如來劍印』外 密教 經典 (多數)		
	② 開壇眞言	『佛說一切如來眞實攝大乘現證大教王經』및 『金剛頂瑜伽中略出念誦經』		
	③ 建壇眞言	『大毘盧遮那成佛神變加持經蓮華胎藏菩提幢標幟普通眞言藏廣大成就瑜伽』		

	④ 淨法界眞言	『大毘盧遮那成佛神變加持經蓮華胎藏菩提幢標幟普通眞言藏廣大成就瑜伽』	『顯密圓通成佛心要集』 및 『密呪圓因往生集』	

이상 '현행 『천수경』' 각 항목들의 출전문헌 도표를 열람하는 가운데 참으로 많은 경전 및 의식집·관계문헌들이 어우러져 '현행 『천수경』'이 형성되었음을 볼 수 있다.

우선 〔1〕'출전 경전' 가운데 다수의 밀교부 경전들과 아울러 『대방광불화엄경』이 인용되고 있음을 볼 수 있다.

한편 〔2〕'출전 의식집'에 해당하는 문헌으로서 『현밀원통성불심요집』·『밀주원인왕생집』·『낙방문류』·『준제정업』 등 중국에서 형성된 의식집 및 『염불보권문』과 『삼문직지』·『진언집』·『범음산보집』·『운수단가사』·『현행법회예참의식』 등 한국 형성의 의식집들이 다수 인용됨을 볼 수 있다.

또한 〔3〕'관계문헌' 가운데 일본 「총지사 작법」 및 『칠구지불모준제대명다라니경』·『관자재보살여의륜염송의궤』 등의 밀교부 경궤經軌와 함께 정취보살에 대한 언급 속에 『화엄경』 내용이 등장하고 있으며, 『천수안대비심주행법』과 『자비도량참법』 등의 천태참법 관련의 문헌, 그리고 『경덕전등록』·『육조대사법보단경』·『석선바라밀차제법문』 등, 선과 관련된 문헌들 또한 인용되고 있음을 볼 수 있다.

이제 필자는 이상 '현행 『천수경』' 성립에 영향을 미친 제 문헌들 가운데 그 내용적 확실성을 보이고 있는 〔1〕'출전 경전'과 〔3〕'관계문헌'의 예를 제외한 〔2〕'출전 의식집' 각각에 대한 신앙적 성격을 파악해 보고자 하는 바, 이를 통해 '현행 『천수경』'에 담겨진 신앙 유형에 대한 개관을 행해 보고자 하는 것이다.

한국 형성의 의식집에 대해서는 앞서 그 신앙적 성격을 간략해 본 바 있었다.[2] 이에 '현행 『천수경』'은 한국 형성의 의식집 가운데 밀교적 부분(『운수단가사』) 및 정토사상(『염불보권문』 및 『삼문직지』)과 함께 천태법화참법(『현행법회예참의식』), 법화사상(『범음산보집』) 등 여러 신앙 요소들을 받아들여 종합되고 있음을 알 수 있다.

'현행 『천수경』'은 이외에도 『현밀원통성불심요집』·『밀주원인왕생집』·『낙방문류』·『준제정업』 등 중국에서 형성된 의식집을 인용하고 있기도 하다. 이 가운데 『현밀원통성불심요집』은 1100년경 법당法幢 도전(道㲀: 1056~?)에 의해 편찬된 것으로 현교顯教로서의 화엄사상과 밀교사상을 융합한 채 성불成佛의 심요心要를 제시한 의궤집으로, 이는 고려 고종高宗 5년(1218년) 이전에 이미 한국에 전래되기도 하였다.[3]

---

2 '현행 『천수경』' 성립에 영향을 미친 문헌들로서 다음 의식집을 들 수 있다. 이 가운데 『운수단가사』는 誦呪 중심의 밀교 의식집이라 할 수 있다. 또한 『염불보권문』은 정토신앙 관련 내용을 전하는 의식집으로 특징지을 수 있으며, 『현행법회예참의식』 중 '현행 『천수경』'에 쓰인 出典 부분은 천태(법화)참법과 관련을 맺고 있다. 그리고 『범음산보집』은 법화 계통의 예식 및 의궤를 전하는 문헌이며, 『삼문직지』는 정토 및 禪·教의 내용이 어우러져 형성된 의식집으로, 이 가운데 염불(정토) 부분이 '현행 『천수경』'에 인용되고 있음을 알게 된다. 이에 대해서는 제3장의 내용 중 '조선조 및 근세에 있어서의 「천수경」류 경전 유통' 부분에서 간략히 언급한 바 있다.

3 고려 高宗 5년(1218) 편찬된 『梵書總持集』 서문 가운데 "大悲心經云云… 부분은 『顯密圓通成佛心要集』(『大正藏』 46, p.1002上)으로부터 인용된 것임"을 볼 때 이 문헌은 이전에 이미 한국에 전래되었음을 알 수 있다. 종석(전동혁), 「밀교의 수용과 그것의 한국적 전개」(中央僧伽大學, 『中央僧伽大學 教授論文集』, vol.6. 1995) p.64. 참조.

또한 『밀주원인왕생집』은 송宋의 지광智廣 및 혜진慧眞에 의해 편찬된 것으로, 관자재보살육자대명심주 및 아미타불근본주阿彌陀佛根本呪와 대불정백산개심주大佛頂白傘蓋心呪 등 밀교 다라니를 바탕한, 왕생정토의 수행을 제시하고 있는 의궤서를 말한다.

그리고 『낙방문류』는 송나라 종효(宗曉, 1151~1214)에 의해 편찬된 것으로, 서방정토 신앙과 관련된 이전의 모든 문헌을 집대성한 것으로 알려져 있다.

이상 '출전 의식집'에 관한 간략한 내용과 함께 '현행 『천수경』' 각 항목의 출전문헌에 대한 총체적 관점을 정리해 볼 때, 여기 인용된 각 출전 경궤經軌들은 신앙 의례적 측면에서 특정 의례와 관련 맺고 있음을 알 수 있는 바, 그럼에도 이 모두는 '현행 『천수경』'이란 하나의 의궤 속에 조화를 이루고 있음을 알게 된다.

즉 〔1〕'출전 경전'의 예에서 볼 때 '현행 『천수경』'에는 밀교(「천수경」류 경전 및 다수의 밀교부 경전들)와 화엄(『대방광불화엄경』) 등의 경전이 동시에 인용되고 있음을 볼 수 있다.

한편 〔2〕'출전 의식집'의 예에서 밀교(『운수단가사』) 및 정토(『염불보권문』과 『삼문직지』) 관련의 의식집과 천태법화(『현행법회예참의식』 및 『범음산보집』)·밀교와 화엄(『현밀원통성불심요집』)·밀교와 정토(『밀주원인왕생집』), 그리고 정토사상(『낙방문류』) 등의 의례가 '현행 『천수경』'에 인용되고 있음을 볼 수 있다.

그리고 〔3〕'관계문헌'의 예에서 밀교(「총지사 작법」 및 『칠구지불모준제대명다라니경』·『관자재보살여의륜염송의궤』) 및 화엄('정취보살'), 천태(『천수안대비심주행법』 및 『자비도량참법』) 사상과 함께 선禪(『경덕전등록』 및 『육조대사법보단경』·『석선바라밀차제법문』)의 요소가 '현행 『천수경』'에 가미되어 있음 또한 알 수 있다.

2. '현행 『천수경』'의 신앙적 성격

이렇듯 출전문헌들의 신앙 의례적 성격을 분석해 보는 가운데 밀교·화엄·정토·천태법화·선 등의 요소가 '현행 『천수경』' 가운데 결합되어 있음을 발견하게 된다. 이렇듯 많은 신앙적 요소들이 서로 결합된 채 형성된 '현행 『천수경』'. 그렇다면 '현행 『천수경』'의 신앙적 성격을 우리는 무엇이라 규정할 수 있을 것인가?

이 점에 있어 홍윤식洪潤植 교수는 "한국불교의 전통적 성격을 보면 다양한 요소를 내포하고 있음을 살필 수 있게 된다. 이를 흔히 통불교적通佛教的 성격이라 하는데, 통불교란 종파불교에 대한 종합적인 불교란 의미보다는 여러 종파적 요소를 모두 함께 지닌 불교란 뜻으로 해석되는 것이다"는 언급과 함께 신앙적 측면에서 화엄 및 법화·정토·미륵·밀교·약사·관음신앙 등의 다양한 요소가 어우러져 있음을 말한 바 있다.[4]

이러한 언급을 의거해 생각해 볼 때, '현행 『천수경』'은 원래 「천수경」 경전의 밀교적 규범에 화엄 및 정토·천태법화·선의 요소가 결합된 모습을 보이는 바, 그럼에도 그 모두는 관음신앙이라는 특정 신앙 형태와 조화를 이루고 있음을 볼 수 있다. 따라서 현재 한국불교의 주된 신앙 의궤로 자리 잡고 있는 '현행 『천수경』'은 전래傳來의 미륵신앙 및 약사신앙을 제외한 기존 전체의 신앙적 모습을 포괄해 담고

---

4 洪潤植, 『佛教와 民俗』(現代佛教新書 33), 東國大學校 附設 譯經院, 1980. pp.132～133.

있는 종합 신앙적 경전으로 이해할 수 있게 된다.

그러므로 "송주(誦呪: 조석송주, 즉 『천수경』을 말함)의 주된 사상은 물론 밀교겠지만, 정토·화엄·선·남산南山 등 제종諸宗의 사상이 골고루 들어있어 그야 말로 종합적인 읽을거리를 형성하고 있다"[5]는 월운月雲 노사老師의 말은 '현행 『천수경』'뿐만이 아닌, 『천수경』을 신앙의 주된 바탕으로 삼고 있는 한국불교의 신앙적 위상에 대한 적절한 언급이 되리라 생각한다.

5 金月雲, 『日用儀式隨聞記』, 中央僧伽大學 出版部, 1991. p.14.

결어結語

"한국불교는 「천수경」 불교다"라는 말이 무리가 아닐 만큼, 「천수경」이 한국불교 신앙 의례에 중요 위치를 점유하고 있음은 주지의 사실이라 할 것이다. 그럼에도 현재에 이르기까지—몇몇 부분을 제외하고는—이 경전에 대한 체계적이고 학문적인 연구가 거의 진행되지 않았던 바, 이는 「천수경」을 신앙 의례의 핵심으로 삼고 있는 한국불교의 현재적 상황에서 그 정체성(正體性: identity) 파악에 적지 않은 어려움을 안겨다 주는 것이었다.

이에 필자는 기존 「천수경」에 대한 부분적 연구 성과를 기반으로 전체 5장의 구성 속에 「천수경」에 대한 포괄적인 연구를 행하였는데, '『천수경』 연구'라 이름한 논고의 진행 속에 다음과 같은 사실을 파악할 수 있게 된다.

우선 경전 성립사적 측면에서 현재 한국불교 신앙 의례의 근간을 이루고 있는 '현행 『천수경』'의 저본 격에 해당하는 「천수경」류 경전은 기원후 2~3세기경에 인도에서 생겨난 관세음보살 신앙을 바탕한 채 만들어진 밀교부 경전으로, 경전 자체는 기원후 3세기 혹은 4·5세기로부터 7세기 말 경에 걸쳐 단일 경전으로서가 아닌 다수의 「천수경」류 경전으로 형성된 것으로 보인다.

한편 이들 「천수경」류 경전의 성립 및 확산지에 대한 고찰 속에,

경전 설처說處가 그 성립지로 추정될 수 있다는 일반적 관점 및 『대지도론』과 『화엄경』 「입법계품」의 내용적 연계성 속에서 생각할 때, 남인도(보타락가 지방)에서 이 경전이 성립되었음을 말할 수 있다. 한편 「천수경」류 경전의 번역자 선무외·금강지·불공 등의 생애를 통해 볼 때, 이들 경전은 7세기 초에 이르러서는 중인도와 서인도, 사자국과 인도지나 반도에 이르기까지 폭넓게 확산되었음을 알 수 있다.

그리고 경전 유통·전래사적 측면에서, 사료 분석을 통해 볼 때 다수의 「천수경」류 경전은 실크로드 루트를 통한 북전과 남방 해상항로를 통한 남전 등 두 경로를 통해 확산되었던 바, 「천수경」류 경전이 중국에 처음 유입된 것은 7세기 초반(620년경)의 일로, 650년경 지통에 의해 번역된 『천안천비관세음보살다라니신주경』이 최초의 문헌에 해당하는 것임을 말할 수 있다. 그리고 이후 14세기에 이르기까지 무려 18종에 이르는 「천수경」류 경전이 각각 다른 역자들에 의해 중국에서 번역되었음을 알 수 있다.

한편 통일신라 때 당에 유학한 의상義湘의 귀국(671년)과 함께 「천수경」류 경전은 최초 한국에 유입되었는데, 의상에 의해 유입된 문헌은 다수의 「천수경」류 경전 가운데 658년 경 가범달마에 의해 번역된 『천수천안관세음보살광대원만무애대비심다라니경』이었다. 그리고 이후 1251년에 완성된 '고려재조대장경高麗再雕大藏經'에 대한 수기守其의 찬술 『대장목록大藏目錄』 가운데 가범달마 역본을 포함한 무려 6종의 「천수경」류 경전이 삽입되어 있고, 또한 1476년 간행된 『천수천안관자재보살대비심다라니경』에서는 불공 역본의 「천수경(천수천안관세음보살대비심다라니)」이 소개되었던 점을 미루어, 다양한 「천수경」류의 경전이 오랜 시기에 걸쳐 꾸준히 한국에 전래되어 왔음을 알 수 있다.

이렇듯 의상에 의한 「천수경」류 경전의 최초 전래 이후 조선조 중기에 이르도록, 「천수경」류 경전과 관련된 다양한 기록을 접할 수 있게 되는데, 신라에서 고려 말에 이르는 무려 16건의 「천수경」 관계 기사와 함께, 조선조에 이르러서는 다수의 진언집 및 의식집 가운데 「천수경」이 실려 있음을 볼 수 있다.

그럼에도 현존하는 의식집 및 진언집을 통해 볼 때, 이 문헌들에 실려 있는 「천수경」은 가범달마 및 불공 역본의 「천수경」을 저본으로 그 일부분을 취한 채, 그것을 특정 의식과의 연관 속에 재편집한 것이었음을 알 수 있다. 이에 원래 「천수경」류 경전과 '현행 『천수경』'과는 그 내용 및 체계에 있어 많은 상이점을 보이는 바, 주변 불교 국가에서는 볼 수 없는 특유의 형태를 갖추고 있음을 볼 수 있다. 이에 한국불교 신앙 의례에 사용되고 있는 '현행 『천수경』'은 한국불교에 의해 독자적으로 형성된 경전임을 알 수 있다.

그렇다면 이러한 '현행 『천수경』'은 언제 어떤 과정을 거쳐 만들어진 것일까? 이에 필자는 조선조 이래 간행된 무려 20종에 달하는 제반 경문·진언집 및 의식집을 비교·검토하는 가운데, '현행 『천수경』'은 가범달마와 불공 역본 등 「천수경」류 경전 상의 규범 및 지례의 『천수안대비심주행법』에 의한 독송 규범에 영향을 받은 채, 한국 유통 및 신앙상 독송 의례의 변천 과정을 통해 형성된 것이라는 임의적 결론을 도출할 수 있게 되었다.

즉 '현행 『천수경』'은 1607년 편찬된 『운수단가사』 이래 『염불보권문』(1704) 및 『현행법회예참의식』(1709)·『범음산보집』(1721)·『삼문직지』(1769)·『작법귀감』(1826)·『불가일용작법』(1869) 등의 의식집 편찬을 바탕으로 『고왕관세음천수다라니경』(1881)에 이르러 『쳔슈경』이란 독립된 모습을 띠게 되며, 또다시 『쳔슈경·불셜고왕관셰음경』 및 『조석지송』(1932)과 『석문의범』(1935) 등을 거쳐 1969년 통도사에서 편찬된 『행자수지』에 이르러 현재의 모습을 갖게 되었다는 것이다.

이에 '현행 『천수경』'이란 불과 27년의 연원을 가지고 있는 바, 이 '현행 『천수경』'에 내재해 있는 신앙적 유형은 어떻게 설명될 수 있을까?

이런 의문을 제시했던 데에는 다음 이유가 있다. 즉 「천수경」이란 한국불교 신앙 의례에 있어 중요 위치를 점하는 바, 이에 대한 신앙적 유형을 밝혀내는 작업은 한국불교 신앙 의례에 대한 주요 관점을 제시할 뿐만 아니라, 신앙 의례 배후에 내재해 있는 한국불교 신앙상의 특징에 대한 고찰을 용이케 하는 자료가 될 수 있으리라 생각하기 때문이다.

이에 필자는 '현행 『천수경』' 각각의 어구에 대한 문헌분석을 통해 이를 밝혀 보았던 바, '현행 『천수경』'은 제 「천수경」류 경전을 포함한 다수의 경전과 의식집 및 기타 관계문헌들이 망라된 가운데 체계적으로 편집되어 있음을 알 수 있다.

한편 '현행 『천수경』' 성립에 영향을 미친 문헌으로는 우선 밀교(「천수경」류 경전 및 다수의 밀교부 경전들)와 화엄(『대방광불화엄경』) 경전들을 들 수 있다. 한편 밀교(『운수단가사』) 및 정토(『염불보권문』 및 『삼문직지』) 관련 의식집과 함께 천태법화(『현행법회예참의식』 및 『범음산보집』)·밀교와 화엄(『현밀원통성불심요집』)·밀교와 정토(『밀주원인왕생집』), 그리고 정토(『낙방문류』) 의례 등이 그 성립에 영향을 미쳤으며, 이외에 밀교(「총지사 작법」 및 『칠구지불모준제대명다라니경』·『관자재보살여의륜염송의궤』)와 화엄('정취보살'), 천태사상(『천수안대비심주행법』 및 『자비도량참법』)과 함께 선(『경덕전등록』 및 『육조대사법보단경』·『석선바라밀차제법문』)의 요소가 가미되어 있음을 볼 수 있기도 하다.

이에 '현행 『천수경』'은 밀교와 화엄·정토·천태법화·선 등의 요소가 결합된 것으로, 그럼에도 이 모두는 관음신앙이라는 특정적 신앙 형태로서 종합된 모습을 띄고 있음을 알 수 있다.

이로써 생각할 때 현재 한국불교 신앙 의례에 통용되는 '현행 『천수경』'은 미륵 및 약사신앙을 제외한 기존 한국불교의 전체 신앙 유형을 포괄하고 있는 바, 이는 『천수경』을 신앙 기저로 삼고 있는 현 한국불교의 신앙적 위상에 대한 적절한 설명 및 진단이 될 것이다.

參考文獻

1. 原 典

〔大正新修大藏經〕

大正藏 3　悲華經
　大乘悲分陀利經
大正藏 8　般若波羅蜜多心經
大正藏 9　大薩遮尼乾子所說經
　大方廣佛華嚴經
　妙法蓮華經
　正法華經
　佛說濟諸方等學經
大正藏 10　大方廣佛華嚴經
大正藏 12　觀世音菩薩授記經
　佛說無量壽經
大正藏 14　佛說佛名經
　三劫三千佛緣起
　十方千五百佛名經
　佛說稱揚諸佛功德經
　五千五百佛名神呪除障滅罪經
　賢劫經
大正藏 15　持心梵天所問經
　觀佛三昧海經
　不必定入定入印經
　佛說海龍王經
　佛說自誓三昧經
　觀察諸法行經
　佛說成具光明定意經

大正藏 16　深密解脫經

大正藏 17　金剛頂瑜伽念珠經

無字寶篋經

如來師子吼經

大正藏 18　大一如來劍印

蘇悉地羯囉經

青龍寺軌記

受菩提心戒儀

大日如來劍印

大毘盧遮那成佛神變加持經蓮華胎藏菩提幢標幟普通眞言藏廣大成就瑜伽

金剛頂瑜伽中略出念誦經

佛說一切如來眞實攝大乘現證三昧大教王經

金剛頂蓮華部心念誦儀軌

一切如來大秘密王未曾有最上微妙大曼拏羅經

金剛頂一切如來眞實攝大乘現證大教王經

金剛頂經金剛界大道場毘盧遮那如來自受用身內證智眷屬法身異名佛最上乘秘密三摩地禮懺文

大正藏 19　大佛頂如來密因修證了義諸菩薩萬行首楞嚴經

藥師如來觀行儀軌法

藥師如來念誦儀軌

無量壽如來觀行供養儀軌

佛頂尊勝陀羅尼念誦儀軌法

仁王般若念誦法

成就妙法蓮華經王瑜伽觀智儀軌

大正藏 20　金剛頂經瑜伽文殊師利菩薩法

金剛頂瑜伽千手千眼觀自在菩薩修行儀軌經

金剛頂瑜伽青頸大悲王觀自在念誦儀軌

千光眼觀自在菩薩秘密法經

千手千眼觀世音菩薩廣大圓滿無礙大悲心陀羅尼經

佛說大乘莊嚴寶王經

觀自在菩薩廣大圓滿無礙大悲心大陀羅尼
千手千眼觀世音菩薩大悲心陀羅尼
千手千眼觀世音菩薩治病合藥經
千手千眼觀世音菩薩姥陀羅尼身經
千眼千臂觀世音菩薩陀羅尼神呪經(別本)
千眼千臂觀世音菩薩陀羅尼神呪經
金剛頂經瑜伽文殊師利菩薩供養儀軌
大方廣菩薩藏文殊師利根本儀軌經
金剛頂瑜伽青頸大悲王觀自在念誦儀軌
觀自在菩薩如意輪念誦儀軌
七俱胝佛母准提大明陀羅尼經
不空羂索神變眞言經
佛說不空羂索陀羅尼儀軌經
妙吉祥平等秘密最上觀門大教王經
不空羂索神變眞言經
大方廣菩薩藏經中文殊師利根本一字陀羅尼經
佛說七俱胝佛母准提大明陀羅尼經
七俱胝佛母所說准提陀羅尼經
佛說七俱胝佛母准提大明陀羅尼經
七佛俱胝佛母心大准提陀羅尼法
呪五首
妙吉祥平等秘密最上觀門大教王經
金剛頂瑜伽他化自在天理趣會普賢修行念誦儀軌
觀自在菩薩如意輪瑜伽
觀自在如意輪菩薩瑜伽法
金剛頂經瑜伽文殊師利菩薩供養儀軌
大聖妙吉祥菩薩秘密八字陀羅尼修行曼茶羅次第儀軌法
大乘莊嚴寶王經
觀自在菩薩如意輪念誦儀軌
金剛頂勝初瑜伽普賢菩薩念誦法
七俱胝佛母所說准提陀羅尼經

金剛香菩薩大明成就儀軌經
佛說七俱胝佛母准提大明陀羅尼經
大乘莊嚴寶王經
大正藏 21 瑜伽集要救阿難陀羅尼焰口儀軌經
陀羅尼雜集
瑜伽集要焰口施食儀
佛說灌頂梵天神策經
佛說甘露經陀羅尼呪
佛說十二佛名神呪校量功德除障滅罪經
大正藏 25 大智度論
大正藏 45 慈悲道場懺法
肇論疏
大正藏 46 摩訶止觀
四念處
觀心論疏
諸法無諍三昧法文
四明尊者教行錄
顯密圓通成佛心要集
密呪圓因往生集
釋禪波羅蜜次第法門
法界次第初門
請觀世音菩薩消伏毒害陀羅尼三昧儀
千手眼大悲心呪行法
國淸百錄
大正藏 47 樂邦文類
大正藏 48 六祖大師法寶壇經
大正藏 49 三國遺事
佛祖統紀
大正藏 50 神僧傳
宋高僧傳
海東高僧傳

大唐故大德贈司空大辨正廣智不空三藏行狀
大唐東都大聖善寺故中天竺國善無畏三藏和尙碑銘幷序
大正藏 51 高僧法顯傳
景德傳燈錄
大唐西域記
大正藏 54 飜譯名義集
大正藏 55 開元釋敎錄
東域傳燈目錄
出三藏記集
貞元新定釋敎目錄
大正藏 61 十百千陀羅尼守護者名號略釋
大正藏 圖像部 6 白寶口抄
大正藏 圖像部 7 二十八部衆形像
二十八部衆幷十二神將圖
大正藏 圖像部 9 阿娑縛抄
大正藏 圖像部 10 千手觀音法雜集

〔日本大藏經〕

千手經述祕鈔 日本大藏經 經藏部 密經部章疏
千手觀音行法次第 日本大藏經 眞言宗 事相章疏

〔韓國佛敎全書〕

韓佛全 2 白花道場發願文
韓佛全 4 新編諸宗敎藏總錄
大華嚴首座圓通兩重大師均如傳
韓佛全 6 白花道場發願文略解
白衣解
大藏目錄
韓佛全 7 雲水壇謌詞
韓佛全 9 現行法會禮懺儀式
念佛普勸文

韓佛全 10 作法龜鑑
三門直指
韓佛全 11 天地冥陽水陸齋儀梵音刪補集
義湘和尙投師禮

〔大日本佛敎全書〕
日佛全 1 諸宗章疏錄
注進法相宗章疏
日佛全 28 智證大師全集
千手經述秘記
日佛全 47 千手鈔
日佛全 86 善光寺緣起

〔古書本〕
五大眞言(摠集文), 東國大學校中央圖書館, 分類番號〔귀 312-19-다231 ㅇ〕.
高王觀世音千手陀羅尼經, 東國大學校中央圖書館, 分類番號〔213.199.천57〕.
觀世音菩薩靈驗略抄, 東國大學校中央圖書館, 分類番號〔213.19-관53·2〕.
准提淨業, 일산 圓覺寺 소장.
천슈경·불셜고왕관셰음경, 東國大學校中央圖書館, 分類番號〔213.199-고66ㅅ2〕.
千手觀音修習瑜伽玄秘略, 日本 大正大學校, 所藏目錄〔1163.3〕
千手經濆蒙記, 日本 龍谷大學校, 所藏目錄〔2418.82〕
千手經報乳記, 日本 龍谷大學校, 所藏目錄〔2418.83〕
千手尊念誦私記, 日本 京都大學校, 所藏目錄〔日大未.320〕

〔其他〕
日本書記
海東高僧傳
定宗實錄
高麗史
奈良朝現在一切經疏目錄(東洋文庫論叢 11)

2.二次資料

〔單行本〕

權相老,『朝鮮佛教略史』

權相老,『朝夕持誦』, 京城: 安養庵, 昭和7年.

金相鉉,『新羅華嚴思想史硏究』, 서울: 민족사, 1991.

金煐泰,『韓國佛教史槪說』, 서울: 經書院, 1988.

金煐泰,『佛教思想史論』, 서울: 민족사, 1992.

김용선 역,『역주 고려묘지명집성』, 춘천: 한림대학교출판부, 2006

金月雲,『日用儀式隨聞記』, 서울: 中央僧伽大學 出版部, 1991.

목정배,『삼국시대의 불교』, 서울: 東國大學校 出版部, 1991.

목정배 編著,『불교교리사』, 서울: 지양사, 1987.

無 比,『千手經』, 서울: 佛日出版社, 1992.

朴喜宣,『千手心經大陀羅尼』, 서울: 송산출판사, 1987.

법 성,『천눈천손의 인식과 사랑』, 광주: 도서출판 큰수레, 1991.

서윤길,『韓國 密教思想史 硏究』, 서울: 불광출판부, 1994.

서종범,『불교를 알기쉽게』, 서울: 도서출판 밀알, 1984.

安震湖,『釋門儀範』, 京城: 卍商會(法輪社), 1935年.

安震湖,『佛子必覽』, 京城: 卍商會(法輪社), 昭和6年(1931年).

李能和,『朝鮮佛教通史』下, 京城: 新文館, 大正7(1918年).

李永子,『韓國天台思想의 展開』, 서울: 민족사, 1988.

정 각,『禮佛』, 서울: 奉恩寺 出版部, 1993.

鄭寶錫,『教理解說 千手經』, 서울: 寶蓮閣, 1973.

한길로,『佛子持誦』, 견성암, 1969.

韓定燮,『千手經 講義』, 京畿: 佛教通信教育院, 1982.

洪潤植,『佛教와 民俗(現代佛教新書 33)』, 서울: 東國大學校 附設 譯經院, 1980.

財團法人 民族文化推進會,『東文選』, 서울: 민족문화 문고 간행회. 1984.

東國大學校 中央圖書館,『古書目錄』, 1981.

東國大學校,「朝鮮佛教典籍展覽會目錄」, 檀紀4283.

東國大學校 佛教文化硏究所,「李朝前期國譯佛書展觀目錄」, 1964.

東國大學校 佛教文化硏究所,「眞言·儀式關係佛書展觀目錄」, 1976.

東國大學校 佛教文化研究所, 『韓國撰述佛書展觀總錄』, 1966.

東國大學校 佛教文化研究所, 「高麗佛書展觀目錄」, 佛紀2990.

佛教文化研究所 편, 『韓國密教思想研究』, 서울: 東國大學校 出版部, 1986.

通度寺 佛教專門講院 編, 『行者受持』, 己未 孟秋.

가마다 시케오(신현숙 譯), 『한국불교사』, 서울: 민족사, 1988.

요리토미 모토히로(김무생 譯), 『밀교의 역사와 문화』, 서울: 민족사, 1989.

이와모도 유다까 외(홍사성 譯), 『동남아불교사』, 서울: 반야샘, 1987.

松長有慶(朴畢圭 譯), 『密教의 相承者』, 서울: 泰光文化社, 1986.

圓仁(申福龍 譯), 『入唐求法巡禮行記』, 서울: 정신세계사, 1991.

永田 久(沈雨晟 譯), 『曆과 占의 과학』, 서울: 東文選, 1992.

金岡秀友, 『佛典の讀み方』, 東京: 大法輪閣版, 昭和45.

田久保周譽, 『眞言陀羅尼藏の解說』, 東京: 鹿野苑, 昭和42.

佐和隆研 ed, 『密教辭典』, 京都: 法藏館, 昭和60.

望月信亨, 『佛教經典成立の研究』, 京都: 法藏館, 昭和53.

定方晟, 『須彌山と 極樂』, 東京: 講談社

坂內龍雄, 『眞言陀羅尼』, 東京: 平河出版社, 1992.

Hajime Nakamura, *Indian Buddhism*, Delhi, Motilal Banarsidass. Pub, 1987.

Lokesh Chandra, *The Thousand-Armed Avalokiteśvara*, New Delhi, Indira Gandhi National Abhinav Pub, 1988.

John Dowson, *A Classical Dictionary of Hindu Mythology and Religion*, Delhi, Rekha Printers(P)Ltd, 1989.

〔論文〕

金相鉉, 「義湘의 信仰과 發願文」(『龍巖 車文燮博士 華甲記念 史學論叢』), 1989.

金煐泰, 「白花道場發願文의 몇 가지 問題」(『韓國佛教學』 第13輯), 서울: 韓國佛教學會, 1988.

金煐泰, 「三國時代의 神呪信仰」(東國大學校 佛教文化研究院 편, 『韓國 密教思想 研究』), 서울: 東國大學校 出版部. 1986.

金有光, 「秘密陀羅尼의 現代的 理解」(대한불교 진각종 중앙교육원 편, 『한국 밀교학 논문집』), 서울: 泰光文化社, 1986.

金炯佑, 「高麗時代 國家的 佛教行事에 대한 研究」, 東國大學校 大學院 博士學位

論文, 1992.
徐閏吉, 「朝鮮朝 密教思想研究」(東國大學校 佛教文化研究所 편, 『佛教學報』, vol. 20), 1983.
全在星, 「千手觀音陀羅尼의 梵文表記와 解釋」(경전읽기모임, 『팔리대장경 우리말 옮김』), 서울: 경전연구소, 1990.
全海住, 「義相和尙 發願文 研究」(東國大學校 佛教文化研究所, 『佛教學報』, vol. 29), 1992.
鄭炳三, 「義湘 華嚴思想研究」, 서울大學校 大學院 博士學位 論文, 1991.
鄭泰爀, 「千手觀音陀羅尼의 研究」(『正統密教』), 서울: 經書院, 1984.
鄭泰爀, 「韓國佛教의 密教的 性格에 대한 考察」(東國大學校 佛教文化研究所, 「佛教學報」, vol.18), 1981.
종석(전동혁), 「밀교의 수용과 그것의 한국적 전개」(『中央僧伽大學 論文集』, vol. 4), 서울: 中央僧伽大學 出版部, 1995.
木村清孝, 「白花道場發願文考」(鎌田茂雄博士 還曆記念論集), 東京: 大藏出版, 1988.
芳岡良音, 「觀世音菩薩の起源」(印度學佛教學研究. 第12卷 1號), 東京: 日本印度學佛教學會.

〔其他〕

金大隱, 「千手經 大悲呪에 對하여」(月刊 佛教, vol.7), 서울: 한국불교 태고종, 1970.
김호성, 「千手經에 나타난 韓國佛教의 傳統性」(東國大學校 學生會,「釋林」, vol.26), 1992.
김호성, 「천수경 원전의 탐구」, 불교신문, 1994年 11月 25日 記事.
김호성, 「한글 천수경에 대한 고찰」(벽암 外 編著, 『한글과 불교의식』), 서울: 백화도량」, 1993.
김호성, 「千手禮懺 '천수경' 신행의 한 새로운 양식」(벽암 外 編著, 『한글과 불교의식』), 서울: 백화도량, 1993.
불교사상사 편집부, 「천수경의 역사적 변천」(佛教思想, vol.11. 10月號), 서울: 불교사상사, 1984.
정태혁, 「천수다라니의 공덕」(佛教思想, vol.11. 10月號), 서울: 불교사상사, 1984.
河泰完, 「現行 千手經의 誤記에 대한 考察」(東國思想, vol.19), 1986.
한정섭, 「천수경의 중심사상」(佛教思想, vol.11. 10月號), 서울: 불교사상사, 1984.

Summary

on
The Studies of *Chun Su Kyung*
(The Thousand-Hand Sutra)

Moon, Sang Leun(Jung Gak)
Institute for translation
of Buddhist Works
Jung-Ang Saṃgha University

Concluding Remarks

In describing Buddhism in Korea, the place of *Chun Su Kyung*(千手經) is quite prominent in the aspects of faith and ritual so much so that it is not too much to say that the Buddhism of Korea is the Buddhism of *Chun Su Kyung*. Despite the fact that *Chun Su Kyung* is a principal part of all Buddist ceremonial rituals, its extensive and systematic research has not been made, with the exception of particular subjects, which raises considerable questions in understanding the current status and identity of the Buddhism of Korea.

Thus, based on the research on parts of *Chun Su Kyung*, I have decided to broaden studies into 5 chapters in the title of "*The Studies of Chun Su Kyung(the Thousand-Hand Sutra)*: 千手經 硏究", and within that context, the following facts will be understood.

First of all, from the establishment aspect of the Sutra, the faith of Kwan Se Um(Avalokiteśvara) which the Korean Buddhism is closely linked to in most of its religious rituals were formed between 2 to 3rd century B.C. in India belonging to the Sutra of Esoteric school and the Sutra itself had been formed around 3rd century or from 4, 5th to 7th century A.D., showing not a single but multi characteristics in the lines of *Chun Su Kyung*s.

On the other hand, from the historical aspect, *Chun Su Kyung* was first introduced in China during 7th century A.D.(620) and translated by Ji Tong(智通) in 650(*Ch'ien-yen-ch'ien-pei-kuan-shih-yin-p'u-sa-t'o-lo-ni-shên-chou-ching*: 千眼千臂觀世音菩薩陀羅尼神呪經) and is still considered as the first record, by the 14th century, it had been translated into 18 versions by various editors.

Chun Su Kyung was first introduced to Korea during Unified Shilla dynasty at the time of Uei Sang's(義湘) return(670) from Tang(唐), China after he finished his studies. The first copy he brought among various versions was called *Ch'ien-shou-ch'ien-yen-kuan-shin-yin-p'u-sa-kuang-ta-yüan-man-wu-ai-ta-pei-hsin-t'o-lo-ni-ching*(千手千眼觀世音菩薩廣大圓滿無礙大悲心陀羅尼經) translated by Ga Bhum Dharma(Bhagavaddharma, 伽梵達磨) around 658.

And later during Koryo dynasty, it was listed along with 6 other versions in the lines of '*Chun Su Kyung*' in Su Gi's(守其) *Dae Jang Mok Lok*(大藏目錄) of "*Koryo Jae Jo Dae Jang Kyung(The Great Koryo*

Complete Volumes of the Sutras: 高麗再雕大藏經)" in 1,251. Bul Gong's (Amoghavajra, 不空) version called *Ch'ien-shou-ch'ien-yen-kuan-shih-yin-p'u-sa-ta-pei-hsin-t'o-lo-ni-ching*(千手千眼觀世音菩薩大悲心陀羅尼) was introduced in 1,476 during Chosun dynasty inferring that the lines of *Chun Su Kyung*s has continuously been introduced in Korea for a long time.

From the record of over 12 articles relating to the *Chun Su Kyung* from the times of Shilla to the end of Koryo, and from the texts of Dharani and rituals during Chosun dynasty, it is evident that *Chun Su Kyung* was used in many doctrines relating to major Buddhist rituals.

However, from the literature still existing today, we can see that from the Ga Bhum Dharma's(伽梵達磨) version and Bul Gong's(不空), that it has taken parts and applied in connection with certain rituals currently being performed among Korean Buddhists which show many differences in the contents and systems compared to the original lines of *Chun Su Kyung*. The "*Current 'Chun Su Kyung'*" used in rituals by Korean Buddhists has special characteristics not commonly found in other Buddhist cultures and possesses independent qualites of Buddhism of Korea when compared to the other lines of *Chun Su Kyung*s.

Then it raises question about the course of formation on characteristics of *Chun Su Kyung* of today. Based on this inquisition, while I was making comparison and research, I was able to draw an open conclusion that the change of the "*Current 'Chun Su Kyung'*" may have been through its circulation in Korea and during the revising course of formal ritualistic recitation.

To be specific, the "*Current 'Chun Su Kyung*'", after it had been edited into *Uoon Su Dan Ga Sa*(雲水壇謌詞) in 1607, and from continuous publications of ritual texts such as *Yum Bul Bo Kwon Moon*(念佛普勸文: 1704), *Hyun Haeng Bup Hwei Yae Cham Uei Shik*(現行法會禮懺儀式: 1709), *Bhum Eum San Bo Jip*(梵音刪補集: 1721), *Sam Moon Jik Ji*(三門直指: 1769), *Jak Bup Guei Gam*(作法龜鑑: 1826), *Bul Ga Il Young Jak Bup*(佛家日用作法: 1869), and when it comes to *Go Wang Kwan Se Um Chun Su Dharani Kyung*(高王觀世音千手陀羅尼經: 1881), it shows a distinctive and independent quality as *Chun Su Kyung*(千手經). Again, another version called The *Chun Su Kyung·Bul Sul Go Wang Kwan Se Um Kyung*(千手經·佛說高王觀世音經) and *Jo Suk Ji Song*(朝夕持誦: 1932) during Japanese occupation, and *Suk Moon Eui Bhum*(釋門儀範: 1935) were later published. Finally in the year 1969, *Haeng Ja Su Ji*(行者受持) published by Tong Do Sa(通度寺) temple has shaped what we know as The *Chun Su Kyung* of today.

In this respect, we can see that the "*Current 'Chun Su Kyung*'" has only 27 years of its history, leaving the question on its faith aspect which it is composed of.

The reason for raising such questions, as already mentioned above, The *Chun Su Kyung* plays an important role in the current faith of Korean Buddhists, therefore by uncovering its faith pattern can suggest not only an important perspective but can also draw out the fundamental resources on the characteristics of faith trend of Buddhism in Korea.

Concerning these points, I have tried to uncover by analysing each of the verses from the "*Current 'Chun Su Kyung*", and from the analysis, we can see that it was systematically edited from the ground of various Sutras including all lines of *Chun Su Kyung* along with ritualistic texts and related documents.

Among 'published Sutras', the influential documents include Esotericism(lines of *Chun Su Kyung*s and various other Sutras from the Esotericism) and the Hwa Um(Avatamsaka: *Dae Bang Kwang Bul Hwa Um Kyung*(大方廣佛華嚴經), and from the 'ritual texts' of Esotericism(*Un Su Dan Ga Sa*: 雲水壇謌詞) and Pure-land(*Yum Bul Bo Kwon Moon*: 念佛普勸文, *Sam Moon Jik Ji*: 三門直指), *Hyung Haeng Bup Hwei Yae Cham Eui Shik*(現行法會禮懺儀式) and *Bhum Um San Bo Jip*(梵音刪補集) of the Chun Tae Bup Hwa Order, *Hyun Mil Won Tong Sung Bul Shim Yo Jip*(顯密圓通成佛心要集) of the Esotericism and Hwa Um based, *Mil Ju Won In Wang Saeng Jip*(密呪圓因往生集) of the Esotericism and Pure land School based, and *Rak Bang Moon Ryu*(樂邦文類) from the Pure Land School.

From the 'related documents' it includes the elements from Esotericism(*Chong Ji Sa Jak Bup*: 總持寺作法, *Chil Gu Ji Bul Mo Joon Jae Dae Myung Da Ra Ni Kyung*: 七俱胝佛母准提大明陀羅尼經, *Kwan Ja Jae Bo Sal Yuh Eui Ryoon Yum Song Eui Guei*: 觀自在菩薩如意輪念誦儀軌), and of Hwa Um(*Jung Chui Bo Sal: 'Ananya-gāmin*: 正趣菩薩), of Chun Tae(*Chun Su An Dae Bi Shim Ju Haeng Bup*: 千手眼大悲心呪行法, *Ja Bi Do Ryang Cham Bup*: 慈悲道場懺法), the records of the successive lineage called *Kyunmg Duk Jun Dung Lok*(景德傳燈錄) and *Yook Jo Dae Sa Bup Bo Dan Kyung*(六祖大師法寶壇經: The platform Sutra of the Sixth Patriarch),

Suk Seon Ba Ra Mil Cha Jae Bup Moon(釋禪波羅蜜次第法門) as supplementary.

Mounting sources from the Esotericism and Hwa Um, the Pure Land School and Chun Tae Bup Hwa, the "*Current 'Chun Su Kyung'*" is the combination of all these schools, and yet is shaped into the faith of Kwan Um, the Avalokitesvara.

In conclusion, the "*Current 'Chun Su Kyung'*" being widely used in the Buddhist rituals in Korea represents an overall trend of faith of Buddhism in Korea except for the faith of Mi Ruk(Mitreya) or Yak Sa(Bhaiṣajyaguru-vaiḍūrya), thus, this will serve as an ideal explanation about the current status and evaluation of the identity of current Buddhist faith in Korea.

부록 I

천수다라니에 대한 인도 신화학적 일고찰

- 〔성관자재 찬가聖觀自在 讚歌〕를 통한 신앙적·내용적 상징 기저 분석

1. 서언緖言

천수다라니千手陀羅尼를 해석해 보는 가운데 커다란 의문을 갖게 된다. 다라니의 내용 속에는 많은 신神들의 명칭이 등장하고 있는데, 과연 그 신들의 성격을 어떻게 규정해야 할 것인가 하는 문제로, 그들 신들의 성격을 밝혀내는 작업이야말로 현재 한국불교에 널리 유통되고 있는 천수다라니의 신앙적 성격과 그 기저基底 파악의 중요 관건이 될 것이다.

이와 관련하여 인도의 로케쉬 챤드라Lokesh Chandra는 *Nīlakaṇṭha Lokeśvara as the Buddhist Apotheosis of Hari-Hara*(「Hari-Hara의 불교적 신격화로서 靑頸 世自在」)라는 짤막한 글 가운데 천수다라니, 즉 닐라깐타 다라니Nīlakaṇṭha dhāraṇī[1]에 등장하고 있는 닐라깐타 로케

스와라(Nīlakaṇṭha Lokeśvara: 青頸世自在)는 하리 하라(Hari-Hara: 비슈누Viṣṇu-쉬바Śiva)의 신격화神格化로 설명될 수 있음을 범술한 바 있다.

그는 위 내용을 설명키 위해 현장玄奘의 『대당서역기大唐西域記』 가운데 관자재보살觀自在菩薩의 거처 보타락가산에 대한 다음 내용을 인용하고 있다.

말라거타국秣羅矩吒國 남쪽 끝에 말라야산秣剌耶山이 있다. (…) 말라야산 동쪽에 포달락가산布呾落迦山이 있다. 산길은 위험하고 암곡은 험준하다. 산정山頂에 연못이 있으며, (…) 연못 옆에는 돌로 된 천궁天宮이 있다. 관자재보살이 왕래하며 머무는 곳이다. 보살을 보고자 하는 사람은 신명身命을 돌보지 않고 강물을 건너 산에 오른다. (…) 그런데 산 밑의 주민으로서 모습을 보고자 기도드리면 관자재보살은 때로는 자재천自在天의 모습으로, 때로는 도회외도塗

1 필자는 앞에서 "『천수경』이란 천수천안관세음보살과 관련된 신앙 의궤 및 다라니를 담고 있는 경전의 총칭으로, 이를 '「천수경」류 경전'이란 큰 범주로 묶어야 할 것"임을 말한 바 있다. 이에 전체 「천수경」류 경전으로는 18종이 전하고 있으며 그 안에 담겨진 다라니를 통칭 천수다라니라 부르고 있다.
한편 천수다라니의 핵심이 청경青頸이라 번역되는 닐라깐타Nīlakaṇṭha에 대한 내용을 주로 하고 있기 때문에 이를 닐라깐타 다라니Nīlakaṇṭha-dhāraṇī, 또는 번역해 청경다라니青頸陀羅尼라 부르고 있다.
참고로, 『大正藏』 No.1111 『青頸觀自在菩薩心陀羅尼經』 및 No.1112 『金剛頂瑜伽青頸大悲王觀自在念誦儀軌』, No.113A 『觀自在菩薩廣大圓滿無礙大悲心大陀羅尼』, No.113B 『大慈大悲救苦觀世音自在王菩薩廣大圓滿無礙自在青頸大悲心陀羅尼』 등에 청경青頸 즉 닐라깐타란 표현이 보이고 있으며, '儞羅建他陀羅尼(No.1112)' 및 '抳羅簡陀 陀羅尼(No.1113A)', '青頸觀音陀羅尼(No.1113B)' 등 다라니 명칭에 대한 직접적인 표현이 보이고 있다.

灰外道의 모습이 되어 기원하는 사람을 위로하면서 원願을 성취시켜 주기도 한다.[2]

그리고 설명하기를 "위 문장에서 포탈라(Potala: 보타락가산)의 관자재(觀自在: Avalokiteśvara)[3]는 때로는 자재천(自在天: Īśvara, Śiva)의 형상을, 때로는 도회외도(塗灰外道: Pāśupata yogin)의 형상을 취한다고 하는 바, 이는 쉬바Śiva가 관자재로 상징화되고 있음을 뜻하는 것이다"라고 말하고 있다. 또한 덧붙이기를 "이러한 표현이야말로 '닐라깐타 다라니' 내지 '닐라깐타까(Nīlakaṇṭhaka: Nīlakaṇṭha와 관련된 총체적 개념)' 가운데 청경 세자재(青頸世自在: Nīlakaṇṭha Lokeśvara)가 하리-하라(Hari-Hara; Viṣṇu-Śiva)의 신격화임을 확고히 해주는 표현이 된다"[4]

---

2 『大唐西域記』 卷第10(『大正藏』 51, p.932).

3 Lokesh Chandra는 그의 저서 *The Thousand-Armed Avalokiteśvara* 가운데 Avalokiteśvara라는 단어의 경전상 용례를 통한 다음과 같은 분석을 행하고 있다. 즉 경전 가운데 Avalokiteśvara는 ①Avalokita-svara거나 ②Avalokita, ③Avalokit-eśvara 등 내용상 유사 표기로서 등장하는 바, ①Avalokita-svara의 경우 아미타불의 보처로서 '觀世音'이라 번역된다.(p.19).
한편 ②Avalokita는 佛과 동일한 위치로 인식되는 佛의 또 다른 명호로서 사용되고 있으며, 이 경우 한역 경전에서는 '觀世自在'란 번역 용어를 사용하고 있다.(p.19).
그리고 ③Avalokit-eśvara는 The Thousand-Armed Avalokiteśvara(千手觀自在) 등과 같이 불교화된 Īśvara 내지 Śiva를 의미하는 바, '觀自在'라 번역함이 타당할 것이라는 말과 함께 玄奘의 『대당서역기』 가운데 觀自在란 표현이 실려 있음을 말하고 있다.(p.19) 동시에 Avalokit-eśvara는 Lokeśvara와 동일시되기도 하는 바, 이는 한역 경전 가운데 嚧計攝伐囉阿羅穰이라 音譯되며 '世自在王'이라 번역되고 있음을 말하고 있기도 하다.(p.14).
Lokesh Chandra, *The Thousand-Armed Avalokiteśvara*, Delhi: IGNCA/abhinav Pub. 1988. pp.14~23.

는 것이다.

여기서 하리-하라Hari-Hara라 함은 "북인도 비슈누교教의 영향권 안에서 쉬바 신을 믿게끔 유도하기 위해 조성된"[5] 비슈누Viṣṇu와 쉬바Śiva가 결합한 형태의 상像을 말한다.(그림. 1. a, b) 한편 "하리-하라 로케스와라Hari-Hara Lokeśvara는 네팔 카투만두 마짠다르 사원(Macchandar Vahal)에서 관자재의 108 형상 중 하나로 표현"[6]되고 있기도 하다.

이런 점에서 본다면 로케쉬 찬드라가 말한 '천수다라니'는 쉬바 신앙의 형태가 불교적으로 전이轉移된 것으로, 천수다라니의 사상적 모태가 된 것은 쉬바 신앙, 즉 샤이비즘Śaivism 사상이 될 것이다.

이제 로케쉬 찬드라의 이러한 언급을 바탕으로 필자는 천수다라니에 대한 좀 더 구체적인 논의를 전개코자 하는 바, 본 논문을 통해 다음의 것을 살펴보고자 한다.

---

4 Lokesh Chandra, "*Nīlakaṇṭha Lokeśvara as the Buddhist apotheosis of Hari-Hara*", (「佛教硏究」, vol. 4, 5), 大興企劃, 1988. p.67.
이에 Nakamura Hajime 역시 avalokiteśvara와 Śiva와의 결합 관계를 말하고 있으며 (Nakamura Hajime, *Indian Buddhism*, Delhi: Motilal Banarsidass, 1987. p.326), Paul Mus 역시 같은 관점(Paul Mus, "*Thousand-Armed Kannon, - A Mystery or a Problem?*", 「印度學佛教學硏究」, vol. 12-1, p.464)을 취하고 있음을 보게 된다.

5 Anneliese und Peter Keilhauer(全在星 譯), 『힌두교의 그림언어』, 東文選, 1994. p.90.

6 Benoytosh Bhattacharyya, *The Indian Buddhist Iconography*, Calcutta: Firma K.L. Mukhopadhyay, 1958. p.429.

그림 1.a. Hari-Hara

1.b. Ardhanar-Īśvara

비슈누신이 불사의 감로수를 얻을 때 하늘의 요정 모히니Mohini의 형상을 취했다. 그때 쉬바가 아름다운 여신 모히니로 화현한 비슈누에게 매력을 느껴 끌어안게 됨으로서, 두 神이 결합하게 된다.

(1.a)

Hari-Hara는 兩性의 존재로, 그림 (1.a) 가운데 남성에 해당하는 오른쪽의 쉬바는 삼지창과 결발보관, 해골염주, 난디(황소)를 소유하고 있다. 왼쪽은 여성, 비슈누로서 수레바퀴와 소라고둥, 화환, 보석두관 등을 소유한다.

(1.b)

兩性의 표현으로서 Hari-Hara는 Ardhanar-Īśvara라 불리기도 한다. 오른쪽이 남성, 왼쪽이 여성의 형상으로 각각 쉬바와 비슈누가 이에 해당한다. 오른쪽의 쉬바는 난디(황소)에 의지해 있으며 왼쪽의 비슈누는 여성의 상징으로 거울을 들고 있다.

즉 로케쉬 챤드라가 말했듯, 천수다라니에서의 청경 세자재가 하리-하라의 형상화로서 이해될 수 있다면 그 안에 샤이비즘Śaivism, 즉 쉬바 신앙의 유형이 주종을 이루게 될 것인데, 그것이 실제 그러한가? 하는 것이다.(이 점을 살펴보면 그가 말하고 있는 청경 세자재의 의미성과 함께, 닐라깐타는 천수다라니의 주요 핵심이 되는가 하는 것에 대한 좀 더 구체적인 이해를 마련할 수도 있을 것이다.)

그럼에도 천수다라니에 대한 구체적 분석 속에 필자는 쉬바 신앙의 형태보다는 비슈누 신앙의 형태가 좀 더 우위성을 가지고 등장하고 있음을 볼 수 있는 바, 바이슈나비즘Vaiṣṇavism, 즉 비슈누 신앙의 측면에서 천수다라니를 고찰해야 할 필요성을 느끼게 된다. 한편 천수다라니 안에 인드라Indra 신앙의 흔적이 보이고 있음을 미루어 천수다라니의 신앙 원리는 인드라(브라흐마Brahmā가 아닌)·비슈누·쉬바의 삼현(三顯: Trimurti)으로 이해되기도 하는 바, 이러한 점은 이후 법신法身·보신報身·화신化身 등 삼신三身의 전개라는 밀교의 교리 발전 측면과의 연관성에서 천수다라니를 고찰해야 할 필요성을 갖게도 한다.

위 내용을 언급함에 있어 필자는 천수다라니, 특히 그 가운데 〔성관자재 찬가〕 분석을 통해 천수다라니에 깃든 내재적 상징성의 기저基底 또한 고찰해 볼 것이다. 이에 천수다라니의 신앙적 상징 기저 및 그 내용적 상징 기저 분석을 통해 천수다라니의 신앙 원리와 함께, 천수다라니에 담긴 내용적 핵심을 파악할 수 있을 것이다.

2. 천수다라니 개관槪觀

이를 언급함에 앞서 천수다라니 전문全文을 검토해볼 필요가 있다. 이에 필자는 '서문序文'과 '본문', '결문結文'으로 구분되는 다라니의 삼분 구조[7]에 대해 천수다라니의 형식을 I '귀의문', II '발원문·1(전제부)',

III '발원문·2(서술부)', IV '성관자재 찬가(청경青頸 Nīlakaṇṭha의 명호)', V '귀의문' 등 내재적 구조에 따른 다섯 항목으로 나누었던 바,[8] 그 구분에 따라 천수다라니 전문을 인용해 보면 다음과 같다.(천수다라니 전문을 내용상 27구句로 나누었으며, 각각 숫자를 표기하여 구분하였다.)

1) 천수다라니 본문

(1) 귀의문

천수다라니는 다음과 같은 귀의歸依의 문장으로 시작된다.

> (1)삼보三寶께 귀의합니다 / (2)크나큰 자비慈悲의 성관자재 보살 마하살께 귀의합니다 / (3)아! 모든 두려움 가운데 피난처 되는 그에게 귀의합니다 / (4)이것을 (즉), 「청경(青頸: Nīlakaṇṭha)의 명호」인 〔성관자재 찬가〕를 기억하면서 (귀의합니다) //[9]

(2) 발원문·I(전제부)

위 귀의문 가운데 제(4)의 "이것을 (즉), 「청경의 명호」인 〔성관자재

---

7 일반적으로 다라니는 'namo ratna trayāya…'에 해당하는 서문 및 tadyathā로 연결되는 본문, 그리고 svāhā로서 마감되는 결문 등의 3중 구조를 갖고 있다. 田久保周譽, 『眞言陀羅尼藏の 解說』, 東京: 鹿野苑, 昭和 42. p.35.

8 앞 제4장 中 p.211ff.

9 千手陀羅尼의 각각 梵文에 대한 romanize 표기 및 번역은 앞 제4장 中 p.211 이하를 옮겼다.
(1)Namo ratna-trayāya / (2)namaḥ āryāvalokiteśvarāya bodhisattvāya mahāsattvāya mahākāruṇikāya, / (3)Oṁ sarva bhayeṣu trāṇa-karāya tasmai namas / (4)kṛtvā imam āryāvalokiteśvara-stavaṁ Nīlakaṇṭha-nāma //

찬가]를 기억하면서(kṛtvā imam āryāvalokiteśvara stavaṁ Nīla-kaṇṭha nāma)"라는 문장을 놓고 생각할 때, 이후 다라니 내용은 '[성관자재 찬가], 즉 「청경(Nīlakaṇṭha)의 명호」에 대한 기억'이 주主를 이루게 될 것임을 알 수 있다. 그럼에도 이에 앞서 천수다라니는 다음과 같은 '독송자의 발원' 부분을 첨가시키고 있다.

> (5)저는 마음을 닦겠습니다. 일체의 이익 성취와·복과·필승과, 일체 중생들의 삶의 길의 청정(이란 마음)을… // [10]

(3) 발원문·II(서술부)

이어 위 발원문·I에 대한 구체적인 원願이 제시되는 바, 앞의 발원문을 총원總願이라 할 수 있다면 이 부분은 앞의 총원에 대한 개별적인 원, 즉 별원別願이라 부를 수 있을 것이다. 이 별원 부분이 앞의 원에 대한 구체적 설명을 행하고 있음은 다음에 이어지는 tadyathā(다시 말하건대)라는 어구를 통해 알 수 있다.

> (6)다시 말하건대 / (7)아! 관觀하여 보는 자시여! 출세간出世間의 마음, 세속을 초월한 자시여! 오소서, 오소서, 하리Hari시여[Hare]! / (8)(저의) 마음을 기억하소서, 기억하소서, 대보살이시여! / (9)의식儀式을 행하소서, 행하소서. (그리하여 저희의) 목표가 달성케 되기를… // [11]

---

10 (5)hṛdayaṁ vartayiṣyāmi sarvārtha-sādhanaṁ śubhaṁ ajeyaṁ sarva-bhūtānāṁ bhava-mārga-viśodhakam //

11 (6)tadyathā / (7)oṁ āloka e, ālokamati lokātikrānta ehy-ehi Hare / (8)mahā

(4) 성관자재 찬가(청경靑頸 Nīlakaṇṭha의 명호)

위 발원문에 이어 〔성관자재 찬가〕가 등장하는데, 이는 앞의 귀의문 가운데 "'이것을 (즉), 「청경의 명호」인 〔성관자재 찬가〕를 기억하면서 (kṛtvā imam āryāvalokiteśvara stavaṁ Nīlakaṇṭha nāma)' 모든 두려움 가운데 피난처 되는 크나큰 자비의 성관자재 보살 마하살께 귀의한다"는 내용과의 연관선상에서 이해될 수 있는 부분이라 하겠다.

이어 다라니는 다음과 같이 16항목에 달하는 〔성관자재 찬가〕를 등장시키는데, 이는 「청경의 명호(Nīlakaṇṭha nāma)」에 대한 나열이라 말할 수 있다.

(10)수호하소서, 수호하소서! '승리자'시여! '대 승리자'시여! / (11) 지지支持하소서, 지지하소서, '능히 대지를 지지하는 신'이시여! / (12)(이리 저리) 움직이소서, 움직이소서, '말라(神)'시여! 부정을 여읜 청정한 '무르떼'시여! / (13)오소서, 오소서, '세자재世自在'시여! 탐욕의 독을 파괴하시고, 진에瞋恚의 독을 파괴하시고, 치암癡暗의 얽혀짐의 독을 파괴하소서! / (14)기쁘도다! '말라(神)'시여! 기쁘도다! '하리Hari'시여〔Hare〕, '파드마나바'시여! / (15)이리 저리 좌우로 움직이소서, 흐르소서! 비추어 식별함으로서 깨닫게(이룩하게) 하소서! / (16)정情이 깊은 '청경靑頸'이시여! 즐거움(kāma)의 마음을 성찰함으로써, '쁘라흐라다prahlāda(神)'께 영광이 있기를! / (17)'성자'께 영광이 있기를! '대성자'께 영광이 있기를! 성자, '요가의 주'께 영광이 있기를! / (18)'청경'께 영광이 있기를! / (19) '멧돼지의 용모, 사자의 용모를 (갖춘) 자'께 영광이 있기를! / (20)

-bodhisattva smara-smara hṛdayam / (9)kuru-kuru karma sādhaya-sādhaya //

'연꽃을 손에 쥔 자'께 영광이 있기를! / (21)'챠크라(원반 모양의 무기)를 손에 쥔 자'께 영광이 있기를! / (22)'소라고둥 소리를 듣는 자'께 영광이 있기를! / (23)'큰 방망이(를) 보지保持하는 (자)'께 영광이 있기를! / (24)왼쪽의 공격자 쪽에 있는 '흑색성자'께 영광이 있기를! / (25)'호랑이 가죽(을) 착용(한 자)'께 영광이 있기를! // [12]

(5) 귀의문

이상 〔성관자재 찬가〕에 이어, 천수다라니는 또다시 다음과 같은 귀의문을 등장시킴으로써 전체 다라니 내용을 마무리 짓고 있다.

(26)삼보께 귀의합니다. / (27)성관자재께 귀의합니다. 영광이 있으소서!// [13]

---

12 (10)dhuru-dhuru vijayanta e mahāvijayanta e / (11)dhara-dhara dharaṇiṁdhareśvara / (12)cala-cala malla vimalāmala-mūrtte / (13)ehy-ehi Lokeśvara rāga-viṣaṁ vināśaya dveṣa-viṣaṁ vināśaya moha-jāla-viṣaṁ vināśaya / (14)huluhulu malla hulu Hare Padmanābha / (15)sarasara sirisiri suru-suru buddhyā-buddhyā bodhaya-bodhaya / (16)maitriya Nīlakaṇṭha kāmasya darśanena prahlādāya manaḥ svāhā / (17)siddhāya svāhā mahāsiddhāya svāhā siddhayogeśvarāya svāhā / (18)Nīlakaṇṭhāya svāhā / (19)varāhamukha-siṁhamukhāya svāhā / (20)padma-hastāya svāhā / (21) cakrāyudhāya svāhā / (22)śaṅkha- śabda-nibodhanāya svāhā / (23)mahālakuṭadharāya svāhā / (24)vāma- skanda-deśa-sthita-kṛṣṇājināya svāhā / (25)vyāghra-carma- nivasanāya svāhā //

13 (26)namo ratna-trayāya / (27)namaḥ āryāvalokiteśvarāya svāhā //

2) 천수다라니의 핵심적 내용

이상 천수다라니의 전체 구조를 통해 볼 때 다라니는 먼저 삼보三寶 및 성관자재 보살께 대한 귀의를 행한 다음(귀의문), 다라니 독송자 자신의 발원을 행하고 있다. 즉 "(5)저는 마음을 닦겠습니다. 일체의 이익 성취와 복과 필승과, 일체 중생들의 삶의 길의 청정(이란 마음)을…"

여기서 (5)의 '마음'이란 '일체의 이익 성취와, 복과 필승(의 마음)을' 의미하며, 궁극적으로는 '일체 중생들의 삶의 길의 청정을' 뜻하고 있다. 그런데 '삶(bhava)의 길(mārga)의 청정(淸淨: viśuddhi)'이란 열반涅槃을 지칭하는 것이느 바,[14] '삶의 길의 청정', 즉 열반의 마음을 닦겠다는 발원과 함께 "(7)관觀하여 보는 자시여, 오소서, 하리Hari시여〔Hare〕!", "(8)(저의) 마음을 기억하소서, 대보살이시여!" "(9)의식을 행하소서. (그리하여) 저희의 목표가 달성케 되기를…"이라 기원하고 있는 것이다.

그럼에도 삼보 및 성관자재 보살께 대한 귀의를 행함에 있어 조건이 제시되어 있음을 알 수 있다. "(4)이것을 (즉), 「청경의 명호」인 〔성관자재 찬가〕를 기억하면서"라는 것이 그것이다. 그러므로 천수다라니는

---

14 이에 雲井昭善은 원시불교 용어 가운데 amata(amṛta)의 개념을 분석하는 가운데 涅槃의 개념을 설명하면서 『大般涅槃經』(『大正藏』 12, p.563下)에 쓰여진 涅槃에 대한 25종의 例를 들고 있는데, 여기에 淸淨(viśuddhi), 피안(para), 감로(amata)… 등이 포함되어 있음을 밝히고 있다. 또한 '甘露道, 즉 不死의 道(amata-magga)(*Dhammapada*, 21)' 역시 涅槃의 異名이 되고 있음을 말하며, "不放逸은 不死의 道이며 放逸은 死의 道(*Dhammapada*, 22)"라는 구절과 함께 Kātha Upanisad III, 7. 8과의 관계를 밝히고 있다. 雲井昭善, 「原始佛教用語としての amata(amṛta)の概念について」(『印度學佛教學研究』, vol. 3-2), pp.457～461.

〔성관자재 찬가〕를 기억하면서 '모든 두려움 가운데 피난처 되는 삼보께, 큰 자비의 성관자재 보살 마하살'께 귀의하는 동시에 열반의 마음을 닦을 것을 서원하고 있는 바, 그러한 마음을 기억하시고 의식을 행하시어 (열반이라는) 목표가 성취될 수 있기를 기원하고 있는 것이다.

이런 점에서 천수다라니는 「청경의 명호」에 해당하는 〔성관자재 찬가〕를 등장시키는 바, 위 (4)의 내용을 놓고 생각할 때 〔성관자재 찬가〕 부분은 좀 더 엄밀한 의미에 있어서 귀의의 항목이 될 것이다. 그리고 이어 천수다라니는 또다시 삼보께, 성관자재께 대한 귀의문으로 종결을 맺는 바, 천수다라니의 핵심 내용으로서 '열반이란 목표 성취'를 전제한 채, 전체 다라니 가운데 '「청경의 명호」인 〔성관자재 찬가〕' 부분이야말로 천수다라니의 주된 항목으로, 그 안에 천수다라니의 신앙적 기저가 담겨 있음을 알 수 있다.

3. 성관자재 찬가(청경靑頸의 명호) 분석

전체 27구의 천수다라니 중 16구에 해당하는 〔성관자재 찬가〕를 분석해 보면, 힌두 신앙의 많은 요소들이 다라니에 삽입되어 있음을 발견하게 된다. 즉 〔성관자재 찬가〕의 직접적 내용에 해당되는 '청경靑頸의 명호' 가운데서 다음과 같은 힌두 신들의 명칭을 발견하게 되는 것이다.

[10]승리자, 대승리자(vijayanta e, mahāvijayanta e)

[11]능히 대지를 지지하는 신(dharaṇiṁdhareśvara)

[12]말라(神), 무르떼(malla, mūrtte)

[13]세자재(Lokeśvara)

[14]말라(神), 하레, 파드마나바(malla, Hare, Padmanābha)

[16]청경, 쁘라흐라다(Nīlakaṇṭha, prahlāda)

[17]성자, 대성자, 요가의 주(siddha, mahāsiddha, yogeśvara)

[18]청경(Nīlakaṇṭha)

[19]멧돼지의 용모, 사자의 용모를 (갖춘) 자(varāhamukha-siṁha-mukha)

[20]연꽃을 손에 쥔 자(padma-hasta)

[21]챠크라를 손에 쥔 자(cakrāyudha)

[22]소라고둥 소리를 듣는 자(śaṅkha-śabda-nibodhana)

[23]큰 방망이(를) 보지保持하는 (자) (mahālakuṭadhara)

[24]왼쪽 공격자 쪽에 있는, 흑색 성자(vāma-skanda-deśa-sthita- kṛṣṇā-jina)

[25]호랑이 가죽(을) 착용(한 자)(vyāghra-carma-nivasana) 등.

이제 필자는 위 '청경의 명호'에 대한 인도 신화적 관점에서의 분석을 시도해 보고자 하는데, 이를 특정 신화 유형 및 개별 신화 내용과의 연관선상에서 고찰해 보기로 한다. 이에 먼저 인도 신화의 전형적 틀로서 등장하는 「닐라깐타nīlakaṇṭha 신화」라는 신화 유형을 통해 위 다라니 내용을 살펴보면 다음과 같다.

1) 닐라깐타Nīlakaṇṭha 신화

여기서 '닐라깐타nīlakaṇṭha'라 함은 푸른(Nīla, 靑) 목(kaṇṭha, 頸), 즉 '청경靑頸'이라 번역되는 인도의 신으로,[15] 이와 관련된 내용은 천수다라

---

15 불교에서는 이를 觀世音菩薩 33응신 중의 하나인 靑頸觀音으로서 이해하고 있다.

니의 주요 신앙 기저가 되고 있다. 우선 위에 소개한 전체 천수다라니 내용 중 (4)와 (16.a), (18)구 등에서 청경(닐라깐타)에 대한 직접적 언급이 보이고 있음을 알 수 있다.

(4)이것을 (즉), 청경(nīlakaṇṭha)의 명호인 성관자재 찬가를 기억하면서
(16.a)정이 깊은 청경(nīlakaṇṭha)이시여!
(18)청경(nīlakaṇṭha)께 영광이 있기를!

또한 전체 천수다라니 내용과의 연관 속에서 생각할 때, 귀의문의 마지막 구절 "(4)이것을 (즉), 「청경의 명호」인 〔성관자재 찬가〕를 기억하면서(kṛtvā imam āryāvalokiteśvara-stavaṁ Nīlakaṇṭha -nāma)"라는 문구와 함께 이어져 있는 (10)에서 (25)까지 16개 항목에 이르는 '성관자재 찬가'로서의 '청경의 명호'에 대한 내용을 살펴보면, 좀 더 많은 부분에서 청경, 닐라깐타에 대한 찬미와 그의 업적에 대한 회상 작업[16]이 이루어지고 있음을 발견할 수 있다.

이처럼 닐라깐타란 천수다라니에 있어 주요 부분을 차지하는 바, 청경, 즉 닐라깐타의 성격 및 그에 대한 세부적 이해를 해야 할 필요가

앞 제4장의 각주 64) 참조.

16 "dhāranī는 '保持하다'는 뜻의 語根 dhṛ에 접미사 ana가 붙어 이루어진 dhāraṇā라는 단어의 여성명사형(本田義英, 『佛典の內相と外相』, 弘文堂書房, 昭和 9. p.169)"으로, "모든 것을 잘 기억하여 잊지 않는 힘(岩本 裕, 권기종 譯, 『佛教, 그 世界』, 同和文化史, 1980. p.185)"을 의미하는 바, '과거의 기억(神話) 가운데 神들이 행한 위업을 기억·회상함'에 그 본래의 의미가 있다고 하겠다. 여기서 〔聖觀自在 讚歌〕로서의 '靑頸의 名號'란 기억·회상의 '요점'에 해당한다고 말할 수 있을 것이다.

있다.

닐라깐타에 관한 신화의 원형은 끄시로다kṣīroda, 즉 '우유의 대양(Ocean of Milk)'과 관련된 기사 안에서 찾아볼 수 있다. 이 부분은 인도 고전 서사시 이전 문헌들에는 직접적으로 그 내용이 전해지지 않지만,[17] 그러나 적어도 몇몇 중요 서술들이 후대의 신화 정립에 결정적 영향을 미친 것으로,[18] 이 신화에 대한 체계적 정립을 후대의 문헌인 『라마야나Rāmāyaṇa』와 『마하바라타Mahābhārata』에서, 그리고 윤색된 형식의 것을 「뿌라나purāṇa」의 많은 부분에서 찾을 수 있다.[19]

『라마야나』의 1편, 라마Rāma의 소년기 행적을 전하고 있는 '발라-깐다(Bāla-Kāṇḍa)'[20] 부분을 통해 이 신화의 풍부한 내용을 접할 수 있는

---

17 B. L. Smith ed, *Hinduism, - New Essays in the History of Religions,* Leiden: Ej. Brill. Pub. 1982. 가운데 J. Bruce Long의 論文 *"A Structural Analysis of the Myth of the Churning of the Ocean of Milk"*, p.176.

18 S. A. Dange, *Legends in the Mahābhārata*, Delhi: Motilal Banarsidass, 1969. pp.239~86, 360~61. "大洋의 휘저음(churning of the Ocean)에 대한 관념은 전혀 새로운 것이 아니며, 베다 문헌들 가운데서 우리는 그 흔적을 찾아볼 수 있다. 그 베다 문헌들 가운데 영원성의 음료로서 소개되는 amṛta는 大洋, 즉 'soma의 통'이라 할 수 있는 samudra로부터 하늘로 솟아오르고 있음이 묘사되고 있는 것이다… 베다 문헌에 기초한 이러한 점들이 *Mahābhārata*에로 전이되었던 것이다."(p.279)
그리고 그는 이어서 Mandara山과 soma를 누르는 돌, 만다라山으로부터 대양에로 떨어지는 여러 종류의 용액과 soma 사이의 동질성을 밝히고 있다.

19 이와 관련된 이야기는 *Rāmāyaṇa*거나 *Mahābhārata* 외에도 *Purāṇa*의 많은 부분들 가운데 언급되어 있다. *Viṣṇu purāṇa*(Var.2, 비쉬누가 배우자를 선정하는 대목에서) 및 *Matsya Purāṇa*(Var.2), *Bhāgavata Purāṇa*(Var.4) 등.

20 Śrīmad Vālmīki, *Rāmāyaṇa*, Gorakhpur(India): Gita Press, pp.137~140 가운데 Bāla-Kāṇṭa 항목(45: 14~31) 참조.

바, 롱(J. B. Long)의 해설에 따라 이를 소개해 보기로 한다.

완벽과 진실의 우주적 기간, '끄리따 유가Kritayuga' 기간에 디띠(Diti: '한정'을 뜻하는 초자연적 인격체)는 크나큰 힘을 가진 다이뜨야(Daitya: 거인, 또는 악마)에게 생명을 주었다. 또한 신들의 어머니 아디띠(Aditi: '무한정'이란 뜻)는 데와라따(Devarata: '신들의 기쁨'이란 뜻) 가운데 비르야vīrya와 수뜨바르미카Sudbarmika라는 영웅적 인물을 식별해 내어 그들에게 생명을 주었다.
이 두 초자연적 존재가 불후不朽, 불사(不死: amṛta)－노老·병病·사死로부터의 벗어남－를 요구하게 되자 그들(Diti와 Aditi)은 오랜 숙고 끝에, 불사의 물(rasa)을 얻기 원한다면 '우유의 대양', 즉 '끄시로다(kṣīroda; Ocean of Milk)'를 휘저을 것을 명령하였다. 이에 그들 신들과 악마는 성스러운 바수끼Vāsuki 용왕에게 끄시로다kṣīroda를 뒤흔들 밧줄이 될 것을 청하고, 만다라Mandara 산에게는 '우유의 대양'을 휘저을 막대기가 될 것을 청한 다음 곧이어 끄시로다를 휘젓기 시작하였다.
1,000년이란 시간 동안 휘젓기를 마친 후 바수끼 용왕은 산의 바위들을 입에 넣은 채 이(齒)를 갈기 시작하였고, 이윽고 그의 천 개의 입으로부터 독물을 토해 내기 시작하였다. 창조의 그러한 장면은 세계의 무한한 시간의 종말을 예시하는 것이었다. 여하튼 이 독물로부터 깔라꾸따(kālakūṭa; halāhala)라는 독물이 만들어졌으며, 그것이 세계에 퍼져 모든 인간과 신, 그리고 악마들의 존재를 위협하였다. 그러자 신들은 비슈누Viṣṇu의 발아래 구원처를 찾았고, 연이어 대천(大天: Mahādeva) 쉬바Śiva에게 호소하였다. "오! 신이시여. 당신은

신들 가운데 으뜸이시니, ㄲ시로다(우유의 대양)를 휘젓는 가운데 생겨난 첫 번째 소산물을 받아들이셔야 합니다. 그 독을, 그 첫 번째 소산물의 선물을 즐거이 받아들이십시오." 이에 쉬바는 비슈누의 말에 마음이 움직였고, 신들의 가엾은 처지를 불쌍히 여겨 "그 위험한 독물을 '그것이 마치 불사不死의 물(amṛta)인 양' 마셔버리고 그의 거처 까이라사kailāsa산으로 돌아갔다."

신들과 악마가 휘젓기를 계속하는 동안 휘젓는 막대기(만다라山)는 우유의 대양 물속에 잠겨들었다. 그들 번민의 외침에 응답한 비슈누는 화신(化身: avatāra)인 거북이(kūrma) 형상으로 화현한 채 물 속에 들어가 그의 등으로 산을 지탱하였다. 그리고 양손으로는 산봉우리를 잡고 아수라와 악마들 사이에서 대양을 휘저었다.(그림. 2)

그림 2. The Churning ok the Milky Ocean(12C초, 캄보디아, Aṅkor Wāt)

ㄲ시로다(kṣīroda; Ocean of Milk)를 휘젓고 있는 신들과 악마. 가운데 만다라山은 휘젓는 막대기가 되고 있으며, 바수끼 용왕은 ㄲ시로다(kṣīroda)를 휘젓는 밧줄이 되고 있다. 만다라山이 가라앉자 비슈누는 거북이 형상으로 화현하여 등으로

만다라 山을 떠받치고 있다. 또한 양손으로 산봉우리를 잡고 大洋을 휘젓는 비슈누의 모습이 그려져 있다.

또 다른 1,000년의 세월이 흐르고, 수없이 많은 보배가 '우유의 대양'으로부터 쏟아져 나왔다. 그 중 첫 번째로 신들의 의사이자 『아유르베다Āyurveda』의 저자이기도 한 단반따리Dhanvantari가 긴 막대기와 진흙덩어리(loṣṭa)를 손에 들고 나왔다. (…) 그리고 웃짜이슈라와스(Uccaiḥśravas; '우렁찬 말울음 소리'의 뜻)라는 말(馬)의 원형 격에 해당하는 하늘의 말과 신비로운 보물 까우스뚜바kaustubha가 등장하였다. 비슈누는 그것을 취하여 그의 배우자 락쉬미Lakṣmi의 화신으로 삼았다. 그리고 마침내 '불사의 물(rasamṛtam)'이 등장했다(rasa는 물, a는 부정의 뜻, mṛta는 죽음). (…) 신들과 악마들 사이의 휴전은 오래가지 못했다. 불로장수의 약을 얻게 된 바로 그 순간부터 죽음과 삶의 권한에 대한 절대적 군주권을 획득키 위한 영원한 적수들 간의 싸움이 시작되었던 것이다.[21]

이렇듯 닐라깐타 신화의 단편들에 대한-『마하바라타』의 내용을 토대로 한-하인리히 짐머(H. Zimmer)의 또다른 설명을 통해 이 신화와 천수다라니 내용과의 좀 더 근접한 연관을 찾을 수 있게도 된다.

신들과 악마가 합세하여 1,000년 동안 대양을 저었다. 만다라산은 그 젓는 막대기, 바수끼Vāsuki 용왕은 이것을 흔드는 밧줄 역할을

---

21 B. L. Smith ed, *Hinduism : New Essay in the History of Religions*, Leiden: Ej, Brill. Pub, 1982.; 이 가운데 J. Bruce Long의 논문 "*Life out of Death : A Structual Analysis of the Myth of the Churning of the Ocean of Milk*", pp.180～182.

하였다. 비슈누는 거북이의 모습을 한 채 그의 어깨로 산의 밑바닥을 받쳐 들고 신들과 악마가 양쪽에서 밧줄(바수끼 용왕)을 끌어당겼다. 우유의 반죽(Milky Water)으로부터 처음 생겨난 것은 칼라꾸따라 불리는 검은 독 연기로, 누군가 이 독 연기를 마실 정도로 강한 인물을 발견할 때까지 작업은 중단되어야 했다. 이때 쉬바가 등장하여 초연히 자리에 앉아 선정에 들었으며, 우아한 모습으로 컵에 담긴 '죽음의 기운'을 들이켰다. 그는 요가의 힘으로 죽음의 기운을 목 속에 유지케 하였다. 그의 목은 푸른색으로 변했고 그로 인해 그는 닐라깐타, 즉 푸른 목(青頸)이라 불리게 된 것이다.[22]

이상과 같이 『라마야나』 및 『마하바라타』에 실려 있는 신화 내용을 통해 우리의 주제로 상정된 청경, 즉 닐라깐타의 성격을 파악할 수 있게 된다. 인간과 신, 악마의 존재들을 구하고자 우유의 대양(Kṣīroda)에서 생겨난 첫 번째 소산물인 독물 깔라꾸따를 목에 담아 그 죽음의 힘으로 인해 파란 목(青頸)을 갖게 된 쉬바.

인도의 고전인 『꾸마라삼바와Kumārasaṁbhava』에서 브라흐마데바Brahmadeva는 '검푸른 목(śitikaṇṭha)의 쉬바만이 이처럼 구원의 힘을 가지며, 그만이 해로운 독을 먹을 수 있는 용기와 자비의 마음을 지닌 인물'임을 강조하고 있다. 한편 시띠깐타(śitikaṇṭha; 孔雀이라 번역된다)라 불리기도 하는 그 자비에 찬 쉬바의 구원력은 그의 요가의 힘에 의해 가능했다[23]고 한다. 그러한 까닭에 그에게는 마하 요기(Mahā-

---

22 H. Zimmer, *The Art of Indian Asia, vol. 1*, New Jersey: Princeton University Press, 1983. p.228.

23 B. L. Smith ed, *Hinduism, - New Essays in the history of Religions*, Leiden:

yogi), 요가의 주(yoga-īśvara), 즉 요게스와라yogeśvara라는 칭호가 부여되는 것이다. 그리고 이처럼 쉬바의 자비에 찬 위신력은 불교적 자비의 상징인 관자재보살의 형상에 부가된 채 파란 목(靑頸)을 가진, 청경관자재靑頸觀自在의 형상이 대두되었음을 추정할 수 있다.

이제 이같은 신화의 내용을 전제한 채, 닐라깐타와 직접 관련을 맺고 있는 천수다라니의 부분을 발췌·고찰해 보는 것이 가능해지게 된다.

2) 닐라깐타 신화를 통한 〔성관자재 찬가〕 분석

우선 필자는 천수다라니의 〔성관자재 찬가〕 가운데 닐라깐타 신화와 관련성이 있다고 생각되는 부분을 추려 보겠다. 이 부분은 엄밀한 의미에서 쉬바Śiva 찬가 부분과 비슈누Viṣṇu 찬가 부분으로 나눠질 수 있을 것이다.

(1) 쉬바Śiva 찬가

닐라깐타 신화와의 연계성 속에 〔성관자재 찬가〕 가운데서 다음과 같은 쉬바 찬가 부분을 찾아낼 수 있다.

(13)오소서, 오소서, 세자재(世自在: Lokeśvara)시여! 탐욕의 독을 파괴하시고, 진에瞋恚의 독을 파괴하시고, 치암(癡暗: 어리석음)의 얽혀짐의 독을 파괴하소서!

(16.a)정이 깊은 청경(Nīlakaṇṭha)이시여!

Ej. Brill. Pub, 1982. 가운데 J. Bruce Long의 논문 p.196.

Kumārasaṁbhava II.61;VI.81의 내용 가운데서 인용.

(17)성자(siddha)께 영광이 있기를! 대성자(mahasiddha)께 영광이 있기를! 성자, 요가의 주(yogeśvara)께 영광이 있기를!
(18)청경께 영광이 있기를!

이 가운데 천수다라니의 (13) 항목인 "탐욕의 독을 파괴하시고, 진에의 독을 파괴하시고, 치암(어리석음)의 독을 파괴하소서"라는 구절은 위 닐라깐타 신화 가운데 "우유의 대양, 끄시로다로부터 생겨난 첫 번째 소산물 '위험한 독물을 그것이 마치 불사의 물인 양 마셔버리고 그의 거처 카일라사 산으로 돌아간' 쉬바"를 연상케 한다.[24] 그러한 쉬바를 위 구절 가운데 세자재(世自在: Lokeśvara)라 표기하는 바, 여기서 세자재라 함은 '불교화된 쉬바'를 뜻하는 것으로 관자재(觀自在: Avalokiteśvara)를 뜻하는 것임은 앞서 말한 바 있다.[25] 이렇듯 '불교화된 쉬바'로서의 관자재는 위 신화의 예에서와 같이 (16)과 (18)에서 닐라깐타라 직접적으로 표현되기도 한다.

그리고 (17)의 "성자, 대성자, 요가의 주께 영광이 있기를!"이란 표현에서 성자(siddha), 대성자(mahasiddha)로서의 청경, 닐라깐타는 '요가의 주(yogeśvara)'로 일컬어지기도 한다. 이는 위 신화 가운데

---

24 한편 그 '위험한 독물'의 성격을 '貪慾·瞋恚·癡暗' 등 貪·瞋·癡 三毒에 비유하고 있음은, 이 다라니 자체에 '貪·瞋·癡 三毒의 소멸과 함께 戒·定·慧 三學의 닦음'이라는 불교수행적 성격이 담겨져 있음을 의미한다고 하겠다.
이 점에 대해서는 총체적 수행의 관점과 amṛta의 상징성과의 관계를 설명하고 있는 雲井昭善의 論文(「原始佛教用語としての amata(amṛta)の概念について」, 印度學佛教學研究, vol. 3-2, pp.458～459)을 참조할 것.

25 註 3) 참조할 것. 또는 L. Chandra, *The Thousand-Armed Avalokiteśvara*, Delhi: IGNCA/abhinav Pub, 1988. p.14.

"쉬바가 등장하여 초연히 자리에 앉아 선정에 들었으며, 우아한 모습으로 컵에 담긴 '죽음의 기운'을 들이켰다. 그는 요가의 힘으로 그 죽음의 기운을 그의 목 속에 유지케 하였는데, 그의 목은 푸른색으로 변했고…"[26]라는 기사를 통해 그 연관성을 밝힐 수 있다. 그리고 이처럼 쉬바의 구원력은 요가의 힘에 의해 가능했다고 하며, 그에게 마하요기Mahā-yogi 또는 요가 이스와라yoga-īśvara, 즉 요게스와라yogeśvara라는 칭호가 부여되고 있음은 앞서 말한 바 있다.[27]

(2) 비슈누Viṣṇu 찬가

한편 위 신화 가운데 비슈누와의 연관성 또한 찾아볼 수 있는데, 〔성관자재 찬가〕 가운데 비슈누와의 연관성을 갖는 부분을 옮겨 보면 다음과 같다.

(11) 지지支持하소서, 지지하소서, 능히 대지를 지지하는 신(dharaṇiṁdhareśvara)이시여!

(12) (이리 저리) 움직이소서, 움직이소서, 말라(malla, 神)시여! 부

---

26 H. Zimmer, *The Art of Indian Asia, Vol. 1.* New Jersey: Princeton Univ Press, 1983. p.228.

27 nīlakaṇṭha 神話의 例가 아닌 한에 있어서 yogeśvara라는 명칭에 대한 Viṣṇu와의 관련성을 『마하바라타』의 부분(VI. 25～40)인 Bhagavad-gītā 가운데서 찾아볼 수 있기도 하다. 다음은 Bhagavad-gītā의 인용이다.
"만약 제가 볼 수 있다고 생각하신다면, 오 主시여, 요가의 主(yogeśvara)시여, 당신의 불멸의 자아를 저에게 보여 주소서(manyase yadi tac chakyaṁ/ mayā draṣṭum iti prabho/ yogeśvara tato me tvam/ darśaya 'tmānam avyayam//)" (Bhagavad-gītā'以下 Bhag로 表記', XI. 4). 길희성 역, 『바가바드기타』, 현음사. 1992. p.168.

정을 여읜 청정한 무르떼mūrtte시여!

(14)기쁘도다! 말라(神)시여! 기쁘도다! 하리Hari시여〔Hare〕, 파드마나바padmanābha시여!

여기서 (11)의 "능히 대지를 지지하는 신"이란 위 신화 가운데 비슈누를 의미한다. 즉 "신들과 악마들이 휘젓기를 계속하는 동안 휘젓는 막대기(mandara산; 大地를 의미)가 우유의 대양의 속에 잠겨 들었고, 비슈누는 화신인 거북이(kūrma)의 모습으로 현신한 채 물 속에 들어가 그의 등으로 산(mandara)을 지탱(支持)하였다"[28]는 것이다.

또한 "비슈누는 그의 양손으로 산봉우리를 잡고 아수라와 악마들 사이에서 대양을 휘젓기도 하였는"[29] 바, 〔성관자재 찬가〕의 (12)에서는 "(이리 저리) 움직이소서, 움직이소서, 말라malla시여!"라 하여 '대양을 휘젓는' 비슈누에 대한 기억과 찬탄을 행하고 있는 것이다. 여기서 말라는 나라야나Nārāyaṇa를 말하는 바, 『마하바라타』의 닐라깐타 신화 부분에서 나라야나란 비슈누에 대한 표기로 쓰이고 있음을 알게 된다.[30] 또한 뒤 구절 "부정을 여읜 청정한 무르떼mūrtte"에서 무르떼는 아말라 amala, 즉 비슈누의 처妻 락쉬미Lakṣmī를 의미하며 그에 관련된 이야기

---

28 『라마야나』 및 『마하바라타』 가운데 각각 이에 대한 기사가 실려 있다. *Ramayana*(Trans. by Hari Prasad Shastri), Burleigh Press, 1962. p.95.(I.45) 및 *Mahābhārata*(Trans. by J.A.B. van Buitenen), The Univ of Chicago Press, 1973. p.73.(I.16.10).

29 앞의 책.

30 『마하바라타』(I. 15, 16) 등에서 비슈누에 대한 표기로 Nārāyaṇa가 쓰이고 있음을 볼 수 있다.(Trans. by J.A.B. van Buitenen, *Mahābhārata*, pp.72~74 등에서 이에 대한 많은 용례를 발견할 수 있다.)

역시 위 신화 가운데 일부 언급되어 있다.[31]

그리고 (14)에서는 "기쁘도다! 말라malla시여! 기쁘도다! 하리Hari 시여[Hare], 파드마나바padmanābha시여!"라 하여 '말라', 즉 '나라야나'로서의 비슈누와 '하리(Hari: Hare는 Hari의 호격형)', 그리고 '파드마나바' 모두를 동일시하고 있는데, 이 모두는 비슈누의 별칭이 되어진다.[32] (그림. 3)

31 앞서 인용한 신화 가운데 "웃짜이슈라와스Uccaiḥśravas라는 馬의 原形 격에 해당하는 하늘의 말과 신비로운 보물 까우스뚜바kaustubha가 등장하였는데, 비슈누는 그것을 취하여 그의 배우자 락쉬미Lakṣmi의 화신으로 삼았다"는 부분의 예를 참조할 것.

32 *Bhagbata purāṇa* 가운데서 Nārāyaṇa는 banyan나무 잎 위에 누워 영원불멸의 상징인 그의 발가락을 핥고 있는 것으로 묘사된다.
한편 「黃金卵 神話」 가운데 '우주의 主는 대양의 표면에 떠 있는 그 알(黃金卵)에 누워 천 년 이상 휴식을 취했는데, 그가 자기성찰을 하며 있을 때 천 개의 태양이 빛을 발하면서 그의 배꼽에서 연꽃 한 송이(Padmanābha)가 나타났다. 이 연꽃으로부터 Brahmā가 생겨났다. 그 즉시 Brahmā는 바다 위에 누워 있는 존귀하신 분의 힘을 부여받아 모든 존재를 창조했으며, …'중략'…창조의 활동을 속행한 결과 강력한 Rudra(Śiva)가 나왔다'고 하는데, 이 속에서 우리는 Malla, Nārāyaṇa, 그리고 우주의 主로서의 Viṣṇu와, 그의 배꼽에서 생겨난 Padmanābha와의 관련성을 알 수 있게 된다. P. Thomas(이호근 譯), 「우주(진화)론적 신화들」, (「불교연구」, vol.3, 삼영문화사, 1987), pp.243~244.
한편 이와 관련된 이야기는 *Satapatha Brāhmana* 가운데서 보이기도 한다. John Dowson, *Hindu Mythology and Religion*, Delhi: Rekha Printers(P) Ltd, 1989. p.221.

그림 3. Nārāyaṇa Ananta. 우주의 대양에서 휴식을 취하는 비슈누의 權化로서 나라야나Nārāyaṇa

우주의 대양에서 뱀 위에 누워 유가Yuga 사이의 휴식을 취하는 비슈누, Nārāyaṇa는 창조주로서의 의지가 자극되어 자신의 배꼽에서 Padmanābha를 형성해 내자, 그의 부탁으로 4개의 머리를 지닌 창조주 브라흐마가 그 위에 올라 창조의 시기를 계획하고 있다. 비슈누의 부인 락쉬미가 발을 주무르고 있다.

이렇듯 쉬바 찬가 부분과 비슈누 찬가 부분에 해당하는 위 내용을 분석해 보는 가운데, 천수다라니 〔성관자재 찬가〕의 상당 부분이－16구의 〔성관자재 찬가〕 가운데 7구에 해당하는 부분이－『마하바라타』 및 『라마야나』 등에 나타나 있는 닐라깐타Nīlakaṇṭha에 관한 신화의 원형(kṣīroda, 즉 우유의 대양과 관련된 기사)을 내용상 그대로 인용하고 있음을 알 수 있다.

4. 신화의 단편들

이외에도 〔성관자재 찬가〕는 상당 부분 인도 신화의 기본 유형을 담고 있기도 하다. 즉 〔성관자재 찬가〕 가운데서 닐라깐타와 관련된 위 구절들을 제외한 나머지 부분 가운데서 화신化身으로서 비슈누의 모습이며, 비슈누가 소유하는 지물持物 등 비슈누와 관련된 다수의 표현과 함께, 인드라 내지 쉬바와 관련된 몇몇 언급을 찾을 수 있는 것이다.

1) 비슈누의 화신

비슈누교도의 믿음에 따르면 절대신 비슈누는 전체의 우주시기를 통해 신과 인간들을 악마의 힘으로부터 구원하기 위해, 그리고 세계질서를 바로잡기 위해 언제나 거듭 출현하는 것으로 알려져 있다.[33] 이에 힌두 우주론에 의하면 세계의 역사는 스스로 회전하는 영원한 반복에 따라 네 우주기간(Yuga)으로 나눠지는 바, 비슈누는 그 4의 우주기간 동안 다음과 같은 10개의 화신의 모습으로 세계에 등장하게 된다는 것이다.

제1의 우주기宇宙期인 끄리따 유가Kritayuga 기간에 비슈누는 4번 화현하는 바, ① 물고기(Matsya), ② 거북이(Kurma), ③ 멧돼지(Varāha), ④ 인사자(人獅子: Narasiṁha) 등의 형상으로 등장하게 된다. 제2의 우주기인 뜨레따 유가Tretāyuga 기간에 비슈누는 2번 화현하는 바, ⑤ 난쟁이(Vamana)의 모습, ⑥ 영웅 빠라슈라마Parashurama 내지

---

33 "선한 자들을 보호하고 악한 자들을 멸하기 위하여, 악의 확립을 위하여, 나는 유가마다 세상에 온다.(paritrāṇāya sādhūnāṁ/ vināśāya ca duṣkṛtām/ dharmasaṁsthāpanārthāya/ saṁbhavāmi yuge-yuge//)" (*Bhag, IV. 8*) 길희성 역, 『바가바드기타』, 현음사, 1992. p.76.

⑦ 라마(Ramā; Ramāchandra)의 형상으로 등장한다. 제3의 우주기인 드와빠라 유가Dvāparayuga 기간에 비슈누는 목동의 신 ⑧ 끄리슈나 Kṛṣṇa로 화현한다. 그리고 제4의 우주기인 깔리 유가Kāliyuga 기간에는 ⑨ 붓다Buddha, 그리고 예언자적 구제자 ⑩ 깔낀Kalkin의 모습으로 등장하게 되는 것이다.[34]

이상 10개의 비슈누 화신 명칭을 전제로, 〔성관자재 찬가〕에 등장하는 다음 구절들을 이해할 수 있게 된다.

(16.b)의 "즐거움의 마음을 성찰함으로써, 쁘라흐라다prahlāda께 영광이 있기를!

(19)'멧돼지(varāha)의 용모, 사자(siṁha)의 용모를 (갖춘) 자'께 영광이 있기를!

(24)왼쪽의 공격자(skanda) 쪽에 있는 '흑색성자(Kṛṣṇājinā)'께 영광이 있기를!

위 (19)에서 "멧돼지의 용모, 사자의 용모를 갖춘 자"는 다름 아닌

---

34 각각의 문헌에 따라 서로 상이한 化身說이 제기되는 바, 일반적으로 한 劫 동안에 비슈누는 10개의 化身의 모습을 나타내는 것으로 이해된다.(22개의 化身說도 있다)(Anneliese und Peter Keilhauer(全在星 譯), 『힌두교의 그림언어』, 東文選, 1994. pp.122~123).
이와 관련된 이야기는 『마하바라타』 XII. 349 가운데 등장하는 바, 혹 4개의 화신(XII. 349. 37)이며 6개의 화신(339. 77~99), 10개의 화신(loc. cit., 104)으로 표현되는 양상을 보인다. 한편 *Matsya Purāṇa(57, 237~48)* 및 *Vāyu Purāṇa(98, 71~104), Harivaṁśa(I. 41)* 등 *Purāṇa*의 많은 부분에서 이와 관련된 부분을 찾을 수 있다.(D. C. Sircar, *Studies in the Religious life of Ancient and Medieval India*, Delhi: Motilal Banarsidass, 1971. p.43).

③ 멧돼지와 ④ 인사자의 형상을 한 비슈누를 말하고 있음을 알 수 있다. 이에 멧돼지 형상으로서 비슈누의 모습을 전하고 있는 『마하바라타』의 'Urtaucher 신화'[35] 부분을 요약해 보면 다음과 같다.

(카샤파와 그의 부인 디티 사이에는 히라니야끄샤Hiranyaksha와 히라니야까쉬뿌Hiranyakashipu라 불리는 아수라 아들 형제가 있었다.) 그 중 히라니야끄샤는 오랜 기간 브라흐마를 위한 희생제와 고행을 실천했던 바, 브라흐마신이 나타나 그에게 소원을 물었다. 그러자 그는 모든 신이나 인간, 동물들의 이름을 열거하면서 그들 각각에 의해 죽임을 당하지 않는 특권을 갖기를 원하였다. 마침내 브라흐마로부터 이러한 강력한 힘을 부여받은 히라니야크샤는 신들과 인간을 정복하였고, 마침내 브라흐마신이 잠든 사이에 그가 갖고 있던 베다 성전聖典조차 훔쳐가 버리는 등 횡포를 일삼았다.
이에 견디다 못한 신들과 인간들이 비슈누에게 달려가 도움을 청하였다. 비슈누는 깊은 명상 속에서 그 악마(히라니야끄샤)가 브라흐마신에게 소원을 말하는 중 멧돼지의 이름을 빠뜨렸다는 것을 알아차리고, 자신 스스로를 멧돼지의 모습으로 화현한 채 그와 싸움을 벌였다. 싸움 도중 악마는 육지를 뽑아 들어 바다 밑에 던지기도 하였는데, 멧돼지 형상의 비슈누는 바다 속으로 뛰어들어 그를 죽이고 육지를 들어올렸다"는 것이다.(그림. 4)

---

35 *Mahābhārata*, II.45, IV.273, VII.46, 208.

그림 4. 멧돼지(varāha) 형상으로서 비슈누신
비슈누신의 ③번째 화신으로서의 멧돼지(varāha)가
악마(아수라) 히라니야끄샤Hiranyaksha를 짓밟고 있다.

그리고 인사자(人獅子: Narasiṁha) 형상으로서 비슈누의 모습을 전하고 있는 『마하바라타』의 부분[36]을 요약하면 다음과 같다.

(카샤파와 그의 부인 디티 사이에는 히라니야끄샤Hiranyaksha와 히라니야까쉬뿌Hiranyakashipu라 불리는 아수라 아들 형제가 있었다. 그들은 원래 비슈누신의 문지기로 비슈누의 노여움을 사 악마로 태어났으며, 자연히

36 *Mahābhārata*, II.46, III.273, XII.46.

비슈누의 적이 되었다.)

성장한 히라니야까쉬뿌는 자신 목적을 성취하기 위해 고행을 행하였다. 이에 브라흐마신이 나타나 그의 소원을 묻자, 그는 신들이거나 악마들·동물들·인간들 중 어떤 존재들로부터 정복당하거나 살해당하지 않는 특권을 요구하였다.

브라흐마신으로부터 그런 특권을 부여받은 히라니야까쉬뿌는 곧바로 하늘 신들과 전쟁을 벌이고, 하늘의 왕 인드라의 왕위를 찬탈한 채 태양과 달, 심지어 지상과 지옥의 지배자가 되었다.

세계의 모든 존재들이 그에게 복종했는데, 오직 그의 아들 쁘라흐라다prahlāda만이 복종하지 않았다. 그는 비슈누의 열렬한 숭배자였기 때문이다. 그의 아들의 마음을 돌리고자 설득하던 아버지 히라니야까쉬뿌는 그의 아들 쁘라흐라다와 비슈누의 보편성에 대한 토론을 벌였다. "너는 비슈누가 모든 곳에 존재한다고 믿고 있다. 그렇다면 이 기둥 속에도 그가 존재하느냐?"

히라니야까쉬뿌의 비웃음에 찬 질문에 쁘라흐라다가 "그렇습니다"라고 대답하자 그의 아버지는 기둥을 꺾어 버렸는 바, 그 기둥 속에서 무서운 존재, 인간도 동물도 아닌 비슈누의 화신으로서 인사자(Narasiṁha)가 튀어나왔다. 그리고 히라니야까쉬뿌를 밤도 낮도 아닌 새벽이나 황혼 무렵에, 안도 밖도 아닌 문지방에서 조각조각 찢어 죽였다. 쁘라흐라다는 이후 태양족의 왕이 되었다.(그림. 5)

그림 5. 人獅子(Narasiṁha) 형상으로서의 비슈누神
비슈누神의 ④번째 化身인 人獅子(Narasimha)가 히라니야 까쉬뿌Hiranyakashipu를 찢어 죽이고 있다. 왼쪽 아래에는 비슈누의 숭배자 쁘라흐라다prahlāda가 기도하는 모습으로 그려져 있다.

한편 위 신화 내용 가운데 인사자(人獅子: Narasiṁha) 관련 기사를 상세히 고찰하는 속에, 〔성관자재 찬가〕 중 (16.b)의 "즐거움의 마음을 성찰함으로써, 쁘라흐라다prahlāda께 영광이 있기를!"이란 구절에 대한 이해를 마련할 수 있다. 이는 위에 설명된 쁘라흐라다의 비슈누신에 대한 '헌신과 숭배를 굽어 살피시어, 그에게 무한한 영광을 허락하소서'라는 의미로 이해될 수 있는 까닭이다.

이어 (24)의 내용, 즉 "왼쪽의 공격자(skanda) 쪽에 있는 흑색성자

(Kṛṣṇājinā)께"라는 구절에 대한 비슈누 화신과의 관련성 또한 생각해 볼 수 있다. 여기서 말하는 흑색성자, 끄리슈나 지나Kṛṣṇājinā란 다름 아닌 비슈누의 10개 화신 중 ⑧에 해당하는 끄리슈나Kṛṣṇa를 말하고 있기 때문이다.

이에 비슈누 화신으로서 끄리슈나와 관련된 기사를 전하고 있는 『마하바라타』 내용을 요약[37]해 보면 다음과 같다.

야다바족의 귀족이자 라마의 숭배자 바수데바Vasudeva는 데바끼Devaki와 결혼했다. 그의 행실이 나쁜 아들, 쉬바의 숭배자 깐싸Kansa는 왕위를 찬탈하고 아버지를 감옥에 집어넣고, 비슈누 의례를 금지케 하는 등 무례를 일삼았다. 이에 신들이 메루산에 올라 회의를 하고 있을 때 대지의 여신이 브라흐마에게 이 심각성으로부터 구원해 주기를 호소하였다.

이에 브라흐마는 다른 신들과 함께 비슈누에게 가서 도움을 청하였다. 그러자 비슈누는 자신 머리카락 2개를 뽑아 주며 브라흐마에게 말하였다. "이 중에서 흰 머리카락은 데바끼의 일곱 번째 아들로, 그리고 검은 머리카락은 여덟 번째 아들인 크리슈나로 태어날 것입니다. 이 크리슈나가 바로 악마 깐싸를 물리칠 것입니다."

성자 나라다로부터 하늘 신들의 계획을 전해들은 깐싸는 데바끼에게서 태어난 아이들을 차례로 죽였다. 그럼에도 비슈누신은 자신의 화신을 구하고자 잠의 여신의 도움을 받아 깐싸를 속이고 일곱 번째 아들, 흰 머리카락에서 태어난 '흰 피부의 발라라마Balarama'와 여덟 번째 아들, 검은 머리카락에서 태어난 '검은 피부의 끄리슈나Kṛṣṇa'

37 Veronica Ions, Indian Mythology, Yugoslavia: Hamlyn Pub, 1988. pp.57～64.

를 낳게 하였다. 그러자 바수데바는 태어난 아이들을 바구니에 넣어 야무나강 기슭에 떠내려 보냈다. 목동 난다Nanda와 부인 야쇼다 Yashoda는 그 아이들을 발견하고 숨겨 주었다.

깐싸는 발라라마와 끄리슈나의 생존 소식을 알게 되었고, 여러 악마들을 동원하여 그들을 해치려 하였다. 모든 계획이 실패하자 칸싸는 그 둘을 마투라의 경기장으로 불러 죽이고자 했던 바, 강력한 장사들과 코끼리를 물리친 발라라마와 끄리슈나는 이내 깐싸를 죽이고 자신 아들에 의해 폐위되었던 바수데바에게 왕관을 씌워 주었다.

이로써 생각할 때 흑색성자란 비슈누의 검은 머리카락으로부터 태어난 검은 피부의 성자(jinā), 끄리슈나를 뜻하고 있음을 알 수 있다. 한편 "왼쪽의 공격자 쪽에 있는(vāma-skanda-deśa-sthita)"이란 표현은 위 '마투라의 경기장에서 강력한 장사들과 코끼리를 물리친 발라라마와 끄리슈나'의 공격 위치에 대한 설명으로, 끄리슈나가 왼쪽 공격을 맡았던 데서 연유된 것이라 추정할 수 있다. 한편 『바가바드기타』 가운데 "나는 아디티야들 가운데서 비슈누이며, (…) 군대를 거느린 자들 가운데서 쓰칸다skanda이며…"[38]라는 표현이 등장하는데, 이에 의한다면 쓰칸다와 흑색성자를 동일 인물로 보아, 위 (24)의 내용을 "왼쪽의 비슈누(skanda), 흑색성자께"라 이해할 수 있게도 된다.[39]

---

38 ādityānām ahaṁ viṣṇur/⋯・senānīnām ahaṁ skandaḥ/ (*Bhag, X. 21, 24*) 뒤이어 "악령들 가운데서 나는 쁘라흐라다prahlāda며,(*Bhag,* X. 30) 무기를 지닌 者 가운데서 라마(ramā: 비쉬누의 7번째 化身)이며"(*Bhag,* X. 31) 등의 표현이 쓰이고 있다. 길희성 역, 『바가바드기타』, 현음사. 1992. pp.158~162.

39 한편 "왼쪽의 공격자 쪽에 있는(vāma-skanda-deśa-sthita)"에서 쓰칸다skanda는 쉬바 또는 Agni의 아들을 말하기도 한다. skanda는 '공격자'거나 '쏘여진 자(射者)'의

2) 비슈누의 지물持物

이상 10개 화신의 모습으로 네 우주기간 동안 세계에 모습을 드러내는 비슈누는, 일반적으로 "연꽃(Padma)과 챠크라(Cakra; 원반 모양의 무기), 소라고둥(śaṅkha), 방망이(gada; lakuta) 등을 소유"[40]하는 것으로 알려져 있다. 물론 "그가 특정 화신으로 나타나게 될 때는 다른 상징물들을 취하기도 하는 바, -예를 들어 라마Ramā로 나타날 때는 활과 화살을, 빠라슈라마Parashurama로 나타날 때는 도끼를, 끄리슈나Kṛṣṇa로 나타날 때는 피리를, 깔낀Kalkin으로 나타날 때는 칼을 지물持物로 취하기도 하는 것이다.[41] 그럼에도 앞서의 연꽃과 챠크라, 소라고둥, 방망이 등은 비슈누임을 상징하는 중요 지물이 됨을 말할 수 있다.(그림. 7ab)

뜻을 갖는 바, "쉬바의 정력이 너무 강해 그의 妃 빠르바띠가 다 감당할 수 없었으므로 그는 정액을 火神 Agni에게 射精했는데, 火神 아그니는 그것을 다시 강가江에 내뿜었다는 것이다. 또 한편으로 우마·빠르빠띠 여신은 아그니의 도움을 받아 기적적으로 쉬바의 정액을 받아 아이를 가졌다고도 한다. 이러한 연유로 하여 태어나 쓰칸다는 射者라 불리게 되며, 또한 Gangaputra(강가의 아들) 내지 Agneya(아그니의 아들)라 불리며 전쟁의 神으로 알려져 있다.(그림. 6) Anneliese und Peter Keilhauer(全在星 譯), 『힌두교의 그림언어』, 東文選, 1994. p.225.

그림 6. 쉬바와 쓰깐다, 그리고 우마Uma
쉬바 왼편에 '攻擊者' 쓰깐다가 그려지고 있는 바, '왼쪽의 공격자 쪽에 있는'이란 구절과의 연관성을 시사해 준다.

40 Karel Werner, *Symbols in Art and Religion*, Delhi: Motilal Banarsidass, 1990. p.149.

41 Anneliese und Peter Keilhauer(全在星 譯), 『힌두교의 그림언어』, 東文選, 1994. p.105.

연꽃

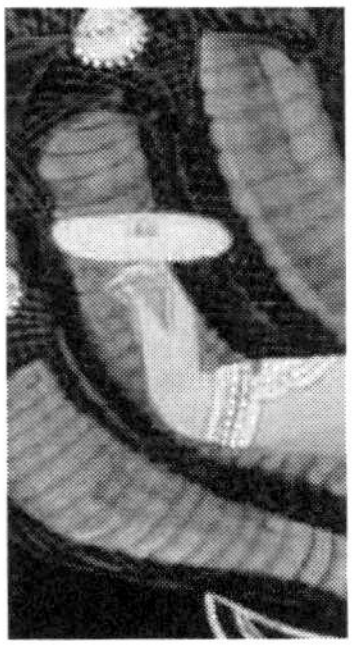

챠크라

소라고동

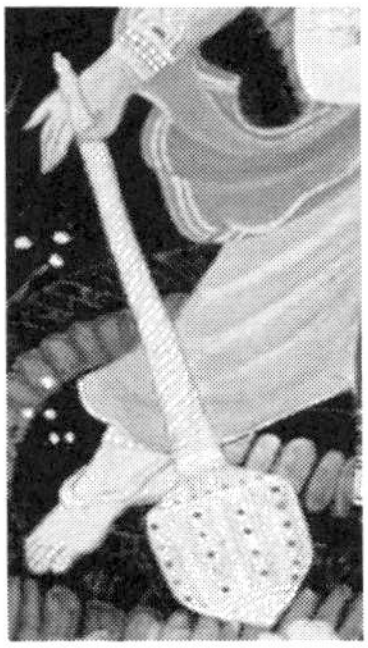

방망이

그림 7a. 비슈누의 중요 持物

그림 7b. 세 개의 얼굴을 지닌 비슈누 형태로서의 Vaikuntha natha
오른쪽과 왼쪽으로는 멧돼지 형상의 화신과 인사자 형상의 화신이 그려져 있으며, 손에는 연꽃과 소라고둥이 들려 있다. 그리고 챠크라와 방망이는 인격화된 채, 양옆에 묘사되어 있다. 가슴의 보석장식과 길게 늘어뜨려진 화환 역시 비슈누의 상징물이다.

이상의 예 미루어 볼 때, 천수다라니 〔성관자재 찬가〕의 다음 구절들, 즉 (20) "연꽃을 손에 쥔 자", (21) "챠크라를 손에 쥔 자", (22) "소라고둥 소리를 듣는 자", (23) "방망이(를) 보지하는 (자)"에 대한 찬탄의 구절은 모두 비슈누 화신에 대한 찬가에 이어지는, 곧 그에 부속되는 부분임을 알 수 있다.

3) 기타 신들의 요소(인드라 및 쉬바)

이상 닐라깐타 신화의 예와 비슈누의 화신 및 지물持物 관련의 표현 외에도, 〔성관자재 찬가〕 안에서 힌두 신들과 관련된 기타 표현들을 찾아볼 수 있다. 즉 〔성관자재 찬가〕 중 앞의 분석을 통해 그 용례를 밝혀보지 못한－(10) "수호하소서, 수호하소서! 승리자시여! 대승리자시여!" 내지 (25) "호랑이 가죽(을) 착용(한 자)께 영광이 있기를!" 등의－부분들로, 이 내용들은 인드라 내지 쉬바와 관련 맺고 있음을 알 수 있다.

우선 (10)의 "승리자(vijayanta e), 대승리자(mahavijayanta e)"라 함은 인드라indra를 말하고 있다.[42] 여기서 '비자얀따vijayanta'는 그가 머무는 궁전 명칭을 뜻하며 '승리'를 의미하기도 하는데, 이는 모두 '승리'를 뜻하는 비자야vijaya라는 말에서 유래하고 있는 것이다.[43] 그러한 그는 힌두 신화에서 모든 신들의 왕으로 받들어 지는 즉, 여기서 "수호하소서"라는 수식구는 신들의 질서 속에서 신들의 수호자라는 그의 성격을 드러내고 있음을 알게 된다.

한편 (25)의 "호랑이 가죽(을) 착용(한 자)(vyāghra carma nivasanā)"란 쉬바를 말하고 있다. 앞서 닐라깐타 신화의 예에서 설명한 바 쉬바는 요가의 주(yogeśvara)로 표현되는 바, 요가의 주로서 그는 "요가 수행자의 상징으로 결발(ushnisha)의 모습과 함께 벌거숭이·재를 칠한 몸·표범이나 호랑이 가죽 위에 앉은 형상을 취하게 되는 것이다. 그리고 여기서 호랑이 가죽이라 함은 '요가 수행이나 명상 도중 극복해야 할 갈애渴愛를

---

42 L. Chandra, *The Thousand-Armed Avalokiteśvara*, Delhi: IGNCA abhinav Pub. 1988. p.96.

43 John Dowson, *Hindu Mythology and Religion*, Delhi: Rekha Printers(P) Ltd, 1989. p.127.

상징'[44]하는 바, '호랑이 가죽을 착용한 자'라 함은 갈애를 극복한 요가의 주, 쉬바에 대한 칭송의 표현임을 알 수 있다.(그림. 8)

그림 8. 호랑이 가죽을 착용한 쉬바
쉬바가 히말라야 산에서 가족과 머물러 있다. 쉬바는 요가 수행자로 서재를 뒤집어 쓰고 뱀목걸이와 호랑이 가죽을 둘러쓴 채, 표범 가죽 위에 앉아 있다. 부인 빠르바띠와 코끼리 모습의 가네샤, 6개의 머리를 한 karttikeya가 동시에 그려져 있다.

44 Anneliese und Peter Keilhauer(全在星 譯), 『힌두교의 그림언어』, 東文選, 1994. p.187.

5. 천수다라니, 그 상징성의 기저基底

1) 신앙적 상징의 기저

이상 천수다라니 전반에 대한, 특히 〔성관자재 찬가〕에 대한 인도 신화적 관점의 분석을 통해 그 안에 묘사되어 있는 각각 신들의 내재적 성격을 조감할 수 있었던 바, 그 안에는 비슈누 및 쉬바, 인드라 등 인도 신화의 특정 신들 명칭이 다수 등장하고 있음을 볼 수 있다.

이제 필자는 전체 천수다라니에 등장하고 있는 각 신들의 명칭과, 인도 신화에서 그 각 신들에 대한 통칭을 구체화한 도표를 만들었는데, 이는 다음과 같다.(도표 1)

도표 1 천수다라니에 등장하는 각 신들의 명칭과 인도 신화에서의 통칭

항목 구분 \ 神의 명칭	천수다라니에 등장하는 각 신들의 명칭	인도신화에서의 통칭		
		비슈누	쉬 바	인드라
귀의문	(2) 성관자재(āryāvalokiteśvara)		●	
	(4) 성관자재(āryāvalokiteśvara), 청경(nīlakaṇṭha)		●	
발원문	(7.b) 하레(Hare)	●		
〔성관자재 찬가〕 청경의 명호	(10) 승리자(vijatanta e)			●
	(11) 능히 대지를 지지하는 신(dharaṇiṁdhareśvara)	●		
	(12) 말라(malla), 무르떼(mūrtte)	●		
	(13) 세자재(lokeśvara)		●	
	(14) 말라(malla), 하레(Hare), 파드마나바(padmanābha)	●		
	(16.a) 청경(nīlakaṇṭha)		●	
	(16.b) 쁘라흐라다(prahlāda)	●		
	(17) 성자(siddha), 요가의 주(yogeśvara)		●	

	(18) 청경(nīlakaṇṭha)		●	
	(19) 멧돼지의 용모, 사자의 용모를 갖춘 자 (varāhamukha-siṁhamukha)	●		
	(20) 연꽃을 손에 쥔 자(padma-hasta)	●		
	(21) 차크라를 손에 쥔 자(cakrāyudha)	●		
	(22) 소라고둥 소리를 듣는 자(śaṅkha-śabda-nibodhana)	●		
	(23) 큰 방망이를 보지하는 자(mahālakuṭadhara)	●		
	(24) 흑색성자(kṛṣṇājina)	●		
	(25) 호랑이 가죽을 착용한 자(vyāghra-carma-nivasana)		●	
귀의문	(27) 성관자재(āryāvalokiteśvara)		●	

이상 도표를 통해 볼 때 전체 천수다라니 안에는 총 20개 항목에 달하는 신들의 명칭이 소개되어 있다. 그 가운데 비슈누가 11번, 쉬바가 8번, 그리고 인드라가 1번 언급되어 있음을 볼 수 있다. 한편 천수다라니의 중요 내용에 해당하는 '청경의 명호'로서 〔성관자재 찬가〕 항목만을 기준 삼아 본다면 비슈누가 10번, 쉬바가 5번, 인드라가 1번 언급되어 있음을 볼 수 있기도 하다. 결국 명칭의 용례만을 놓고 본다면 전체 천수다라니 내용 가운데 비슈누적 측면이 단연 우위를 보이고 있음을 알 수 있다.

그럼에도 천수다라니는 다라니dhāranī 본래의 의미인 (신들의 위업에 대한) 기억·회상을 행함[45]에 있어, 그 핵심 내용인 〔성관자재 찬가〕에 등장하는 각 신들의 위업과 관련된 모든 요소들을 청경, 즉 닐라깐타 Nīlakaṇṭha의 위업인 양 전체 내용을 재구성하고 있는 바, 이에는 가탁적假託的 요소가 존재하고 있음을 알 수 있다. 즉 귀의문 (2)의 "크나큰

---

45 註 16) 참조.

자비의 성관자재 보살 마하살께 귀의한다"는 대전제의 설정 속에 (4)"청경(Nīlakaṇṭha)의 명호인 〔성관자재 찬가〕를 기억"함이란 한정을 둔 채, 이후 모든 어구를 닐라깐타의 이명異名과 동일시하고 있는 것이다.

좀 더 구체적으로 언급하면, 앞서 '〔성관자재 찬가〕의 분석' 중 (닐라깐타 신화를 통한) '쉬바 찬가' 부분을 통해 볼 때 '탐욕의·진에의·치암의 독을 파괴한다'는 내용과 함께 '요가의 주'라는 두 표현만이 쉬바와 직접 관련된 것임을 알 수 있는 바, '요가의 주'란 『마하바라타』 가운데 또다시 비슈누를 지칭하고 있는 한에 있어[46] 오직 탐·진·치의 파괴, 즉 (닐라깐타 신화 가운데) '독의 제거'라는 의미성만을 중심으로, 천수다라니는 거의 모든 항목을 '「청경의 명호」인 〔성관자재 찬가〕'와 연결시키고 있다고 해도 무리는 아닐 것이다.

이렇게 생각할 때 천수다라니는 전체 신들의 위업을 청경, 즉 닐라깐타라 불리는 쉬바의 위업인 양 전체 내용을 구성하고 있음에도 불구하고 그 안에 담겨진 비슈누적 측면을 간과할 수 없으며, 더 나아가 비슈누 신앙의 요소가 천수다라니 가운데 중요 위치를 차지하고 있음에는 이론異論이 없다고 하겠다.[47]

---

46 註 27) 참조.

47 물론 명칭의 용례와 함께 추정에 가까운 몇몇 언급을 제시함으로써 信仰的 優位를 논한다는 것은 어떤 면에 있어 성급한 추론이 될 것이다. 그럼에도 천수다라니 가운데 비슈누적 신앙, 즉 바이슈나비즘Vaiṣṇavism적 優位性을 입증할 만한 몇몇 자료를 제시할 수 있는 바, - 이에 대해서는 추후 「천수다라니의 신앙적 상징 기저로서의 바이슈나비즘Vaiṣṇavism」이란 또 다른 논제를 가지고 기술코자 한다. - 여기서는 지면의 한계성 속에 단지 몇몇 사항들만을 통해 볼 때 천수다라니 내용 안에서 우리는 쉬바적 신앙(Śaivism)의 측면이 아닌 비슈누적 신앙(Vaiṣṇavism)의 관점이 보다 우위성을 보이고 있음을 볼 수 있으며, 이에 대해서는

이러한 점에서 본다면 앞서 로케쉬 찬드라에 의해 천수다라니의 사상적 모태가 된 것은 샤이비즘Śaivism, 즉 쉬바 신앙의 요소가 될 것이라는 점에 대한, 그리하여 천수다라니(Nīlakaṇṭha dhāraṇī)에서의 청경 세자재(青頸世自在: Nīlakaṇṭha Lokeśvara)가 하리 하라Hari Hara의 형상화로 이해될 수 있다는 주장과는 달리, 바이슈나비즘Vaiṣṇavism, 즉 비슈누 신앙의 측면에서 천수다라니를 고찰해야 할 필요성을 말할 수 있다.[48]

이와 함께 천수다라니 안에 인드라 신앙의 흔적이 보이고 있음(다라니의 10구에 보이고 있는 "승리자 vijayanta e"의 예)을 주목해 보아야 한다. 한편 천수다라니 중 비슈누에 관한 항목 속에는 브라흐마에 대한 불신不信의 표현들이 등장하고 있기도 하는데, 이는 천수다라니의 성립지 및 성립 시기에 대한 추정 가능성과 함께[49] 천수다라니의 '신앙 원리'로서

좀 더 많은 측면에서의 연구가 필요하다는 점만을 전제해 두는 바이다.

48 이는 貪·瞋·癡 三毒에 대한 戒·定·慧 三學의 전통적 수행 원리에 대한, 法에 대한 새로운 관점의 제시라는 측면에서 논의되어야 할 것인 바, 이 점에 대해서는 註 49)와의 연계성 속에 고려해 볼 필요를 갖는다.

49 다라니 (19)句에서 "멧돼지의 용모, 사자의 용모를 갖춘 자"로서의 비슈누와 관련된 신화의 내용에는 브라흐마신에 대한 불신의 원리가 깔려 있음이 발견된다. 이는 아리안계의 신앙 원리에서 탄생된 '브라흐마'에 대한, 비아리안계의 드라비다 신앙에 근거를 둔 비슈누〔Anneliese und Peter Keilhauer, "Viṣṇu에서 끝의 nu는 드라비다語적 전통을 갖는다"(『힌두교의 그림언어』, p.112), "태초의 바다는 드라비다적 근원을 갖는다."(p.106)〕와의 단절 및 대립의 차원을 보여 주고 있다는 점으로 이해해야 할 것이다. 비슈누 신앙이 북인도를 중심으로 발전한 것이라면, 브라흐마와의 대립적 측면에서 천수다라니의 위와 같은 언급은 브라흐마 신앙의 확산지를 제외한 기타 지역에서 만들어졌을 것이라는 추정을 행할 수 있다. 한편 "굽타와 리챠비 시대(A.D.4~6세기)의 북인도와 네팔의 사원들은 대부분 비슈누를 모시고 있었다."(Anneliese und Peter Keilhauer, p.112). 또한 6세기에

바이슈나비즘적 측면뿐만이 아닌 ('브라흐마'가 아닌 '인드라'로서의) 인드라·비슈누·쉬바의 삼현적三顯的 원리, 즉 Trimurti에로의 신앙 전개적 양상을 보여 주는 예로 이해될 수 있다. 그리고 이것은 이후 법신·보신·화신 등 삼신三身의 전개라는 밀교의 교리 발전적 측면과의 연관 속에 천수다라니를 고찰해야 할 필요성을 갖게 만드는 부분이라 하겠다.

2) 내용적 상징의 기저

이상 비슈누 신앙의 측면과 함께 삼현三顯의 신앙 원리가 천수다라니의 신앙적 상징 기저가 될 수 있음에 비해, 천수다라니의 내용적 상징성은

북부 벵갈 지방 Bādāmi의 동굴 사원에서 Hari-Hara의 형상이 발견(D. C. Sircar, p.52)되고 있는 점을 미루어, 그리고 천수다라니 안에 쉬바의 영향보다는 비슈누적인 표현이 좀 더 우위를 보이는 점을 미루어, 천수다라니는 쉬바 신앙이 좀 더 확산되기 이전(Anneliese und Peter Keilhauer, "남인도의 쉬바 신앙은 Shankaracharya의 영향 하에 8세기에 부분적으로 북인도, 특히 네팔의 비슈누교를 압도한다." p.113)에 북인도를 중심으로 생겨난 것으로 추정할 수 있게 된다. 한편 북인도 벵갈 지방을 중심으로 한 비슈누파 불교도(Vaiṣṇavite Buddhist)들에게 있어 비슈누의 화신으로서 거북이는 法의 守護者로서뿐만이 아니라 法 자체로 인식되기도 하였다.(D. C. Sircar, p.196). *Jātaka*의 예를 통해서도 거북이는 法을 설하는 佛로서 인식되기조차 하고 있음을 볼 수 있다. 이로서 불교와 비슈누教와의 관계성을 보다 폭넓게 이해해야 할 필요성을 갖는다.(그림. 9)

비슈누 화신으로서 거북이는 法의 守護者로서뿐 아니라, 후에 法自體인 佛의 象徵性으로 표현되기도 한다.

그림 9. 法을 설하고 있는 거북이

어떻게 설명할 수 있을 것인가?

이에 필자는 앞서 천수다라니에 대한 고찰을 행하는 가운데 (15)의 "이리저리 좌우로 움직이소서, 흐르소서! 비추어 식별함으로서 깨닫게 하소서(sarasara sirisiri suru suru buddhyā buddhyā bodhaya bodhaya)!"라는 구절에 대한 분석을 간과하였는데, 이 구절이야말로 천수다라니의 핵심 내용에 해당되는 부분이라 말할 수 있다.

앞서 sarasara sirisiri, suru suru 등에 대해 필자는 "이리저리 좌우로 움직이소서, 흐르소서!"라는 어구적 해석을 하였던 바, 그럼에도 그 각 구절이 담고 있는 참뜻은 모두 '(독의) 소멸'을 뜻하고 있음을 말할 수 있다. 이에 하츠자키(Shōjun Hatsuzaki)는 "다라니에 쓰이고 있는 'hara hara'거나 'dhara dhara', 'dhuru dhuru', 'cara cara', 'ciri ciri', 'curu curu' 등의 구절은 모두 '소멸하소서, 소멸하소서'라는 뜻으로 번역될 수 있다. 따라서 이러한 표현이야말로 생·노·병·사 가운데 가장 가증스러운 고통인 죽음으로부터의 해방이란 측면과 어우러져 있음"을 말했던 바,[50] 이와의 관련 속에서 우리는 sarasara sirisiri, suru suru 등의 구절을 이해할 수 있게 되는 것이다.

이에 위 구절 sarasara sirisiri, suru suru를 "(탐·진·치의 독을) 소멸하소서, 소멸하소서!"라 해석할 수 있으며, 여기에 그 다음 구절 "비추어 식별함으로서 깨닫게 하소서(buddhyā buddhyā bodhaya bodhaya)"란 내용이 자연스럽게 연결될 수 있다.

한편 이 구절과 함께 앞서 살펴 본 (13)의 "오소서, 오소서, 세자재世自在시여! 탐욕의 독을 파괴하시고, 진에의 독을 파괴하시고, 치암(어리

---

50 Shōjun Hatsuzaki, "*A Study of the Dhāraṇi in the Jani-tam*", (『印度學佛教學』, vol. 16~2), pp.937~942.

석음)의 얽혀짐의 독을 파괴하소서!"라는 구절과의 연관성을 살펴보아야 하는데, 이는 탐·진·치 삼독三毒에 대한 계戒·정定·혜慧 삼학三學을 통한 깨달음의 성취를 의미하는 것이라 말할 수 있다. 그럼에도 여기서 위 "비추어 식별함으로서(buddhyā buddhyā)"라는 표현에 주목해야 한다. buddhyā는 식별을 뜻하는 명사 buddhi의 구격具格으로 '식별로써'라 번역할 수 있는데, 여기서 식별(buddhi)이란 엄밀한 의미로서 지(智: jñāna)에 해당하는 것이라 할 수 있기 때문이다.

한편 여기서 지智란 또다시 불사不死의 물, 즉 암리따amṛta의 상징으로 쓰이기도 한다. 이에 하츠자키의 분석에 의하면, 수많은 다라니 가운데 암리따라는 용어가 사용되는 바, 여기서 amṛta는 일체지(一切智: sarva-jñāna), 불지佛智를 의미하는 것이라 하였다.[51] 그러므로 천수다라니 「닐라깐타 신화」의 예에서 모든 초점이 amṛta, 즉 '불사의 물'로 상징되는 '일체지'의 성취에 주어져 있다면, 그것은-〔성관자재 찬가〕의 예에서-수많은 신들의 명호名號로 거론되는 초월적 신성神性에 의지한 채, 결국 '일체지'를 통한 궁극적 깨달음을 향해 나아가기를

---

51 그는 一行의 『大毘盧遮那成佛經疏』 卷第十三(『大正藏』 39, p.717.上)에 실린 다음과 같은 구절을 인용하고 있다.(ibid, p.937)

"阿沒 慄覩(甘露也) 婆 縛(生也) <u>甘露者 智 智之別名 能除身心熱惱 得而服之不老不死 可以喩於如來之智也</u> 今以此智除一切衆生熱惱 令得常壽之身 <u>此甘露味亦從佛心生也.</u>"

한편 雲井昭善은 '如實智見'이란 용어를 사용하는 가운데 三毒의 離貪·滅盡→解脫이란 도식적 설명을 하고 있다. 雲井昭善, 「原始佛教用語としての amata(amṛta)の概念について」(印度學佛教學研究, vol. 3-2), pp.76~77.

한편 amṛta와 amita, 즉 阿彌陀佛과의 관계성에 대한 통찰은 藤田宏達의 「阿彌陀佛の原語」(印度學佛教學研究, vol. 13-2)를 참조할 것.

염원하는 의미성이 다라니 안에 내재되어 있다고 하겠다.

그러므로 '일체지'의 성취를 위해 "(탐·진·치의 독을) 소멸하소서, 소멸하소서!(sarasara sirisiri suru suru)" 그리하여 "비추어 식별함으로서 깨닫게 하소서(buddhyā buddhyā bodhaya bodhaya)"라고 다라니는 말하는 바, 이 구절이야말로 천수다라니의 핵심적 내용이며, 내용적 상징의 기저에 해당하는 것이라 할 수 있다.

그럼에도 이 구절은 또다시 앞서의 내용과 연결된다. 즉 "(5)저는 마음을 닦겠습니다. (…) 일체 중생들의 '삶의 길의 청정(이란 마음)'을…"에서 '삶(bhava)의 길(mārga)의 청정(viśuddhi)'이 열반을 지칭[52]하는 한에 있어, 열반의 마음을 닦겠다는(열반을 획득하겠다는) "(8)(저의) 마음을 기억하소서, 대보살이시여!" "(9)의식을 행하소서, (그리하여 저희의) 목표가 달성케 되기를…"이라 염원하는 항목과 연결되는 것이다. 이런 의미에서 생각할 때 천수다라니의 총체적 의미성은 일체지를 통한 깨달음, 즉 열반의 획득에 있음을 말할 수 있다.

6. 결어結語

일찍이 인도의 로케쉬 찬드라는 '닐라깐타 다라니, 즉 천수다라니에 등장하고 있는 청경 세자재는 샤이비즘적 측면에서 비슈누와 쉬바가 결합된 채 하리-하라로서 신격화되고 있다'는 전제를 설정함으로써, 천수다라니의 주요 (신앙적) 핵심이 Nīlakaṇṭha에 있으며 닐라깐타는 쉬바의 신격화로서 Hari-Hara라 불릴 수 있음을 언급한 바 있었다.

---

52 註 14) 참조.

이에 필자는 "청경(Nīlakaṇṭha)의 명호(nāma)인 성관자재 찬가를(āryāvalokiteśvara stavaṁ) 기억하면서(kṛtvā) 성관자재 보살 마하살께 귀의한다"는 구절이 천수다라니의 주된 항목으로, 그 안에 천수다라니의 신앙 기저가 담겨 있음을 전제로, 닐라깐타야말로 천수다라니의 핵심 인물로서 성관자재라 표현되고 있음을 천수다라니에 대한 구조 분석을 통해 추보追補할 수 있었다.

한편 위 내용을 전제로 필자는 『마하바라타』 등에 나타나 있는 닐라깐타 신화, 즉 끄시로다와 관련된 신화적 맥락을 천수다라니 어구와의 연관선상에서 고찰했던 바, 27구로 나눠질 수 있는 전체 천수다라니 가운데 무려 7구에 해당하는 부분이 『마하바라타』 등에 보이는 닐라깐타 신화, 끄시로다의 원형을 그대로 인용하고 있음을 볼 수 있었으며, 그것은 천수다라니와 인도 신화와의 관련성에 좀 더 주의를 기울여야 할 필요성을 강력히 시사한다.

이에 필자는 닐라깐타 신화의 신화적 원형과 직접 관련을 맺고 있지 않는 천수다라니의 기타 부분에 대한 인도 신화적 단편들과의 비교 고찰을 통해, 천수다라니의 상당 부분이 비슈누의 화신 내지 그의 지물들과 관련 맺고 있음을 알 수 있었던 바, 천수다라니 가운데 쉬바의 형상에 대한 언급이며, 인드라에 대한 찬탄과 기원이 동시에 표현되고 있음에도 불구하고, 천수다라니는 그 내용에 있어 비슈누적 특성을 좀 더 많이 함유하고 있음을 알 수 있었다.

천수다라니에는 무려 20개에 달하는 신들의 명칭이 소개되어 있다. 그 가운데 비슈누가 11번, 쉬바가 8번, 그리고 인드라가 1번 언급되어 있음을 볼 수 있으며, 또한 천수다라니의 핵심 내용에 해당하는 '닐라깐타의 명호인 성관자재 찬가' 가운데 비슈누의 명칭이 10번, 쉬바가

5번, 인드라가 1번 언급되어 있음을 볼 때, 전체 천수다라니는 각각 신들의 위업을 청경青頸, 즉 닐라깐타의 위업에 가탁假託하여 전체 내용을 구성하고 있음에도 불구하고 그 안에 담겨진 비슈누적 측면을 간과할 수 없으며, 비슈누 신앙의 요소는 천수다라니 가운데 중요한 위치를 차지하고 있음에는 이론異論이 없음을 알게 된다.

결국 '청경 세자재는 샤이비즘적 측면에서 비슈누와 쉬바가 결합한 채, 쉬바의 화신인 하리-하라로서 신격화되고 있다'는 로케쉬 찬드라의 전제에는 무리가 있음을 알 수 있다. 이에 필자는 천수다라니에 대한 신앙 기저로서 바이슈나비즘Vaiṣṇavism적 고찰의 필요성을 느끼게 되는 바, 이는 '벵갈 지방을 중심으로 한 비슈누파 불교도(Vaiṣṇavite Buddhist)들의 예 등을 통한 북인도 중심의 비슈누 신앙 확산'이란 또 다른 논지論旨를 통해 이를 증명할 수 있으리라 생각한다. 그리고 천수다라니에 나타난 인드라에 대한 표현의 예를 통해 볼 때, (브라흐마Brahmā가 아닌) 인드라·비슈누·쉬바의 삼현(三顯: Trimurti) 원리 속에 천수다라니의 신앙 원리가 전개되고 있음에 대한, 밀교적密教的 삼신三身의 전개라는 측면에서의 관련성을 재고해야 할 필요를 갖게도 된다.

한편 천수다라니에 대한 내용적 상징 기저로서 "sarasara sirisiri suru suru buddhyā buddhyā bodhaya bodhaya"라는 구절을 제시할 수 있다. 여기서 'sarasara sirisiri suru suru' 등의 표현은 "(탐·진·치의 독을) 소멸하소서"라는 일종의 기원구서로 해석할 수 있는데, 뒤이어 "비추어 식별함으로서 깨닫게 하소서(buddhyā buddhyā bodhaya bodhaya)"라는 표현이 등장하고 있음을 미루어 천수다라니의 내용적 상징 기저는 '탐·진·치 삼독에 대한 소멸'과 함께 '비추어 식별하는' 지혜로서 '깨달음을 성취'하고자 함에 그 목표가 있음을 말할 수 있다.

또한 천수다라니의 내용 핵심으로 '일체지의 획득' 내지 '불사의 추구'를 말할 수 있을 것인데, 이는 닐라깐타 신화에 등장하는 '불사의 물, 암리따'와 관계를 맺고 있다. 즉 '생·노·병·사의 고苦 가운데 가장 가증스러운 고통인 죽음으로부터의 해방'이란 것에 대한 대안으로 천수다라니는 '불사의 물'로서의 암리따의 상징성을 제시하고 있는 것이다.

그럼에도 불사의 물, 암리따를 얻어 가질 수 있음은 탐·진·치 삼독의 소멸로부터 생겨난 일체지의 획득을 통해 가능한 것이다. 이에 탐·진·치 삼독이란—닐라깐타 신화의 예에서 볼 수 있듯이—'불사의 물 암리따'를 획득코자 하는 과정 속에 산출되는 독毒 깔라꾸따에 비유할 수 있다. 그런데 이 독은 신들 중의 신, 요가의 주로서 청경靑頸, 닐라깐타만이 제거할 수 있는 것으로, 그의 구원력에 호소하는 가운데 탐·진·치 삼독의 소멸을 통한 일체지를 획득할 수 있다는 것이다.

여기서 일체지란 열반을 말한다. 이는 불교 수행의 궁극적 단계로 '삶의 길의 청정'에 비유할 수 있으며, 이 열반(또는 청정)이란 대보살, 크나큰 자비의 성관자재 보살 마하살께 대한 귀의를 통해 성취될 수 있음을 다라니는 말하고 있다.

결국 천수다라니는 그 구조에 있어 상당히 도식적 측면을 보이고 있다. 즉 불사의 물, 암리따로 상징되는 일체지는 불지佛智로서, 궁극적 깨달음인 열반을 지칭하기도 하는 바, 그 열반을 얻어 증득하기 위해서는 그것을 추구하는 과정 속에 생겨나는 탐·진·치 삼독의 제거가 전제되며, 탐·진·치 삼독의 제거는 닐라깐타로 비유되는 성관자재의 크나큰 자비에 의해 가능하다는 것이다. 그러므로 다라니 안에서 "크나큰 자비의 성관자재 보살 마하살께 귀의"하며, "모든 두려움 가운데 피난처 되는 그에게 귀의"를 행하게 되는 즉, 전체 천수다라니 어구 안에는 유신적有神的 입장에 근거한 타력적他力的 측면이 전제되어 있음을 볼 수 있다.

부록 I의 參考文獻

I. 原典

Rāmāyaṇa, Gorakhpur(India): Gita Press.

Rāmāyaṇa(Trans. by Hari Prasad Shastri), Burleigh Press, 1962.

Rāmāyaṇa(Muneo Tokunaga ed, Machine readable text), Kyoto (Japan): 1993.

Mahābhārata(Trans. by J.A.B. van Buitenen), The Univ of Chicago Press, 1973.

Mahābhārata(Muneo Tokunaga ed, Machine readable text), Kyoto(Japan): 1991.

『바가바드기타』(길희성 譯), 서울: 현음사, 1992.

『大毘盧遮那成佛經疏』 卷第13(『大正藏』 39).

『大唐西域記』 卷第10(『大正藏』 51).

II. 單行本

Anneliese und Peter Keilhauer(全在星 譯), 『힌두교의 그림언어』, 서울: 東文選, 1994.

Benoytosh Bhattacharyya, *The Indian Buddhist Iconography*, Calcutta: Firma K.L. Mukhopadhyay, 1958.

B.L.Smith ed, *Hinduism, - New Essays in the history of Religions*, Leiden: Ej. Brill. Pub. 1982.

D. C. Sircar, *Studies in the Religious life of Ancient and Medieval India*, Delhi: Motilal Banarsidass, 1971.

H. Zimmer, *The Art of Indian Asia, vol. 1, 2.* New Jersey: Princeton University Press, 1983.

John Dowson, *Hindu Mythology and Religion,* Delhi: Rekha Printers(P) Ltd, 1989.

Karel Werner, *Symbols in Art and Religion*, Delhi: Motilal Banarsidass, 1990.

Lokesh Chandra, *The Thousand-Armed Avalokiteśvara*, Delhi: IGNCA/abhinav Pub. 1988.

Nakamura Hajime, *Indian Buddhism*, Delhi: Motilal Banarsidass, 1987.

S. A. Dange, *Legends in the Mahābhārata*, Delhi: Motilal Banarsidass, 1969.

Veronica Ions, *Indian Mythology*, Yugoslavia: Hamlyn Pub, 1988.

岩本 裕(권기종 譯),『佛敎, 그 世界』, 서울: 同和文化史, 1980.

田久保周譽,『眞言陀羅尼藏の 解說』, 東京: 鹿野苑, 昭和 42.

本田義英,『佛典の內相と外相』, 東京: 弘文堂書房, 昭和 9.

III. 論文

Lokesh Chandra, *"Nīlakaṇṭha Lokeśvara as the Buddhist apotheosis of Hari-Hara"*, (「佛敎硏究」, Vol. 4, 5), 서울, 大興企劃, 1988.

P. Thomas(이호근 譯), 「우주(진화)론적 신화들」, (「불교연구」, Vol.3., 서울: 삼영문화사, 1987)

Paul Mus, *"Thousand-Armed Kannon, - A Mystery or a Problem?"*, (「印度學佛敎學硏究」, Vol. 12-1)

Shōjun Hatsuzaki, *"A Study of the Dhāraṇi in the Jani-tam"*, (「印度學佛敎學硏究」, Vol. 16-2)

雲井昭善, 「原始佛敎用語としての amata(amṛta)の槪念について」, (印度學佛敎學硏究, Vol. 3-2)

藤田宏達, 「阿彌陀佛の原語」, (印度學佛敎學硏究, Vol. 13-2)

부록 II

천수천안 관세음보살 광대원만 무애대비심 다라니경[1]

당唐 서천축西天竺 사문沙門 가범달마伽梵達磨 한역漢譯
조계사문曹溪沙門 정각 역주譯註

이와 같이 나(아난)는 들었습니다.

한때 석가모니부처님께서 보배로 꾸며진, 보타락가산補陀落迦山[2]에 있는 관세음궁전의 보배로운 사자좌에 앉아 계셨을 때의 일이었습니다.

---

1 이 經을 번역하는 데 低本이 된 것은 伽梵達磨가 漢譯한 『千手千眼觀世音菩薩廣大圓滿無礙大悲心陀羅尼經』(『大正藏』 20, no.1060)이다. 대장경 안에 유사 경전으로 不空이 번역한 「千手千眼觀世音菩薩大悲心陀羅尼』(『大正藏』 20, no.1064)」가 있으며, 이 둘은 동일 저본으로부터 번역된 것으로 보인다. 이 두 경전은 (추가 및 삭제 부분을 제외하고는) 한문 번역 문구에 있어 상당한 일치를 보이고 있다. 가범달마 역본 『천수천안관세음보살광대원만무애대비심다라니경』을 번역함에 있어 譯者는 불공 역본을 참조하였으며, 두 역본 중 어구가 달리 쓰였거나, 삽입 내지 삭제된 부분에 대해서는 註를 달아 표시해 두었다.

2 남인도 Madura 지방 카르다몬 산맥의 말라야山 동쪽 파파나삼山으로 추정.

그때 그 사자좌는 순純[3]의 높이로 수없이 많은 마니摩尼 보석으로 꾸며져 있었으며, 주위에는 보배로운 깃발 100여 개가 걸려 있었습니다.

그때 여래如來께서는 사자좌 위에 올라 앉아 계셨던 바, 총지總持인 다라니陀羅尼[4]를 설하고자 하신 까닭이었습니다.

---

3 15尺에 해당하는 길이의 단위로, 약 4.5미터.

4 **眞言과 陀羅尼** : 眞言은 산스크리트어 mantra의 번역어로, 曼怛羅라 音譯되기도 한다. 「眞言mantra」이란 佛·菩薩 및 神들의 誓願 내지 그들의 德性과 別稱, 가르침의 깊은 의미를 포함하는 비밀스런 語句를 말한다. 원래 희·로·애·락 등에 의해 생겨난 감탄사, '말(言) 이전의 표현이거나 언어 이전의 문자' 등을 가리키는 말로, 발음 자체에 깃들어 있는 신비한 힘에 대한 신앙에서 유래된 것으로 보인다. '말(言) 이전의 표현 내지 言語 이전의 문자'. 이런 뜻에서 이를 '참된 말', 즉 眞言이라 부르는 바, 진언이란 인간 언어의 중재를 거치지 않은 채 직접 진리를 표출해 낸다거나, 직접 진리에 화합하는 성질을 가진 것으로 이해되기도 한다. 또한 진리 뿐만이 아닌 신성한 힘과의 '직접적 만남'을 가능케 하는 어구로, 진언의 많은 부분이 神들의 덕성 내지 별명을 드러내는 까닭에(『천수경』 「신묘장구대다라니」는 관자재보살의 별칭과 덕성을 찬탄하고 있다), 진언을 외운다 함은 만유의 공간 속에 머무는 神力을 주변에 끌어들이는 역할을 함이라 말할 수 있다.

다라니Dharani는 단어 자체에 「기억하다·간직하다」는 뜻을 가진다. 그 안에 경전의 함축된 내용 내지, 神들의 행적에 대한 개요가 담겨져 있는 바, 중심 단어 하나를 외움으로써 神의 행적에 대한 회상작업이 가능할 수 있게 만들어진 어구라 할 수 있다. 한 사람의 별명을 부를 때, 그 별명을 통해 그의 총체적 업적을 행위를 조명해 볼 수 있듯이…

이렇듯 다라니·진언 안에는 많은 상징적 의미가 담겨 있는 까닭에 이를 번역하지 않고 音譯해 사용하였는 바, 이는 중국의 譯經師 玄奘스님의 '五種不翻'의 예에서 비롯한 것이라 하겠다. 「오종불번」란 '다섯 가지 번역하지 않는 것'으로 예를 들면 다음과 같다.

① 「陀羅尼」, 「眞言」과 같이 그 안에 비밀한 뜻이 함포되어 있는 것.

② 「婆伽梵」(붇다·세존의 번역어로 쓰임)」과 같이 많은 의미를 함포하는 것.

③ 「閻浮樹」와 같이 인도에는 있되 중국에는 존재하지 않는 것.

그때 그곳에는 수없이 많은 보살마하살菩薩摩訶薩이 함께 계셨으니, 총지왕보살·보왕보살·약왕보살·약상보살·관세음보살·대세지보살·화엄보살·대장엄보살·보장보살·덕장보살·금강장보살·허공장보살·

---

④「阿耨多羅三藐三菩提」와 같이 이전 譯者가 音譯해 일반적으로 그 의미가 두루 알려져 있는 것.

⑤「般若」와 같이, 智慧라 번역하면 경박하기 때문에 그 존중의 의미를 잃지 않기 위해 번역하지 않는 것 등.

위 원칙에 의해 眞言은 번역하지 않고 音譯해 쓰는 바, 일반적으로 진언 중 긴 것을 「陀羅尼dharani」라 부르며 혹 진언과 다라니를 합해 '明呪vid a'라 표현하기도 한다. 한편 「옴oṁ」과 같이 한두 글자로 이루어진 진언은 '種子'라 부르는 바, 種子 안에는 초월적 인물에 대한 특성 및 업적, 내지 종교·철학의 상징성 등이 한 문자로 표현됨이 통례이다.

진언 및 다라니의 효용성을 고대 인도 및 원시불교 시대에 널리 사용된 「眞實語」 사용 등에서 예를 찾아볼 수 있다. 이에 몇몇 경전들(『앙굴마라경』 내지 『자타카』·『마하바스투』·『밀린다팡하』) 안에서 「眞實語」라 불리는 특유의 표현법을 만날 수도 있는데, 이는 진실 자체에 내재한 힘에 의해 실현 불가능한 일이 성취된다고 생각하는 관념을 말한다.

한 예로, 옛날 얀나닷타라 불리는 아이가 독사에 물려 쓰러지게 되었다. 양친은 외도 수행자를 청해 다음과 같이 말했다. '당신은 출가자이니 이 소년에게 자비를 베풀어 眞實語를 말해 주십시오.' 그러자 수행자는 그 청을 승락하고 손을 소년의 머리에 얹고 "나는 일곱날 동안 마음을 깨끗이 하고 복덕을 구하여 범행을 닦았습니다. 이 근래 54년 세월을 아무 욕망 없이 유랑하고 있습니다. 이 진실에 의해 건강을 되찾고 얀나닷타여, 살아나거라!" 말했던 바, 소년의 가슴에서 독이 빠져나와 생명을 건지게 되었다는 것이다.

이렇듯 진실(삶의 진실)을 바탕으로 행해진 말에는 무한한 힘이 깃든다는 것. 그리고 진실을 바탕으로 행해진 말 속에서 신비한 세계와의 접촉을 시도코자 하는 것. 그럼에도 우리가 외우는 진언 및 다라니 등은 내 자신 行의 진실이 아닌, 과거 神들 행위의 진실에 의지해 내 자신 기원을 성취코자 하는데 그 뜻이 있다고 할 수 있다.

미륵보살·보현보살·문수사리보살들로 모두 정수리에 기름부음을 받은 위대한 법왕자法王子들이었습니다.

또한 수없이 많은 위대한 성문승(聲聞僧; 높은 깨달음을 얻은 스님)들이 함께 계셨으니, 그들은 모두 아라한阿羅漢으로 10지十地의 지위에 오른 마하가섭이 그들을 대표하였습니다. 그리고 선타범마를 대표로 한 범마라천과 구파가 천자를 대표로 한 욕계의 많은 천신들 및, 제두뢰타 천왕을 대표로 한 세상을 보호하는 사천왕들, 천덕 대용왕을 대표로 한 천·룡·야차·건달바·아수라·가루라·긴나라·마후라가·인비인人非人 등이 모여 있었습니다.

한편 동목천녀를 대표로 한 욕계 하늘의 천녀들과 허공신·강신·바다신·천원泉源신·하소河沼신·약초신·수림樹林신·사택舍宅신·수신·화신·지신·풍신·토신·산신·석石신·궁전宮殿신 등이 모두 자리에 참석해 있기도 하였습니다.

그때 문득 관세음보살께서 모임 가운데 은밀히 신통을 보이시자 빛의 광명은 시방의 국토 및 삼천대천세계[5]를 비추었고 모두를 금색으로 물들였으며, 천궁·용궁 및 모든 신들의 궁전이 진동하였고 강과 하천 및 큰 바다와 철위산·수미산·토산·흑산 등이 크게 흔들렸고, 해와 달의 비추임과 별의 반짝임 모두가 그로 인해 빛을 발하지 못하였습니다.

---

5 三千大千世界 : 수미산을 중심으로 한 전체 우주를 「小世界」라 하고, 천개의 소세계를 「小千世界」라 한다. 또한 천개의 「소천세계」를 「中千世界」라 하며, 천개의 「중천세계」가 모여 「大千世界」가 되는 바, 대·중·소 3종의 千世界가 모여 이를 「三千世界」라 한다. 즉 숫자적 3,000이 아닌 1,000의 3승의 숫자에 해당하는 세계를 말하기에 「삼천세계」라 하며, 「삼천대천세계」라 칭하기도 한다.

그러자 총지왕보살이 일찍이 없던 희유하고 기이한 현상을 보고 자리에서 일어나 손을 모아 합장하고, '누가 이와 같은 신통의 빛을 나타냈는지' 부처님께 다음 게송으로 여쭈었습니다.

누가 지금 바른 깨달음 이루어
널리 이와 같은 대 광명을 놓음이니까?

시방 국토 다 금색으로 변하였고
삼천세계 또한 그러하오니
누가 이제 자재함을 얻어
희유한 대 신통의 힘을 펼쳐 드러내나이까?

가없는 부처님 나라 모두 흔들리고
용궁과 신들의 궁전 모두가 편치 못하오니
이 자리의 대중들은 의심이 일고
이 까닭과, 이 누구의 힘인 줄 측량치 못하옵니다.

부처님께서는 보살과 대 성문승들을 위해
범마천과 모든 불자들을 위하여,
오직 원컨대 세존이시여
크나큰 자비로서 이 신통의 까닭과 유래를 말해 주소서.

이에 부처님께서 총지왕보살에게 이르시기를,

선남자여, 너희는 마땅히 알지니라. 지금 이 모임 가운데 한 보살마하살이 있으니, 그의 이름은 관세음자재觀世音自在이니라. 그는 수없는 세월을 지내오면서 대자대비를 성취하였고 능히 무량한 다라니문陀羅尼門을 잘 닦았으니, 이제 모든 중생들을 안락케 하고자 은밀히 이와 같은 큰 신통의 힘을 드러낸 것이다.

부처님께서 이 말을 마치시자 관세음보살이 자리에서 일어나 옷을 단정히 하고 부처님께 합장하여 말하였습니다.

세존이시여, 저에게 '대비심 다라니주大悲心陀羅尼呪'가 있사온 즉 이제 마땅히 그것을 이야기하고자 합니다. 그것은 모든 중생의 안락을 위한 까닭이며, 일체의 병을 없애고자 하는 까닭이며, 그들의 수명 장수를 위하여, 부귀함을 얻게끔, 일체 악업과 중죄를 멸하기 위하여, 모든 어려움의 장애되는 바를 벗어나게 하기 위하여, 또한 모든 청정한 법과 공덕을 증장케 하기 위하여, 선근善根을 성취시키기 위해, 그리고 모든 두려움을 멀리 여의고 구하고 원하는 바를 만족케 하기 위한 까닭이니, 원컨대 세존이시여 '대비심 다라니주' 설說함을 자비로이 허락해 주소서.

그러자 부처님께서 말씀하시기를,

선남자여, 네가 크나큰 자비의 마음으로 중생들을 안락케 하기 위해 '신주神呪'를 설하고자 하니, 지금이 바로 좋은 때이니라. 어서 마땅히 펼쳐 이야기하도록 하라. 여래如來 또한 기뻐할 것이며 모든 부처님들 역시 그러하리라.

이에 관세음보살께서 거듭 부처님께 말씀하기를,

세존이시여, 기억컨대 과거 무량 억 겁劫 전 한 부처님께서 세상에 출현하셨으니 그 부처님 이름은 천광왕정주여래千光王靜住如來셨습니다. 그 부처님 세존께서는 저를 가련히 여기시고 또한 일체 중생을 위해 이 '광대원만 무애대비심 다라니廣大圓滿無礙大悲心陀羅尼'를 말씀하셨는 바, 또한 금색 손으로 제 정수리를 쓰다듬으며 이렇게 말씀하셨습니다.

"선남자여, 네 마땅히 이 심주心呪를 가지고 말세末世[6]의 악한 세상

---

6 末世 또는 後五百歲 : 많은 대승경전에 「末世」 혹은 「後五百歲」란 표현이 등장하고 있다. 곧 '후오백세에 正法이 망한다'는 내용을 전하는 바, 이것은 前 500년에 대한 後 500년을 일컫는 말이다.

律藏 「比丘尼健度」에 의하면 부처님 正法은 佛滅後 1,000년간 지속될 것이었으나 여성 출가의 허락으로 말미암아 500년이 줄었다고 하고 있다. 이에 많은 대승경전에서는 정법이 멸하려 할 때 부처님 법을 수호하지 않으면 안 되며, 불멸 500년경에 생겨난 대부분의 대승경전은 大乘 佛法이야말로 멸해가는 정법을 일으킬 수 있는 「護法經典」이 됨을 강조하고 있다.

현재 알려진 바 부처님 입멸 시기를 B.C. 484년으로 추정한다면 정법기간 500년은 1세기경에 막을 내리며, 佛滅을 B.C. 386년으로 계산한다면 정법기간 500년은 2세기경에 이르러 그 막을 내리는 것으로 이해될 수 있다.

이렇듯 부처님 법이 멸해가고 있다는 위기의식 속에 많은 대승경전들은 末法 중생들을 위한 救援行을 전하는 바, 경전에 등장하는 「말세」 혹은 「후오백세」란 어구를 통해 그 경전이 어느 시기에 만들어졌는지 또한 추정할 수 있게 된다. 즉 B.C. 1세기경 성립된 초기 대승경전 『방광반야경』 및 『도행반야경』 등에는 이 말이 쓰여 있지 않는데 반해, 기원 전후에 성립된 『소품반야경』 및 『대반야경』

일체 중생들을 위해 널리 큰 이익을 짓도록 하라."

저는 그때 다만 초지初地의 수행 단계에 머물고 있었는데, 이 주문을 한 번 들었던 까닭에 8지八地의 수행 지위에까지 오르게 되었습니다. 그래서 크나큰 환희 속에 서원을 발하기를, "만약 제가 오는 세상에 일체 중생을 안락하게 하고 저들의 이익을 능히 감당할 수 있겠거든 제 몸에 천수천안千手千眼이 갖추어지이다" 하였는 바, 이러한 발원을 마치자 즉시 제 몸에 천 개의 손과 천 개의 눈이 모두 갖추어지게 되었습니다.

그러자 시방의 대지가 여섯 가지로 진동하였고, 시방에 계신 1,000분의 부처님들께서 모두가 빛을 놓아 제 몸을 밝게 비추셨으니, 또한 시방의 가없는 세계를 비추어 주시기도 하셨습니다. 그러한 일이 있은 후 수없이 많은 부처님 처소의 모임 가운데 저는 거듭 다라니를 듣고 받아 지니게 되었으며, 크나큰 기쁨 속에 거듭 수많은 생生을 거듭하였으니, 무수억 겁의 미세한 생사生死를 초월할 수도 있었습니다.

또한 그 일이 있은 후 저는 항상 다라니를 지송持誦하여 한 번도 그것을 잊거나 행하지 않은 바 없었습니다. 그리고 이 주문을 지녔던 까닭에 태어날 때마다 부처님 앞 연꽃 위에 화생化生하였고 태胎의 몸을 받지 않았습니다.

등에 이 표현이 등장하고 있는 까닭에, 이 표현의 삽입 여부를 통해 경전 성립 시기를 추정해 볼 수 있기도 하다. 이에 의하면 가범달마 역본의 「천수경」 역시 기원 전후 경 또는 그 이후에 만들어진 것이라는 폭넓은 추정을 행할 수 있게 된다. 가범달마 역본 「천수경」 안에는 위 「말세」란 표현 외에도 "삼천대천세계 안의 山河와 돌로 만든 벽 내지 네 바닷물이 능히 끓어오르고, 수미산과 철위산이 요동하거나 티끌같이 부서져버린다 해도"라거나 "三災와 惡劫" 등과 같은 「말세」와 관련된 표현이 등장하고 있음을 볼 수 있다.

이제 만약 비구·비구니·우바새·우바이·동남·동녀가 있어 이 다라니를 지녀 독송코자 하거든, 모든 중생들을 위해 자비심을 일으키고 저를 쫓아 먼저 이와 같은 원願을 발하여야 합니다.[7]

나무대비관세음 원아속지일체법 南無大悲觀世音 願我速知一切法
나무대비관세음 원아조득지혜안 南無大悲觀世音 願我早得智慧眼
나무대비관세음 원아속도일체중 南無大悲觀世音 願我速度一切衆
나무대비관세음 원아조득선방편 南無大悲觀世音 願我早得善方便
나무대비관세음 원아속승반야선 南無大悲觀世音 願我速乘般若船
나무대비관세음 원아조득월고해 南無大悲觀世音 願我早得越苦海
나무대비관세음 원아속득계정도 南無大悲觀世音 願我速得戒定道
나무대비관세음 원아조등열반산 南無大悲觀世音 願我早登涅槃山
나무대비관세음 원아속회무위사 南無大悲觀世音 願我速會無爲舍
나무대비관세음 원아조동법성신 南無大悲觀世音 願我早同法性身

대 자비이신 관세음보살께 귀의하오니,
세상의 일체 법, 속히 알기 바라나이다.
대 자비이신 관세음보살께 귀의하오니,

---

7 稽首文의 삽입 : 伽梵達磨 譯本과는 달리 不空이 번역한 『千手千眼觀世音菩薩大悲心陀羅尼』(『大正藏』 20, no.1064)에는 여기까지의 내용이 실려 있지 않다. 대신 가범달마 譯本 중 〈南無大悲觀世音〉 이하의 내용 앞에, 아래의 게송이 실려져 있다.

"稽首觀音大悲主 願力洪深相好身 千臂莊嚴普護持 千眼光明遍觀照
眞實語中宣密語 無爲心內起悲心 速令滿足諸希求 永使滅除諸罪業
龍天衆聖同慈護 百千三昧頓熏修 受持身是光明幢 受持心是神通藏
洗滌塵勞願濟海 超證菩提方便門 我今稱誦誓歸依 所願從心悉圓滿."

지혜의 눈을 빨리 얻기 바라나이다.
대 자비이신 관세음보살께 귀의하오니,
일체 중생을 속히 제도하기 바라나이다.
대 자비이신 관세음보살께 귀의하오니,
훌륭한 방편을 빨리 얻기 바라나이다.
대 자비이신 관세음보살께 귀의하오니,
반야의 배를 속히 타기 바라나이다.
대 자비이신 관세음보살께 귀의하오니,
괴로움의 바다, 빨리 건널 수 있기 바라나이다.
대 자비이신 관세음보살께 귀의하오니,
지계持戒와 선정禪定의 도道, 빨리 얻기 바라나이다.
대 자비이신 관세음보살께 귀의하오니,
열반의 산에 일찍 오르기 바라나이다.
대 자비이신 관세음보살께 귀의하오니,
함이 없는, 무위無爲의 처소에 빨리 이르기 바라나이다.
대 자비이신 관세음보살께 귀의하오니,
빨리 부처님 몸〔法性〕과 같이 되기 바라나이다.

아약향도산 도산자최절 我若向刀山 刀山自摧折[8]
아약향화탕 화탕자소멸 我若向火湯 火湯自消滅
아약향지옥 지옥자고갈 我若向地獄 地獄自枯竭
아약향아귀 아귀자포만 我若向餓鬼 餓鬼自飽滿

8 不空 譯本에는 「折」字 대신에 「打」字가 쓰여지나, 번역에는 별 무리가 생기지 않는다.

아약향수라 악심자조복 我若向修羅 惡心自調伏
아약향축생 자득대지혜 我若向畜生 自得大智慧

내가 칼로 만든 산에 이르면, 칼산이 저절로 꺾여지고
내가 뜨거운 불길에 이르면, 뜨거운 불길 저절로 소멸되며
내가 지옥에 이르면, 지옥이 저절로 말라버리며
내가 아귀의 세계에 이르면, 아귀들이 저절로 포만케 되고
내가 아수라의 세계에 이르면, 그들의 악한 마음 스스로 누그러지며
내가 축생의 세계에 이르면, 그들 스스로 지혜를 얻을 수 있게 하소서.

이렇듯 발원을 마치고 난 후 지극한 마음으로 저의 이름을 부르고 생각할 것이며, 또한 마땅히 제 근본 스승[本師]이신 아미타여래阿彌陀如來의 이름을 불러 오롯이 생각한 후 이 '다라니신주'를 외우되 하룻밤에 5번을 외워야 합니다. 그러면 몸 가운데 백천만억 겁의 생사 중죄가 소멸되어 없어지게 될 것입니다.[9]

또다시 관세음보살께서 부처님께 아뢰기를,

세존이시여, 만약 사람이나 천신들 중 누구라도 다라니[大悲章句]를 지녀 독송하는 자가 있으면 그가 목숨을 마칠 때 시방의 모든 부처님께서 다 오셔 손을 건네주실 것인 즉, 어떤 '불국토[佛上]'[10]에 탄생하

---

9 不空 譯本에는 이어 다음 구절이 추가되어 있다. "南無阿彌陀如來 南無觀世音菩薩摩訶薩."

10 伽梵達磨 譯本에는 「佛上」이라 표기되나 不空 譯本에는 「佛土」라 표기되어진다. 불공 역본에 의거해 번역하면 이 부분은 "불국토"라고 해야 할 것이다.

기를 바랄지라도 원하는 바에 따라 다 왕생하게 될 것입니다.

또한 부처님께 아뢰기를,

세존이시여, 만약 어떤 중생이 대비신주를 읽고 지니는 자로서 3악도(지옥·아귀·축생)에 떨어지는 자가 있다면 맹세컨대 저는 깨달음의 경지에 이르지 않겠습니다. 또한 대비신주를 읽고 지니는 자로서 모든 부처님들 나라에 태어나지 못한다면 맹세컨대 저는 깨달음에 이르지 않을 것이며, 그러한 그가 무량無量의 삼매와 함께 재주를 얻지 못한다면 맹세컨대 저는 깨달음에 이르지 않을 것입니다. 이 '대비신주大悲神[11]呪'를 읽어 지니는 자가 현재의 생 가운데 일체 구하는 바를 이루지 못한다면 '대비심 다라니라[12] 하지' 못할 것인즉, 착하지 아니한 자와 지성으로 외우지 아니한 자는 제외가 될 것입니다.
그리고 모든 여인들 중 여자의 몸을 싫어하고 천하게 여겨 '남자의 몸을 이루기 원한 채'[13] 대비다라니 장구章句를 읽고 지니되 만약에

---

11 不空 譯本에는 「神」字 대신 「心」字가 쓰여지고 있다. 가범달마 역본에서는 「大悲心呪」와 「大悲神呪」가 여러 곳에서 혼용되고 있다. 『大正藏』 20, p.107上 10행 및 20행, 29행을 비교해 볼 것.

12 불공 역본에는 「名」字가 포함되어진다. 그러므로 「名」字를 포함해 번역하면 "대비심다라니라 「이름」하지"가 될 것이다.

13 이 부분에 대한 가범달마 역본의 본문은 "欲成男子身"으로 기록되어 있는 데 비해, 불공 역본에서는 "欲得成男子者"로 되어 있어 번역상 약간의 차이점을 안겨준다. 즉 가범달마의 본문에 의한다면 "남자의 몸을 이루기 원하여"라 해야 할 것이지만, 불공의 본문에 의하면 "남자 되기를 얻기 원하는 자가 있어"라 번역해야 할 것이다.

여자의 몸이 변하여 남자의 몸을 이루지 못하는 자가 있다면, 맹세컨대 저는 깨달음에 이르지 않을 것입니다. 그럼에도 조금이라도 의심을 내는 자는 마땅히 '결과를 이룰 수'[14] 없을 것입니다.

또한 만약 모든 중생이 불·법·승 삼보〔常住〕의 재물이거나 음식을 침해·훼손시켰다면 1,000의 부처님이 세상에 출현해도 참회할 수 없을 것이며, '참회를 한다 하여도 그 죄를 씻어 멸할 수 없을 것입니다.'[15] 그럼에도 대비신주를 독송하면 죄를 씻어 멸함을 얻을 수 있을 것인 즉, 만약 불·법·승 삼보〔常住〕의 식용 음식물이거나 재물을 침해·훼손시켰다면 시방의 스승들께 참회하고 사죄한 연후 비로소 죄가 씻겨 멸할 것이니, 대비다라니를 독송할 때 시방의 '스승〔師〕'[16]께서 오셔서 증명해 주실 것이기 때문입니다.

그리하여 일체 죄의 장애되는 바 모두 소멸될 것인 즉, 십악죄 또는 오역죄를 지었거나, 사람을 헐뜯고 법을 비방하였거나, 재齋(六齋日)[17]를 파하고 계를 파했다거나, 탑을 깨뜨리고 절을 파괴하고 스님들 물건을 훔치며 청정한 수행을 더럽힌 이 같은 일체 악업의 무거운 죄가 대비신주大悲神呪를 독송함으로써 모두 소멸되어 없어지게 될 것입니다.

그러나 오직 한 가지 경우에만은 제외가 되니, 저 주문에 의심을

---

14 가범달마 역본에는 "不果遂"라 되어 있는데 비해 불공 역본에는 "不得果遂"라 되어 있다. 이를 번역하면 "결과를 이루어 얻을 수"라 할 수 있다.

15 가범달마 역본에는 "縱懺亦不除滅"이라 기록되나, 불공 역본에는 "縱能懺悔亦不除滅"이라 기록되어 있다. 이를 번역하면 "능히 참회를 한다 하여도 (그 죄를) 씻어 멸할 수 없을 것이다"라고 할 수 있다.

16 불공 역본에는 「師」 대신 「佛」字가 쓰여지고 있다.

17 불공 역본에는 「齋」 대신 「齊」字가 쓰여지고 있다.

내는 자에 한해서는 작은 죄를 짓거나 가벼운 업을 행했음에도 죄를 멸할 수 없음이거늘 어찌 하물며 무거운 죄가 멸해진다 말할 수 있겠습니까? 그러나 그러한 사람 역시 비록 무거운 죄를 멸할 수는 없을 지라도 주문을 외움으로서 깨달음에 이르는 먼 인연을 짓게 된다고 말할 수는 있을 것입니다.

또한 거듭 부처님께 아뢰기를,

세존이시여, 만약 사람이거나 천신들로서 대비심주大悲心呪를 외워 지니는 자는 15가지 좋은 삶〔生〕을 얻을 것이고, 15가지 나쁜 죽음을 받지 않을 것입니다.
나쁜 죽음을 받지 않음이라는 것은 '첫째,'[18] '그가(其)'[19] 목마르고 배고프고 가난하고 고통스러움에 죽지 않음입니다. 둘째, 감옥에 갇혀 몽둥이나 채찍에 맞아 죽지 않음이요, 셋째, '원수 갚음을 당하여 죽지〔怨家讐對死〕'[20] 않음이요, 넷째, '전쟁터〔軍陣〕'[21]에서 서로 죽임을 당하지 않음을 말합니다.
다섯째, '호랑이〔狩〕'[22]나 이리 등 악한 짐승의 피해를 입어 죽지

---

18 가범달마 역본의 본문에는 "一切"라 기록되어 있는 바, 그 후 둘째·셋째 등에서는 "二者, 三者…" 등으로 쓰여 있다. 또한 불공 역본에도 역시 "一者"로 표기되어 있음을 볼 때 "一切"는 版本에서 잘못 새겨진 것으로 보인다. "一者"로 바꾸어야 할 것 같다.

19 불공 역본에는 「其」 다음에 「人」字가 삽입되어 있다. 즉 "그 사람이"라 번역된다.

20 가범달마 역본의 "怨家「讐」對死"에서, 같은 「수讐」字이나 不空 譯本에서는 「수讎」字로 쓰여 있다.

21 "軍陣"을 불공 역본에서는 "軍陳"이라 표기하고 있다. 번역에 있어서는 큰 차이점이 없다 하겠다.

않음이요, 여섯째, 독사나 살모사 전갈 등에 중독되어 죽지 않음이요, 일곱째, 물에 빠지거나 불에 타 죽지 않음이요, 여덟째, 독약에 중독되어 죽지 않음을 말합니다.

아홉째로는 '뱃속에 있는 벌레〔蟲〕'[23]의 독으로 '해를 입어〔害〕'[24] 죽지 않음이요, 열째, 미치거나 정신을 잃어 죽지 않음이요, 열한 번째, 산과 나무, 낭떠러지 등에서 떨어져 죽지 않음이요, 열두 번째, 악인이나 도깨비에 홀려 죽지 않음이요, 열세 번째, 사악한 신이거나 악한 귀신에 의해 죽지 않음이요, 열네 번째, 악한 병이 몸을 감싸 죽지 않음이요, 그리고 열다섯 번째는 살해당하거나 자살로써 죽지 않음을 말합니다. 이렇듯 대비신주를 외워 지니는 자는 이와 같은 15가지 종류의 악한 죽음을 받지 않게 될 것입니다.

한편 15가지 좋은 삶〔生〕을 얻게 된다는 것은, 첫째, 태어나는 곳마다 항상 어진 임금을 만나게 됨이요, 둘째, 항상 좋은 나라에 태어나게 되며, 셋째, 항상 좋은 시절을 만나게 되고, 넷째, 언제나 좋은 벗을 만나며, 다섯째, 몸의 각 기관이 언제나 모두 갖춰짐을 얻고, 여섯째, 도道를 구하고자 하는 마음이 정밀히 깊어지며, 일곱째, 금한 바 계를 범하지 아니하고, 여덟째, 거느리는 권속들이 의롭고 은혜로이 화목하며, 아홉째, 돈과 함께 재물과 음식이 항상 풍족함을 얻게 됨을 말합니다.

또한 열 번째, 항상 타인의 공경과 도움을 얻게 되고, 열한 번째, 있는 바 재산과 보물을 남에게 빼앗기지 않게 되며, 열두 번째,

---

22 불공 역본에는 「犲」字 대신 「虎」字로 쓰여 있다.

23 불공 역본에는 「蟲」字 대신 「蟲」字가 쓰여 있다.

24 불공 역본에는 「所」字가 포함되어진다. 그러므로 불공 역본에 의하면, "해 입은 바 되어〔所害〕"라고 해야 할 것이다.

뜻으로 바라고 구하는 바를 모두 맞아 이루게 될 것이며, 열세 번째, 용과 천신·선한 신들이 항상 돕고 호위할 것이며, 열네 번째, 태어나는 곳마다 부처님을 뵙고 법을 듣게 될 수 있을 것입니다. 그리고 열다섯 번째, 들은 바 바른 법의 깊은 뜻을 깨닫게 될 것입니다. 대비심다라니를 외워 지니는 자는 이와 같은 15가지 종류의 좋은 삶을 얻게 될 것입니다.

그러므로 일체 사람과 천신들은 마땅히 언제나 이 대비심다라니를 외워 지녀야 할 것이며, 게으르고 태만한 생각을 내서는 안 될 것입니다.

이 같은 말을 마치신 관세음보살께서 대중의 모임 앞에 합장하고 단정히 머무신 채, 연이어 모든 중생들에게 대자비심을 일으킨 환한 얼굴에 미소를 머금으시고 이와 같은 '광대하고 원만하며 거리낌 없는 대비심의 대다라니〔廣大圓滿無礙大悲心「大」陀羅尼〕'[25]인 신묘장구 다라니神妙章句陀羅尼를 설하셨습니다. 이에 이르시기를,[26]

---

25 불공 역본에는 "廣大圓滿無礙大悲心陀羅尼"라 하여 「大」字가 빠져 있다.

26 **陀羅尼 본문의 音譯** : 다라니 본문의 음역에 있어, 가범달마 역본과 불공 역본과는 거의 일치된 모습을 보이고 있다. 그럼에도 전체 다라니 音譯 부분 중 34字의 상이함이 발견되며, 이에 대해서는 뒤에 실어 둔 〔참고.1〕의 〈不空과 伽梵達磨 譯本의 다라니 音節 구분 및, 불공 역본에 기초한 「畵千手」〉를 참조 바란다. 한편, 다라니에 대한 漢譯의 음절 구분에 있어 가범달마 역본에서는 82句의 구분을, 불공 역본에서는 84구의 구분을 행하고 있는 바, 불공 역본에서는 어절 구분 각각에 대한 간략한 註를 달아 놓기도 하였다. 이에 대해서는 본문 가운데 첨자(예: 1) 2) 등)로서 구분을 행하기로 하겠는 바, 불공 역본에 보이고 있는 어절 구분에 대한 각각의 註에 대해서는 뒤에 실어둔 〔참고.1〕을 참조 바란다.
한편 다라니 음역에 대한 한글 표기를 행함에 있어서는 1716년에 판각된 「觀世音菩薩靈驗略抄」의 木版本을 참고하였으며, 거기 실린 畵千手 역시 〔참고.1〕에 소개하

나모라 다나다라 야야[1)]

나막알약[2)] 바로기뎨 새바라야[3)] 모지사다 바야[4)] 마하사다 바야[5)] 마하 가로니가야[6)]

옴[7)] 살바바예[8)]슈 다라 나가라야 다사명[9)] 나막

싸리다바 이맘알야[10)] 바로기뎨 새바라 다바[11)] 니라간타[12)] 나막

하리나야 마발다 이샤미[13)] 살발타 사다남 슈반[14)] 아예염[15)] 살바 보다남[16)] 바바말아 미슈다감[17)]

다냐타[18)]

옴 아로계 아로가 마디[19)]로가 디[20)]가란뎨[21)] 혜혜 하례[22)]

마하 모지 사다바[23)] 사마라[24)] 사마라[25)] 하리나야[26)]

구로 구로 갈마[27)] 사다야 사다야

도로 도로 미연뎨[28)] 마하 미연뎨[29)]

기로 한다. 이와 더불어 〔참고.1〕 가운데 漢譯 音譯과 한글 음역의 다라니를 비교해 실어 두었는 바, 한역 音譯과 한글 音譯은 각각 본문상에 상이점이 생겨나 그 구분이 정확하지 않다는 점을 미리 말해 둔다.

다라 다라[30] 다린 나례[31] 새바라[32]

자라 자라[33] 마라 미마라 아마라[34] 몰뎨

예[35]혜혜[36] 로계새바라 라아 미사미 나샤야[37] 나베 사미 사미 나샤야[38] 모하 자라 미사[39]미 나샤야[40]

호로 호로 마라[41] 호로 하례[42] 바나마나바

사라 사라[43] 시리 시리[44] 소로 소로[45] 못댜 못댜[46] 모다야 모다야[47]

매다리야[48] 니라간타[49] 가마 샤날샤남[50] 바라 하라 나야 먀낙[51] 사바하[52]

싯다야[53] 사바하[54] 마하 싯다야[55] 사바하[56] 싯다유예[57] 새바라야[58] 사바하[59]

니라간타야[60] 사바하[61] [62] [63]

바라하 목카 싱하 목카야[64] 사바하[65]

바나마 하짜야[66] 사바하[67]

자가라 욕다야[68] 사바하[69]

샹카 셥나네 모다나야[70] 사바하[71]

마하라 구타다라야[72] 사바하[73]

바마사간타 니샤시톄다 가릿나 이나야 사바하

먀가라 잘마 니바사 나야[74] 사바하[75]

나모라 다나 다라 야야[76] 나막 알야[77] 바로 기뎨[78] 새바라야[79] 사바하[80] [81] [82] [83] [84] [27]

---

27 다라니 어절 구분 및, 手呪의 문제 : 다라니 어절 구분에 있어 가범달마 역본의 81 82 83은 불공 역본에서 81로, 84는 불공 역본에서는 82로 나뉘어 있는 바, 불공 역본은 전체 句로 구분되어 있다.
한편 불공 역본에서는 위 다라니가 마쳐진 후 41개의 「手呪」에 대한 설명이 이어지고 있다. 그리고 이후 다라니에 대한 간략한 찬탄으로서 전체 경전 내용이 마쳐지는 바, 불공 역본은 가범달마 역본과는 달리 다라니의 내용에 주안점을 둔 채 형성되어진 것임을 알 수 있다.
또한 특이할 점은 불공 역본의 뒷부분에 後記가 붙어 있는 것으로, 그 내용에 의하면 현재 전하는 불공 역본은 상당 부분 생략되어 있음을 말하고 있다. 후기의 내용 중 이에 관계되는 구절만을 간략히 옮겨 번역하면 다음과 같다.
"『八家祕錄』에 이르기를, '「천수천안관세음광대원만무애대비심대다라니 신묘장구」 1권은 비록 經 이름은 있으되 모두가 생략되어 있다(八家祕錄云 千手千眼觀世音廣大圓滿無礙大悲心大陀羅尼神妙章句 一卷 雖名有具略).'"
또한 특이한 점은, 불공 역본에서는 이 같은 내용상의 생략으로 인해 「手呪」에 대한 설명 역시 관세음보살께서 說하신 것으로 오해될 소지가 있으나, 가범달마 역본에 의하면 「手呪」 부분은 석가모니 부처님께서 自說하신 것으로 되어 있다.

관세음보살께서 이 주(呪; 다라니)를 설하고 나니 대지는 6종으로 진동하였고, 하늘에서는 보배의 꽃비가 흩어져 내렸습니다. 또한 시방의 모든 부처님께서 환희하시고 천마·외도는 놀랍고 두려움에 떨었으며(모발이 쭈뼛해졌으며), 일체 대중들은 다 도과[果]를 증득하였으니 혹 수다원과·사다함과·아나함과·아라한과 또는 1지地·2지·3지·4지·5지[28] 내지 10지十地의 수행 지위를 얻고 수많은 중생들이 보리심을 발하게 되었습니다.[29]

이때 대범천왕이 자리에서 일어나 옷을 단정히 하고 합장하여 공경을 표한 뒤 관세음보살께 말씀드리기를,

정말 훌륭하십니다, 대 보살[大士]이시여. 제가 과거로부터 지금에 이르도록 수없이 많은 부처님들 모임에 참석하여 여러 가지 법문과 다라니를 들었사온 즉, 이 '무애대비심대비다라니無礙大悲心大悲陀羅尼'인 신묘장구神妙章句와 같은 것을 설함은 일찍이 듣지 못하였습니다. 오직 원컨대 대 보살[大士]이시여, 저희를 위해 이 다라니의 형상과 모양[形貌狀相]에 대해 말씀해 주소서. 저희들 대중은 즐겨 듣고자 원하옵니다.

이에 관세음보살께서 범천왕에게 이르시기를,

---

28 가범달마 역본에는 "三地四地五地" 등으로 표기되나, 불공 역본에서는 "三四五地"로 표기되어 있다.

29 다라니에 이어, 뒷부분 41개 「手呪」에 대한 설명을 연이어 소개한 다음 불공 역본은 종결을 이루고 있다. 즉 위 내용 다음에 "大悲心陀羅尼經幷呪終"이란 구절로서 불공 역본은 마쳐지고 있는 것이다.

네가 일체 중생들을 이익케 하고자 방편으로서 이 같은 질문을 하는구나. 이제 너는 자세히 듣거라. 내 너희를 위하여 간략히 말하리라.

그리고 이르시기를,

대자비심大慈悲心이야말로 이 다라니의 형상과 모양〔形貌狀相〕이 되니, 이는 평등심平等心이라 말할 수 있다. 또한 무위심無爲心이며 무염착심無染着心·공관심空觀心·공경심 그리고 비하심卑下心과 무잡란심·무견취심無見取心·무상보리심無上菩提心 등이 그 표현이 되기도 하는 즉, 그대는 마땅히 이를 의지해서 수행토록 하라.

대범천왕이 아뢰기를,

저희들 대중은 이제야 비로소 이 다라니의 표현〔相貌〕에 대해 알게 되었습니다. 이제로부터 받아 지녀 감히 잊어버리지 않도록 하겠습니다.

이에 관세음보살께서 말씀하시기를,

만약 선남자 선여인이 이 신주를 외워 지니고자 하거든 광대한 보리심을 발發하고, 맹세코 일체 중생을 제도할 서원을 세워야 한다. 그리고 몸은 재계齋戒 속에 머물러 모든 중생들에게 평등심平等心을 일으키고, 항상 이 주呪를 독송하되 끊임이 없어야 할 것이다. 또한 깨끗이 목욕을 하고 옷을 갈아입은 후 정돈된 방에 머물러야 할 것이니,

깃대를 매달며 등을 단 후 꽃과 많은 음식으로서 공양을 올린 다음 마음을 한곳에 모아 다른 생각을 갖지 말아야 할 것이다.
이처럼 여법如法히 다라니를 외워 지니게 되면 그때 마땅히 일광보살과 월광보살께서 수많은 신선들과 함께 오셔서 증명해 주실 것인즉, 그 효험이 더하게 될 것이다. 그리고 나 또한 천 개의 눈으로 비추어 보고 천 개의 손으로 그를 지켜 보호하리니, 이로써 세상의 모든 경전들을 능히 이해할 수 있게 되고 일체 외도의 법술과 함께 경전들을 능히 통달할 수 있을 것이다.
또한 이 신주를 외워 지니는 자는 세상 8만 4천 가지의 병을 모두 치료하여, 낫지 않는 자가 없게 될 것이다. 그리고 일체 귀신을 부리고 천마天魔를 다스리며 일체 외도를 제압할 수 있으리니, 만약 산이나 들판에 머물러 경전을 외우거나 좌선을 하려 할 때 산의 정령들과 잡귀들이 마음을 안정되지 못하게 만들더라도 이 주문〔呪〕을 한 편만 외우면 모든 귀신들이 다 꼼짝 못하게 될 것이다.
만약 여법히 다라니를 외워 지니되 모든 중생들에게 자비의 마음을 일으키는 자에게는 내 마땅히 일체 선신들과 용왕, 금강밀적에게 명命하여 마치 자기 눈동자나 자신 목숨을 보호하듯 그를 보호하되 그 곁을 떠나지 않게 하리라.

이어 게송으로서 이르시되,

밀적금강密跡金剛 오추군다앙구시烏芻君茶鴦俱尸[1], 8부역사 상가라八部力士賞迦羅[2]에게 이르노니,
항상 마땅히 다라니 수지자를 옹호하여라.

마혜나라연摩醯那羅延[3]과 금강라타가비라金剛羅陀迦毘羅[4]에게 이르노니,

항상 마땅히 다라니 수지자를 옹호하여라.

바삽파루라婆馺婆樓羅[5]와 만선차발진타라滿善車鉢眞陀羅[6]에게 이르노니,

항상 마땅히 다라니 수지자를 옹호하여라.

살차마화라薩遮摩和羅[7]와 구란단타반지라鳩闌單咤半祇羅[8]에게 이르노니,

항상 마땅히 다라니 수지자를 옹호하여라.

필파가라왕畢婆伽羅王[9]과 응덕비다살화라應德毘多薩和羅[10]에게 이르노니,

항상 마땅히 다라니 수지자를 옹호하여라.

범마삼발라梵摩三鉢羅[11]와 오부정거염마라五部淨居炎摩羅[12]에게 이르노니,

항상 마땅히 다라니 수지자를 옹호하여라.

제석천왕과 33천,[13] 그리고 대변공덕파항나大辯功德婆恒那[14]에게 이르노니

항상 마땅히 다라니 수지자를 옹호하여라.

제두뢰타왕提頭賴咤王[15]과 신모녀神母女 등 대력중大力衆[16]에게 이르노니,

항상 마땅히 다라니 수지자를 옹호하여라.

비루륵차왕毘樓勒叉王[17]과 비루박차비사문毘樓博叉毘沙門[18]에게 이르노니,

항상 마땅히 다라니 수지자를 옹호하여라.

금색공작왕金色孔雀王[19]과 28부 대선중大仙衆[20]에게 이르노니,
항상 마땅히 다라니 수지자를 옹호하여라.
마니발타라摩尼跋陀羅[21]와 산지대장 불라파散支大將弗羅婆[22]에게 이르노니,
항상 마땅히 다라니 수지자를 옹호하여라.
난타難陀와 발난타跋難陀[23], 파가라용 이발라婆伽羅龍伊鉢羅[24]에게 이르노니,
항상 마땅히 다라니 수지자를 옹호하여라.
수라脩羅·건달바乾闥婆[25] 및 가루라迦樓羅·긴나라緊那羅·마후라가摩睺羅迦[26]에게 이르노니,
항상 마땅히 다라니 수지자를 옹호하여라.
수화신水火神과 뇌전신雷電神,[27] 구반다왕 비사사鳩槃茶王毘舍闍[28]에게 이르노니,
항상 마땅히 다라니 수지자를 옹호하여라.[30]

이 모든 선신들 및 용왕·신모녀神母女들에게는 각 500명씩의 권속과 대력야차大力夜叉가 있어, 항상 대비신주를 외워 지니는 자들을 쫓아 옹호할 것이다. 혹 그 사람이 인적이 없는 산이거나 광야에서 홀로 외로이 밤을 지새울 때에도 이 모든 선신들이 번갈아 보호하여 재난과 장애를 물리쳐 없애 줄 것이며, 깊은 산 가운데 길을 잃을 지라도 이 주문을 독송하면 선신과 용왕이 사람의 모습으로 변하여 바른

---

30 이상은 관세음보살을 따르며, 다라니 受持者를 옹호하는 천신들을 나열한 것이다. 일반적으로 〔28部衆〕이라 칭하며, 각각 번호(예: [1] [2])로서 그 구분을 행하였다. 이에 대한 상세한 설명을 『十百千陀羅尼守護者名號略釋』(『大正藏』 61, pp.749~754) 중에서 찾아볼 수 있다.

길을 안내해 줄 것이다. 또한 숲속이거나 광야에서 물과 불이 없어 곤란을 당할 때에도 용왕이 보호하는 까닭에 물과 불을 얻을 수 있을 것이다.

이어 관세음보살께서는 다라니를 외워 지니는 자들을 위해, 재앙을 없애고 청량함을 얻게끔 다음 게송을 말씀해 주시기도 하였습니다.

넓은들판 산과못을 지나는중에
호랑이와 악한짐승 만날지라도
뱀과전갈 도깨비나 요귀들역시
이주문을 듣게되면 못해치리라

강과호수 넓은바다 건너는중에
독룡이나 교룡이나 마갈수거나
야차나찰 큰고기나 자라들역시
이주문을 듣게되면 숨게되리라

전쟁터의 적군에게 포위되거나
나쁜사람 재산보물 빼앗아가도
지성으로 대비주를 외우게되면
그들에게 자비생겨 무사하리라

왕의관리 월급받는 몸이었다가
감옥에서 감금당해 칼에채여도

지성으로 대비주를 외우게되면
관청에서 은혜로이 풀어주리라

한적한길 악한집에 머물게되어
독이있는 음식먹어 피해입어도
지성으로 대비주를 외우게되면
독약음식 감로수로 변해지리라

여인들이 고통중에 아이낳을때
나쁜귀신 장애되어 괴로울때도
지성으로 대비주를 외우게되면
귀신들이 물러가고 편안하리라

악룡들과 역질귀신 독기를뿜어
열병기운 침입하여 위태로워도
지성으로 대비주를 외우게되면
열병기운 없어지고 수명길리라

용과귀신 나쁜종기 유행시켜서
피고름의 고통으로 곤란받을때
지성으로 대비주를 외우게되면
침을세번 뱉어냄에 소멸되리라

오탁악세 중생들이 악심을내고

귀신에게 주문외워 날저주해도
지성으로 대비주를 외우게되면
악한귀신 그에게로 붙게되리라

악한세상 혼탁하여 법이멸할때
음욕의불 치성하여 마음희미해
본래의처 버리고서 탐욕을부려
아침저녁 삿된생각 쉬임없을때

만약능히 대비주를 외우게되면
음욕의불 멸해지고 사심멸하리
내가만약 주문공덕 찬탄한다면
일겁세월 칭송해도 다함없으리

이 같은 게송을 마치신 관세음보살께서 또다시 범천에게 이르시기를,

이 주문을 5번 외운 다음 5색 끈으로 줄을 만들고, 그런 다음 또다시 주문 21번을 외운 후 21번의 매듭을 지어 목에 걸어라. 이 다라니는 과거 99억 항하사恒河沙[31] 모든 부처님들께서 말씀하신 것으로, 모든

---

31 恒河沙 및 那由他 : 항하사란 인도 고대의 숫자 단위를 말한다. 10^{52}에 해당하는 숫자이다. 여기서는 99억 항하사라 했으니, 99×억(10^8)에 10^{52}을 곱하면 〔99×10^{60}〕로서 99나유타란 숫자가 생겨나게 된다. 여기서 나유타란 10^{60}에 해당하는 숫자로, 99억 항하사는 99×10^{60}에 해당하는 숫자인 바, '수없이 많은' 정도로 해석하면 될 것이다.

수행자들을 위함에 그 까닭이 있는 것이다.

그러므로 6바라밀 수행이 구족하지 못한 이로 하여금 속히 바라밀 수행을 만족케 하며, 깨달음의 마음을 발發하지 못하는 자로 하여금 속히 그 마음을 드러내고, 성문聲聞의 단계에 머무는 자로 하여금 수행의 과위果位를 증득할 수 있게 함에 다라니를 설說한 까닭이 있는 것이다.

그러므로 삼천대천세계 안의 모든 신선과 사람들로서 아직 최상의 깨달음의 마음〔無上菩提心〕을 드러내지 못하는 자로 하여금 속히 그 마음을 일으키고자 하는데 이 다라니를 설한 까닭이 있으며, 대승大乘의 믿음〔信根〕을 갖지 못하는 모든 중생들이 이 다라니의 위신력으로 대승 종자의 씨앗을 증장케 하고자 하는데 다라니를 설한 까닭이 있는 것이다.

나의 방편과 자비의 힘으로 그 필요한 바를 모두 이루게 하리니, '대삼천대천세계' 깊고 어두운 곳에 살고 있는 지옥·아귀·아수라 중생〔三塗衆生〕[32]들도 나의 이 주문을 들은 즉 고통에서 벗어날 수 있을 것이다.

또한 수행 단계에 있어 초주初住에 이르지 못한 보살들 역시 이 주문을 들은 즉 초주 내지 십주十住의 지위에 오를 수 있으며 불지佛地[33]에까지 이를 수 있으리니, 자연히 32가지의 위인상과 함께 80가지의 뛰어난 성인의 모습을 갖추게 될 것이다.

---

32 三塗衆生이란 일반적으로 지옥·아귀·축생을 말하는데, 본문 내용과의 연관 속에 의미상 「축생」 대신 「아수라」를 기록하였다.

33 대승보살 수행의 52단계 가운데 11번째를 初住, 즉 發心住라 하며, 十住는 20번째에 해당되어 灌頂住라고도 한다. 또한 佛地란 달리 妙覺이라 하여 모든 번뇌를 벗어난 부처의 자리를 뜻하게 된다.

그리고 만약 성문聲聞의 지위에 머물러 이 다라니를 한 번 듣는다거나, 다라니에 의한 수행 내지 다라니를 베껴 쓰는 자로서 바른 마음으로 여법히 머무는 자는 사사문과四沙門果[34]를 구하지 않아도 얻게 될 것이다.

그리고 삼천대천세계 안의 산하山河와 돌로 만든 벽 내지 네 바닷물이 능히 끓어오르고, 수미산과 철위산이 요동하거나 티끌같이 부셔져 버린다 해도 그 가운데 중생들은 모두 위없는 깨달음의 마음을 지닐 수 있으리니, 모든 중생 가운데 현세에 구하는 바가 있는 자는 3·7일(21일)간 단정히 재계齋戒를 지키고 다라니를 외우면 필히 원하는 바를 얻게 될 것이다. 그리하여 끝없는 과거로부터 미래에 이르기까지의 일체 악업이 멸해 없어지리니, 삼천대천세계의 일체 불보살들과 범천·제석천·사천왕·신선 및 용왕들이 모두 다 그를 증명하여 줄 것이다.

또한 모든 사람이거나 천신들로서 이 다라니를 외워 지니는 자가 강이나 개천·큰 바다 가운데 머물러 있을 때, 그 속에서 목욕하는 여타의 중생들은 다라니 수지자의 몸을 씻은 물이 그들 몸에 닿음으로서 일체 악업중죄가 소멸되고, 이내 또다른 정토세계에 이르러 태생·난생·습생의 몸을 받지 않고 연꽃 위에 화생化生할 것인 즉, 어찌 하물며 다라니를 외워 지니는 자야 더 말할 나위가 있겠느냐.

그리고 다라니를 외워 지니는 자가 길을 지날 때 큰 바람이 불어 그 사람의 몸이나 모발·옷을 스친 바람이 모든 종류 중생들을 스치어 지나도, 그들은 모두 일체 악업중죄를 멸하고 삼악도의 몸을 받지 않은 채 항상 부처님 처소에 태어나리니, 다라니를 외워 지니는

34 聲聞·緣覺·菩薩·佛 등 小乘에서의 최고의 깨달음의 경지를 일컫는다.

자의 복덕과 과보는 가히 헤아릴 수 없음을 마땅히 알지니라.
한편 다라니를 외워 지니는 자의 말(言)은 그것이 좋은 말이건 나쁜 말이건 간에 일체 하늘 마귀나 외도·천신과 용·귀신이 들을 때에는 모두 청정한 법의 소리와도 같아 그 사람에게 존경심을 나타내 보이리니, 마치 부처님을 존경하듯 할 것이다.
이에 마땅히 알라. 이 다라니를 외워 지니는 자는 부처의 몸을 감추어 지닌 것이라 할 수 있으니, 99억 항하사 모든 부처님들께서 사랑하고 아껴주는 까닭이다. 또한 그 사람은 광명의 몸이라 할 수 있으니, 일체 여래께서 광명으로 비추어 주는 까닭이다. 그리고 그는 또한 자비의 창고가 되어지느니, 항상 다라니로서 중생들을 구제하는 까닭이다.
그러한 그는 묘한 법을 지닌바 되니 널리 일체 다라니문門을 거두어 지니는 까닭이며, 또한 선정을 지닌바 되니 백천 가지 삼매가 항상 드러나 있기 때문이다. 또한 허공을 머금고 있는바 되니 공空의 지혜로서 항상 중생들을 바라보게 되는 까닭이다. 한편 그는 두려움 없음을 지닌 몸이니 용과 천신·선신들이 항상 그를 보호하기 때문이다. 그는 또한 오묘한 말(語)을 지녔다 할 것이니 입 가운데 다라니 소리 끊이지 않는 까닭이요, 영원히 머무는 몸을 지녔다 하리니 삼재三災와 악겁惡劫[35]도 능히 그를 괴멸시키지 못하는 까닭이다. 그리고 해탈의 몸을 지녔다 하리니 하늘 마귀와 외도가 그의 몸에 능히 머물지 못하는 까닭이며, 그는 약왕藥王의 몸이라 할 수 있으니

35 三災와 惡劫이란 현생의 劫이 괴멸되는, 즉 세상이 파멸되는 과정 속에 생겨나는 현상 및 순간을 가리킨다. 다라니를 외워 지님으로써 현생의 劫이 괴멸되는 순간에조차 살아남을 수 있음을 표현한 말이다.

항상 다라니로서 중생들을 치료하는 까닭이니라. 또한 신통을 감춘 바 된다고 말하리니 모든 부처님들 국토에 자재할 수 있는 까닭으로, 이렇듯 그 사람의 공덕은 말로서 찬탄해도 다함이 없으리라.

선남자여, 만약 어떤 사람이 세간의 고통〔苦〕[36]을 싫어하여 오래 살기를 구하는 자가 있다면, 한적하고 깨끗한 장소에 머물러 청정히 결계結界를 행할 지니라. 또한 주술〔呪〕 옷을 입고, 물을 마시거나 음식을 먹거나 향을 바르거나 약을 먹거나 할 때 모두 주문 108번을 외울지니, 그러한 연후 각각의 것을 취하면 마땅히 오랜 수명을 누리게 될 것이다.

결계結界를 행하는 방법으로는 칼을 들고 주문을 21번 외운 후 칼로 땅에 금을 그어 경계를 삼거나, 또는 깨끗한 물을 갖고서 주문을 21번 외운 후 사방에 흩뿌려 경계를 삼기도 하며, 백개자白芥子를 지니고 21번 주문을 외운 후 사방에 던져 경계를 삼기도 하고, 혹은 생각으로서 그 생각 이르는 곳마다 경계를 삼거나, 깨끗한 재〔灰〕을 가지고 21번 주문을 외운 후 두루 뿌려 경계를 삼기도, 또는 오색실을 갖고 21번 주문을 외운 후 사방에 둘러 경계를 삼는 것이니, 능히 여법如法히 받아 지니면 자연히 결과를 얻게 될 것이다.

이 다라니의 이름을 한번 들은 자는 무량겁 생사중죄를 멸할 수 있으리니, 하물며 다라니를 외워 지니는 자의 공덕을 어찌 다 말할 수 있겠느냐. 이에 마땅히 알라. 이 신주를 얻어 독송하는 사람은 일찍이 수없이 많은 부처님께 공양을 올리고 널리 착한 인연을 심은 것이라 할 수 있으니, 더욱이 모든 중생들의 고난을 없애기 위해 여법히 독송하는 자는 크나큰 자비를 갖춰 오래지 않아 부처를 이룰

---

36 生·老·病·死의 苦 가운데 죽음(死)의 苦를 말한다.

수 있을 것이다.

또한 그 사람을 봄으로서 모든 중생은 다라니를 독송하게 될 것이고 그로 인하여 귀로 듣게 되어 깨달음의 인연을 짓게 되느니, 그의 공덕은 능히 찬탄하여 다할 수 없는 것이다. 만약 정성스럽게 마음을 내어 몸으로서 재계齋戒를 지키는 한편, 일체 중생을 위해 이전 모든 업의 죄를 참회하고 스스로 무량겁 이래의 가지가지 악업을 참회하면서 입으로 거듭 거듭 이 다라니를 독송하여 그 소리 끊이지 않는 자는 사사문과四沙門果를 금생에 증득할 수 있기도 할 것이다. 그리고 선한 성품을 갖고 지혜로서 방편을 관觀하는 자는 십지十地의 수행 과위를 쉽게 얻을 수 있거늘, 어찌 세간의 소소한 복덕이겠느냐. 원하고 구하는 바 이루어지지 않음이 없을 것이다.

한편 만약에 귀신을 부리고자 하는 자는 들판에서 해골을 구해 깨끗이 씻은 뒤, 천 개의 얼굴을 한 관세음보살상像 앞에 제단을 설치하고 갖가지 향과 꽃·음식으로서 7일 동안 제사를 지내면, 그 해골이 육신의 몸을 띄고 나타나 그 사람의 명을 따를 것이다. 또한 사천왕을 부리고자 한다면 주문을 외우며 제단祭壇을 마련한 뒤 향香을 사르면 되느니, 이것은 보살의 큰 자비와 깊고 무거운 원력에 기인하는 것이며, 이 다라니의 위신력이 광대한 데 그 까닭이 있는 것이다.

이렇듯 관세음보살께서 말을 마치시자, 이내 부처님께서 저(아난)에게 이르시되

만약 한 나라에 재앙과 혼란이 일어날 때 그 나라의 왕이 바른 법으로 나라를 다스리고 사람들을 관대히 대하며, 필요한 물건을

풍족히 공급해 중생들이 억울한 마음 내지 아니하며, 모든 허물을 용서해 7일간 밤낮으로 몸과 마음 오롯이 '대비심다라니 신주'를 외워 지니면, 그 나라의 일체 재앙과 혼란이 다 멸하여 없어지게 될 것이며 오곡이 풍성하고 만백성이 안락하게 되리라.

또한 다른 나라의 원수怨讐들이 수시로 침입해 백성이 불안해하고 신하들이 반역하며 역병이 유행하고 가뭄이 들며 해와 달이 조화를 잃는 등, 이와 같은 갖가지 재앙과 혼란이 일어날 때는 마땅히 천안대비심(天眼大悲心; 천 개의 눈을 가진 관세음보살)의 상像을 조성하여 서쪽을 향하게 하고 갖가지 향과 꽃·깃대·보개寶蓋 또는 백가지 음식의 지극한 공양을 올릴 것이다. 그리고 나라의 왕이 7일간 밤낮으로 몸과 마음 오롯이 이 다라니 신묘장구神妙章句를 외워 지니면 다른 나라의 원수들이 스스로 항복하리니, 나라가 바르게 다스려지고 근심과 고뇌 생겨나지 않을 것이다.

그리하여 나라가 자비로운 마음으로 서로를 향하여 왕자 및 백관들이 모두 충성할 것이며 왕비와 궁녀 또한 효순하여 왕을 공경하리니, 모든 용과 귀신 또한 그 나라를 옹호하여 비가 윤택하고 좋은 시절에 과실 역시 풍족하여 백성들은 기뻐 즐거워할 것이다.

한편 집안에 큰 악병이 생기고 수많은 기괴한 일들이 다투어 일어나며, 귀신과 사악한 악마가 그 집을 어지러이 혼란케 하고, 악한 사람이 거짓된 입과 혀로서 서로 모사하고 해를 입혀 집안 대소 친지들이 화합하지 못하면, 마땅히 천안대비상(천 개의 눈을 가진 관세음보살상)을 향하여 그 앞에 제단과 도량을 설치하고 지극한 마음으로 관세음보살을 생각한 채 이 다라니를 독송하되 1,000편을 외워야 할 것이다. 이 같이 행한 즉 악한 일들이 모두 소멸되어 길이 안락과 안은함을 얻게 되리라.

이때 제가(아난) 부처님께 여쭙기를

세존이시여 이 다라니의 이름은 무엇이며, 어떻게 받아 지녀야 하겠습니까?

이에 부처님께서 저(아난)에게 말씀하시기를,

이 신주神呪에는 여러 가지 이름이 있으니 일명 「광대원만廣大圓滿」이고 「무애대비無礙大悲」이며, 또는 「구고救苦다라니」·「연수延壽다라니」·「멸악취滅惡趣다라니」·「파악업장破惡業障다라니」·「만원滿願다라니」·「수심자재隨心自在다라니」·「속초상지速超上地다라니」라 불리나니 이와 같이 받아 지니라.

제가(아난) 또다시 부처님께 여쭙기를

세존이시여, 능히 이와 같은 다라니를 설하시는 이 보살마하살은 다시 어떤 이름이 있습니까?

이에 부처님께서는

이 보살의 이름은 관세음자재觀世音自在로서 일명 연색撚索 또는 천광안千光眼이라 불리기도 한다. 선남자여, 이 관세음보살에게는 불가사의한 위신력이 있으니 과거 무량겁 가운데 이미 부처의 경지에 이르렀는 바, 그 호號를 정법명正法明여래라 하였다. 그럼에도 대비원력으로 모든 중생을 안락·성숙케 하기 위해 보살의 형상을 나타냈으니, 너희 대중들과 모든 보살마하살·범천·제석천·용과 귀신 등은 마땅히 그를 공경해야 할 것인 즉, 절대 가벼운 생각을 내서는 안 될 것이다.

또한 일체 사람들과 천신들 역시 항상 모름지기 그에게 공양을 드려야 하며, 오롯한 마음으로 그의 이름을 불러야 할 것이다. 그로써 한량없는 복을 얻고 한량없는 죄를 사할 수 있을 것이며, 또한 그렇게 함으로서 목숨이 마치고 난 뒤 아미타부처님 국토에 왕생하게 될 것이다.

부처님께서 또다시 저(아난)에게 말씀하시기를,

관세음보살이 설한 이 신주神呪는 진실하여 헛되지 않느니, 이 보살께서 오시기를 청하고자 하면 졸구라향(拙具羅香; 안식향安息香)을 사룬 후 3·7번 주문을 독송하면 보살이 곧 나타나게 될 것이다.

또한 고양이의 혼이 씌인 자가 있으면 미리타나(弭哩吒那; 죽은 고양이의 해골)를 태운 후 깨끗한 진흙과 섞어 고양이 형상을 빚은 다음, 천 개의 눈을 가진 관세음보살상 앞에 놓고 강철〔鑌鐵〕로 만든 칼로써 108토막을 자름과 동시에 주문을 108번 외우게 되면 완전히 쾌차하여 그 혼이 달라붙지 않을 것이다.

만약 벌레의 독으로 인해 해를 입은 자는 약겁포라(藥劫布羅; 용랍향龍臘香)를 구해 졸구라향과 같은 배율로 섞고 우물물 한 되를 붓고

달여, 그 한 되의 물을 천 개의 눈을 가진 관세음보살상 앞에 놓고 주문 108번을 외운 후 마신 즉 낫게 되리라.
그리고 독한 뱀이나 전갈에게 쏘인 자는 마른 생강가루를 가지고 주문을 1·7번(7번) 외운 후 상처 가운데 바르면 즉시 독이 제거되어 낫게 되리라.
한편 악한 원수가 글로서 이리저리 모사를 꾸밀 경우에는 깨끗한 흙이거나 밀가루로 그 사람의 형상을 빚어 천 개의 눈을 가진 관세음보살상 앞에 놓은 다음, 강철〔鑌鐵〕로 만든 칼로써 108토막을 자름과 동시에 주문을 108번 외우면서 그 사람의 이름을 한 번씩 부르고 난 다음 그 잘라진 108토막을 불에 태워버리면, 그가 환희의 마음을 일으켜 죽을 때까지 두터운 정으로서 서로 돌보고 공경하게 되리라.
또한 눈〔目〕에 병이 생겨 눈알이 상하거나 눈은 떠 있어도 볼 수 없는 자, 눈에 백태가 끼고 빨간 꺼풀이 생겨 광명이 없는 자는 가리륵과訶梨勒果와 암마륵과菴摩勒果·비혜륵과鞞醯勒果 등의 과실 1개씩을 구해 미세한 분말이 되도록 빻을 것인데, 그것을 빻을 때에는 모름지기 깨끗함을 유지해야 할 것이다. 즉 근래 아이를 낳은 여인에게 그것을 시켜서는 안 되며, 돼지나 개가 보지 못하게끔 하고서 입으로는 염불을 계속해야 할 것이다.
그리고 나서 그것을 흰 꿀이거나 사람의 젖과 섞은 후 눈 안에 집어넣을 것인 즉, 사람 젖을 사용할 경우에는 남자아이를 낳은 여인의 젖이어야지 여자아이를 낳은 여인의 젖은 효험이 없을 것이다. 그런 다음 천 개의 눈을 가진 관세음보살상 앞에 주문을 1,008번 외우는 가운데 바람 없는 깊은 방에 7일을 꼬박 머물러야 할 것인 즉, 눈알이 소생하고 청맹과니가 앞을 볼 것이며 눈에 백태가 낀

자 빛을 볼 수 있을 것이다.

만약 학질에 걸린 자가 있다면 호랑이나 표범·승냥이·늑대 등의 가죽을 구해 주문을 3·7번 외우고 난 후 그것을 몸에 둘러싸면 낫게 될 것인 즉, 사자의 가죽을 둘러싸는 것이 제일 좋을 것이다.

뱀에 물리거나 벌레에 쏘였다면 쏘인 사람의 결녕結[37](귀지)을 가지고 주문을 3·7번 외우고 난 후 쏘인 데에 붙이면 곧 나을 것이다.

심한 학질에 걸려 정신을 잃고 생명이 위독하게 된 때에는 크기는 상관없이 복숭아 한 개에 물 한 되를 부어 반 되가 되도록 끓인 뒤, 주문 7번을 외우고 난 후 그 물을 마시면 낫게 될 것이다. 그런데 그 약은 부인이 끓이게 해서는 안 된다.

만약 죽은 사람의 혼이 씌워 병에 든 사람은 졸구라향拙具羅香을 구해 주문을 3·7번 외운 뒤 그것을 태워 연기를 콧구멍에 집어넣거나, 토끼똥 크기로 7개의 환丸을 만들어 주문 3·7번을 외운 후 삼키면 낫게 되리라. 그런데 그때에는 술과 고기, 오신채五辛菜 등을 피하고 나쁜 말〔言〕 또한 삼가야 할 것이다. 또는 마나시라摩那屎羅(웅황雄黃)를 구해 백개자白芥子와 섞어 소금에 무친 뒤 주문을 3·7번 외운 다음 환자의 침상 밑에서 태우면 그 혼은 감히 붙어있지 못하고 달아나 버릴 것이다.

또한 귀머거리가 된 자는 주문을 외우면서 호마유胡麻油를 귀 가운데 바르면 곧 낫게 되리라.

중풍으로 귀와 코가 기능을 잃거나 손발이 마음대로 움직여지지 않는 자는 호마유胡麻油에 청목향青木香을 넣어 끓인 뒤 주문 3·7번을 외운 후 그것을 몸에 문질러 바르면 낫게 되리라. 또는 깨끗한

37 결녕(結聹)으로 聹(귀지 녕)을 써야 할 것인 바, 잘못 표기된 것으로 생각된다.

소의 요구르트〔酥: 연유〕를 가지고 주문 3·7번을 외운 후 몸에 문질러 바르면 역시 낫게 되리라.

아이를 낳을 때 난산을 하는 자는 호마유를 가지고 주문 3·7번을 외운 후 산모의 아랫배와 자궁에 문질러 바르면 아이를 쉽게 낳을 수 있을 것이다.

만약 부인이 임신을 하였으나 자식이 뱃속에서 죽었을 경우에는 아파말리가초阿波末利伽草(우슬초牛膝草) 한 냥〔一大雨[38]〕을 구해 깨끗한 물 두되를 넣고 끓여 1되를 취한 다음, 주문 3·7번을 외운 후 그것을 마시면 아무런 고통도 없이 죽은 아이가 밖으로 나오게 되리라. 태胎의 껍질이 나오지 않을 때에도 역시 이 약을 복용하면 효과가 있을 것이다.

한편 가히 참을 수 없을 정도로 갑자기 심장〔心〕에 통증이 찾아오는 것을 둔시주遁屍疰 증상이라 하는데, 이럴 경우에는 군주로향君柱魯香(훈육향薰陸香) 젖꼭지 한 알만큼을 구해 주문 3·7번을 외운 후 입안에 넣고 목구멍으로 녹이게 되면 얼마 있지 않아 변화가 보이는 바, 그것을 뱉어버리면 곧 낫게 되리라. 그때 주의할 점은 오신채五辛菜 및 술·고기를 먹지 않아야 한다는 것이다.

그리고 화상을 입어 상처가 났을 때에는 열구마이(熱瞿摩夷; 검은 소의 오줌)를 구해 주문 3·7번을 외운 후 상처 위에 바르면 낫게 되리라.

회충으로 인해 고통을 받을 때에는 골로말차(骨魯末遮; 흰 말의 오줌) 반 되를 구해 주문 3·7번을 외우고 마시면 곧 나으리라. 증세가 심한 자는 한 되를 마시면 되는데, 그렇게 하면 벌레들이 초록색

38 一大兩으로 쓰여져야 하는 바, 잘못 표기된 부분이다.

끈처럼 쏟아져 나오게 되리라.

부스럼환자의 경우에는 능쇄凌鎖 잎을 빻아 즙을 만들고 주문 3·7번을 외운 뒤 상처 위에 물방울 떨어지듯 떨어뜨리면 부스럼의 뿌리가 뽑혀 낫게 되리라.

쇠파리에게 눈을 쏘인 환자의 경우에는 골로달거(骨魯怛佉; 어린 당나귀의 오줌)를 구해 그것을 걸러 즙을 취한 다음, 주문 3·7번을 외운 후 밤에 잘 때 눈에 바르면 낫게 되리라.

배에 통증이 있는 자는 깨끗한 우물물에 소금〔印成鹽〕 3·7개를 녹여 주문 3·7번을 외우고 난 후 반 되 분량을 마시게 되면 곧 낫게 되리라.

눈이 빨갛게 충혈되거나 눈 안에 굳은살이 끼인 자, 혹은 눈이 흐려지는 자는 사사미(奢奢彌; 구기苟杞) 잎을 구해 그것을 빻은 다음 걸러 그 즙을 가지고 주문 3·7번을 외운 다음 그 안에 푸른색 동전을 집어넣어라. 그리고 하룻밤이 지나 주문 7번을 외운 다음 그것을 눈에 바르면 곧 낫게 되리라.

밤마다 두려움을 느끼고 불안·공포에 떨며 언제나 출입시에 두렵고 놀라는 기색을 보이는 자는 흰 실을 구해 매듭을 지을 것이다. 그리고 주문 3·7번을 외운 후 21번의 매듭을 짓게 되면 즉시 공포가 사라질 뿐만 아니라 죄를 소멸함 또한 얻게 되리라.

집안에 재난이 끊임없이 일어나는 자는 한 치 크기의 석류 가지 1,008개를 구해 그 양끝에 요구르트〔수락酥酪〕와 꿀을 묻힌 다음 주문 1번을 외울 때마다 1개씩, 1,008개 모두를 태워버린 즉 일체 재난이 모두 소멸되리라. 이때는 필히 부처님을 앞에 모셔둔 채 행해야 할 것이다.

일체의 싸움터거나 논쟁을 일삼는 곳에 나아갈 때는 백창포白菖蒲를 구해 주문 3·7번을 외운 다음 그것을 오른쪽 팔에 묶어 두면 언제나 승리하게 되리라.

혹 사사미奢奢彌 가지를 구해 한 치 정도의 크기로 1,008개를 잘라 그 양끝에 연유 또는 흰꿀·요구르트 등을 바른 후 주문을 한 번 외울 때마다 1개씩을 태워 1,008개를 다 태우되, 하루를 세 차례로 나누어 각 차례 때마다 1,008번씩의 주문을 외우며 7일을 계속하면 스스로 깨달음을 얻고 지혜를 통달할 수 있을 것이다.

큰 힘을 가진 귀신을 항복시키고자 하는 자는 아리슬가재(阿唎瑟迦柴; 목환자木患子) 나무를 구해 주문 7·7번(49번)을 외운 후 관세음보살상 앞에서 그것을 그슬린 다음 양끝에 요구르트와 꿀을 바르라. 또는 호로자나(胡嚧遮那; 우황牛黃) 한 냥을 유리병에 넣은 뒤 관세음보살상 앞에 두고 주문 108번을 외운 다음 몸과 이마에 두루 바르면 일체 천天·룡龍·귀신·인비인人非人이 모두 다 환희하리라.

만약 쇠사슬로 몸이 묶여진 자는 흰 비둘기 똥을 구하여 주문 108번을 외운 다음, 그것을 손에 발라 쇠사슬을 문지르면 그 쇠사슬이 저절로 풀려나게 되리라.

부부가 마치 물과 불처럼 서로 화합하지 못하면 원앙새의 꼬리를 구해 관세음보살상 앞에서 주문 1,008번을 외운 후 그것을 허리에 차게 되면, 죽을 때까지 환희하고 서로 사랑·공경하게 되리라.

벌레들이 밭의 곡식과 오과(五果; 복숭아·자두·살구·밤·대추)를 먹지 못하게끔 하고자 하면, 깨끗한 재나 모래 혹은 깨끗한 물을 가지고 주문 3·7번을 외운 후 밭의 곡식과 과일, 그리고 사방에 흩뿌리면 벌레들이 그리로부터 물러서게 되리라.

부처님께서 또다시 저(아난)에게 말씀하시되,

만약 사람들이 부유하게 살고 여러 가지 진기한 보배를 갖추고자 하면 「여의주수如意珠手[39]진언」을 외우라.[40]
또한 여러 불안에서 안락을 구하고자 하면 「견색수羂索手진언」을 외우라.

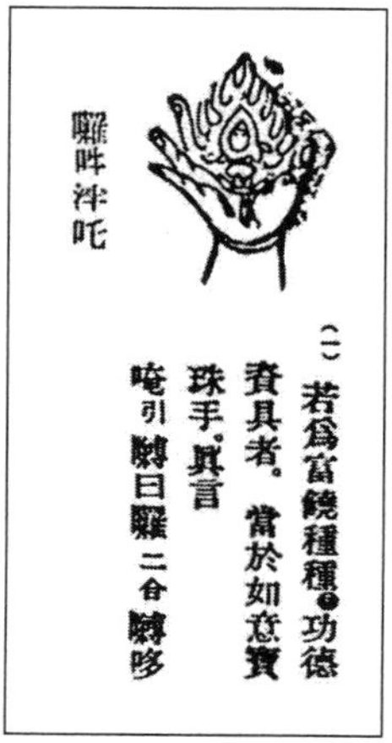

(1) 여의주수如意珠手진언
옴, 바아라, 바다라 훔, 바탁

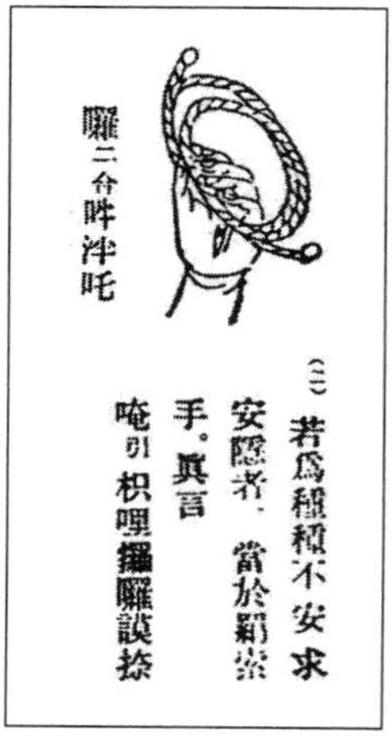

(2) 견색수羂索手진언
옴, 기리라라[41], 모나라, 훔, 바탁

---

39 불공 역본에는 「如意寶珠手」라 표기되어 있다.

40 40개의 수呪 및 眞言句 : 여기 소개되는 각 手呪의 眞言句는 가범달마 역본에는 없는 것으로, 불공이 번역한 『千手千眼觀世音菩薩大悲心陀羅尼』의 것을 그림과 함께 인용하였다. 각 眞言句를 한글로 표기하는 데에는 1716년에 판각된 「觀世音菩薩靈驗略抄」의 목판본을 참조하였는 바, 목판본 자체의 예에 따라 어절 구분을 하였으며, 18세기 초반의 고어 표기를 현대어의 범례에 맞게끔 바꿔 표기하였다. 한편 각 진언구에는 불공 역본(『大正藏』 20, pp.117~119)에 의거한 채 譯者 임의로 번호를 부여하였다.

41 (3) 및 (19)의 예에서와 같이 "기리기리"라 표기되어야 할 것인 바, 잘못 표기된

뱃속에 여러 병이 있는 자는[42] 「보발수寶鉢手진언」을 외우라.
일체 도깨비와 귀신들을 항복받고자 하면 「보검수寶劍手진언」을 외우라.

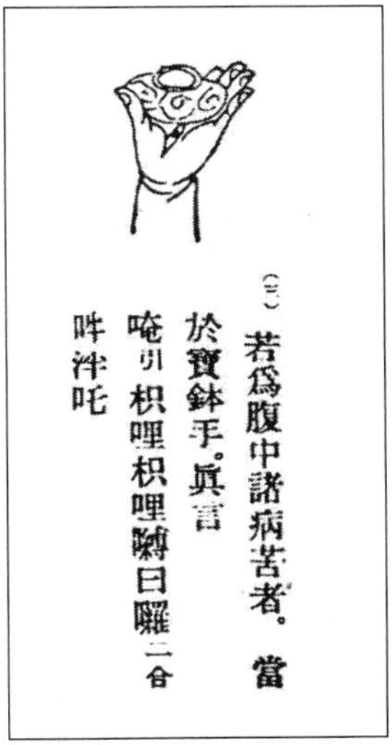

(3) 보발수寶鉢手진언
옴, 기리기리, 바아라, 훔, 바탁

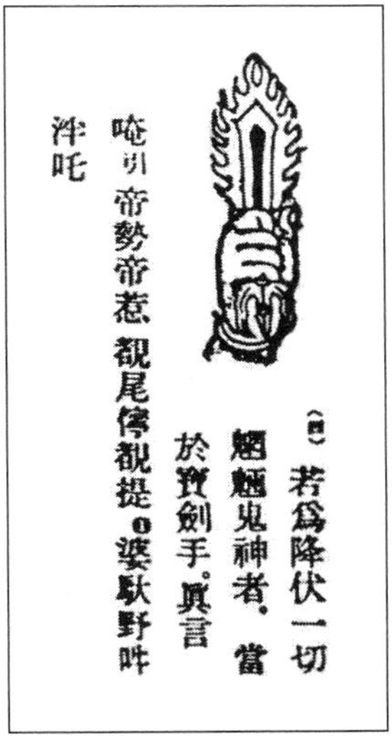

(4) 보검수寶劍手진언
옴, 제세 제아, 도미니, 도제 삳다야, 훔 바탁

것으로 보인다.

42 불공 역본에는 '若爲腹中諸病苦者'라 표기되어 있어, '뱃속에 있는 여러 병으로 고통을 받는 자는'이라 해석될 수도 있다.

일체 천마天魔나 신神[43]을 항복받고자 하면 「발절라수跋折羅手진언」을 외우라.

일체 원수나 적을 굴복시키고자 하면 「금강저수金剛杵手진언」을 외우라.

(5) 발절라수拔折羅手진언

옴, 니베, 니베, 니뱌,

마하시리에, 사바하

(6) 금강저수金剛杵手진언

옴, 바아라, 아니,

바라닙다야 사바하

43 불공 역본에는 '神' 대신 '外道'라 표기되어 있다.

[44] 모든 곳에서 항상 두려워 불안에 떠는 자는 「시무외수施無畏手진언」을 외우라.

눈이 어두워〔闇〕[45] 광명을 보지 못하는 자는 「일정마니수日精摩尼手진언」을 외우라.

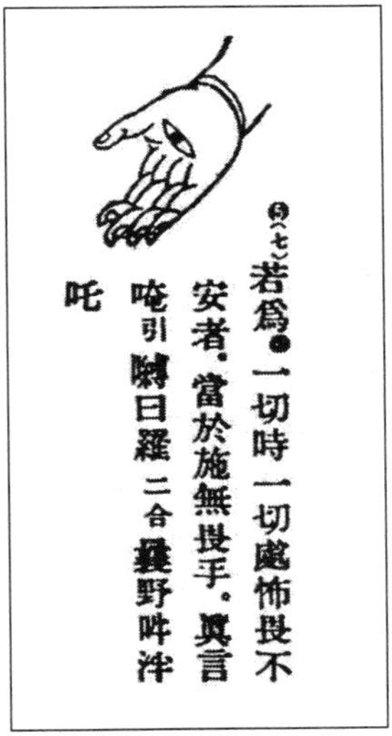

(7) **시무외수施無畏手진언**

옴, 아라나야, 훔 바탁

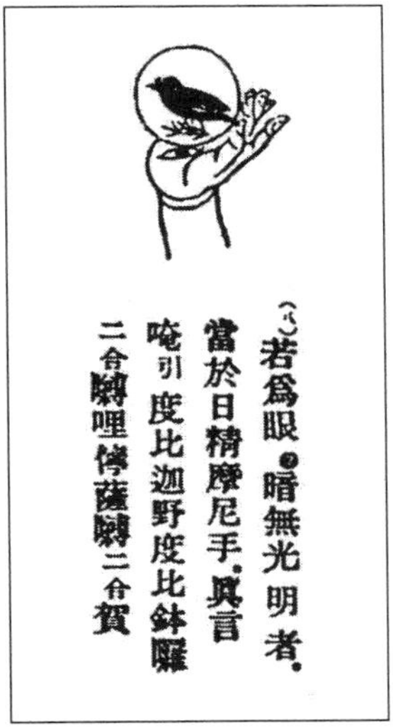

(8) **일정마니수日精摩尼手진언**

옴, 도비가야, 도비바라, 바리니, 사바하

---

44 불공 역본에는 '一切時', 즉 '모든 때'란 내용이 앞에 첨가되어진다.

45 불공 역본에는 '闇' 대신 '暗'字가 쓰여 있다. 해석에 있어서는 차이가 나지 않는다.

열병이나 독한 병에 걸린[46] 자로서 청량함을 얻고자 하면 「월정마니수月精摩尼手진언」을 외우라.

영화로움이나 높은 벼슬을 위해서는[47] 「보궁수寶弓手진언」을 외우라.

(9) **월정마니수月精摩尼手진언**

옴, 소시디, 아리, 사바하

(10) **보궁수寶弓手진언**

옴, 아자미례, 사바하

---

46 불공 역본에는 '患'字가 첨가되어, '걸린' 대신에 '걸려 앓고 있는'이라 표기해야 할 것이다.

47 불공 역본에는 '求仕官'이란 표현이 첨가되어 있다. '위해서는' 대신에 '구하고자 하는 자는'이라 표현해야 할 것이다.

모든 착한 벗을 일찍 만나려면[48] 「보전수寶箭手진언」을 외우라.

몸에 있는 가지가지 병病[49]을 없애려면 「양지수楊枝手[50]진언」을 외우라.

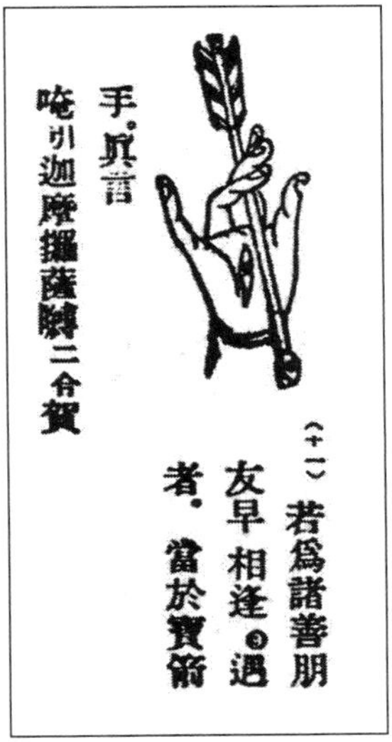

(11) 보전수寶箭手진언

옴, 가마라, 사바하

(12) 양지수楊枝手진언

옴, 소심디, 가리, 바리다,
남다, 목다예, 바아라,
바아라, 반다, 하나 하나,
훔 바탁

48 불공 역본에는 '相逢' 다음에 '遇'字가 첨가되어 있다. 해석에 있어서는 별 영향을 미치지 않는다.

49 불공 역본에는 '病' 대신 '病難'이라 쓰여 있다.

50 불공 역본에는 '楊柳枝手'라 표기되어 있다.

몸의 악과 장애, 곤란을 없애려면[51] 「백불수白拂手진언」을 외우라. 일체 권속들이 착하고 화목하기를 원하면 「호병수胡瓶手[52]진언」을 외우라.

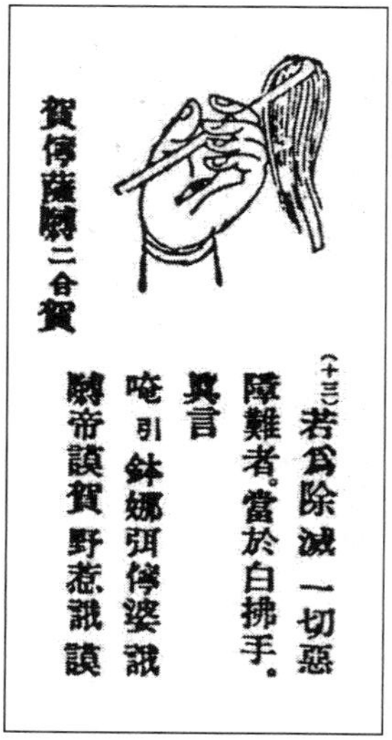

(13)백불수白拂手진언

옴, 바나미니, 바아바뎨, 모하야, 아아모하니, 사바하

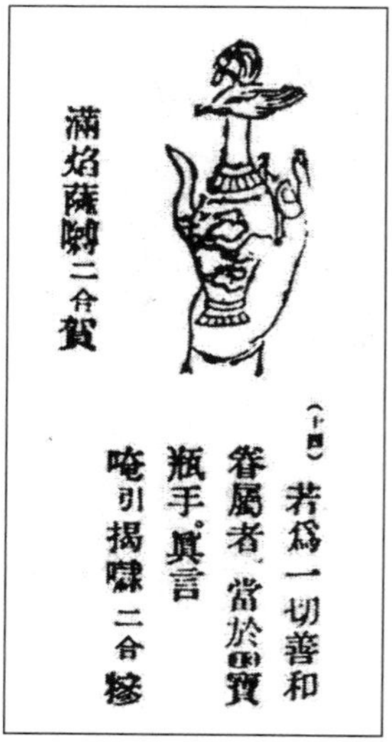

(14)호병수胡瓶手진언

옴, 아례, 삼만염, 사바하

---

51 가범달마 역본에 '若爲除身上惡障難者'라 표기되어 있는 한편, 불공 역본에는 '若爲除滅一切惡障難者'라 표기된다. 이에 의하면 '일체 악의 장애, 곤란을 멸해 없애려면'이라 해야 할 것이다.

52 불공 역본에는 '寶瓶手'라 표기되어 있다.

호랑이나 표범,[53] 일체 악한 짐승을 물리쳐 없애려면 「방패수傍牌手진언」을 외우라.

모든 때와 장소에서[54] 관료들에 의해 핍박받음을 잘〔好〕[55] 여의려면 「부월수斧鉞手[56]진언」을 외우라.

(15) **방패수傍牌手진언**

옴, 약삼, 나 나야, 젼나라, 다노, 발야 바샤 바샤, 사바하

(16) **부월수斧鉞手진언**

옴, 미라야, 미라야, 사바하

---

53 가범달마 역본에는 '虎狼犲豹'라 표기되어 있는 한편, 불공 역본에는 '虎狼'이라고만 표기되어 있다. 불공 역본에 의한다면 '호랑이와'라고 번역해야 할 것이다.

54 가범달마 역본에는 '一切時處'라 표기되는 한편, 불공 역본에는 '一切時一切處'라 표기되어 있다.

55 불공 역본에는 '好'字가 생략되어 있다.

56 불공 역본에는 '鉞斧手'라 표기되어 있다.

남녀[57] 하인을 거느리고자 하면 「옥환수玉環手진언」을 외우라.

갖가지 공덕을 성취코자 하면 「백련화수白蓮華手진언」을 외우라.

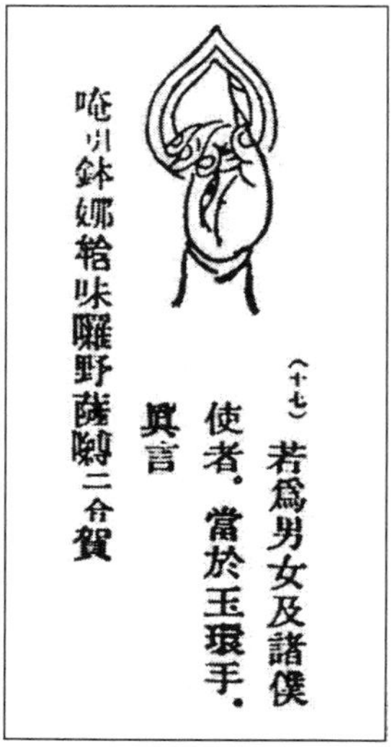

(17) 옥환수玉環手진언

옴, 바나맘, 미라야, 사바하

(18) 백련화수白蓮華手진언

옴, 바아라, 미라야, 사바하

57 불공 역본에는 '及諸'라는 표현이 삽입되어 있다. '및 모든'이라는 어구가 삽입되어야 한다.

시방의 정토에 왕생함을 얻고자 하면[58] 「청련화수淸蓮華手진언」을 외우라.

대지혜를 얻고자 하면[59] 「보경수寶鏡手진언」을 외우라.

(19) 청련화수淸蓮華手진언

옴, 기리기리, 바아라,

불 반다, 훔 바탁

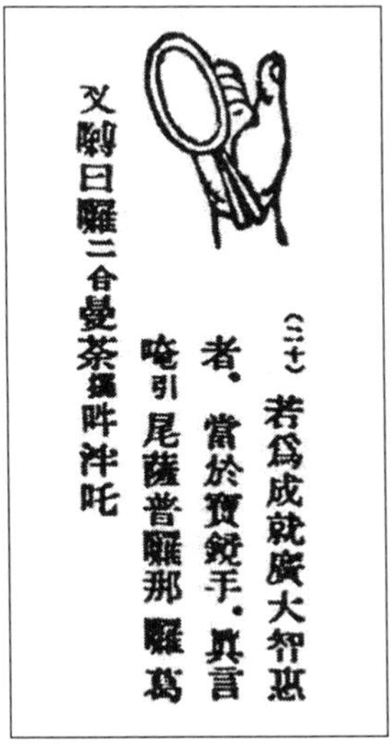

(20) 보경수寶鏡手진언

옴, 미쓰라 나, 락사, 바아라

만다라, 훔, 바탁

---

58 가범달마 역본에는 '若爲欲得生'이라 표기되는 한편, 불공 역본에는 '若爲求生'이라 표기되어 있다. 불공 역본에 따르면 '시방정토에 태어남을 구하고자 하면'이라 번역해야 할 것이다.

59 가범달마 역본에는 '若爲大智慧者'라 표기되어 있는 한편, 불공 역본에는 '若爲成就廣大智惠者'라 표기되어 있다. 불공 역본에 의하면 '광대한 지혜를 성취코자 하면'이라 번역해야 할 것이다. 한편 불공 역본에서는 '智慧'를 '智惠'로 표기하는 오류를 범하고 있다.

시방 일체[60] 제불을 친견코자 하면 「자련화수紫蓮華手진언」을 외우라. 땅속에 숨겨진 것을 구하고자 하면[61] 「보협수寶篋手진언」을 외우라.

(21) 자련화수紫蓮華手진언
옴 사라 사라, 바아라, 가라,
훔 바탁

(22) 보협수寶篋手진언
옴 바아라, 바샤가리,
아나, 맘라 훔

---

60 가범달마 역본에는 '十方一切'라 표기되며, 불공 역본에는 '一切十方'이라 표기된다. 각각 순서가 바뀌어 있다.

61 가범달마 역본에는 '若爲地中伏藏者'라 표기되는 한편, 불공 역본에는 '若爲求地中種種伏藏者'라 표기되어 있다. 불공 역본에 의하면 '땅속에 숨겨진 갖가지 것을 구하고자 하면'이라 번역해야 할 것이다.

신선도〔仙道〕를 위하는 자는[62] 「오색운수五色雲手진언」을 외우라.

범천에 태어나고자 하는 자는[63] 「군지수軍遲手[64]진언」을 외우라.

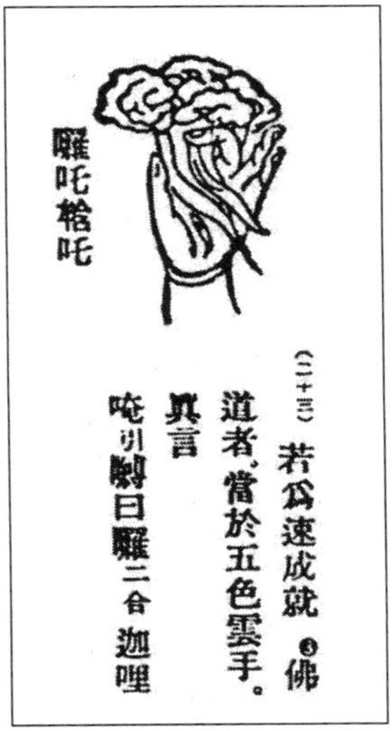

(23) 오색운수五色雲手진언

옴 바아라, 가리, 라라, 맘타

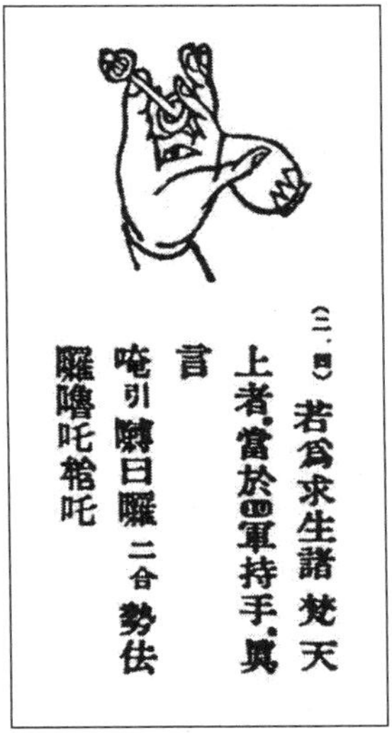

(24) 군지수君遲手진언

옴 바아라, 셔카, 로라 맘타

62 가범달마 역본의 '若爲仙道者' 대신 불공 역본에는 '若爲速成就佛道者'라 표기되어 있다. 불공 역본에 의한다면 '佛道를 속히 성취코자 하는 자는'이라 번역해야 할 것이다.

63 가범달마 역본에는 '若爲生梵天者'라 표기되는 한편, 불공 역본에는 '若爲求生諸梵天上者'라 표기된다. 불공 역본에 의하면 '모든 범천에 태어나기를 구하는 자는'이라 번역해야 할 것이다.

64 불공 역본에는 '軍持手'라 표기되어 있다.

모든 하늘 궁전에 왕생코자〔往生〕[65] 하면 「홍련화수紅蓮華手진언」을 외우라.

타방의 역적을[66] 물리쳐 없애려면 「보극수寶戟手진언」을 외우라.

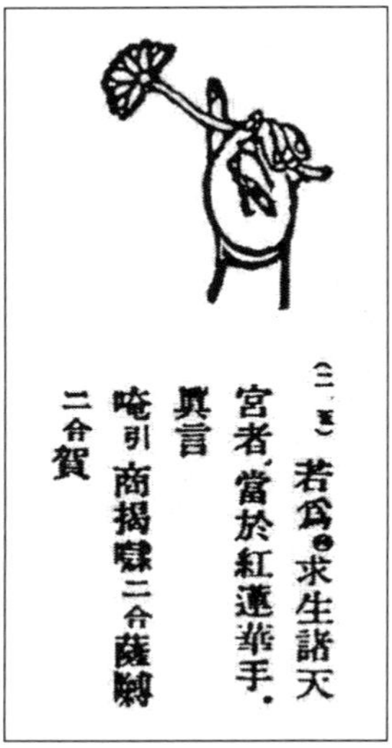

(25) 홍련화수紅蓮華手진언

옴, 샹아례, 사바하

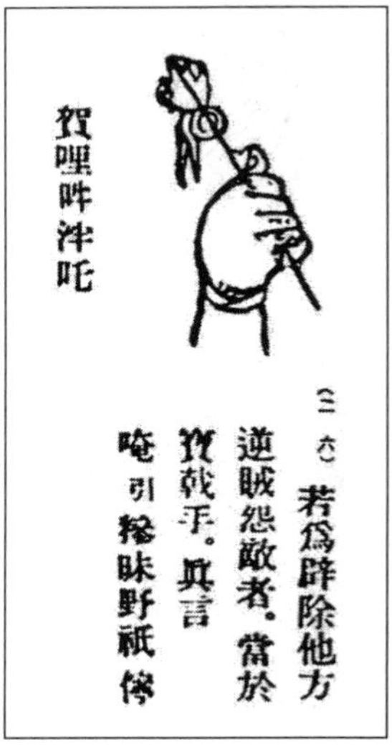

(26) 보극수寶戟手진언

옴, 삼매야, 기니하리, 훔, 바탁

---

65 불공 역본에는 '求生'이라 표기되어 있다. '태어나고자'라고 표현해야 할 것이다.

66 불공 역본에는 '怨敵'이 첨가되어 있다. '원한의 적'을 첨가해야 한다.

일체 모든 천신과 선신들을 부르고자〔召呼〕[67] 하면 「보라수寶螺手진언」을 외우라.

일체 귀신들을 부리고자[68] 하면 「촉루장수髑髏杖手[69]진언」을 외우라.

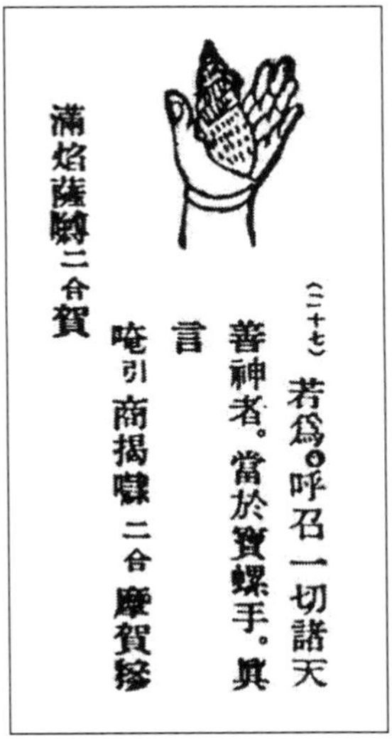

(27) 보라수寶螺手진언

옴, 샹아례, 마하, 삼만염, 사바하

(28) 촉루장수髑髏杖手진언

옴, 도나 바아라, 혹

---

67 불공 역본에는 '呼召'라 글자 순서가 바뀌어져 있다.

68 불공 역본에는 '不相違拒'라는 표현이 첨가되어 있다. 이에 '또한, 서로 어기거나 겨루지 못하게 하고자'라는 구절이 첨가되어야 할 것이다.

69 불공 역본에는 '髑髏寶杖手'라 표기되어 있다.

시방의 부처님께서 속히 오셔 도움을 주기를 구하는 자는 「수주수數珠手진언」을 외우라.
일체 미묘한 범음梵音의 소리를 얻고자 하면 「보탁수寶鐸手진언」을 외우라.

(29) 수주수數珠手진언
나모라, 다나다라, 야야, 옴,
아나바뎨, 미아예, 시디,
싯딜졔, 사바하

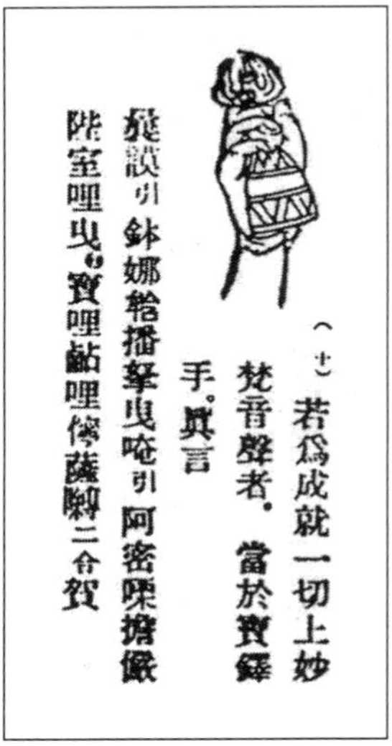

(30) 보탁수寶鐸手진언
나모, 바나맘, 바나예, 옴,
아마리, 담아베, 시리예,
시리람리니, 사바하

구변이 뛰어나고자 하면[70] 「보인수寶印手진언」을 외우라.

선신과 용왕이 와서 항상 옹호하기를 원하면 「구시철구수俱尸鐵鉤手진언」을 외우라.

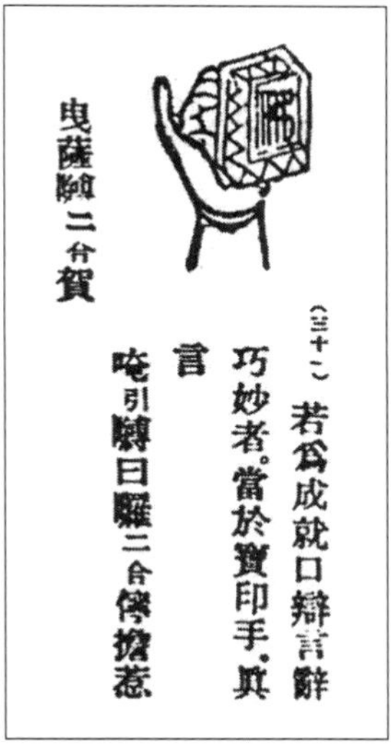

(31) 보인수寶印手진언

옴 바아라, 녜담, 아예, 사바하

(32) 구시철구수俱尸鐵鉤手진언

옴, 아가로, 다라가라, 미사예, 나모, 사바하

---

70 가범달마 역본에는 '若爲口業辭辯巧妙者'라 표기되는 한편, 불공 역본에는 '若爲成就口辯言辭巧妙者'라 표기되어 있다. 불공 역본에 의한다면 '구변과 언사가 뛰어남을 성취코자 하면'이라 번역해야 할 것이다.

자비로 일체 중생을 감싸고 보호하려면 「석장수錫杖手진언」을 외우라. 일체 중생衆生[71]이 항상 서로 공경하고 사랑하는 마음을 갖게 하고자 하면 「합장수合掌手진언」을 외우라.

(33) 석장수錫杖手진언

옴, 날디 날디, 날타바디,
날제, 나야바니 훔 바탁

(34) 합장수合掌手진언

옴, 바나만, 아링, 하리

---

71 불공 역본에서는 '衆生' 대신 '鬼神龍蛇虎狼師子人及非人'이란 어구가 쓰이고 있다. 즉 '귀신과 용, 뱀·호랑이·사자·사람 및 非人'을 말하고 있다. 여기서 '獅子'를 표현하는 漢字가 잘못 쓰이고 있음이 발견된다.

태어나는 모든 중생들이〔生生之衆〕[72] 부처님 곁을 떠나지 않기를 구하는 자는 「화불수化佛手진언」을 외우라.
세세생생 부처님 궁전에 머물러 태胎의 몸을 받지 않고자 하는 자는 「화궁전수化宮殿手진언」을 외우라.

(35) 화불수化佛手진언
옴, 젼나라, 바맘타 리, 가리
나기리, 나기리니, 훔 바탁

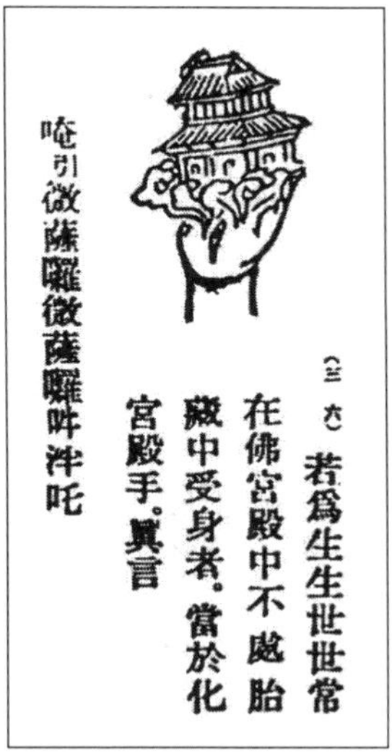

(36) 화궁전수化宮殿手진언
옴, 미사라, 미사라, 훔 바탁

---

72 불공 역본에는 '生生之處'라 표기되어 있다. '태어나는 곳마다'로 번역해야 한다.

[73]많이 듣고 널리 배우고자[74] 하면 「보경수寶經手진언」을 외우라.
금생으로부터 부처의 몸을 이룰 때까지 항상 보리심에서 물러나지 않고자 하면 「불퇴금륜수不退金輪手[75]진언」을 외우라.

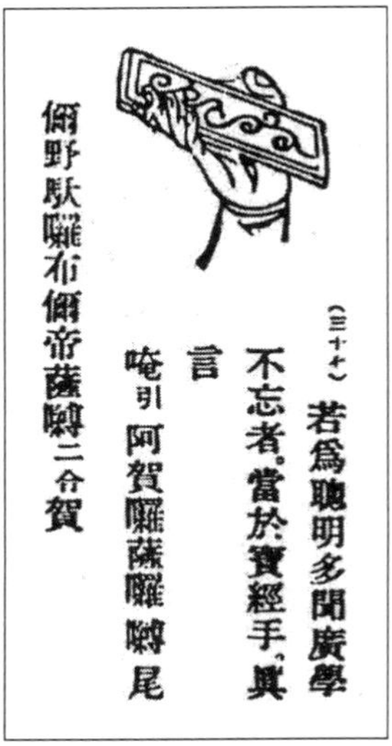

(37) 보경수寶經手진언
옴, 아하라, 살바미냐,
다라, 보니제, 사바하

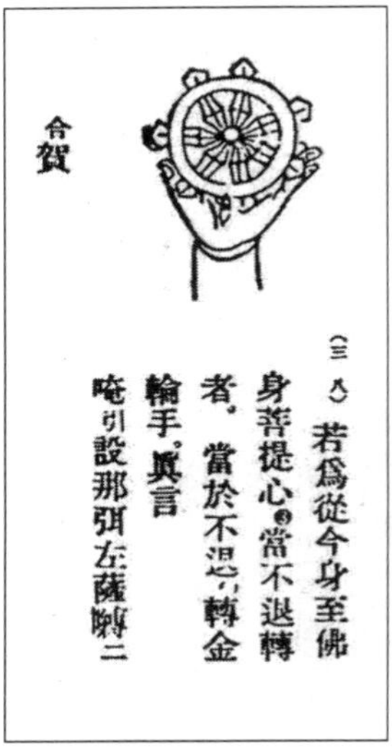

(38) 불퇴금륜수不退金輪手진언
옴, 셔나미자, 사바하

---

73 불공 역본에는 '聰明'이란 어구가 포함되어 있다. '총명하여'가 삽입되어야 한다.

74 불공 역본에는 '不忘'이란 표현이 삽입되어 있다. '배워 잊어버리지 않고자'로 번역해야 한다.

75 불공 역본에는 '不退轉金輪手'로 표기되어 있다.

시방제불께서 속히 오셔 이마를 만지고 성불할 기별을 받고자 하면 「정상화불수頂上化佛手진언」을 외우라.

과일과 채소, 온갖 곡식을 풍성히 거두고자 하면 「포도수蒲萄手[76]진언」을 외우라.[77]

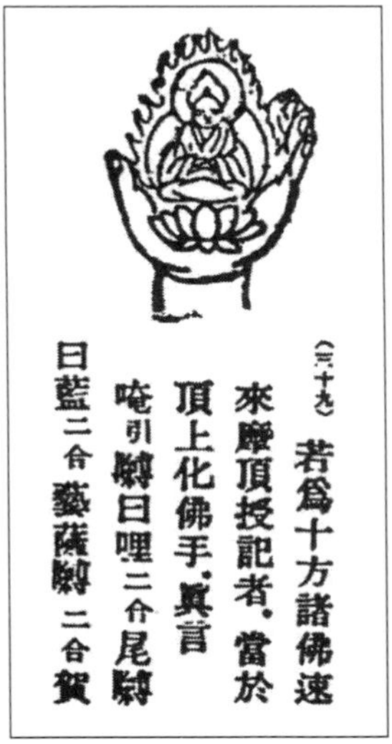

(39) 정상화불수頂上化佛手진언

옴 바아리니, 바아람에, 사바하

(40) 포도수蒲萄手진언

옴, 아마라, 검 제 니니, 사바하

이 같이 가히 구하는 법에 따라 수천가지의 진언이 있으나, 여기서는 간략하게 몇 가지만 말할 뿐이니라.

---

76 불공 역본에는 '蒲桃手'라 표기되어 있다.

77 四十二手呪 : 40개의 手呪를 설하고 있는 가범달마 역본과 달리, 불공 역본에는 이외에 다음 설명과 함께 또 하나의 진언 및 그에 따른 그림을 소개하고 있다.

일체 기갈 중생과 모든 아귀가 청량함을 얻게끔 하고자 하면 〈감로수甘露手진언〉을 그때 일광日光보살이 '대비심다라니'를 받아 지니는 자를 옹호하기 위한 다음과 같은 대신주大神呪를 설하셨습니다.

나무南無 몯[78] 타구勃陀瞿 (上聲으로 읽을 것) 나那 (上聲으로 읽을 것) 미迷[1)]

나무南無 달마막가저達摩莫訶低[2)]

나무南無 승가다야니僧伽多夜泥[3)]

저低 (물방울 떨어지듯 끊어서 읽을 것) 리부필살哩部畢薩 (승려가 죽음에 이르듯 끊어서 읽을 것) 돌咄 (등불이 꺼지듯 끊어서 읽을 것) 담납미檐

외우라.

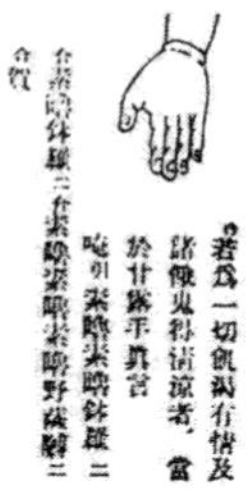

(41)감로수甘露手진언

옴, 소로 소로, 바라소로, 바라소로, 소로 소로, 사바하

이외에 한국 전래의 목판본에는 다음의 '총섭천비진언'이 포함되며, 이를 포함한 전체 42개의 진언을 〈42手呪〉라 부르고 있다.

능히 삼천대천세계의 악마와 원수를 항복시키고자 하면 〈총섭천비摠攝千臂진언〉을 외우라.

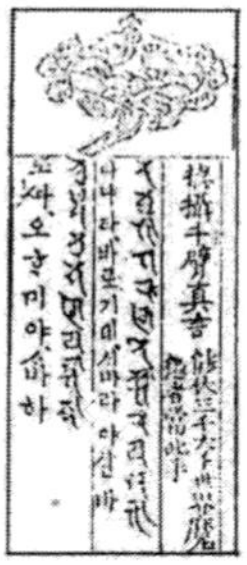

(42)총섭천비摠攝千臂진언

다냐타, 바로기뎨, 새바라야살바도따, 오하미야, 사바하

*〈총섭천비수진언〉 및 그림은 「관세음보살영험약초」 목판본에서 인용한 것이다.(1716년 板本).

78 현재 일반에 통용되지 않은 眞言에 대한 한글 표기는 東國譯經院에서 사용하고 있는 「眞言漢字音」의 규범에 따라 표기하였는 바, 이에 의거해 이를 '몯'이라 표기하였다.

納摩

그리고 말씀하시기를,

이 주문을 독송하면 일체의 죄를 멸할 수 있을 뿐 아니라, 악마를 물리치고 하늘의 재앙을 제거할 수 있을 것이다. 만약 이 주문 1번을 독송하고 부처님께 1배拜의 예를 올리되, 이 같이 하루 세 번씩을 행하게 되면 이후 세상에 몸을 받게 될 때 단정한 용모와 더불어 좋은 과보를 얻게 되리라.

이에 월광月光보살 역시 대비심다라니를 받아 지녀 수행하는 이들을 옹호하기 위한 다음과 같은 다라니 주문을 설하셨습니다.

심저제도소타深低帝屠蘇吒[1)]
아약밀제오도타阿若蜜帝烏都吒[2)]
심기타深耆吒[3)]
파뢰제波賴帝[4)]
야미약타오도타耶彌若吒烏都吒[5)]
구라제타기마타拘羅帝吒耆摩吒[6)]
사바하沙婆訶

그리고 말씀하시기를,

이 주문을 5번 외운 다음 5색 끈으로 줄을 만들어 몸의 통증이 있는 곳에 걸라. 내가 설한 이 주문은 과거 항하사恒河沙 모든 부처님들께서 말씀하신 것으로 다라니를 수행하는 모든 자들을 옹호하기 위하여, 그리고 그들의 일체 어려움을 없애고 나쁜 병의 통증을 제거하며, 모든 선법善法을 성취케 함으로서 모든 두려움에서 벗어나게끔 하는 데 그 까닭이 있는 것이다.

이때 부처님께서 또다시 저(아난)에게 이르시기를,

너는 마땅히 깊은 마음으로 청정하게 이 다라니를 받아 지니고 널리 염부제閻浮提에 유포하여 끊임없이 하라. 이 다라니는 능히 삼계의 중생들에게 큰 이익이 되느니라. 이 다라니는 치병의 효과가 있어 일체 병의 고통에서 몸을 성하게 해줄 것이고, 마른 나무에도 가지와 줄기·꽃과 과일을 맺게 할 수 있을 것인 즉, 하물며 생명이 깃들고 의식이 있는 중생들에게야 더 이상 말할 것이 있겠느냐. 몸에 병 있는 자가 이로 인해 치유되지 않음은 생각할 수조차 없을 것이다. 이렇듯 선남자여, 이 다라니의 위신력은 불가사의한 것이어서 우리의 사념으로는 도저히 생각할 수 없는 것이니라.
이에 과거 구원겁으로부터 내려오면서 널리 선근을 심지 않은 사람이면 이 다라니의 이름도 듣기 어렵거든, 하물며 다라니를 들을 수 있겠느냐. 그러므로 너희 대중들과 천인天人들, 용龍과 신神들은 내가 이 다라니를 찬탄하는 말을 듣고 모두 마땅히 기뻐해야 할 것이니라.
만약 이 다라니를 비방하는 자가 있으면 그는 곧 99억 항하사 모든 부처님을 비방하는 것이며, 이 다라니에 의심을 내어 믿지 않는 자가 있으면, 마땅히 알라. 그는 길이 큰 이익을 잃고 백천만 겁 중 항상 악취에 윤회하여 빠져나오지 못할 뿐 아니라, 부처님을 뵙지 못하고 부처님 법 또한 듣지 못하며 스님들을 만나 볼 수도 없을 것이다.

이때 회중會中에 모인 모든 대중과 보살마하살, 금강밀적과 범천, 제석천과 사천왕·용·귀신 등은 부처님 여래께서 이 다라니를 찬탄하심을 듣고 모두 다 환희하였고, 그 가르침을 받들어 수행하였습니다.

참조

불공과 가범달마 역본의 다라니 음절 구분 및 불공 역본에 기초한 화천수

일러두기

*가범달마伽梵達磨 역본譯本을 기본으로 한 채, 불공不空 역본 중 그와 달리 표기되는 글자 34字는 ( )에 넣은 채 밑줄을 그어 두었다.

*한편, 위 한역본漢譯本 다라니 음역音譯과 한글 다라니 음역과의 비교적 관점에서 한역 음역에 대한 한글 음역을 하단에 실어 두었는 바, 많은 부분에서 상이점이 생겨나고 있음을 볼 수 있다.

* [1] [2] [3] 등의 표기는 가범달마 번역본에 실려진 항목 구분에 의한 것이다. 각 항목마다에 불공不空 역본에 실려진 항목에 대한 주註를 번역해 두었는 바, 다라니 어구의 본래적 의미와는 전혀 다른 설명을 행하고 있음을 알 수 있다.

한편 오른쪽 면에는 1716년 간행된 「관세음보살영험약초」에 실린 「화천수畵千手」를 실어 두었는 바, 「화천수」 내용은 불공 역본의 주註에 의거해 그려진 것으로 여겨진다.

南無喝 囉怛那(娜) 哆囉夜耶[1]

나모 라 다나다라 야야[1]

관세음보살의 본신本身을 가리키는 말로, 큰소리로 자비로운 마음을 가지고 독송해야 한다. 신성神性을 재촉〔急〕하여 고성을 내지 말아야 한다.

南無 阿唎耶[2]

나막 알약[2]

여의륜보살如意輪菩薩의 본신으로, 모름지기 마음을 다해 이르러야 한다.

波盧羯帝爍鉢囉耶[3]

바로기데 새바라야[3]

발우를 지니는 지발持鉢관세음보살의 본신으로, 사리골舍利骨을 취하고자 하면 보살이 발우를 들고 있는 모습을 생각하며 이를 독송하라.

菩提薩跢(埵)婆耶[4]

모지 사다바야[4]

불공견색不空羂索보살이 대 병사(兵)를 거느리고 있는 모습이다.

摩訶薩跢(埵)婆耶[5]

마하 사다바야[5]

이것은 보살의 종자種子로, 송주誦呪의 본신을 말한다.

摩訶迦盧尼迦耶[6]

마하 가로니가야[6]

마명馬鳴보살의 본신으로, 손에 금강저〔鈸折羅〕를 쥐고 있는 모습이 이것이다.

唵[7]

옴[7]

이 옴唵 자는 모든 귀신이 합장하고 송주誦呪를 듣고 있는 모습을 말한다.

薩皤囉罰曳[8]

살바바예[8]

4대천왕의 본신으로, 악마를 항복받음을 나타낸다.

數怛那怛寫[9]

슈 다라 나가라야 다사명[9]

4대천왕의 부락귀신 이름이다.

南無悉 吉利埵 伊蒙 阿唎耶[10]

나막 까리다바 이맘 알야[10]

용수보살의 본신으로, 모름지기 큰 마음을 내어 독송할 것이며, 보살의 성품을 재촉하여 소실疎失치 말 것이다.

婆盧吉帝室佛囉(羅)嘐馱婆[11]

바로기데 새바라 다바[11]

원만보신 노사나불을 가리킨다.

南無 那囉謹墀[12]

니라간타[12]

청정법신 비로자나불의 본신으로, 모름지기 큰 마음으로 읽어야 한다.

醯唎摩 訶皤哆沙咩[13]

나막 하리나야 마발다 이샤미[13]

모든 천마天魔를 함께 권속으로 삼고 있는 양두신왕羊頭神王을 가리킨다.

薩婆阿他 豆輸朋[14]

살발타 사다남 슈반[14]

관세음보살의 권속인 감로甘露보살을 가리킨다.

阿逝孕[15]

아예염[15]

사방을 순찰하며 옳고 그름을 관찰하는 비등야차천왕飛騰夜叉天王을 가리킨다.

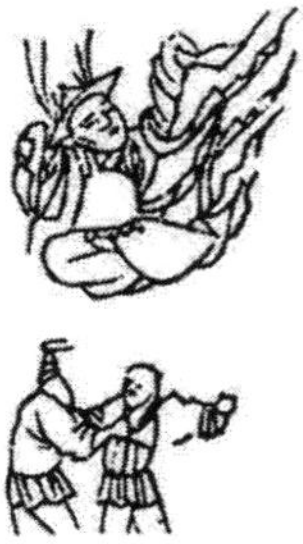

薩婆薩哆那摩婆伽[16]

살바 보다남[16]

표범가죽의 옷을 입고 손에는 쇠칼을 든 파가제신왕婆加帝神王으로, 형상은 까맣고 크다.

摩罰特(恃)豆[17]

바바말아 미슈다감[17]

군다리보살軍吒利菩薩의 본신으로, 쇠바퀴와 견색絹索을 들고 3개의 눈을 갖고 있다.

恒姪他[18]

다냐타[18]

검어劍語

唵 阿婆盧醯[19]

옴 아로계 아로가 마디[19]

盧迦帝[20]

로가 디[20]

대범천왕의 본신으로, 신선들의 무리를 말한다.

迦羅帝[21]

가란뎨[21]

장대한 제석신〔帝神〕의 모습으로, 흑색을 띠고 있다.

夷醯唎[22]

혜혜 하례[22]

33천.마혜수라摩醯首羅천신이 하늘의 군대를 거느린 모습으로, 청색을 띈다.

摩訶菩提薩埵[23]

마하 모지 사다바[23]

진실한 마음으로 무릇 잡란심이 없음을 살타薩埵라 한다.

薩婆薩婆[24]

사마라[24]

향적보살香積菩薩이 오방귀신들을 거느리고 불가사의한 힘을 나타내 보임을 뜻한다.

摩羅摩羅[25]

사마라[25]

보살의 형상으로, 벌어罰語는 구제의 뜻을 갖는다.

摩醯薩醯唎馱孕[26]

하리나야[26]

앞과 같음.

俱盧 俱盧 羯懞[27]

구로 구로 갈마[27]

공신空身보살이 하늘대장군을 이끌고 20만억 천병을 부림을 뜻한다.

度盧 度盧 罰闍耶帝[28]

사다야 사다야 도로 도로 미연뎨[28]

엄준嚴峻보살이 공작왕의 군사를 거느린 모습.

摩訶罰闍耶帝[29]

마하 미연뎨[29]

위와 같음.

陀羅 陀羅[30]

다라 다라[30]

관세음보살의 장부의 형상을 가리킨다.

地利(唎)尼[31]

다린 나례[31]

사자왕獅子王을 가리킨다.

室佛囉耶(羅娜)[32]

새바라[32]

벽력霹靂보살이 모든 마귀권속을 항복받음을 가리킨다.

遮羅(囉) 遮羅(囉)[33]

자라 자라[33]

췌쇄揣碎보살의 본신으로, 손에 금륜金輪을 들고 있다.

摩摩#

여기서는 다라니 수지자受持者의 이름을 말한다.

罰摩囉[34]

마라 미마라 아마라[34]

금륜金輪을 손에 든 대항마금강大降魔金剛의 본신을 가리킨다.

穆帝 鱺(嚟)[35]

몰데 예[35]

모든 부처님들이 합장하고 진언 읊는 것을 듣고 있음을 말한다.

伊醯移(伊)醯[36]

혜혜[36]

마혜수라천왕魔醯首羅天王을 가리킨다.

室那室那[37]

로계새바라 라아 미사미 나샤야[37]

위와 같음.

阿囉嘇佛囉舍利[38]

나베 사미 사미 나샤야[38]

관세음보살이 방패와 화살을 들고 있는 형상을 일컫는다.

罰沙罰嘇[39]

모하 자라 미사[39]

전과 동일.

佛羅(囉)舍耶[40]

미 나샤야[40]

관세음보살의 본사本師이신 아미타부처님의 본신을 칭한다.

呼嚧(盧)呼嚧(盧) 摩囉(羅)[41]

호로 호로 마라[41]

8부귀신의 왕을 칭한다.

呼嚧(盧)呼嚧(盧) 醯利(唎)[42]

호로 하례[42]

전과 동일.

娑囉 沙囉[43]

바나마나바 사라 사라[43]

오탁악세五濁惡世를 일컫는다.

悉利(唎) 悉利(唎)[44]

시리 시리[44]

일체 중생을 이익케 하는 관세음보살의 불가사의함을 일컫는다.

蘇嚧蘇嚧[45]

소로 소로[45]

많은 부처님들께서 나뭇잎 떨어뜨리는 소리를 묘사한 것이다.

菩提夜 菩提夜[46]

못댜 못댜[46]

관세음보살께서 우리 중생들과 인연이 맺어졌음을 묘사한 것이다.

菩馱夜 菩馱夜[47]

모다야 모다야[47]

아난阿難의 본신을 일컫는다.

彌帝利(唎)夜[48]

매다리야[48]

대거大車보살께서 손에 금으로 만든 칼을 들고 있음을 묘사한 것이다.

那囉謹墀[49]

니라간타[49]

용수龍樹보살이 손에 금으로 된 칼을 들고 있는 형상을 표시한 것이다.

地(他)唎瑟尼那[50]

가마 샤날샤남[50]

철퇴〔鐵叉〕를 손에 든 보당寶幢보살을 묘사한 것이다.

波夜摩那[51]

바라 하라 나야 마낙[51]

발절라저鉢折羅杵, 즉 금강저를 지니고 있는 보금광당寶金光幢보살을 표현한 것이다.

娑婆訶[52]

사바하[52]

거성去聲으로 읽어야 한다.

悉陀夜[53]

싯다야[53]

일체 법문을 통달한 것을 표현한 것이다.

娑婆訶[54]

사바하[54]

거성去聲으로 읽어야 한다.

摩訶悉陀夜[55]

마하 싯다야[55]

방광放光보살이 손에 붉은 깃대〔幢〕를 든 모습을 묘사한 것이다.

娑婆訶[56]

사바하[56]

거성去聲으로 읽어야 한다.

悉陀喩藝[57]

싯다유예[57]

모든 천신과 보살이 다 모여 손에 금으로 된 칼을 들고 있는 모습을 그린 것이다.

室皤囉耶(夜)[58]

새바라야[58]

안식향安息香을 뜻하는 것이다.

娑婆訶[59]

사바하[59]

거성去聲으로 읽어야 한다.

那囉(羅) 謹墀[60]

니라간타야[60]

산해혜山海慧, 山海慧보살의 본신으로, 손에 금으로 된 칼을 들고 있다.

娑婆訶[61]

사바하[61] [62] [63]

거성去聲으로 읽어야 한다.

摩囉(羅)那囉(羅)[62]

보인왕寶印王보살이 손에 금도끼를 들고 있는 모습을 표현한 것이다.

娑婆訶[63]

거성去聲으로 읽어야 한다.

悉囉僧阿穆佉耶[64]

바라하 목카 싱하 목카야[64]

모든 병을 치료하는 약왕藥王보살의 본신을 표현한 것이다.

娑婆訶[65]

사바하[65]

거성去聲으로 읽어야 한다.

娑婆摩訶阿悉陀<u>夜(椰)</u>[66]

바나마　　하싸야[66]

모든 병을 치료하는 약왕보살의 본신을 말한다.

娑婆訶[67]

사바하[67]

거성去聲으로 읽어야 한다.

者吉囉悉陀夜[68]

자가라 욕다야[68]

동성同聲으로 읽으라.

娑婆訶[69]

사바하[69]

거성去聲으로 읽어야 한다.

波陀摩羯悉哆夜[70]

샹카 셥나녜 모다나야[70]

동성同聲으로 읽으라.

娑婆訶[71]

사바하[71]

거성去聲으로 읽어야 한다.

那囉謹墀皤伽囉口耶[72]

마하라 구타다라야[72]

娑婆訶[73]

사바하[73]

摩婆利勝羯囉夜[74]

바마사간타 니샤시테다 가릿나 이나야 사바하 먀가라

잘마 니바사 나야[74]

娑婆訶[75]

사바하[75]

南無喝囉怛那哆囉夜耶[76]

나모라 다나 다라 야야[76]

南無阿唎口耶[77]

나막 알야[77]

婆<u>嚧(盧)</u>吉帝[78]

바로 기데[78]

爍皤囉夜[79]

새바라야[79]

娑婆訶[80]

사바하[80] [81] [82] [83] [84]

唵(불공不空 역본에는 생략되어 있다) **悉殿都**[81]

曼(漫)哆囉(羅)[82]

鉢黙(跋馱)耶[83]

娑婆訶[84]

(不空본에서는 82, 83, 84를 82로 묶고 있다)

찾아보기

【ㄴ】

정각(正覺, 문상련)

송광사 출가, 통도사 강원講院 졸업, 동국대 불교학과 및 미술사학과 박사과정 수료, 철학박사 학위를 받았다. 무비 스님을 법사로 강맥講脈을 전수했으며, 조계종 교수아사리에 위촉되었다. 동국대 겸임교수 및 불교신문 논설위원, 경북 문화재위원, 문화재청 문화재위원을 역임하였다. 현재 중앙승가대 교수 및 고양 원각사 주지로 있으며, 한국종교인평화회의(KCRP) 종교간대화위원장을 맡고 있다. 『한국의 불교의례』 등 10여 종의 저서와 「관음 42수주手呪 및 〈오대진언〉의 성립과 전개」 등 30여 편의 논문을 저술하였다.

천수경 연구

증보판 1쇄 발행 2011년 9월 2일 | 증보판 2쇄 발행 2021년 11월 19일
지은이 정각 | 펴낸이 김시열
펴낸곳 도서출판 운주사
(02832) 서울시 성북구 동소문로 67-1 성심빌딩 3층
전화 (02) 926-8361 | 팩스 0505-115-8361
ISBN 978-89-5746-285-2 93220 값 28,000원
http://cafe.daum.net/unjubooks 〈다음카페: 도서출판 운주사〉